中华优秀传统文化名家讲座

十三经讲座

夏传才 著

广西师范大学出版社

·桂林·

十三经讲座
SHISANJING JIANGZUO

图书在版编目（CIP）数据

十三经讲座 / 夏传才著. —2 版. —桂林：广西师范大学出版社，2019.5
（中华优秀传统文化名家讲座. 第二辑）
ISBN 978-7-5598-1695-5

Ⅰ. ①十… Ⅱ. ①夏… Ⅲ. ①十三经－研究 Ⅳ. ①Z126.27

中国版本图书馆 CIP 数据核字（2019）第 060333 号

广西师范大学出版社出版发行
（广西桂林市五里店路 9 号　邮政编码：541004）
　网址：http://www.bbtpress.com
出版人：张艺兵
全国新华书店经销
广西民族印刷包装集团有限公司印刷
（南宁市高新区高新三路 1 号　邮政编码：530007）
开本：700 mm × 970 mm　1/16
印张：23.5　　　字数：340 千字
2019 年 5 月第 2 版　2019 年 5 月第 1 次印刷
印数：0 001~5 000 册　定价：65.00 元
如发现印装质量问题，影响阅读，请与出版社发行部门联系调换。

目　录

前　言 … 1

第一讲　经和经学 … 1

　　第一节　什么是"经" … 1

　　第二节　孔子与六经 … 3

　　第三节　从六经到十三经 … 6

　　第四节　经学研究的对象和范围 … 16

　　第五节　经学主要流派的发展——汉学系各派 … 25

　　第六节　经学主要流派的发展——宋学系各派 … 35

　　第七节　经学主要流派的发展——新汉学系各派 … 42

第二讲　《周易》 … 49

　　第一节　《易经》 … 50

　　第二节　《易传》 … 68

　　第三节　《周易》的解说和研究 … 77

第三讲　《尚书》 … 84

　　第一节　《尚书》的时代和体例 … 84

　　第二节　今文《尚书》、古文《尚书》和伪古文《尚书》 … 87

　　第三节　《虞书》和《夏书》 … 94

　　第四节　《商书》 … 103

第五节　《周书》… 107
　　第六节　《尚书》的训诂、版本和义理研究 … 119

第四讲　《诗经》… 126
　　第一节　诗三百篇产生的时代和地域 … 126
　　第二节　三百篇的采集、应用和编订 … 130
　　第三节　六义 … 136
　　第四节　三家《诗》、《毛诗》和《毛诗序》… 139
　　第五节　《颂》——西周的颂歌 … 147
　　第六节　《雅》——贵族的诗篇 … 151
　　第七节　《国风》——民间的歌辞 … 155
　　第八节　《诗经》的语言艺术 … 166
　　第九节　《诗经》的注疏和研究 … 170

第五讲　三《礼》… 173
　　第一节　《周礼》… 173
　　第二节　《仪礼》… 186
　　第三节　《礼记》… 195

第六讲　《春秋》三传 … 215
　　第一节　《春秋》经 … 215
　　第二节　《左传》… 221
　　第三节　《公羊传》… 231
　　第四节　《穀梁传》… 237

第七讲　《论语》… 241
　　第一节　孔子和孔门弟子 … 242
　　第二节　今、古文《论语》和注本 … 249

第三节 《论语》论仁 … 253
第四节 《论语》论礼 … 260
第五节 《论语》论中庸 … 264
第六节 《论语》论政治 … 268
第七节 《论语》论教育 … 275
第八节 孔子研究应注意的问题 … 279

第八讲 《孝经》 … 281
第一节 作者和写作时代及版本 … 281
第二节 十八章内容大要 … 283
第三节 《孝经》的批判 … 290

第九讲 《尔雅》 … 293
第一节 作者、成书时代和篇数 … 294
第二节 《尔雅》的分类和内容 … 296
第三节 《尔雅》的体例和训诂方法 … 315
第四节 《尔雅》的价值和使用 … 318
第五节 《尔雅》的注疏和"群雅" … 321

第十讲 《孟子》 … 325
第一节 孟子其人其书 … 326
第二节 孟子的政治思想 … 330
第三节 孟子的哲学思想 … 340
第四节 孟子的教育思想 … 352
第五节 孟子的文艺思想 … 358
第六节 《孟子》的注疏和研究 … 365

前　言

十三经是中国古代影响最大的十三部儒家基本经典,是中国传统文化的重要代表。作为中国人的传统读本,它们曾经是历代学者长期研究的对象,也为全世界的华人和各国汉学家所研读。它们卷帙浩繁,语言古奥艰深,涉及许多学科,当代读者很难通读。对它们的主要内容,用现代的观点,以通俗畅晓的语言,简明扼要地作科学的、概括的、系统的介绍和评述,对弘扬民族文化,批判地继承优秀文化遗产,以及促进中外文化交流,都是必要的和有益的。

20世纪初叶的几位国学大师,曾有《群经概论》之类的著述,内容简略繁冗不等,观点颇为陈旧,不能纳入现代文化的范畴。40年代初,蒋伯潜先生著《十三经概论》,迄今仍为海内外通行的读本。但其内容和表达形式,早已不适合半个世纪后的当代的需要。此后,朱自清先生著《经典常谈》,范文澜先生著《经学讲演录》、《中国经学史的演变》,周予同先生著《经学史论著选集》,把经学研究提高到新水平。80年代,北京中华书局《文史知识》杂志连续发表《经书浅谈》,均由名家执笔。这在新时期带了个好头,其开创之功不可磨灭,惜过于简略。半个世纪以来,包括经学在内的整个学术领域有很大进展,地下资料也有新发现,完全有必要,也有可能在初步总结过去的研究成果的基础上,吸取现代学术研究和地下发掘的新成果,对十三经逐一进行概说和评述。人类的认识能力总是不断地由浅入深、由片面到全面、由低级向高级发展,永无止境,后来者居上。完成一部烙下我们时代印记的新的讲述十三经的著作,是历史给予当代学人的任务。

由于工作需要,80年代笔者为研究生开设了这门课,目的是扼要地、评述性地介绍这十三部经典的主要内容。其间也应邀在九所大学讲述了本课的全部或部分内容。这些知识对学生有吸引力,加上当时的"传统文化热",所以课程很受欢迎。本书就是在教学的过程中,听取了各方面的意见,并不断吸收新的资料,边讲边改,经初稿、再稿到初步成书,又用一年多的时间进行了修改、充实和提高。这本书成为现在的样子,用了整整七年时间。

研究十三经的古籍浩若烟海,任何一位学人,终有生之年也不可能把所有经学著述读完,现当代的论著又何止万千?笔者限于条件,必然孤陋寡闻;兼之十三经所涉及学科门类相当广泛,评述实难处处中肯;从古到今,每一经都有难解的问题、聚讼的悬案,更非个人所可断定。好在本书的任务在于评述介绍各经主要内容,对前贤和现当代名家的许多卓见,笔者旨在综合—分析—综合,求同存异,或斟酌取舍,然而其讹误不当之处,亦当难免。笔者年届七旬,精力衰退,年龄已不允许我再钻研几年,只有将书稿问世,抛砖引玉,寄希望于后来者,并期待专家和读者的教正了。

夏传才
1997 年 8 月 29 日

第一讲

经和经学

中国封建社会的文化，以儒学为主体，儒学以经学为根本。研究中国传统文化，清理中国文化发展的历程，不能不了解经学的内容。

了解经学的内容，不能不首先了解什么是"经"，什么是"经学"。

第一节 什么是"经"

什么是"经"？从古到今，许多学者对这个问题进行考释，曾经形成"经名考"这一专门学问，给"经"字所下定义不下二三十个。众说纷纭，让人眼花缭乱，以致现代一位著名的学者叹息说："什么叫'经'，恐怕谁也讲不通。……为什么叫'经'，是无法说清楚的。"[①] 其实，把古今的考释去伪存真、去粗取精，是可以大体上讲通、说清的。

"经"的初字是"巠"，始见于周代铜器，盂鼎、克鼎、毛公鼎、克钟上面都有"巠"字。"巠"即"丝"。古文字学家认为"巠"就是"线"。古代的典籍写在二尺四寸长（汉制尺约今二十厘米）的竹简或木牍上，用丝绳串起来。这个尺寸的简牍，在当时是最大号的，相当于现代最大的版本，表示用它书写的典籍很重要；这些典籍就叫"经"。解释这些"经"的意义的文字，写在较小简

---

① 范文澜：《经学讲演录》，《范文澜历史论文选集》，中国社会科学出版社，1979年。

牍上,大约八寸或六寸长(汉制一寸约今二厘米),就称为"传",以示与前者的区别。"经"也就是孔子读《易》"韦编三绝"的"韦编",只是用皮条代替丝绳或麻绳罢了。现代在考古发掘中出土的竹简、木牍,都有用丝绳、麻绳、皮条编缀成册的痕迹。对于这个问题,章太炎曾这样说:"经者,编丝连缀之称,犹印度梵语之称'修多罗'也。"①印度的"修多罗"也是以丝编贝叶为书,汉译也译为"经"。所以,"经"原意是指重要的书籍。

从"经"这个字本来的意义上说,这个名称,并不是某一学派的专用名词。战国时期,诸子百家的典籍也往往称"经"。在现有文献中,最早用"经"名的是《墨子》,有《墨经》上、下篇。《庄子·天下篇》开始称儒家的六种典籍为"六经",可见那时儒家学派已称这些典籍为"经"了。战国后期的《荀子》一书里引述《道经》(今不存)的文字。《国语·吴语》的"挟经秉枹",称兵书为"经"。《内经》、《难经》则称医书为"经"。可见,各个学派都可以称谓自己学派的重要典籍为"经"。

汉武帝实行"罢黜百家,独尊儒术"的思想文化政策,确立儒家思想为一尊。为了树立儒家思想的权威地位,一方面由政府立五经博士(国家任命的教授)广泛传授儒家经典,一方面制造各种说词,把儒家经典神圣化。于是,"经"的词义被无限引申。如:

班固《白虎通》释"经"为"常":"经,常也,有五常之道,故曰五经。《乐》,仁;《书》,义;《礼》,礼;《易》,智;《诗》,信也。"这是说,"经"是社会伦理道德的准则。

许慎《说文解字》释"经"为"织"。段玉裁注:"织之从丝谓之经,必先有经,而后有纬,是故三纲五常六艺谓之天地之常经。"进一步把"经"说成贯穿天地和人世间一切事物最根本的理络。

刘熙《释名·释典艺》又说:"经,径也,常典也,如径路无所不通,可常用也。"这是指"经"的内容无所不包,无所不能,是处理事情的门径。

《孝经序疏》引皇侃曰:"经者,常也,法也。"郑玄《孝经注》:"经者,不易之称。"南朝梁代刘勰把这个意思作了更明确的概括:"经也者,恒久之至道,

---

① 章炳麟:《国学概论》。

不刊之鸿教也。"①指出"经"是必须遵循的万世不可改变的法则。

从汉儒到清儒，这类解释还有很多。这些纷繁众多的义项，基本意思只有一个："经"是万世不变的永恒真理，它放之四海而皆准，天地间无往而不通。

这样的一些引申，距离"经"名的本义，已经很远了。

从汉代开始，儒家几部古老的典籍，被封建政府颁定为法定教科书，唐代又钦定为"明经"科举士的考试内容，到明、清两代，仍是科举考试的依据。这样，"经"又成为封建国家法定教科书和科举考试用书的代称。

西汉儒家曾经把谶纬神学和阴阳五行学说与五经结合，从而把"经"的内容和名称宗教化、神秘化，再和偶像化的孔子联系在一起，它又变成宗教性的"圣经"。以后，其他学派也各立自己的"经"，如道教称《老子》为《道德经》，称《庄子》为《南华经》，称《列子》为《冲虚至德真经》；佛教、伊斯兰教宣扬教义的典籍，分别译称《佛经》、《可兰经》。"经"这个名称又指某一教派宣扬教义的用书。中国封建末世的顽固保守派，曾经倡议创立孔教，奉孔子为教主，奉五经为孔教的经书，也同样是把儒家经书作为新的宗教圣经。

我们现在谈的"经"，是恢复它的本来面目，指的是古代儒家的几部重要书籍。我们承认它们在长期封建社会中起着重要的作用，但是并不认为它们有丝毫的神圣性，而只是把它们看作是一些有研究价值的古老的文献，而努力恢复它们本来的面目。

第二节　孔子与六经

我们现在讲的十三经，是经过历代扩充，到宋代才完成的。在战国时代，儒家学派传授六经，而传到汉代的是五经。以后所说的七经、九经、十一经、十三经或四书五经，都是从五经扩充的。五经是十三经的核心和基础，是儒家最基本的经典。

---

① 刘勰：《文心雕龙·宗经》。

孔子和六经的关系是什么？这是中国文化史上长期争论不休的问题。

在先秦文献里有关于这个问题的记述。《庄子·天运》记述孔子问礼于老聃曰："丘治《诗》、《书》、《礼》、《乐》、《易》、《春秋》六经，自以为久矣，孰知其故矣？"老子曰："夫六经，先王之陈迹也。"《论语》多次谈到孔子以《诗》、《书》、《礼》、《乐》教授弟子。《孟子》的《滕文公下》、《离娄下》都说孔子依据鲁史作《春秋》。《荀子·儒效》称孔子为圣人，称尧、舜、文、武、周公为圣王，说五经记述了圣王和圣人的"志、事、行、和、微"。综合先秦这些资料，可以这样认为：孔子搜集、整理古代文献，整理出六种读本传授学生。这个说法，大体上历代是公认的。

司马迁著《史记》，他调查孔子的事迹，综合当时留存的材料，在《孔子世家》中作了比较系统的叙述。他说，在孔子时代，"礼、乐废，《诗》、《书》缺"，孔子搜集三代文献，编次《书》并序《书传》，删订《诗》"以求合韶、武、雅、颂之音"，修正《礼》、《乐》，作《易》的《彖辞》、《象辞》、《系辞》、《文言》、《说卦》等部分，又据鲁史作《春秋》。司马迁的记述，反映今文学的观点。古文学提出五经都是西周旧典，但不否认孔子曾经进行删订并作过序传，他们甚至伪托孔子的名义伪造一些书。宋学虽然对司马迁的记述提出过一些怀疑和异议，但主要是论证孔子整理过哪一部分或未整理过哪一部分，作过哪些序传或未作过哪些序传，以及对伪书进行辨伪，但总体上仍然肯定孔子的著述权。清代所进行的论争，基本上没有越出这个范围。经过他们的考辨，使人们对问题加深了解。大体上说，清古文学者认为孔子主要是整理这些古代文献，论证许多托名孔子的序传并不是孔子著的；清今文学者则坚持六经是孔子的著述。

综合前人的论证和考辨，我们可以得出以下认识：

首先，六经本来是古老的文献，《易》是古代占筮用书，《书》是三代历史档案文献，《诗》是周代诗歌总集，《礼》(指《仪礼》)，是残缺不全的周、鲁各国礼仪的记录，《乐》早已亡佚不论，《春秋》是鲁国的编年史。在孔子生活的春秋末年，由于周室衰微和旧贵族没落，大批文献散失或残缺。孔子历来爱好和重视古代文献，进行了大量的搜集。他晚年创办私学，因为教学需要，分别进行不同程度的整理，整理出六种读本传授给学生。后来他的弟子形成战国时期最大的儒家学派,将这六种读本代代相传,便成为儒家的基本经典。由此可见,正是由于孔子的搜集整理和传授,这些古老而珍贵的文献才不致于湮没;也正是由于孔子在封建社会显赫的地位及其在思想界崇高的声望,这些文献才历经漫长的岁月和无数次社会的动乱,仍得以保存和流传。

其次,孔子整理每部经书的具体情节,例如,古时古诗和三代文献,孔子见到的究竟有多少,他如何整理和删订等等,古人没有留下材料,我们无法考证。但是,我们从确实可信的《论语》中,通过孔子自己的说明,还是可以大体上了解孔子整理六经的基本情况。孔子自述他整理古文献的原则和方法有四点:

一、"述而不作,信而好古"(《论语·述而》):他说他相信和爱好古代文献,他只是传述它们,而不增添和创作新内容。由此可以相信,经他选录的这些文献,能够基本上保持原来的内容和表达风格,具有历史的真实性,从而为后世保存了比较可靠的史料。

二、"不语怪、力、乱、神"(《论语·述而》):他排斥妄诞、苛政、暴力和神鬼迷信等内容,这些内容在五经中确实没有选录。

三、"攻乎异端,斯害也已"(《论语·为政》):他所说的"异端",指的是与他的学说绝不可相容的对立的学说。他认为让学生接触异端学说,会产生极大的弊害,必须予以排斥,因而在五经中也无一选录。

四、"《诗》、《书》、执礼,皆雅言也"(《论语·述而》):他对原始文献和各国土风的整理,都采用雅言,即当时通行的标准语,因而必然要进行文字和语法的改动和加工,取得语言上的统一。

从上述四条原则和方法来看,孔子的"述而不作",实际上是以述代作,既保存原来的内容和文辞,又反映孔子的哲学观点和政治观点,并且实现了内容的精炼和在当时条件下的语言规范化。从这个意义上说,六经又可说是孔子的著述。

再次,我们现在看到的五经,已经不是当年孔子整理删订的原貌。这一方面是因为在五经流传过程中内容不断丰富,有后人增添的内容,如《易》的经文有战国人补充的;《仪礼》第17篇是后加的;《书》今文28篇中的一部分

第一讲 经和经学

写定于战国。在另一方面,古代文献传授多为口耳相传,或手书于简牍,很难准确统一。尤其经过秦代焚书,汉初各经各家传本的编次和文字都有所不同,很难确定哪家传本最接近孔子手定的原本。至于后来又扩充为七经、九经、十一经、十三经,所扩充的经书,多是后儒的著述了。不过我们现在看到的五经,虽然已经不是孔子的原本,但是仍以孔子的原本为核心和基础,它们仍与孔子有密切的关系。

第三节　从六经到十三经

通行的儒经有十三种,即所谓十三经。它是六经经过一千余年的不断扩充,发展到宋代而完成的。其间,经学的内容也得到了不断丰富和发展。

先秦时期的六经,传到西汉只有五经,东汉时期有七经之名,唐代先后扩充为九经、十二经,宋代再增至十三经,以宋版《十三经注疏》为本。现在通行的是清代阮元的校刻本。

六经的次第

在先秦文献里称述六经之名,始见于《庄子》的《天运》、《天下》、《徐无鬼》诸篇。西汉又称六经为"六艺",如司马迁《史记·滑稽列传》。"六艺",也就是六种教学科目的意思。儒家学派确曾把它们作为教学科目。

六经的次第如何排列,从汉代起,一直有不同意见。这个情况,反映了对待六经的不同的指导思想,表现了对诸经内容和产生时代的不同解释。

从先秦到西汉今文经学派,一般都这样排列六经的次第:《诗》、《书》、《礼》、《乐》、《易》、《春秋》。所以这样排列,是根据这六种教学科目的深浅程度和课程安排的先后顺序。《诗》列于首,始自孔子。孔子多次谈教学教材,《论语·泰伯》:"兴于《诗》,立于《礼》,成于乐。"《论语·述而》:"《诗》、《书》、执礼,皆雅言也。"《礼记·经解》引述孔子的话:"入其国,其教可知也。其为人也,温柔敦厚,《诗》教也;疏通知远,《书》教也;广博易良,《乐》教也;洁静精微,《易》教也;恭俭庄敬,《礼》教也;属辞比事,《春秋》教也。"这里的《礼》、《乐》次序偶乱,但还是《诗》、《书》为首。孔子认为《诗》有"兴、观、群、怨"的功能,同时还是常识课本,《论语·阳货》:"小子何莫学夫《诗》? 诗可以兴,可以观,可经群,可以怨,迩之事父,远之事君,多识于鸟兽草木之名。"《诗》也是语言课本,《论语·季氏》:"不学《诗》,无以言。"因此,孔子把《诗》作为入门教科书。《书》是历代政府档案文献,孔子想让他的学生将来从政,所以要学《书》增长政治知识。《诗》、《书》是孔门教学的基础课,所以列在先。《礼》、《乐》是实践课,所以列在其次。《易》、《春秋》文字艰深,含义幽微,今文学家认为《易》穷天地阴阳之变化,《春秋》蕴含孔子的"微言大义",二者发挥孔子的哲学思想和政治思想,属于高级教育,所以列为最后的教学科目。

　　古文经学派的六经次第则是:《易》、《书》、《诗》、《礼》、《乐》、《春秋》。他们这样排列,是依照他们所理解的六经产生时代的早晚次序。班固的《汉书》和《白虎通》,范晔的《后汉书》,采古文经学的观点,都这样排列。唐代陆德明《经典释文·序录》说得很明白:"五经六籍,圣人设教……今欲以著述早晚,经义总别,以成次第","《周易》虽文起周代,而卦肇伏羲,既处名教之初,故《易》为七经之首。《古文尚书》既起五帝之末,理后三皇之经,故次于《易》。《毛诗》既起周文,又兼商颂,故在尧、舜之后,次于《易》、《书》。《周》、《仪》二礼,并周公所制,宜次文王。《春秋》既是孔子所作,理当后于周公,故次于《礼》。"古文学家在这里论断诸经产生的时代,是很不准确的。经后人考证:所谓伏羲画八卦,是无根据的传说,《易》是占筮用的书,由两种最简单的基本符号构成卦画,和后来抽签算卦指标某签某卦的号码一样,只是标识性的符号,本身并没有什么意义;《古文尚书》实际上是后人的伪作,保存在《今文尚书》中的《尧典》,也不是唐尧时代遗留的文献,而是周代史官据遗闻传说所编写;《毛诗》中的《商颂》并不是殷商时代原来的颂诗,而是春秋时期宋国的祭祀乐歌,它写定的时代较其他诗篇不是早,而是晚;《周礼》实际不是完成于西周,而是经由战国以迄东汉儒家陆续编纂和增补而成。近世这方面的考证,大多具有不可辩驳的说服力,证明古文经学六经次第所据的写作时代不可凭信。

　　在整个封建文化史上,今文学派、古文学派、宋学派及清代的新汉学派,关于六经产生的时代，曾长期进行热烈的争辩。这些争论，基本上是今文学派与古文学派两种不同观点的论争，反映了对六经根本性质的两种不同认识。一派主张六经是孔子删定的不同课程的教科书，六经次第按内容深浅、课程先后排列；一派认为六经是古代史料，六经次第应按史料的时代先后来排列。有的人认为六经是孔子垂教天下的万世准则，其中包含着深奥的"微言大义"，所以不可改易和违背；有的人认为"六经皆史"，孔子只是整理过其中的史料而已。关于六经与孔子的关系，对各经又各有不同的意见，兹不赘述。

我们认为今文经学的六经次第，比较符合先秦时期儒家学派使用这六种典籍的实际情况，但并不同意今文学派所说的它的内容是什么"万世准则"，或其中有所谓圣人的"微言大义"。古文经学派按六经的时代先后安排次第，虽也不失为一种可取的方法，但它对诸经时代的论断是错误的。宋版《十三经注疏》中的诸经次第，基本承袭古文学派的观点，现在大家仍然采用。本书也采用这个次第，因为这个注疏本已通行将近千年，我们只是沿袭习惯说法，而不是同意它所说的诸经产生的时代。

六经存五经

先秦时代的六经，传下来的只有五经。西汉初董仲舒《春秋繁露·玉杯》篇里还是六经经名并称，文帝、武帝时期立五经博士，无《乐》博士，说明官学传授已无《乐》科。司马迁作《史记·儒林传》，也不见《乐》经之名。可见在西汉前期，《乐》已经失传，六经只存五经。

关于《乐》亡佚的问题，自来有两派意见：

一派认为，先秦的六种经书，由于秦始皇焚书坑儒，都受到很大的摧残，依靠在民间口耳相传而艰难地保存。汉初开书禁，靠口耳相传的各经才得以记录复出。由于传述者不是一家，记忆有所不同，所以各经有不同的传本。至于《乐》，它的主要构成部分是音调乐谱，不经过一定的训练是不能辨认和传习的，当时自然没有这个条件，所以到汉初时，已经无人能够传授。

另一派则认为，原本就没有《乐》经。如清代邵懿辰《礼经通论》说："乐本无经也。……夫声之铿锵鼓舞,不可以言传也;可以言传,则如制氏等琴调典谱而已。""乐之原在《诗》三百篇之中,乐之用在《礼》十七篇之中……而初非别有《乐》经也。"照他们的意见,乐是没有文字的一些乐谱,并不独立成书,汉儒传经重文字之章句训诂,未谙古乐谱,因而这些乐谱失传。

究竟原来有没有《乐》经,它是否独立成书呢?考察先秦文献,我们可以确定古有《乐》经,理由有二:一、六经之名,古有记载,它不仅见于儒家文献如《论语》、《孟子》、《荀子》等书,也见于诸子著作如《庄子》、《吕氏春秋》、《商君书》等书,可见,它是战国时期通行的古籍之一;二、它是儒家的一个独立的教学科目。孔子重诗教,也重乐教,"兴于《诗》,立于《礼》,成于《乐》",三者教学内容和教学目的不同,传授时间有先有后,先学《诗》,以后次第学《书》、学《礼》、学《乐》,它不可能没有独立的教材而仅仅作为《诗》、《礼》的附庸。

那么,《乐》是不是只有乐谱而没有文字呢?这也是不可能的。理由也有二:一、作为一个独立教学科目的教材,不可能只有乐谱而没有说明文字和理论指导的文字;二、音乐问题在先秦诸子百家争鸣中曾引起我国第一次重要的文艺论争,《论语》中有孔子的音乐评论和乐教理论,墨子针锋相对地著《非乐》,老庄学派提出"大音希声"的理论,荀子捍卫和发展儒家乐教理论而著《乐论》。在先秦流传的《乐》经,从它产生到整个流传过程,不能说其中绝无儒家音乐基础理论和乐教理论的文字。汉儒认为,后来收进《礼记》中的《乐记》是《乐经》的残文,虽无确凿的证明,却不失为可供参考的一说。

《乐》究竟为什么会失传呢?我们认为,前面所说的第一种意见,即由于秦代的严禁,《乐》因不易口耳相传而失传,这是一个方面的原因;另一方面还有西汉的历史条件和《乐》本身的原因。孔子爱好的音乐是古乐,他赞赏《韶》乐、《武》乐,整理《雅》乐、《颂》乐。《史记·孔子世家》说:"三百五篇,孔子皆弦歌之,以求合《韶》、《武》、《雅》、《颂》之音。"当时民间兴起的新乐,即"郑声",孔子认为"郑声淫",《论语·阳货》说:"恶紫之夺朱也,恶郑声之乱雅乐也,恶利口之覆邦家者。"于是,这位音乐复古者进行"正乐",他编定的音乐教材,自然对新乐采取排斥的态度。人们评论说听古乐想睡觉,听新乐不知倦。古乐庄重平板,而且又必须有相当规模的乐队,还要使用古老笨重

第一讲　经和经学

的乐器,不如新乐生动活泼感人,演奏方便,所以在战国时期古乐已经落后过时,传习者逐渐减少。秦代焚书是儒经流传的一次厄运,其中《乐》流传的困难尤大。不过,它也没有因此完全灭绝,残余的片段文字和某些乐谱还是流传下来一些,说《乐记》中有《乐经》的残文,看来是可信的,而且一直到魏晋时代,还有人演奏部分《韶》乐。问题在于,西汉统治阶级"独尊儒术",是为发展和巩固新兴地主阶级统一的封建专制国家服务的,在六经中的《诗》、《书》、《礼》、《易》、《春秋》五经,都可通过训诂和义疏的重新解释,发展改造为适用的上层建筑,而乐谱没有改造利用的可能与必要,无须费力收集整理,所以除了保存一部分残文,内容和形式都已经落后过时的乐谱,就任凭它们自然淘汰了。

西汉前期立《易》、《书》、《诗》、《礼》、《春秋》五经博士,即任命了这五种学科的专任教授,在官学传授这五种学科,从此,《乐》就从原来的儒经中消失了。

东汉的七经

封建社会的发展,向统治阶级提出加强思想统治的新要求。原有的五经内容,不能完全满足思想统治的需要,在经学这个外壳内,需要而且可能增加新内容,于是,在东汉开始增加新的"经"——由五经发展为七经。

"七经"之称,始见于《后汉书·赵典传》注引《谢承书》:"典学孔子七经……受业者百有余人。"究竟指哪七种典籍,说法却不尽一致,其出入是在五经外增加的两经,曾经有不同的主张。经过一段实验、探索的过程,到东汉通行的七经是:《易》、《书》、《诗》、《礼》、《春秋》、《论语》、《孝经》。东汉除立五经为官学外,又规定《论语》、《孝经》为学生识字后的必读书;治五经者,可以诸经并治,也可以专治一经,但《论语》、《孝经》人人非读不可,后来干脆就合称为七经。

汉代统治阶级推崇五经,着重的是利用以"君权神授"、"天人合一"为中心的谶纬神学。它的思想基础是愚民哲学,因而,需要树立一个精神上的偶像,使这个偶像成为思想的无上权威。这个偶像,他们选中了儒家学派的祖师孔子。孔子生前并不得意,死后被儒家学派奉为"圣人",是儒家学派尊奉的尧、舜、禹、汤、文、武、周公这些圣人的继承者。但是,其他学派并不买这个账,老庄学派就编造出孔子问礼于老聃的故事,有的还颇不恭敬地揶揄他。到汉代,孔子被涂上耀眼的油彩,地位被无限地拔高:他是神话中的人物,从诞生到行事都罩上神异的光圈;他是秉承天意降生救世的"超人";他是"至圣先师",道德明智的亘古第一人,地位独尊;他是"素王",天生孔子,虽然生前未登王位,却以思想学说而行一统天下之实,所以对他的意旨必须遵从。统治阶级塑造这么一个神圣的偶像,要求人们无限崇拜、无限信仰,从这个偶像口中说出的一切封建伦理道德的准则,自然不允许违背。《论语》的内容主要是孔子语录,是圣人教诲的直接记录,于是成为必须学习和尊奉的圣经。

为什么只有1799字的《孝经》也定为"经"呢?封建统治阶级重视"孝道",西汉统治者提倡"以孝治天下",从惠帝起,皇帝的谥号都加上一个"孝"字,如"孝惠帝"、"孝文帝"、"孝武帝"等等。所谓"孝道",不是单纯指尊敬和照顾父母,而是从属于封建宗法思想体系的一种严峻的伦理观念。在封建宗法社会的家庭,父亲是家长、家庭的统治者和绝对的权威,子女必须绝对顺从家长的意志而消灭自己的个性。"顺为孝","百善孝当先","孝"是最高的美德;"忤逆"则是最严重的恶行。"孝道"和"忠君"是一致的,在封建社会里,人人要"迩之事父,远之事君"(《论语·阳货》),行"孝道"的人绝不会犯上作乱。"孝道"利用人们血缘关系的亲密情感,披着敬老奉亲的温情脉脉的面纱,培养封建制度温驯的顺民和忠实的奴才,以利于维护封建宗法制度、皇权世袭制度和统治集团内部的团结。所以,东汉的封建统治阶级把《孝经》定为人人必须学习和遵从的经书,而且伪托它是孔子的作品。

唐代的九经

唐初儒、佛、道并用,各有各的用途;而礼、政、刑、教则是儒家的世袭领地。唐太宗李世民在这些领域推行促进儒学发展的文化政策,唐初完成并颁布了《五经正义》,为五经制作了标准的注释和义疏;又以五经为本,提出九经之名:《易》、《书》、《诗》、《仪礼》、《周礼》、《礼记》、《春秋左传》、《春秋公羊传》、《春秋穀梁传》。所谓九经只是把《礼记》和《春秋》各扩充为三。

《礼》原来只是《仪礼》十七篇,其内容基本上是记录周代一些礼仪的程序和形式,对封建统治阶级建立政治统治和思想统治作用不大。从战国到西汉,经过较长时期的收集和编写,完成了以政治制度为基本内容的《周礼》。东汉时,又把各种说明、解释与研究礼制的学术论文汇编成《礼记》。唐代的《五经正义》,"礼"即取《礼记》。但《礼记》毕竟成于汉人之手,不能取代原来的《礼》经,《周礼》中的官制、政制,对于唐代礼、政、刑、教的建设也有借鉴作用,因此《仪礼》、《周礼》、《礼记》三者都作为经书传习。

《春秋》经文过于简约,传注必须作较多的补充和发挥,注释疏解有相当的活动余地,各家传注便有很大的不同。从汉代传下来的《春秋》传,影响较大的有《左氏传》、《公羊传》、《穀梁传》三种。唐初的《五经正义》,选的是晋代杜预集解的《左传》。可是,《春秋》三传内容各有侧重,记事与义理有较大出入,不宜偏废。于是,采取立传为经的方式,改立《春秋》一经的三传为三经。

那么,唐前期的九经,为什么不收汉代已立为经的《论语》和《孝经》呢?《论语》基本上是孔子的语录集,它的地位随孔子的地位而升沉。在唐代前期,孔子的地位不如在汉代那么高。唐太宗李世民树立的神圣偶像是如来佛和太上老君,一方面向佛祖膜拜,一方面奉太上老君李耳为玄元皇帝和李氏的始祖。当时正处于"太平盛世"的大唐帝国,需要的是维护安定、繁荣的局面,以图长治久安。这两个偶像,一个教人逆来顺受,修行来世;一个教人脱离现实,清静无为。对唐王朝的统治,他们比鼓吹积极入世的孔子,是更加保险的。所以,孔子被相对地冷落了一段时间,《论语》也就不是人人必须诵读的经书了。

《孝经》的内容是以提倡"孝道"来维护封建宗法制,宗法制的核心是嫡长子继承制。李世民杀掉哥哥,又逼迫父亲让位,而后登上宝座。他是封建宗法孝悌观念的叛逆者。李世民死后,又有武则天长期执政,还当了女皇帝,废了太子,扰乱了父系制,更是封建宗法制的破坏者。她的政敌一直用宗法正统观念来攻击她,甚至利用人们头脑中潜存的这些意识,动员封建阶级内部的各种力量起兵"讨伐"她,她怎么会提倡危及自己存在的理论呢?从李世民到武则天先后执政七十七年,他们都不提倡《孝经》。

开成十二石经

唐玄宗李隆基消灭了韦氏统治集团,李氏复辟,号称中兴。唐王朝经历的危难,使封建统治阶级进一步认识到"以孝治天下"对于稳定天下、巩固政权的作用,所以《孝经》又被推崇。李隆基亲自到太学宣讲《孝经》,并为之作传注,倡导人人必须学习和力行。李隆基的《孝经注》传布天下,后来由宋人收入《十三经注疏》,一直通行至今。

唐中期以后,佛教风靡于世。佛家的出世思想,造成整个社会精神风貌的萎靡;而佛家"无父无君"的思想,更促使封建君主专制政权的衰颓和封建伦理关系的破坏。比较起来,佛家思想对于维护封建统治已是利少而弊多,而儒家学说既是反佛的有力武器,又能够起到振兴政治,巩固封建统治秩序的作用,弊少而利多。于是,儒学又受到重视,重被作为治国的理论基础,孔子这位精神偶像,也又受到特别的尊崇。李隆基即位后,采取调和儒、道的办法,一方面自称是玄元皇帝后裔,与佛教抗衡;一方面追封孔子为"文宣王",宣称孔、老同世,源出于一。但儒、道相比,道家思想体系的政治内涵比较薄弱,礼、政、刑、教都尊孔子。孔子又成为思想权威,《论语》也重新成为经。

唐初编撰《五经正义》,目的是统一五经的文字、训诂和义疏,作为国家考试和教学的标准本,以免传习与解释各异,无所依从。唐前期以五经为本扩充到九经。中期扩充到十一经,新增的诸经,又产生了训诂应求统一的问题。《尔雅》本是一部古代训诂的汇编,对古代经典词语较为普遍地作了解释。既然五经的"传"(《春秋》三传)、"记"(《礼记》)、"论"(《论语》)都已经立为经,这部读经传所必须翻检的辞书,正可以作为诸经训诂的共同依据而收统一之效,于是把它与那些成为经书的"传"、"记"、"论"列入同等的地位。

唐后期,文宗开成二年(837年),于长安国子监门前立石,刻十二经作为士人传习和考试的十二学科及其文字定本,称"开成石经"。这十二经就是唐前期的九经加上上述三经,它们的次第是:《易》、《书》、《诗》、《周礼》、《仪礼》、《礼记》、《春秋左传》、《公羊传》、《穀梁传》、《论语》、《孝经》、《尔雅》。

宋十三经和四书五经

到宋代,原来的十二经再加上《孟子》,便成为流传至今的十三经。

早在唐代,被称为儒学一代宗师的韩愈及其弟子李翱,积极捍卫儒家思想的正统地位,尊崇孟子是孔子的嫡派,鼓吹继承从尧、舜到孔、孟的道统。宋代阶级斗争、民族斗争和统治阶级内部斗争十分激烈,孟子的学说受到宋儒的推重,他们自称继承孔、孟和韩愈的"道统",建立了后期封建社会的统治思想体系——程朱理学。

孟子学说有几个主要的组成部分:它的仁义学说以民本思想为基础,以重民、养民、保民为纲领,以"王道"为理想,作为开明的封建政治理论,有利于缓和阶级矛盾,谋求封建统治的长治久安。它提出了一套唯心主义历史观,包括以"君权天授"和"天视自我民视,天听自我民听"为特征的天命论,"五百年必有王者兴"的天才论,"劳心者治人,劳力者治于人"的剥削合理论,为封建制度的"永存"提供了理论基础。它创始的人性论("性善论"),以及尽心、知性和"万物皆备于我"的心性之学,夸大精神和意志的主观能动作用,发展了主观唯心主义哲学,成为宋明理学家心、性、命、理之学的基础。《孟子》一书提出独立人格思想,要求人们注重道德修养,把封建道德观念凝聚为巨大精神力量,具有"富贵不能淫,贫贱不能移,威武不能屈"和"舍身取义"的"浩然之气",以天下为己任的自觉的历史责任感,持节不屈,积极有为,奋斗不息。宋儒继承和发挥孟子的这些理论原则,推崇孟子为地位仅次于孔子的儒家第二把手,《孟子》一书也就成为人人必须诵习的重要经典,与原来的十二经合为十三经。

南宋理学大师朱熹,取《论语》、《孟子》,又取《礼记》中的《大学》、《中庸》两篇,合称"四书",与"五经"相配,称"四书五经",作为士人读书的基础读本。他之所以选取《大学》一篇,是继承韩愈所提出的主张,以《大学》为政治哲学纲领,以"格物、致知、正心、诚意、修身、齐家、治国、平天下"为人生理想。选取《中庸》一篇,是继承李翱的主张,把它作为审理事物、处理问题的哲学方法。朱熹把这两篇文章抽出来与《论语》、《孟子》并举,并为之作章句注释,显然是特别推重的意思。在很长的历史时期,四书五经作为十三经的基础部分流行。明代把经书合刊,仍是刊行宋版十三经,直传至今。

现在影印的清刻宋本《十三经注疏》,注疏本如下:《周易》——魏王弼、韩康伯注,唐孔颖达正义;《尚书》——旧题汉孔安国传,唐孔颖达正义;《诗经》——汉毛亨传,郑玄笺,唐孔颖达正义;《周礼》——汉郑玄注,唐贾公彦疏;《仪礼》——汉郑玄注,唐贾公彦疏;《礼记》——汉郑玄注,唐贾公彦疏;《左传》——晋杜预注,唐孔颖达正义;《公羊传》——汉何休注,唐徐彦疏;《穀梁传》——晋范宁注,唐杨士勋疏;《论语》——魏何晏集解,宋邢昺疏;《孝经》——唐玄宗注,宋邢昺疏;《尔雅》——晋郭璞注,宋邢昺疏;《孟子》——汉赵岐注,宋孙奭疏。从这些注疏本可以看出,它们是由《五经正义》扩充到唐代九经本,再到宋代增补最后的四部注疏本,完成现行的《十三经注疏》。最早的版本是宋光宗绍熙年间(1190—1194 年)三山黄唐合刻本,现在通行本是清阮元主持校刻的善本,中华书局于 1979 年据原世界书局缩印本影印,影印前作了校勘。

十三经正文,去篇名计有 647500 多字,其中最长的是《左传》,196000 余字;其次是《礼记》,99000 余字,二者称大经;《毛诗》、《周礼》、《仪礼》为中经;《周易》、《尚书》、《公羊传》、《穀梁传》为小经;最短的是《孝经》,只有 1799 字。在《十三经注疏》中,所取《尚书》经清人确凿的考证,是伪《古文尚书》,旧题孔安国传是伪孔传,正文和传注都是晋人的伪作。虽然如此,这一部分也不是毫无价值,伪《古文尚书》中包括的《今文尚书》28 篇是真实的《尚书》,伪孔传和贾疏也有参考价值,所以清人校勘重刻,并不予废弃。

现在通行的《四书五经》,不全同于《十三经注疏》所取的传注本:《周易本义》——朱熹;《书经集注》——蔡沈注;《诗集传》——朱熹注;《礼记集说》——陈澔注;《春秋三传》集三传旧解;《大学章句集注》——朱熹注;《中庸章句集注》——朱熹注;《论语章句集注》——朱熹注;《孟子章句集注》——朱熹注。

第四节 经学研究的对象和范围

儒学和经学并非同一概念,但二者又有着极为密切的联系,常常很难把它们截然分开。

儒学和经学

儒学是一个宽泛的概念,指由孔子所创立,战国时期已经成为显学,在漫长的封建社会中又不断发展并最终成为具有完备的学术体系的一个学派。

传说孔子弟子三千,通六艺者七十二人。孔子死后,他众多的弟子和再传弟子,在社会上继续传习六经和孔子的思想学说,形成显赫一时的儒家学派。在传承过程中,儒学亦分流,所谓"儒分为八","有子张之儒,有子思之儒,有颜氏之儒,有孟氏之儒,有漆雕氏之儒,有仲良氏之儒,有孙氏之儒,有乐正氏之儒"(《韩非子·显学》)。按"孙氏之儒"即荀卿(荀况)一派。这八派中,声望最著的是孟子、荀子两派,孟子、荀子都对孔子的思想学说有所丰富和发展。孔子、孟子、荀子的思想学说,后世统称为先秦儒学,或称原始儒学。西汉经学的诸经大多自荀子传授下来。宋代以后,孟子被儒家奉为仅次于孔子的神圣偶像。两千余年的儒学,是一个动态的、包含内部矛盾的发展着的思想体系,先秦儒学则是它的基础和内核。

西汉武帝时"罢黜百家,独尊儒术",把儒学奉为官方正统学说,传播这一学说的儒家典籍被定为"经",从而兴起了历史长达两千年的经学。经学的基本特征,是以封建国家所承认并颁行的五经及其他经典作为依据,通过对它们所进行的标准的解释,作为封建统治阶级的理论基础和行为准则,从而主宰封建社会的思想文化领域。从西汉起,经学作为儒学的一种主要表现形式,曾经成为各个时代儒家不同学派的学者用以阐释他们思想学说的学术阵地,他们结合自己时代的要求,通过对诸经的阐释,提出治世的方策。

从本质上说,经学是为封建主义及其专制制度服务的上层建筑。但是,事物内部又包含着自己的对立因素,这种对立的因素在先秦儒学内部即已经明显地存在。当激烈的社会斗争推动社会改革,当由于内部的或外部的原因使封建的政治统治和思想统治面临危机,某些进步的思想家曾经与专制主义相对,不同程度地宣传了民主思想和民本思想;与唯心主义和谶纬神学相对,不同程度地宣传了唯物主义的进化论和无神论。这种情况在后期封建社会内忧外患、民族濒临危亡之时,为了救亡图存,表现得尤为明显。这些思想家,或注经,或释经,越出了封建王朝固定的樊篱。例如,明末清初思想家顾炎武、黄宗羲、王夫之都曾治经,他们都是通过注经释经的形式,呼吁社会改革和抨击专制。顾、王的书有些已被收入《清经解》正续编,其中包括顾氏的力作《日知录》,也被当作经学著述。其实,其体例和内容与一般经学著述并不相同,在儒学中也是少见的进步著作。像这样的书,我们很难把儒学和经学分辨开来。历史上许多儒学学派都和经学有着密切关系,而许多经学学派也就是儒学学派。

儒学起始于春秋末期的孔子,直到今日,仍有所谓"现代新儒学";经学则起始于西汉时代。到清末,由于封建社会的衰亡,封建国家不复存在,已经丧失了由国家颁行这些儒家经典作为理论依据和行为准则的社会条件,因而封建主义的经学也随之衰亡。现代虽然仍有对儒家这些经书的研究,则是在新基础上以新的目的进行的传统文化的研究,与过去的经学在本质上是完全不同的。

经学这一门学术,迄今已有两千余年的历史,在漫长的发展中,它的内容有训诂之学、义理之学和考据之学,下面分述之。

训诂之学

《易》、《书》、《诗》、《礼》、《春秋》五经都是先秦旧籍,文字简约。从战国到西汉,语言文字经历了几次重大变化,到汉代已经很少有人能够读懂。从字体来说,先秦先是大篆(籀文),后是小篆,汉是隶书(魏晋后又盛行楷书)。从语音来说,许多字的读音有了变化。从词汇来说,一部分词汇随着社会生活的进程而衰亡,更多的新词产生,有的词义也发生了变化;而且先秦典籍中普遍出现假借字,这有时是书写的原因,有时则是由于当时文字词语不足。大量假借字造成领会经义的困难,字句不通,文义难明。为了对这些经书的字句文义作解释,产生了诸经的"传"、"注"、"笺"、"疏"、"集解"、"正义"、"章句"等等不同体例的著述。

"传"、"注"、"笺"、"疏"、"集解"、"正义"、"章句"等,名称不同,都是注释的意思,但不同的使用情况,各有特定的含义。

"传":是传述的意思,即解释经文,阐明经义。它有三种基本形式,一种是依随经文逐字逐句解释,如毛亨《毛诗故训传》;二是阐明经典中的所谓"微言大义"(简约精微的语言含蕴深奥的道理),如《春秋公羊传》、《春秋穀梁传》;三是对经典中的纪事进行补充和描述,如《春秋左氏传》。

"注":是对经文中难解的字、句加以解释、疏通,如魏王弼、晋韩康伯《周易注》,汉郑玄《周礼注》、《仪礼注》、《礼记注》,汉赵岐《孟子注》。

"笺":是引申、发挥或补充、订正前人的传注,如郑玄以《毛诗故训传》为本,一方面对其简略、隐约之处加以补充和阐明,一方面又把不同的解释提出来,而不与《毛传》相杂,称为"郑笺"。

"疏":是魏晋以后出现的"义疏体",它的特点是依据一家之说,对经文逐字逐句逐章串讲,好像讲义式的讲疏,如皇侃的《论语义疏》。到了唐代,不但先秦文献深奥难懂,连汉人传注也不易明了,不但需要解释正文,还需要给前人的传注再作注解,如贾公彦疏郑玄注三《礼》,徐彦疏何休注《春秋公羊传》。

"正义":唐初"经学多门,章句繁杂",各家传注歧义纷繁,教学与考试都无依傍,于是贞观年间孔颖达等奉敕全面整理五经义疏,名为"正义"。"正义"的方法是每经只采一家注解为主,撰述义疏采取"疏不破注"的原则,不杂他家之说,作为标准本,名《五经正义》。

"集解":这种体例兴起于魏晋,特点是荟萃众说,不主一家之言,把诸家可取的解释连其姓名一一列出,对不妥的解释加以指正,意在取诸家之长而自成一书,如魏何晏《论语集解》、范宁《穀梁集解》。

"章句":这种体例,除了释词,还重在解释句、段、篇、章大意,如汉赵岐

《孟子章句》，除注词释句外，每章之后都有"章指"，即通释全章正文的大意。

上述几种体例，有时很难截然区别，总的都可称为"训诂"。"训诂"一词，就源于《毛诗故训传》，"故"通"诂"，《毛诗正义·周南·关雎疏》解释"诂"、"训"二字的不同涵义："诂者，古也。古今异言，通之使人知也。训者，道也。道物之貌以告人也。"简单地说，"诂"就是用今语释古语，用通行语释方言；"训"就是对文献语言的具体含义作形象的描述或说明，不仅释词，而且疏通文义，并解释语法、修辞和句、段、篇、章。后来，"诂训说成了训诂"，而且不再分开，成为语义学的专有名词，又形成整理研究古籍的一种专门学问。

对经书的"训诂"越来越要求确切有据，因而，必须对字形、字音、字义进行深入的科学的研究，于是发展了文字、音韵、训诂之学，俗称"小学"。经宋、明到清代乾嘉学派，产生了大量著述，达到兴盛的顶峰。当然，"小学"著作不全属经学，但它开始是从注经产生并发展起来的，在经学著述中历来列有"小学"一类。《四库全书总目》收清初以前的经部著述，其中"小学"类218部，2122卷。

这些训诂著述具有一定的价值：首先，使我们能够读懂古籍，如果没有历代的训诂，这些古老的文献只不过是一串串难于辨义的文字符号；其次，为我国语言学、文献学、考古学、历史学提供了重要的研究资料。所以，它们是我国文化遗产中的宝贵财富。

义理之学

五经是上古典籍，在中国封建社会的不同时期，为了使经学积极地为统治阶级的政治服务，地主阶级各方面的代表人物，都按照自己的政治观点和哲学观点，通过分析和陈述五经的内容，发挥自己的思想见解。五经文字简约，有补充和发挥的较大的余地，于是就有了所谓的"义理之学"。

义理之学有两种形式：一是在传、注、义疏之中，通过注释或串讲，随文依义地进行发挥和阐述；一是并不依随经文，而是根据自己的思想见解撰写论文，或阐明自己的心得，或评述诸经内容，或专题提出某种哲学的社会的和政治的主张。这些论文大都采用"义"、"记"、"论"、"说"等名目。

"义":就是阐明经文中某一部分的意义。如收进《礼记》中的《冠义》、《昏义》、《乡饮酒义》、《射义》、《燕义》等文章,就分别说明《仪礼》中的《冠礼》、《昏礼》、《乡饮酒礼》、《乡射礼》、《燕礼》各篇的意义。在《仪礼》中,这些篇章记载了举行这些礼仪的具体仪式和过程,这些文章则从理论上说明这些礼仪的意义。

"记":是对经文中某一问题进行解释、说明和补充。例如《礼记》中的《丧服小记》、《丧大记》、《杂记》,专记丧服丧事;《坊记》、《表记》,专记孔子言论。用"记"的形式也可以写结构完整的学术论文,如《学记》是阐述教育问题的专论,《乐记》是阐述音乐问题的专论,收进《礼记》的有四十九篇文章,内容和形式有所不同,但都可以成为独立的论文。

"论":就是分析和说明某一事理。唐代有徐勋著的《周易新论》、《春秋折衷论》,宋代有程大昌著的《禹贡论》、吕大圭著的《春秋五论》,等等。汉代桓谭著《新论》、王充著《论衡》,都撇开经义发挥自己的哲学思想和政治思想,已经突破了经学圈子。

"说":在经学著述中比较普遍,如"诗说"、"易说"、"指说"等等,大多是在前人的传注、义疏之外,又表达新的见解,提出自己的一家之言。

除了这几个名目,还有所谓"制"、"解"、"问"等,而所有这些名目,都很难截然分清,把它们理解为形式略有不同的专论就可以。

不论是通过传注随文依义的发挥,还是撰写专题论文,它们所阐发的义理,有三个明显的特点:

第一个特点,它们是封建社会的上层建筑,反映封建统治阶级的意识形态,为统治阶级的政治服务。如《春秋》首句中的"大一统",在原著中本来只是统一历法的意思,西汉今文学派为适应建立中央集权的封建帝国的政治需要,大作文章,把它们作为政治统一的理论依据。今文学大师董仲舒为加强皇权,巩固封建制度,写《春秋繁露》,创"公羊学",讲天人感应、君权神授、阴阳灾异,把原始唯物主义性质的五行说改造为唯心主义神学。宋学反汉学,因为他们已进入封建社会后期,需要振兴已被社会长期动乱以及统治集团混战所破坏的封建伦常纲纪,所以强调三纲五常,以求维护封建统治秩序。这些思想都被当时的封建统治集团规定为官方哲学,成为社会的统治思想。经学的这一部分被官方推重的"义理之学",也是糟粕最多的。

第二个特点,经学有不同学派,不同学派有不同的思想,曾经长期进行各家各派的义理之争。从纵向来看,社会进入新的发展阶段,反映这个时代政治要求的新学派反对旧学派所代表的落后的过时的思想体系,所以宋学反汉学,清代新汉学又反宋学。这不是简单的历史循环,而是有时代新内容的思想发展。从横向来看,每个时期也都存在着不同学派的思想斗争,反映了地主阶级不同阶层和集团的进步与落后、革新与保守之争。在各派的思想斗争中,常常会反映出某些进步的、正确的观点,包含着有价值的思想资料。

第三个特点,经学是在与各种"异端"思想的斗争中发展的,而同时它又不断吸收和融汇外部的学说。在中国思想史上,从先秦时期起,各家学说有斗争,又有融合。以经学而论,董仲舒创始西汉今文学,就有孟子学说与阴阳五行学的融合。魏晋时期玄学思想是主流,儒家一方面批评老庄的玄虚和脱离现实,坚持经世致用;一方面又吸取了玄学大师王弼所注的《周易》和何晏所注的《论语集解》。王弼完全抛开汉儒的"象数",而取老庄的玄理说《易》,弥补了儒学所缺少的哲学部分。唐、宋儒学学者对风靡社会的佛教思想进行了有益的批判,那些深刻的反佛教思想至今仍是有力的,但他们也吸收了佛家禅宗的某些思想,成为宋明理学的构成因素。

一部经学史,是儒学内部学派以及与外部学说互相斗争和互相影响的历史,我们可以从中看到中国思想发展中的许多重要思想资料。在对落后的乃至反动的思想的批判中,我们可以得到一些正确的、有价值的东西,作为历史的借鉴。从以上的分析来看,经学的义理之学不可全部抹煞,其中有一部分还是有价值的。

考据之学

对经学的研究日益深入,考据、辨伪、校勘、辑佚等学术都发展了起来。阅读经传,常常会遇到一些已属于历史的名词,不知它们究竟是什么东西;也经常会遇到古代的典章制度、人名、地名或史实方面的问题,这些问题不弄清楚,往往影响对文献的正确领会。例如,孟子主张的井田制,是否在上古实行过,其具体形态如何?就是一个重要的问题。弄清这类问题,需要查证大量文献资料或文物资料,以确凿的证据予以说明。这就是考据学,又称考证学。

辨伪,就是研究经传等典籍所标榜的写作年代、作者及内容是否真实。古人"好古"、"迷古"成为风尚,著作时常托古;又好盗用古人的名义,假托周公、孔子甚至假托伏羲所作,用古人的亡灵抬高典籍的权威性来欺世惑众。例如:《易卦》托名伏羲画,《周礼》托名周公作,《孝经》托名孔子作,都不是事实。《十三经注疏》中的《尚书》及旧题孔安国传,经过明、清几代学者辨别,证明它不是汉代所发现的古文《尚书》和真正的"孔传",而是东晋人欺世盗名的伪作。这一项辨伪的成绩,就打倒了一部千年尊崇的圣经!古籍文献如果时代混沌、真伪难分,就不能作为可靠的研究材料。辨伪就是鉴别材料的真伪,为科学研究提供真实的材料。

校勘,也叫"校雠"。经传古籍流传久远,由于字体演变,简牍钞刻,文句难免发生讹误;简册保存久了,串简的绳子一断,又会发生错简或脱漏。所以读经传古籍,要挑选文字错误较少的善本。许多学者收集各种版本,比较异同,选择一个较好的底本,根据该书的内容、体例、文字、语法原则,参照诸本逐字逐句细心勘校,改正讹错,补充缺漏,订正顺序,整理出一个比较完善的本子,以免以讹传讹。乾嘉学派许多考据学者及近代的陈垣等学者,都是校勘专家。

辑佚,是搜辑亡书。有些古书,在文献里只有书名,原书失传,而我们在研究工作中有时又需要参考它们。怎么办呢?这些书虽然原书亡佚,可是往往在类书或其他古籍中有引用的篇章、片断或片言只语。把这些篇章、片断或片言只语细心搜集,就可以使这本书全部或部分恢复。《四库全书》中的有些古书,就是从明代大型类书《永乐大典》里完整地辑录出来的,从而保存了一些文献。汉代《诗》有四家,后来《毛诗》独传,三家亡佚,从宋代开始,经过几代人搜辑,到清代陈乔枞《三家诗遗说考》和王先谦《诗三家义集疏》集搜辑之大成,虽然仍不是三家诗全貌,已可对三家诗有基本的了解,为我们研究《诗经》学提供了重要材料。清代辑佚工作成绩最大，凡是从古书中能够搜辑的，基本上都已经搜辑。

考证、辨伪、校勘、辑佚，可以统称为考据之学。当然，不仅经学，史学和诸子之学也都有考据之学，不过，凡关于诸经的考证、辨伪、校勘、辑佚的著述，历代的丛书和古典目录学家都把它们归在"经部"之内，对这一部分，我们也可以把它们作为经学的分支。

考据之学在整个科学研究中是不可缺少的，它为科学研究准备和提供真实可靠的材料。我们承认考证的每一个发现，每部古籍作者与时代真伪的辨识，每一种善本的校勘和完成，每一种佚书的搜辑，都经过艰苦的科学研究，因而，我们尊重前人的劳动，承认它们的价值，利用这些成果。但是，科学研究的目的，是通过对大量确凿的事实和材料的分析，认识事物的本质和规律，并拿这种对于事物规律性的认识去改造世界。因此，考据之学又毕竟只是整个科学研究的一个部分，属于史料学范畴，为高层次的研究作准备工作。所以，我们既承认考据之学的重要作用，又不能把它们看作科学研究的终结，反对为考据而考据，反对脱离实际的烦琐哲学。

经学丛书

研究经学应该读哪些经学原著？怎样找到这些书？历代经学著述极为丰富，前人已经有重点地编选了几套丛书。

《十三经注疏》是自宋代以来通行最久、影响广泛的经学基本丛书，选《周易》、《尚书》、《诗经》、《周礼》、《仪礼》、《礼记》、《左传》、《公羊传》、《穀梁传》、《论语》、《孝经》、《尔雅》、《孟子》。最早的版本是宋光宗绍熙年间（1190—1194年）三山黄唐合刊本，现在通行本是清阮元主持校刻的善本。

《四书五经》是把朱熹编选注解的"四书"（《大学章句集注》、《中庸章句集注》、《论语章句集注》、《孟子章句集注》）与"五经"（《周易本义》、《书经集注》、《诗集传》、《礼记集说》、《春秋三传》）的合编。这套书自元明以来长期流传，影响广泛，是士人读经的基本读本，它包括了十三经的核心部分，比十三经内容简约，注释较易明了，所取注疏与《十三经注疏》有所不同。一经有多种注疏本是好事,可以使人们择善而从,并为我们提供不同的见解,让我们继续研究。这套简易丛书,现有通行本。

上述两种丛书只是经学的基本读本,深入研究则要选读其他的重要著述,利用以下的大型丛书。

《四库全书》是清代前期编纂的规模巨大的丛书,其中共著录"经部"书籍1773部、20427卷,基本上包括了清乾隆以前,即18世纪初叶以前重要的经学著述。利用这部丛书时,可根据个人的研究方向,分类检索自己需要的书籍,共分十类:《易》类484部、4141卷(包括附录和存目,下同),《书》类137部、1096卷,《诗》类147部、1864卷,《礼》类223部、3719卷,《春秋》类233部、3134卷,《孝经》类29部、70卷,《五经总义》类75部、960卷,《四书》类163部、2070卷,《乐》类64部、774卷,《小学》类218部、2122卷。《四库全书总目》对著录的书籍均写有序录,说明该书的时代、作者、版本流传及校勘情况,并撰有内容提要和原著得失评述,文字简明扼要,内容有较高的学术价值。

《通志堂经解》,又名《九经解》、《传是楼经解》,为清初纳兰性德和徐乾学于17世纪后期刊刻,收比较罕见的唐、宋、元、明经解著作139种、1718卷,其中以搜集宋、元的传本著称。

《皇清经解》(简称《清经解》)正续编,正编一名《学海堂经解》,为清道光年间阮元(1764—1849年)汇刊,收清代学者经学著述188种、1408卷,以汇集乾嘉学派考据学著作为主。续编为光绪年间王先谦(1842—1917年)汇刊,补正编遗漏,又集乾嘉以后迄近代的经学著述共209部、1430卷。正续两编共收397种、2838卷,可说是集清代经学主要著述之大成。

上述几种丛书,基本上汇集了历代比较重要的经学著述。新近编纂出版的《中国丛书综录》,分类著录了各种丛书所收书籍的书名及作者。检索这部《综录》,就能知道每部丛书都有哪些书、为何人所著,或者你所需要的书收进哪部丛书,按图索骥,可以顺利地得到。

清代朱彝尊撰《经义考》,是考证经籍比较完备的目录学著作,全书300卷,初名《经义存亡考》。这部书,把历代经学著述按经分类编目,每一书目之前,列撰述人姓氏、书名、卷数,次则说明该书或存、或阙、或佚、或未见,并附原书序跋、诸家评论以及朱氏本人所作考证的按语。其后,翁方纲等撰《经义考补正》12卷,补本书的略漏讹误。《经义考》对研究经学很有用处。如果研究各个时代经学著述的情况,可以阅读各部正史的《艺文志》和《经籍志》,其中以《汉书·艺文志》和《隋书·经籍志》的学术价值较高。

近代经学研究的主要著作,有今文学家皮锡瑞的《经学历史》和《经学通论》,古文学家刘师培有《经学教科书》。皮著已由中华书局重行排印,分别于1959年、1954年出版。刘著有1926年商务印书馆本。这几部著作汇集了不少材料,但观点已陈旧。

现当代学者评介经学的著作不多,比较有影响的有蒋伯潜《十三经概论》(1983年上海古籍出版社据世界书局1944年本重印)、范文澜《群经概论》(1928年朴社本)、《经学讲演录》和《中国经学的演变》(收入1979年中国社会科学出版社《范文澜历史论文选集》)、《周予同经学史论著选集》(1983年上海人民版)则收进了周氏20年代至70年代的经学论著。这些著作有较新的观点,而且侧重于对经学的评介,可以作为学习与研究经学的入门读物。

第五节　经学主要流派的发展
——汉学系各派

经学是在先秦儒学的基础上发展起来的,随着封建社会的发生、发展和没落,随着各个朝代的兴盛衰亡,封建统治集团对上层建筑提出不同的要求,经学的内容也处于不断改造和发展的过程。在不同的历史时期,地主阶级的不同阶层和集团,都根据本时代的客观条件和本身的利益,一方面继承经学以往的传统,一方面吸收外部学说的新成分,对经学内容进行发展和改造。两千年的经学发展,是随着时代发展而不断发展的历史,是与各种外部学说不断斗争和融合的历史,是它的各个流派不断斗争和融合的历史。自始至终,它充满着新与旧、革新与保守、进步与落后的矛盾斗争。

封建社会的经学,按时代划分,可以分为三个大的体系:汉学(汉至唐)、宋学(宋至明)、新汉学(清)。每个体系都有几百年兴盛时期,成为那个时期统治阶级的统治思想。在它们的发展过程中，各个体系又包含不同的学派，有不同的学术思想，有它们对中国文化的贡献。

在中国经学史上，从西汉到唐代，共延续一千一百余年，属于汉学系时期。在这个较长的历史时期，随着社会政治的发展，汉学系内部先后有过两汉时代的今文学与古文学之争，魏晋时代的郑学与王学之争，南北朝时代的南学与北学之争，到唐代完成汉学的统一。

汉代今文学与古文学之争

秦代的"焚书坑儒"曾给予儒学以沉重的打击，然而文化的传承与发展是任何暴君的刀与火所不能灭绝的。儒学中的荀子学派没有受到最严厉的打击，孟子学派也未被杀绝，他们在社会上仍有潜在的影响，艰难地在民间保存着他们的"经书"。西汉初期，惠帝时(前194—前188年)废"挟书律"。书禁一开，"百家之书辄出"，儒学的传授又有了合法地位。文、景之世(前179—前141年)朝廷广开献书之路，搜求旧典，发掘古籍，始设博士。据《汉书》载，文帝使晁错从伏生受《尚书》(《晁错传》)，使博士作《王制》(《郊祀志》)，又置《论语》、《孝经》、《尔雅》、《孟子》博士(赵岐《孟子题辞》)，使韩婴为《诗》博士；景帝时，辕固生为《齐诗》博士，董仲舒、胡毋生为《春秋》博士(均见《汉书》本传)[①]。在西汉初期，儒学开始受到重视。

雄才大略的汉武帝(前140—前87年)为巩固统一的中央集权制封建国家，采纳董仲舒(前179—前104年)的建议，确立了"罢黜百家，独尊儒术"的文化政策。《汉书·儒林传》说："自武帝立五经博士，开弟子员，设科射策，劝以官禄，迄于元始，百有余年，传业者浸盛，支叶蕃滋。"把儒家学派的典籍由国家正式定为"经"，规定为教学的科目，并根据学习成绩选拔官吏，是从西汉武帝时开始的。于是儒家学派成为被尊崇的官方学派，儒学变成了经学，其学说成为汉王朝的统治思想。

《汉书·艺文志》说，当时"建藏书之策，置写书之官"，即设置收集、整

[①] 《困学纪闻》谓文帝立一博士，考之汉史，所闻不实。

理、书写图书的专门机构,配备专职人员进行工作。当时整理的写本,为了传授的便利,都用汉代通行的文字——隶书书写,称为今文经。

汉武帝设置五经博士,原来有八家:《诗》博士为鲁、齐、韩三家,《书》博士为欧阳生,《易》博士为田何氏,《礼》博士为后苍氏,《春秋》博士为董仲舒、胡毋生。而在五经中最受重视的却是《春秋公羊传》。西汉儒学大师董仲舒治《公羊》学,他在孔子"春秋大一统"思想的基础上,把儒学与阴阳五行学相结合,把儒家仁义学说与黄老刑名之学相结合,完成了对先秦儒学的巨大的加工和改造,适合已经完全取得统治权力的西汉地主阶级的政治需要,创始了西汉今文经学。这个思想体系以"大一统"和"君权神授"为中心,贯穿着仁义学说和礼乐和合思想。它可以作为封建专制主义的理论基础,可以调节尖锐的阶级矛盾,因此特别受到统治阶级的尊崇。西汉统治阶级的尊儒,从本质上说是尊崇董仲舒的《公羊》学,要求把它的基本思想贯串于各经的解说。

在当时,某一经的大师,对本经的解说能够适合专制统治者的要求,便可以立为博士(类似近代的教授或顾问),或委任朝廷和地方的要职。因为这是一条利禄之道,所以趋者若鹜。谚语说:"遗子黄金满籝,不如一经。"[1]于是今文经学的思想体系渗透诸经经传。今文经学兴盛一百余年,是西汉的官方哲学。汉人重家法,今文经学各家传授不同,同一经书的文句和解说互有差异,后来立了十四博士——《易》博士三:施氏(施雠)、孟氏(孟喜)、梁丘氏(梁丘贺);《书》博士三:欧阳生、大夏侯(夏侯胜)、小夏侯(夏侯建);《诗》博士三:鲁诗、齐诗、韩诗;《礼》博士三:大戴(戴德)、小戴(戴圣)、庆氏(庆普);《春秋》博士二:颜安乐、严彭祖。这十四个博士是西汉今文经学的代表,所以西汉今文经学又称十四博士之学。

古文经学起于西汉后期。西汉历代统治者都广开献书之路,多方搜求古书,皇家"秘府"(国家图书馆)"百年之间,书积如山"[2]。河间献王刘德和孔子后裔孔安国先后献上据说是孔子故宅夹壁中发现的先秦经卷,刘向(前

---

[1]　《汉书·韦贤传》。
[2]　王先谦《汉书补注》引何辉《文选》注三十八引刘歆《七略》。

77—前6年)、刘歆(约前53—23年)父子整校秘府图书也发现一部分先秦经卷。这些经卷都是用先秦通行的小篆文书写,所以称为古文经。

古文经和今文经不只是书写的文字和读法不同,文字训诂和内容解释也有很大的不同。古文经学者攻击今文经经文和训释的讹误,今文经学者攻击古文经是"伪造",形成两个对立的学派,进行长期的激烈斗争。这场斗争大体上分为前后两个阶段:从西汉后期到东汉中叶以前是前一个阶段,今文经是属于统治地位的官学,古文经是私学,但它在民间的影响不断增长;东汉中叶以后是后一个阶段,古文经学压倒今文经学,古文经学兴盛,而今文经学衰落。所以发生这样的变化,有政治方面的原因,也有学术方面的原因。

如前所述,西汉统治阶级尊崇今文经学的封建专制主义的政治理论以及以"君权神授"为中心的谶纬神学。古文经学却较多地保存先秦儒学的内容,它赞颂西周政治理想而表现出复古倾向,很少神学迷信成分,不完全适合统治阶级的政治需要。所以,刘歆等建议把古文经《左传》、《毛诗》、古文《尚书》、《周礼》列为学官,受到今文经学派的激烈反对,不被统治者采纳。王莽(前45—23年)篡权(8—23年在位),借《周礼》托古改制,立古文经五博士。王莽倒台后,古文经的官学地位又被取消。从西汉末年到东汉初不断爆发农民起义,沉重地打击了地主阶级的统治,虽然刘秀(前6—57年)曾利用谶纬神学建立了东汉豪强地主阶级的新政权,而面对日益尖锐的社会矛盾,不能不适当采取一些缓和矛盾的措施,以释放奴婢、赈济贫民等手段来解决紧迫的社会问题。这样,也就有必要收揽和利用古文经学派,所以古文经学渐受重视。与此相反,今文经学以谶纬神学为其思想基础,谶纬神学以极端唯心主义为基础,专制统治者可以利用它宣布自己"受命于天",但任何人也都可以任意编造来利用。刘邦、刘秀可以利用它建立西汉、东汉王朝,王莽可以利用它篡权,农民也可以利用它发动暴动,后来的黄巾农民暴动就是明证。在统治集团力量衰弱的时期,谶纬神学不再是维护统治集团利益的意识形态,反而成了影响其生存的危险的东西。因而,今文经学失去政治上的支持。

在学术方面,今文经学在二百多年的发展过程中突出两个特点:一是神学化,阴阳五行学与谶纬相结合,妄诞的迷信成分日益增多,在学术上越来越站不住,为有识之士所不取;二是烦琐化,今文经师为了博取利禄,迎合上意,炫耀才华,解释经文无休止地比附引申,如释《尚书》首句"曰若稽古"四个字,用了三万字;一部齐《诗》多至百万言,支离蔓衍,大搞烦琐哲学。《汉书·艺文志》说当时读书费劲:"幼童而守一艺,白首而后能言。"他们一辈子念一本经,又全是些无用的东西,后来连几代封建皇帝也厌恶今文经学的烦琐,下令"正经义"、"省章句",可是腐朽的今文经博士只会记诵章句,不会概括大义。① 今文经学已不能产生有价值的学术成果。东汉录用官吏实行征辟,取禄用不着再读今文经,这些无用而又难学的东西,也就很少有人愿意学习,它无可挽救地没落下去。相反,古文经学的特点是"通训诂,明大义",简明易学,内容也比较充实丰富,在与今文经学的斗争中产生了一些有卓越成就的著名学者,对中国文化的发展作出了重要的贡献。

首先是王充(27—约 97 年),他以朴素的唯物主义观点,有力地批判了今文经学的思想基础——谶纬神学,发展了中国的古典唯物论。古文经学派的文字学大师许慎(约 58—147 年),著《说文解字》。他收集西周籀文、战国小篆、古文共 9353 字,解说它们的形、音、义,从而把古文经学的训诂建立在比较坚实的基础上,促进了古文经学的成熟。古文经学派还出现了一些古文今文博通的大师,如郑众、卫宏、贾逵、马融等,都名震一时,有著述传世②。东汉古文经学的最后一位大师是郑玄(127—200 年)。他集汉代古文经学之大成,又兼通今文经学,以毕生精力,在考订训诂的基础上为《易》、《书》、《毛诗》、《仪礼》、《礼记》、《论语》、《孝经》、《尚书大传》等群经作笺注。他的笺注,打破西汉以来的师法、家法,以古文经学为本,而兼采今文经学一部分可取的内容杂糅进来,实现了今文、古文经学的合流,自成一家之言,称

---

① 汉章帝建初四年(79 年),为正经义、省章句,章帝亲自主持,召集群儒讲议五经,制定今文经学的政治学提要(即《白虎通义》),可是今文博士只能记诵章句,不会概括大义,只能讲一经,不能兼通诸经。结果,《白虎通义》由古文学者班固编撰。

② 郑众(?—83 年)著《春秋难记条例》、《周礼解诂》。卫宏著《尚书训旨》。贾逵(30—101 年)著《左氏解诂》、《周礼解诂》、《经传义疏》。马融(79—166 年)著《三传异同说》,注《诗》、《书》、《易》、《三礼》、《论语》、《孝经》。

为郑学。东汉以后,郑学为天下的崇学,结束了两汉今文经学与古文经学的斗争。

今文经学派与古文经学派争夺学术思想统治权的长期斗争,是地主阶级内部不同集团的斗争,反映地主阶级当权派与在野派对于权力再分配的角斗。它们在斗争中的升沉,始终与政治斗争密切联系,也与它们本身的学术成就相联系。从本质上说,它们都属于为地主阶级利益服务的封建文化,含有封建的糟粕,而作为历史的文化过程,它们又对古代文化的发展作出一定的贡献。以谶纬神学为基础的今文经学,糟粕是比较多的,而成为其主体的《公羊》学,两千年来,对历代托古改制的改革派曾起着积极的影响。流传后世的今文《尚书》、《仪礼》、《礼记》、《公羊传》、《穀梁传》、《韩诗外传》等,都是今文经传,具有历史资料和思想资料的价值。古文经学的纲常礼教是害人的,而它较多地保存了孔孟的先秦儒学,其中比较优秀的思想成分,曾经激励许多仁人志士奋不顾身地为实现开明封建社会的理想而献身。流传后世的《左传》、《毛诗》、《周礼》,都是极有价值的历史文献。古文经学"通训诂,明大义"的基本原则,对古文献的整理和流传起到不可磨灭的作用。它对经传文字、音读、训诂进行浩大的科学研究,为汉民族的语言文字学奠定了良好的基础。

魏晋的郑学与王学之争

从汉末开始,中国进入几百年分裂动乱时期。旧的封建秩序遭到破坏,以封建政治伦理观念为主要内容的儒学,失去政治和学术思想的统治地位。魏晋时代玄学兴起,清谈玄理为一代学风。南北朝佛教盛行,统治阶级提倡讲译佛经。经学进入衰落时期。不过,儒学在文化传统上有深刻影响,仍为统治阶级的政治和教育所需要,因为如果只是谈玄讲禅,封建国家机器便不能运转,所以统治阶级政权认为经学还是不可缺少的。

在魏代,郑学为天下所宗。统治者最重视郑注三《礼》,目的是以其为本,建立魏王朝的国家制度,并在大动乱之后恢复封建社会的统治秩序。在皇帝的亲自提倡下,郑玄学派在郑注经传的基础上继续融合古文经学和今文经学之长,充实发展诸经义疏。魏代是郑学兴盛发展的时代。

原来古文学派大师马融的后学王肃(195—256年),是魏国的经学家。他攻击郑学破坏了古文经学的家法,而标榜纯古文经学。他排斥郑注经传,而依据马融的经说为古文经重作注解。王肃罗致了一批学者,形成王肃学派,王学与郑学进行长期论争。由魏入晋,王肃成为皇亲国戚,他是晋武帝的外祖父,政治地位上升,凭借外戚的显赫权势,王学压倒郑学取得胜利。西晋是王学得势的时代。

王学在与郑学的斗争中采取了卑劣的手段。王肃标榜纯古文经学,但在论争时,凡郑学采古文经说的,他依今文经说来反驳;凡郑学采今文经说的,他依古文经说来反驳。为了盗用孔子的名义,他伪造《孔子家语》、《孔丛子》二书,而且伪造了孔安国《尚书传》、《论语注》、《孝经注》以互相证明,假托孔子之言,攻击郑学不合孔子之教。为了建立自己学派的统治地位,他还利用政治权力排斥郑学经传,推行王学经传,树立学术霸权。

郑学与王学之争进行了一百多年。其中,伪古文《尚书》与孔传,是郑、王两派争论的重点。郑学的特点是博采今文、古文众说,充实和提高经传义疏;王学的特点是在理论上坚守已经落后的纯古文家法,实际上是追求个人和小集团对思想学术的垄断,表现出明显的抱残守缺的保守倾向。王肃学派写了不少著作,但后来全部消灭,我们现在只能从《隋书·经籍志》和辑佚书中,约略地看到它们的眉目。这说明:那些依靠权势推行的东西,只能流行一时,一旦失去政治靠山,它们的生命也就终止了。至于郑玄的笺注,它在学术价值上确实超过王学,虽然受到压制和攻击,但在东晋时又恢复其影响,并流传后世成为天下通行的传本。

郑学所表现的博采众说、自由研究的学风,对经学的发展起着推动的作用。魏晋时代兴起的玄学盛行于世,玄学的影响在这时开始渗入到经学中来。玄学大师王弼作《周易注》,他完全抛开汉人的"象数",而取老、庄的玄理说《易》。另一玄学大师何晏(约193—249年)著《论语集解》,杜预(222—284年)作《春秋左传集解》,范宁作《穀梁传集解》和《尚书集解》,都比郑玄博采今古文又前进一大步。他们从儒学外部吸取思想资料,把玄学溶解到经学之中,以经学为本体,而吸取外来的成分作为补充,从而使经学不断发展。

南北朝的南学与北学之争

南北朝时期,汉族在江南建立了政权,汉族文化中心移到南朝,北朝为少数民族政权统治。这个时期的经学,主要是南学与北学之争。

《北史·儒林传·序》对南学、北学流传的经传作如下记载:

> 江左,《周易》则王辅嗣,《尚书》则孔安国,《左传》则杜元凯;河洛,《左传》则服子慎,《尚书》、《周易》则郑康成;《诗》则并主毛公,《礼》则同遵郑氏。

江左,指南朝,传习王弼的《易》、杜预的《左传》、孔安国的《尚书》,是继续魏晋时期融合了玄学的新的经学。《隋书·儒林传》概括它的特点是:"南学简约,得其英华。"指它继承前人开展自由研究学风,坚持训诂简明,注重阐发义旨,不墨守一家一派,既有取于郑学,也取于王学,并兼采玄学。

河洛,指北朝,传习经传除服虔的《左传解》,均以郑玄的笺注为本,它们墨守郑学的成说,没有新内容。《隋书·儒林传》概括它的特点是:"北学深芜,穷其枝叶。"指它在章句和细微枝节上下功夫,训诂越来越艰深烦琐,内容僵化、缺乏生气。

南学与北学之争,争论的中心是郑学是否还要继续发展的问题。北学继承郑学,把它僵化了,表现出保守的倾向;但它不处于汉民族文化的中心地区。南学既继承传统,又不断研究、吸收外部的新的成分,体现了经学的继续发展,是当时学术发展的主流。它们之所以没有取得重大的、突破性的成就,是受到社会动乱、国家分裂的时代限制,与整个经学的衰落密切相关。它们的书早已亡佚,一些片段的研究成果,后来被吸收、融汇进唐代的经学。

唐代经学统一的利弊

隋代结束了国家长期分裂的局面,唐代建成统一、强盛的封建国家。灿烂的唐代文化,达到中国封建文化的高峰。唐王朝思想文化统治的基本国策是儒、佛、道并用,而在礼、政、刑、教方面推重儒学。开国之后,朝廷推行一系列促进儒学发展的文化政策,如开馆延聘学者,广设学校传授五经,恢复科举考试经义等,为经学的复兴提供了充分的政治条件。

在国家统一的局面下,长期分立的南学、北学渐趋合流。隋代著名学者刘焯、刘炫都精通南北二学,门生弟子遍天下。他们的弟子孔颖达(574—648年),奉敕主持完成了经学的统一工作。

经学的统一,是当时社会发展的需要。自汉代以来,经学在八百年发展过程中有许多流派,师法多门,义疏纷纭,章句烦杂,经文互有出入,官学传授,考试取士,都没有一致的标准。为了推行国家的文化教育政策,必须进行经学的统一。于是,开国之初,就在国家统一领导下组织力量,选拔人员,对自西汉以来流传下来的各种经传进行比较、整理和研究,编纂统一的标准本通行天下。这项工作有三个主要内容:

一是考定五经定本。比较诸经各家传本,一经选择一种最优秀的传本为底本,参照各种传本和古籍进行考证校勘,撰成定本。颜师古(581—645年)奉命考订撰成的五经定本,完成了五经文字的统一,颁行为全国法定的标准本。从此,五经文字完全固定下来,不再产生因文句不同而解释各异的弊病,传授和研究有了共同的依据。

二是统一五经文字音训,汉语言文字学在隋唐之际有了重大成就,陆元朗(德明,550—630年)综合汉、魏、六朝文字音训研究成果,考证斟酌,历时二十余年,撰成《经典释文》(30卷)于唐初问世。这部语言学著作继东汉《说文解字》以后,集汉魏以来音训研究之成果,考述经学传授源流,采集二百三十余家学者所注五经文字的音切和训诂,使五经的文字每字都有音切和训义,作为音训的标准。

三是统一五经义疏。国子祭酒(国家最高学府总管,类似唯一的国立大学校长)孔颖达,奉敕领导一批学者分工撰述五经义疏,于公元652年完成《五经正义》(180卷)。这部巨著是由许多学者执笔的,所以内容略有彼此互异之处,署名孔颖达,因为他总其成,如同我们现在所说的"主编"。《五经正义》撰述的方法,是选择当时最好的传本作底本,采取"疏不破注"的原则,保留原本笺注，又经过考订研究，为旧的笺注再作疏解。

唐初撰写《正义》的时代，汉学系在汉、魏以来四个多世纪中已经积累了各家各派的丰富成果，整个学术领域在语言学、考古学、历史学等方面都有很大进步，有条件解决过去阙疑或误解的一部分问题。所以《正义》的疏解，较过去的笺注有所充实和提高，它体现了汉学系经学在新历史条件下的总结和发展。《五经正义》中以《毛诗正义》和《礼记正义》最好。《尚书正义》用孔安国的《书传》，经后人考证是伪书，但唐人尚不能辨识。《周易正义》和《左传正义》分别依据魏晋玄学家的传注，表现了经学对于玄学哲学思想的吸取。《五经正义》是汉学系最好的注疏本，长期流传不衰。孔颖达编定《五经正义》，又将颜师古的《五经定本》、陆德明的《经典释文》合编在一起，由朝廷颁行天下。从此，诵读五经和考试取士，经文必须依据《定本》，音训必须依据《释文》，义疏必须依据《正义》，从文字到义疏都有了统一标准，以往各派的异文异说一律废止。于是，自西汉以来的经学各派归于统一。

任何事物都包含着内部矛盾，有其正、反两个方面，并在一定的条件下向它的反面转化。汉学和经学的统一，同时又是汉学系经学研究的终结。

人类的认识总是不断地由浅入深、由片面到全面、由低级向高级发展，这是认识的规律。《五经正义》的整个思想体系体现了唐初封建统治阶级的要求。它的义疏，还有许多封建主义和唯心主义的东西；它的音切训义，限于当时的语言文字学和历史考古学的水平，有一部分并不确切。它的经文定本，仍然有个别的脱简错简、通假和传抄讹误未曾校正。封建统治阶级运用国家权力，把它的经文、音训、义疏规定为唯一的标准，一字一义不可改易，否则就被称为"异端邪说"，这就使它成为僵化的教条，汉学系经学也就停止了发展。

中唐以后，唐王朝由盛而衰，统治危机四伏，僵化的汉学已不能起到为其基础服务的作用，而佛教、道教思想风靡社会。如何发挥经学为封建制度积极服务的作用，如何回答佛教和老庄思想的挑战，以韩愈（768—824年）为代表的正统的儒学思想家及其弟子李翱（772—841年），举起反对佛、老的旗帜，先后提出以《大学》、《中庸》为纲领的理论体系，要求继承从尧舜到孟子的"道统"，对儒学进行改造。也有学者经过独立研究，对《正义》的义疏提出质疑,要求重新审议和解释(如成伯玙《毛诗指说》)。他们承先启后,成为宋代经学革新的先驱。

第六节 经学主要流派的发展
—— 宋学系各派

宋代进入后期封建社会,已经僵化的汉学已不再适应维护封建统治的要求。宋代的政治家、思想家们,针对自己时代的社会矛盾重新解释五经。由于经学是他们从前代继承下来的主要遗产,其中的基本原则和许多思想资料仍然是有用的,只要经过改造,就可以有效地继续为巩固封建统治服务。为了重新解释,他们提倡自由研究。从经文、训诂到义疏,他们对汉学经传全面提出质疑,兴起充满怀疑精神的思辨学风。思辨学派与坚守汉学体系的汉学派经过长期论争,完成了经学向宋学体系的转化。总的来看,程朱理学和陆王心学是宋学两大流派,元明经学是宋学的继续,明代河东学派与姚江学派之争,是唯心主义内部不同流派之争。理学末流空谈成风,学术空疏。

思辨学派

宋代社会存在的阶级矛盾、民族矛盾以及统治阶级内部矛盾都十分尖锐。农民武装斗争的烽火燃烧不熄,封建统治阶级在暴力镇压的同时,需要"仁德"的面纱来缓和社会矛盾。少数民族的入侵,使统治阶级必须利用"尊王攘夷"的旗帜来动员社会力量保卫其统治。经过五代十国的长期动乱,各族各派贵族集团和大小封建割据势力的混战,破坏了封建伦理纲纪,必须重整纲常礼教。在这样的时代要求下,宋王朝巩固统治的基本方法之一,就是提倡尊孔读经,以经义论策来重用文臣。所谓经义论策,就是从儒经中引申出解决现实社会矛盾的政策和策略。所以,宋代的政治家和思想家,尽管属于不同的政治集团或派别,都按照自己的政治主张来解释五经。

推行变法革新的王安石(1021—1086年),为了给变法制造舆论,依托五经创立"新学"。他贬讥《春秋》是"断烂朝报",著《三经新义》重新解释《书》、《诗》、《周礼》。司马光(1019—1086年)是王安石的反对派,他反对"新学",但也作出不同于汉学的经解,著《易说》、《书仪》、《孝经指解》、《大学中庸义》。他甚至作《疑孟》,怀疑《孟子》非孟轲所作。欧阳修(1007—1072年)著《毛诗本义》,始创宋人对《毛传郑笺》和《诗序》的怀疑;又著《易童子问》,明确提出《易》的"十翼"不是孔子之作。苏轼(1036—1101年)著《易传》、《书传》,苏辙(1039—1112年)著《诗集传》、《春秋集解》。唯物论哲学家张载(1020—1077年)著《易说》。……他们或是政团领袖,或是名震一时的大家,都对汉学的义疏提出异议,创立新说,汉学不再是必须信从的了。

从北宋初期兴起的思辨精神,发展为风靡一代的怀疑学风,到南宋时形成强有力的思辨学派,或称怀疑学派。他们不承认《五经正义》的"标准"性,认为整个汉学体系存在许多错谬和缺陷,要求开展自由研究,通过语言文字的和历史的考证进行辨证。他们大胆怀疑,对汉学的经文定本、笺注、义疏全面质疑,对其中谬误展开猛烈攻击。例如,郑樵(1103—1162年)提出废除《毛诗序》;朱熹(1130—1200年)也直言"《诗序》坏《诗》";孙复撇开《春秋》三传而另作《春秋尊王发微》;对长期被尊奉的《古文尚书》,朱熹怀疑它的真实性……思辨学派以求实的精神,有力的辨证,从根本上破坏了汉学体系的权威地位。

由思辨学派开拓的宋学,它的训诂和义疏,较之汉学有很大的进步。训诂简明,通过考证订正了汉学笺注的一些错误。对五经内容的解释,有一部分能够符合或比较接近原意。尤其重要的是它提出的思辨学风,展开了对旧传统的挑战。他们是那样大胆地怀疑,勇猛地向权威攻击,畅所欲言地发表新的见解。他们不仅仅促进了经学的革新和发展,而且开启了一个充满求实战斗精神的新时代。

但是,这个学派毕竟是地主阶级的思想家,以宣扬纲常礼教、维护封建统治为目的,他们的怀疑和论辩,在有些地方不能不以新的谬误代替旧的谬误,或者因为根据不足而流于主观臆断。后来,为了宣扬纲常礼教,他们由疑经发展到改经、删经,五经中凡有文句内容不合他们的"义理",就随意加以删改。例如：理学领袖朱熹作《大学章句》，就移易和增补经文；他的再传弟子王柏（1197—1274年）作《书疑》、《诗疑》，前者补缀移易经文，后者则干脆从《诗经》中删去32篇。提倡求实的思辨学派，在后期也逐渐向反面转化。

程朱理学

理学是中国封建社会后期的官方哲学。它继承和发挥先秦思孟学派的"性命义理"之学，以理欲心性为论述对象，原称"性理学"，即通常所说的理学。它以继承孔孟道统自命，故又称"道学"。它自我标榜是儒学正宗，实际上却是先秦思孟学派的性理学与西汉董仲舒神学、魏晋南北朝玄学和佛学相综合而成的一种思想体系。所以，它不完全是孔孟之道，只能说是以孔孟之道为本体，又吸收融合了神学、玄学、佛学的一部分内容，因而不是儒学"正宗"，而是"杂交品种"。

理学发端于唐代中叶，韩愈提出以《大学》为理论纲领的道统学说，经北宋周敦颐（1017—1073年）、程颐（1033—1107年）补充发挥，再经南宋朱熹（1130—1200年）发挥并集其大成，构成一套完整的客观唯心主义哲学体系，故称"程朱理学"。朱熹的主要著作有《四书章句》、《诗集传》、《周易本义》（后人还辑有《朱文公集》、《朱子语类》等）。从南宋理宗时代起，理学被定为官方哲学，以朱熹所注经传为国家规定的教科书，所以理学大行天下。

理学是殷周至汉唐以来传统天命观的改造和发展。传统的天命观宣扬创造和主宰宇宙的是有灵的"天"、"上帝"，理学家则宣扬理是永恒的宇宙本体、产生天地的本源、世界一切的主宰。朱熹说："未有天地之先，毕竟也只有理，有此理，便有此天地。若无此理，便亦无天地。……有理便有气，流行发育万物。"[①] 程颐说："理也，性也，命也，三者未尝有异。"[②] 他们所谓的理，实际是传统哲学中"天"、"上帝"的同义语，他们干脆就把它叫作"天理"。什

---

① 《朱子语类》卷1《理气上》。
② 《程氏遗书·语录》。

么是他们所谓的"理"或"天理"呢？这就是三纲五常。三纲是君为臣纲、父为子纲、夫为妻纲；五常是仁、义、礼、智、信。它们是维护封建统治秩序的封建伦理准则，理学家把它们说成是先天的、永恒的天理，人们必须自觉遵从而丝毫不容违悖，这样就以客观唯心主义把传统的三纲五常哲理化了。

理学又是对儒家学派人性论的进一步发展，把孟、荀的人性论予以综合和改造。朱熹提出有两种人性："天命之性"和"气质之性"。天命之性就是"理"，也就是三纲五常，它是人人先天就具有的本性，所以"性本善"。气质之性就是人欲，指人的各种物质欲望和喜怒哀乐等各种情感，朱熹认为它有清明和昏浊之别：若禀清明之气，而无物欲之累，便能成为圣人；若禀昏浊之气，为物欲所蔽，就"性恶"，成为愚、不肖。理学把人欲说成是愚昧和罪恶的根源，鼓吹"存天理，去人欲"，即用三纲五常的"天理"，控制自己的各种物质欲望和内心情感，通过个人的修养，从内心中把一切不符合封建伦理道德的物质要求和情感活动完全消除。

理学要求人的一举一动、一意一念都自觉地符合先验的"理"，所以它强调道德修养，注重个人操守，谈论性命义理之学。他们推崇《孟子》，宣扬孔、孟的仁义学说，又从韩愈那里接过来《大学》的诚意、正心、修身、齐家、治国、平天下的纲领，把治国平天下作为个人的历史使命和社会责任，把杀身成仁、舍身取义、持节不屈、自强不息作为道德修养的最高理想。在国家危亡之际，它讲伦常纲纪，讲仁政民本，讲民族气节，讲个人操守，鼓励为正义和理想的献身精神，有其一定的积极意义。

但是，就理学的整个思想体系来说，属于客观唯心主义哲学范畴。它突出纲常礼教，强调君权、父权、夫权及整个封建等级制度的神圣不可侵犯，戕杀个性自由，又成为人民的精神枷锁。随着封建社会的日益腐朽没落，统治阶级更加劲鼓吹礼教，一方面使它渗透社会思想文化的各个部门，一方面把它和残酷的法律结合起来，从而严重地阻碍了中国社会的进步。

陆王心学

心学与理学本是一对孪生兄弟。它由唐代中叶韩愈弟子李翱发其端。

李翱以《中庸》强调封建道德修养和论述性与情的理论为基础，继承发展了孟子的性善论，把人性论与封建纲常伦理联系起来。他认为，人人先天具有封建纲常伦理的本性，也就是性善，有些人所以失去这善性，是由于喜、怒、哀、惧、爱、恶、欲这七情的干扰。所以，只要摒除这些情欲，就可以"反性"，即复归善的本性。这个论点经北宋邵雍（1011—1077年）依据道家学说解释，又经程颢（1032—1085年）吸收佛学加以发挥，到南宋的陆九渊（1139—1193年），完成了思孟学派的主观唯心主义与佛教禅宗思想的结合，构成了心学的思想体系。他们的理论观点，在经学方面，主要通过对《周易》、《中庸》及《孟子》的解释阐发出来。

心学的著名命题是"心即理也"[1]。他们说："宇宙便是吾心，吾心即是宇宙。"[2]心是世界的本体，客观世界的一切都存在于心——我的精神之中。从这个命题出发，他们提出"本心"说："人心自善，人心自灵，人心自明，人心即神，人心即道。人人皆与尧舜禹汤文武周公孔子同，人人皆与天地同。"[3]这就是说，人人的本心本来具有一切善和美的道德，与儒家伦理纲常仁义道德的道统是一致的，只要人人能"知本"和"立心"，就人人皆可成为尧舜那样道德完美的圣人。所谓"知本"，又叫"发明本心"，即觉悟到封建伦理道德是天赋的自己的本心；所谓"立心"，又叫"自存本心"，即坚定地照封建伦理道德规范去做。能够"知本"，"存心"，一切行为自然地与规范合一，就达到圣人的思想境界了。"知本""存心"靠觉悟和力行，也就是靠修行。陆九渊强调"养心莫善于寡欲"，排除一切物欲私念，让头脑里只有封建伦理道德观念，达到"彻骨彻髓"，"超然于一身"。这和佛教徒的修行，几乎没有多大区别了。陆九渊也以儒家正统自命，实际却有更多的佛教禅宗的观点。

陆九渊与朱熹进行过长达十五年的论辩，各不相下。其实，他们都以提倡三纲五常为基础，以维护封建统治为目的，本质上是一致的，他们的分歧，只是主观唯心主义与客观唯心主义的区别，属于唯心主义内部学派之争。

---

[1] 《象山全集》卷11《与李宰书》。
[2] 《象山全集》卷22《杂说》。
[3] 杨简：《慈湖遗书·陆先生祠记》。

明代的王守仁(阳明,1472—1528年)创姚江学派,继承发展陆九渊的心学,所以心学又称陆王心学,这个有数百年影响的学派又称为陆王学派。

河东学派与姚江学派之争

元、明经学是宋学的继续。元代确定朱熹的道统,规定程朱理学为官方哲学,定朱注《四书》为"经",朱熹的经解具有思想垄断的权威性。元儒著述,基本上只是朱熹传注的疏解。明代继续以朱熹传注为正宗,后来考进士也只从朱注四书出题,追逐利禄的知识分子就只读朱注四书,读五经的人都不多了。在明王朝专制主义文化政策的高压下,明代学风的空疏,历史早有定论。[①] 明代经学是衰颓的,《明史·儒林传序》说:"有明诸儒专门经训,授受源流,则二百七十余年间,未闻以此名家者。"明中叶,为挽救朱明王朝的深重危机,王守仁(阳明)继续陆九渊之学,集思孟学派以来主观唯心主义哲学之大成,完成了陆王心学的完整体系。他开创的姚江学派,在明代后期盛极一时,而与坚守程朱理学的河东学派相对峙。

河东学派以其主要代表人物薛瑄(1392—1464年)是河津人而称名。它以封建大官僚为主体,反映官方正统思想。他们的著述只是对程朱理学的阐述,但他们已是理学的末流,在当时激烈的阶级斗争中,思想僵化,脱离现实,空谈不务实际的性理之学。

王守仁开创的姚江学派,以其为浙江余姚人而称名。他的学说从当时阶级斗争的需要出发,推行愚民政策。他曾以恩威兼施的两手镇压农民起义,也曾平江西宁王叛乱。他说:"破山中贼易,破心中贼难。""心中贼"指的就是人民的反抗意识。他认为治乱的根本方法,是从人民心中消灭反抗意识,使其连一点不符合封建伦理道德要求的念头都不发生,从而安分守己。

王守仁向极端化发展了陆九渊的"宇宙便是吾心,吾心即是宇宙"的命

[①] 顾炎武《日知录》卷13评明人编纂的《五经四书大全》说:"……仅取已成之书抄誊一过,上欺朝廷、下诳士子,唐宋之时,有是事乎?岂非骨鲠之臣已空于建文之代?而制义初行,一时人士尽弃宋元以来所传之实学,上下相蒙,以饕禄利,而莫之问也。呜呼!经学之废,实自此始。"

题,反对程朱理学"心外求理",提出天下无心外之物,无心外之理。他全部学说的核心是"致良知"和"知行合一"。

所谓"致良知"中的良知,即天理,也就是那一套先验的封建伦理道德。王门弟子曾把这一学说概括为"王门四句教":"无善无恶心之体,有善有恶意之动,知善知恶是良知,为善去恶是格物。"[①]第一句说人心浑然一体,本无善恶之分;第二句说人产生各种欲求(即"意之动"),才有了善恶之分;第三句说顺从天理的是善,违悖天理的是恶;第四句说要克服私欲,对封建伦理道德身体力行,王守仁在《大学问》中说这就是"格物"。

王守仁的"知行合一"学说与"致知格物"学说是一致的。他说的"知"和"行",都不同于我们现在的概念。他说的"知"不是指对客观事物的认识,而是指先验的"良知";他说"知行合一"不是从认识到实践和从实践到认识的认识和实践的统一,而是知"天理",行"天理",用先验的封建伦理道德来统率思想和行动。王守仁说:"一念发动处便即是行了。发动处有不善,就将这不善的念克倒了。"要求人们连一丝一毫不符合封建伦理道德的念头都不发生,这就是王守仁的"知行合一"。

王守仁的"致知格物"和"知行合一",与朱熹的"存天理,去人欲",并没有本质性的不同。王守仁反对程朱理学的"心外求理"和"即物穷理",认为它收效太慢,而且"求理"、"穷理"的结果还有导致"异端"理论的危险,不如他的"理在于心,不假外求",只要老老实实照封建伦理道德的现成的规范去做就行了,不合封建伦理道德规范的干脆连想也不要去想。这套学说与大地主官僚政权的愚民政策是一致的,所以在明代后期受到封建统治阶级的推重。

河东学派与姚江学派之争,是程朱理学与陆王心学长期论争的继续,他们主要发挥《周易》、《大学》、《中庸》的义理,把经学哲学化。程朱学派末流思想僵化,把礼教变成赤裸裸的杀人利器。陆王心学末流的解经充满佛学内容,几乎脱离经学变成了禅学。

明末学者不满于宋学末流的空疏,一部分人转而致力于经学中的考据

---

① 《王文成公全集·传习录下》。

学、文字音韵学和校勘学,如梅鹭考证《古文尚书》是后人所作的伪书,赵宧光、陈第等推翻宋人的"叶韵"说,焦竑讲校勘之学,都显示了良好的成绩,开清代学术之先河。

第七节　经学主要流派的发展
——新汉学系各派

明末国难当头,一部分有识之士,痛感明代知识界的空疏不学是导致亡国的重要原因,积极倡导经世致用的实学,重新阐释五经,宣传社会改革思想。号称明末清初三先生的顾炎武、黄宗羲、王夫之是其中杰出的代表,他们开创了浙西学派和浙东学派,以经世致用为共同的倾向。

随着空谈心性命理的宋学的没落,在清代出现了一个研究被废弃的汉学古籍的复古运动,促进了汉学的复兴,在经学史上称为"新汉学"。乾隆时代加强文化专制主义,严酷的文字狱的恐怖,使知识分子转向古文经传的考证、校勘、辨伪,形成风行乾、嘉两朝近百年之久的学风,史称"乾嘉学派"。其中包括皖派、吴派两大流派。他们是新古文学派。

道、咸以后,清王朝衰弱,末期封建社会百孔千疮,外国资本主义入侵,为使祖国富强,一部分有改良主义思想的知识分子企图从上而下进行社会改革。他们利用今文经学托古改制的思想,把经学作为宣传变法维新的工具,这一派可称为新今文学派。

随着资产阶级民主革命的开展,经学这个躯壳不可能容纳反封建的革命思想,古文学派和今文学派都成为保守派或反动派,连同整个封建经学,一同濒临末路。

浙西学派和浙东学派

顾炎武(亭林,1613—1682年)、黄宗羲(梨洲,1610—1695年)、王夫之(船山,1619—1692年),是17世纪中国后期封建社会的先进思想家。他们生活在"天崩地解"的时代,勇敢地面对现实,或严辨夷夏界限,鼓吹民族思想;或提出均田、减赋、工商皆本等经济改良主张,宣传社会改革。虽然他们是地主阶级改良派,根本立场仍是维护封建制度,但他们在思想文化领域,开辟了一个充满批判战斗精神的新时代,开启了一代新学风。

他们从前代继承下来的思想资料,主要是经学和史学,他们治学也只可能主要在这两个方面进行发展和改造。所以,他们的学说披着经学的外壳。

顾炎武创始浙西学派,着重在经学。他主张的经学是实学,即关系国计民生,实用于社会改革之学。他说:"止为一人一家之事,无关于经术政治之大,则不作也。""凡文不关六经之指,当世之务者,一切不为。"①在他的名著《日知录》、《天下郡国利病书》等书中,提倡"引古筹今"。其中一些发挥经义的文章,着眼于"国家治乱之源,生民根本之计",为人民疾苦发出呼吁。

顾炎武对程朱理学有所保留,对陆王心学持批判态度。他举起复兴汉学的旗帜,提倡"求是"和"求真":"求是",就有必要研究被宋学排斥的古代经传——基本是汉学经传,探求对五经内容的正确认识;"求真",就要恢复五经本来面貌,对五经进行文字、音韵、训诂以及名物、历史、地理的考证和版本的校勘。他的著作都和考证相结合,是清代考据学(朴学)的创始者,所著《音学五书》奠定了清代音韵学的基础。后来影响很大的戴震学派,直接继承了它的指导思想和考证方法。

黄宗羲创始浙东学派,着重在史学,但也不废经学。他提倡读经治史,把史学与经学相结合。两个大弟子万斯大、万斯同,前者传经学,后者传史学。黄宗羲主张六经都是古史资料,大史学家章学诚就继承他的观点,提出"六经皆史"的理论。

黄宗羲是王守仁的三传弟子,对陆王心学持保留态度,对程朱理学则进行激烈的批评。他宣传民族思想,否定君主的绝对权力,对后来的反清民族运动和民主启蒙运动都有积极影响。他的断代学术史著作《宋元学案》、《明儒学案》,论述经学各个流派;《孟子师说》、《易学象数论》也都是影响很大的经学著述。阎若璩的《古文尚书疏证》铁证如山地宣判了唐宋以来一直尊崇

---

① 《亭林文集·与人书二》。

的《古文尚书》是伪书,震动了学术界,而阎若璩是受到黄宗羲《授书随笔》的启发的。黄宗羲及其浙东学派,也是有重大影响的经学流派之一。

王夫之是明末清初进步的唯物主义思想家,也是重要的经学改革家,但他的著作长期埋没不能流传,所以没有可能形成学派。直到清末,后人刻成《船山遗书》行世,他的著作才发生重大影响。

船山先生曾遍注群经,如《周易稗疏》、《书经稗疏》、《诗经稗疏》、《春秋稗疏》等。他的经说以解释经书的形式,针对现实发挥议论,宣传社会改革理想。如《诗广传》,看来是逐章评论《诗经》各篇,实则引古筹今,宣扬改良民生、平均天下等改良主义政治观点,带上他那个时代的进步色彩。我们与其把这书看作"经说",不如看作是政治杂感和政治论文集,从内容到形式都是对经学的重大改造。

王夫之既反对程朱理学,也反对陆王心学。他在对经书的疏释中批评理学、心学的"存天理,去人欲"和"致知格物"之说。他说:"饮食男女之欲,人人之大共",欲,就是人民的生存要求,就是公理,不应该强迫灭绝,而应该得到满足。观点鲜明,批判有力,揭露了理学家实际是一群不顾人民死活的伪善者。

船山先生提倡读古书,是"以复古为解放",使两汉经传复出,打破宋学的思想垄断,促进人民思想从理学束缚下解放出来。

读古书,离不开文字、音韵、训诂、辨伪、名物和历史典章制度等考证工作。顾炎武开创的朴学,本来是提供一种科学的治学方法,为了引古筹今,经世致用。他搞金石考古,考证历史、地理和古代典章制度,也有在异族统治下保存汉族历史文物制度的用意。这些曾经有一定的进步意义。

浙西学派和浙东学派都是顾炎武、黄宗羲的弟子或再传弟子,许多人是清初的名家。上述阎若璩(1636—1704年)的《古文尚书疏证》,打倒了宋学根基之一的《古文尚书》;胡渭(1633—1714年)的《易图明辨》、《洪范正论》,打倒了宋学《易》学的根基;毛奇龄(1623—1713年)的《四书改错》,痛批朱熹的《四书章句》,痛骂朱熹。宋学的根基垮台了,汉学获得复兴。清代复兴的汉学,又不同于原来的汉学,它打着自己时代的烙印,有自己时代的内容,经学史上称为"新汉学"。旧汉学的遗产,古文经传多,今文经传甚少,因此新汉学主要依据古文经传,清代汉学的复兴,首先是古文经学的复兴。

乾嘉学派

雍、乾时代,清统治者对知识分子实行文字狱和利诱收买两手政策,大批知识分子脱离政治,逃避现实,钻进古书堆中,兴起对经书的文字、音韵、名物、训诂和古代典章制度的考据,形成兴盛近百年的学风。清代考据家很多,《清经解》收录考据名著 157 家 188 种 1408 卷,其中大多数是乾嘉时代的著作,世称"乾嘉学派",也称"考据学派"。

乾嘉学派分为趋向不同的两派:吴派和皖派。吴派得到皇帝的支持,皖派得到学术界的推崇。客观来看,两派各有其贡献。

吴派以惠栋(1697—1758 年)为开创者,江声(1721—1799 年)、王鸣盛(1722—1797 年)、赵翼(1727—1814 年)、钱大昕(1728—1804 年)、焦循(1763—1820 年)等都是吴派名家。① 吴派学风有两个特点:一是好博尊闻。什么东西都是越古越好,凡是汉儒旧说,包括阴阳五行在内,他们都奉为宝贝;凡是古书上有过的东西都可以考证,所以上至天文地理,下至鸟木虫鱼,从文字校勘,到音韵转变,广征博引,无所不考。二是不讲义理。他们只搞考据,对思想内容不作任何说明和发挥。所以,他们的考据,有的有价值,有的毫无意义。他们的有科学性的考据,是那些属于文字学、史料学、博物学范畴的考据,可以帮助我们弄明白古书上一部分文字、名物、训诂方面的问题,或提供一些参考资料;还有许许多多考据,如同"屠酤记账",罗列大堆材料,什么问题也不能解决,属于无用的烦琐哲学。

皖派以戴震(1723—1777 年)为创始者,戴震字东原,故又称戴东原学派。段玉裁(1735—1815 年)、王念孙(1744—1832 年)及子王引之(1766—1834 年)、孙诒让(1848—1908 年)、俞正燮(1775—1840 年)等人,都是皖派

---

① 惠栋重要著作有《周易述》、《古文尚书考》、《春秋左传补注》、《毛诗古义》、《九经古义》等。江声有《尚书集注音疏》、《尚书经师系表》等。王鸣盛有《十七史商榷》、《周礼军赋说》、《尚书后案》等。钱大昕有《二十二史考异》、《潜研堂文集》等。焦循有《易图略》、《周易补疏》、《毛诗补疏》、《礼记补疏》、《左传补疏》、《论语补疏》、《孟子正义》、《毛诗地理释》、《毛诗陆玑疏》等。

考据大师。①皖派的特点是从小学入手,通过对经典的文字、音韵、训诂的考据来证疏经传,阐述经义。皖派反对空谈义理,但不是不谈义理,而是"由字以通辞,由辞以明道"。戴震的名著《孟子字义疏证》就是皖派的代表作,它以文义考证为基础,以唯物主义思想反对唯心主义的程朱理学,完成了从哲学上和政治上对理学的批判。他的许多著作都是考证、释文、释义相结合,达到清代古文学的高峰。

皖派在小学上有突出的成绩。戴震的弟子都精于小学。段玉裁的《说文解字注》,"以字考经,以经考字",广征博引,校讹字,考文理,通条贯,对经传文字的大量引申义和假借义作出可信的考证。王念孙的《广雅疏证》,对先秦两汉古籍训诂的丰富材料阐释精详;其子王引之著《经传释词》,广取古代经传,归纳研讨,参照比验,对160个虚词的用法作了详细的解释。经过他们两代人几十年的潜心考索,发现了经传中古字的假借、古音的转变以及大批虚词的用法,使人们对不知读音的古语明白了读音,误解的词义得到了本义,使佶屈聱牙的古代经传成为一般读者可读可解的文章。虽然它们并不尽善尽美,却有重要学术价值,直到今日,还是研究古经传的必读书。

乾嘉学派求实精神和精密的考证方法,具有一定的科学性,不应否定。但是,在一百年时间中,乾嘉学派以古文学为主,其考证范围之广泛,考证方法之精密,已达到很难继续的地步。皖派的"戴东原精神"逐渐丧失,乾嘉以后日益陷入支离破碎的、无实际意义的烦琐考据。

清末王国维(1877—1927年)是清代考据学的集大成者。他继承乾嘉学派的原则和方法,又吸取西方科学知识,在广泛的学术领域作出了杰出的贡献,成为考据学最后一位大师。现代以顾颉刚为首的古史辨派和胡适派,也都不同程度地继承了乾嘉学派的求实精神和考证方法。可是,那种为考据而考据的烦琐哲学,在现代也仍然有所表现。

乾嘉学派是清代古文学。章太炎(1869—1936年)是古文学的最后代

---

① 戴震代表作是《孟子字义疏证》,著作多编入《戴氏遗书》。段玉裁代表作是《说文解字注》以及《春秋左氏古经》、《诗经小学》等。王念孙代表作是《广雅疏证》以及《读书杂志》。王引之代表作是《经传释词》。孙诒让代表作是《周礼正义》及《尚书骈枝》等。俞正燮代表作是《癸巳类稿》、《癸巳存稿》。

表人物。他在小学方面有根底,对哲学、史学、文学也有贡献,曾取清人经解编选群经新疏。他从浙东学派那里接过来民族思想,积极鼓吹反满,成为辛亥革命前影响很大的民主革命宣传家。民主革命和封建经学是融合不到一起的,辛亥革命之后他又渐趋保守,反对"五四"新文化,提倡"国粹"。但是,经学日渐没落的命运是无可挽回的,后来章太炎只有凄凉地转入消沉颓废。

清今文学派

清代今文经学的发展经历了三个阶段:18世纪后半叶庄存与创立常州学派;19世纪前期龚自珍、魏源的改良主义启蒙运动;19世纪后期康有为的维新运动。

常州学派以庄存与(1719—1788年)及其弟子多是常州人而称名。正在考据学盛极之时,他们不搞古文经传的文字、音韵、名物、训诂的考据,转而研究今文经传的所谓"微言大义",自成一派,与吴派、皖派鼎峙。他们主要治《春秋》学,庄存与著《春秋正释》,是清今文经学的开山作。他的弟子刘逢禄(1776—1829年)著《春秋公羊传何氏注释例》,发挥"公羊传学"的"三世"、"三统"说,阐发了清今文学的基本思想。庄氏的另一弟子宋翔凤(1779—1860年)作《拟汉博士答刘歆书》,展开对古文经学的批评,指斥古文经传大多是刘歆欺世盗名的伪作。于是,展开了今文学与古文学之争,考据与义理之争。

自道、咸以后,清王朝国势衰颓,封建末世危机四伏。外国资本主义侵略,国难当头。刘逢禄的弟子龚自珍(1792—1841年)、魏源(1794—1857年),作为地主阶级改革派的代表人物,一方面批评落后的宋明理学戕害人们的个性,扼杀社会的生机;一方面批判考据之学脱离现实,无补于国计民生。龚自珍的经学著述有《六经正名》、《六经正名答问》、《春秋决事比答问》等,以公羊义例批评朝政,排诋专制。魏源的经学著述有《诗古微》、《书古微》等,宣传更法改图,革除弊政。他们采用今文经学这一古老的形式,在于今文经学的"微言大义",有利于他们发挥自己的政治学说;他们特别重视"春秋公羊学",在于大张它的托古改制思想,以求推动全面的社会改革和号召守土卫权,抵抗侵略。他们的学说反映了19世纪前叶地主阶级进步知识分子的改革思潮,所以今文学盛极一时。

清今文经学把学术和政治紧密结合,提倡"经纬世宙"而反对脱离现实,注重发挥义理,"昌言救世"而反对烦琐无用的名物训诂考证,同时开始吸收近代科学,这对开启中国近代学术思潮,有着积极的影响。另外,辑佚书,也是清今文经学的一大功绩。在今文学盛行时,由于西汉今文经传绝少流传,所以倡言今文经的人就兴起辑佚之风。凡是能够从各种古籍中搜辑到的今文经学遗说,差不多都搜辑到,从而为我们留下了一批研究资料。

清末维新变法运动的政治领袖和思想领袖康有为(1858—1927年),是今文经学最后的代表人物。他的名著《新学伪经考》、《孔子改制考》,继续批评古文经学是"伪经",鼓吹今文公羊学的"三世"进化。他无限地抬高孔子的偶像地位,把孔子打扮为托古改制的教主,变法维新的祖师爷。虽然康有为自命为"圣人",但他的学说本身存在着致命的弱点:用武断代替论证,用伪证代替实证,用新的迷信代替旧的迷信。尤其是在根本思想上,他以改良代替革命。当维新运动迅速失败以后,康有为的今文学也就随之破产。

清末今文经学重要人物还有谭嗣同、夏曾佑、廖平等。从龚、魏到康、谭的今文经学,并不是纯今文经学,清末的纯今文经学的大师是皮锡瑞(1850—1908年)。如果可以说,龚自珍、康有为等改良主义启蒙思想家的著述是"旧瓶装新酒"的话,那么皮锡瑞的代表作《经学历史》,还是"旧瓶装旧酒"。它远离社会斗争和时代思潮,不能产生多大的影响,经学已无可挽救地衰亡了。以康有为为代表的一部分人,在民主革命中蜕变成一个复古的小宗派,在政治上发展为保皇派,在文化战线上发展为所谓"孔教派"。他们有的甚至堕落到一小撮封建余孽之中。

封建的经学衰亡了,但是这十三部典籍及其在两千余年研究中所保存的大批思想资料、历史资料、文学资料、学术资料,却具有永恒的价值,是一大笔文化遗产。

第二讲

《周易》

《周易》被列为群经之首。它是一部占筮用书,又是一部充满丰富哲理的古代哲学名著。

《周易》本是一部筮书,简称《易》。古时人以为自然界和人世间事物的发展变化,在冥冥之中有一种神奇的决定性力量在支配,人可以通过卜筮而预知吉凶趋避。所以,每当遇事不能决定如何处理,常以龟甲占卜,以蓍草占筮,根据卜筮的结果判断如何趋吉避凶,来指导行动。以龟甲占卜的记录,就是近代于安阳殷墟出土的甲骨卜辞,以蓍草占筮的记录,逐渐积累多了,编订为一部书,供后来占筮参考,就是这部《周易》。

为什么命名为《易》? 一说"易"是飞鸟的形象,一说"易"是蜴的形象。飞鸟的姿态,蜥蜴的颜色,都是不时变化的,用以象征宇宙万物的千变万化。也有的说,"易"是由"日""月"两字组成,日为阳,月为阴,用以象征宇宙的阴阳二元论。东汉的郑玄,对这个名称的定义作了进一步发挥,他说,"易"这个字,有"变易"、"简易"、"不易"三种含义:自然界和人类社会的万事万物都在不停变化,所以说"变易";变化不息的宇宙有一定的法则,所以说"不易";宇宙变化的这一定的法则,人们可以认识,遵循它来规范行动,所以说"简易"。简而言之,《易》这部筮书,其中包含着一定的哲理,所以又是我国古老的哲学著作。

我们现在读《周易》,当然不是把它当筮书来用。占筮和后来寺院庙堂抽签对"灵签簿"没有本质的不同,它们都是迷信的产物,属于神学思想体系。现在,我们只是把它当作古老的哲学著作和珍贵的上古社会史料。

《周易》包括《易经》和《易传》两个部分。《易经》中用"—"(阳)和"--"(阴)两个符号组成六十四卦、三百八十六爻,卦有卦辞,爻有爻辞。它们产生的时代很早。由于这些文字简约古奥、晦涩难解,在东周时代出现了对它们的七种十篇解说,称为《易传》。当然历代都有人解说《易经》,而《易传》七种十篇是最古的、有系统、有参考价值的解说。其中有正确的成分,也有许多地方附会或曲解经文,发挥作者自己的哲学观点。所以,《易经》和《易传》既有联系,又有时代、内容和性质的差别,不能混为一谈。

汉代以前,《易经》和《易传》是各自分立的,从东汉末年起,才开始陆续地把《易传》各篇,分别附在《易经》各卦卦辞和各爻爻辞后面。经过一个较长的过程,才成为《十三经注疏》中现在通行的样子[①]。我们现在研究《周易》,应把二者区分开来。

第一节 《易经》

《易经》的组织结构

《易经》有符号和文字两部分。

符号部分:最基本的符号是"阴"和"阳";"—"为阳,"--"为阴。这两种符号连为三叠而成"八卦";八卦中的一卦自重或其中两卦互重,构成六十

[①] 战国魏襄王墓出土竹书《周易》,分上、下篇,只有经,没有传。1973年湖南长沙马王堆三号汉墓出土帛书本《周易》,有经,另外有部分传。东汉末年郑玄才把《易传》中的《彖》和《象》同经文编在一起。即在每卦卦辞后附《彖曰》、《象曰》,在每爻爻辞后附《象曰》。以后又陆续有人把《文言》附在《乾卦》和《坤卦》后面,把《易传》的其余四篇附在整个经文后面。到魏代王弼、晋代韩康伯作《周易注》,已经成为现在这样的形式,并通行下来。通行的《十三经注疏》收的就是王弼、韩康伯注、唐孔颖达正义。现在还有人说经和传原来就是不分的,也不能分开,这是根本不了解《周易》史。

四卦。

文字部分：六十四卦每卦有"卦辞"；每卦有六画，一画为一爻，爻有爻辞。卦辞和爻辞就是经文。

先说八卦。

"—"、"--"两个符号是最基本的符号，《易经》中的全部卦象，都由阴阳两个符号构成。两个符号中的一个自重为三叠，或两个符号一多一少互连为三叠，可以成为八种形状，即八卦。八卦的形状和名称，依次是：☰（乾）、☷（坤）、☳（震）、☴（巽 xùn）、☵（坎）、☲（离）、☶（艮 gèn）、☱（兑）。为了便于记忆，旧时有个口诀："乾三连，坤六断、震仰盂，巽下断，坎中满，离中虚，兑上缺，艮覆碗。"记住这个口诀，就能把八卦的名称和形状记住。

这八种重叠符号为相对的四组，每组一阳一阴，单数为阳，偶数为阴。它们又各有象征意义，依次是：天、地、雷、风、水、火、山、泽。（详如右图）

八卦的形状和名称只是符号，它们的所谓象征意义以及所谓"阳类"或"阴类"，也未必有什么科学依据。最初所以运用这些符号，因为它们产生在有文字以前。人们通常将它们组列为八角图形：

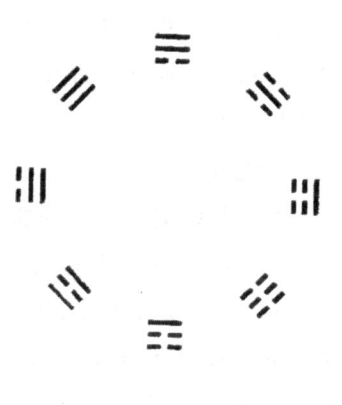

形状	名称	象征	类别	形状	名称	象征	类别
☰	乾	天	阳	☷	坤	地	阴
☳	震	雷	阳	☴	巽	风	阴
☵	坎	水	阳	☲	离	火	阴
☶	艮	山	阳	☱	兑	泽	阴

这样的八角图形，象征着它们和所表象事物变化循环，未必有别的科学意义。

第二讲 《周易》

再说六十四卦。

八卦自重或互重,又构成六十四卦。自重的如两个乾卦重叠、或两个坤卦重叠、或两个震卦重叠等等,有八个这样的自相重叠的卦画;八卦之中的两个互相重叠,如下震上乾、下乾上震、下离上坎等等,有五十六个这样互相重叠的卦画。卦画或称卦形,六十四卦画各有一个名称,自重的就用原名,如乾卦、坤卦、震卦等;互重的另外起个名称,如否卦、泰卦、既济卦等等。分编上下经,上经三十卦,下经三十四卦。

由八卦重叠而成的六十四卦形,也没有什么实际意义,只是一些符号,和抽签的号码差不多,用作标记。

下面,谈卦辞、爻辞,也就是《易经》的文字部分。

卦爻辞一共四百五十条,四千九百多字,即经文的全文。每一条都是占筮所要得到的筮辞。如同抽签,抽到哪一条就看哪一条的文辞,用来回答所占卜的问题。

先说卦辞。

卦辞是以文字定全卦的意义。如首卦乾卦的卦辞:"元亨利贞。"元是大,亨是吉,贞是卜问,这句的意思是:"大吉,占此卦举事有利。"又如第三卦屯卦的卦辞:"元亨利贞;勿用有攸往,利建侯。"这句的意思是:"大吉,占此卦举事有利;不利于出门,利于建国封侯。"六十四卦每卦都有这一类定全卦意义的卦辞,一共六十四条卦辞。

再说爻辞。

六十四卦每卦上下有六画,一画为一爻,每卦有六爻。首卦乾卦、第二卦坤卦,各多一爻,一共三百八十六爻。每爻的意义都有文字解释,称爻辞。

每一爻也都有名称,"—"为阳爻,"--"为阴爻,阳爻称为"九",阴爻称为"六"。这六爻排列的顺序和通常由上而下的排法不同,而是由下而上的,第一爻称"初"即最下的一爻,第六爻称"上",即最上的一爻。如乾卦是六个阳爻,由下而上称谓是初九、九二、九三、九四、九五、上九,本卦外加一爻叫用九。又如屯卦(震下坎上),六爻依次是初九、六二、六三、六四、九五、上六。

古人占筮时,占得某卦某爻,便查看某卦某爻的文辞,用来断定吉凶、指导行动。

我们举两卦为例(原文后括号内是译文):

☷(乾下坤上)泰第十一　小往大来,吉、亨。(第十一卦泰卦,损失小得益大,吉利,亨通。)

上六　城复于隍,勿用师。自邑告命,贞吝。(城墙倒塌在城壕里,不利于出兵。从城邑告命于上,问事不利。)

六五　帝乙归妹,以祉,元吉。(帝乙出嫁少女,有福,大吉。)

六四　翩翩,不富以其邻,不戒以孚。(翩翩,不富裕因为邻居窃取,不加警惕戒备还会吃亏。)

九三　无平不陂,无往不复。艰贞,无咎。勿恤其孚,于食有福。(没有一直平坦不斜坡的,没有永远向前不复返的。问的事艰难,没有灾祸。别担忧受罚,倒有酒可吃。)

九二　包荒,用冯河,不遐遗。朋亡,得尚于中行。(身上绑着空匏瓜涉河,不至于坠水。丢失了钱财,半路上却有人帮助。)

初九　拔茅茹以其汇,征吉。(拔茅草连杆带根一起拔出来,出行吉利。)

☰(坤下乾上)否第十二　否之匪人,不利君子贞。大往小来。(第十二卦否卦,闭塞黑暗由于用人不肖,问事君子不利。损失大得益少。)

上九　倾否。先否后喜。(暗塞不通之时不长了。先闭塞后喜庆。)

九五　休否,大人吉。其亡其亡,系于苞桑。(安不忘危,大人就会吉利。时时刻刻惧怕危亡,就像桑树一样根深茂盛。)

九四　有命,无咎,畴离祉。(王有锡命,无有灾祸,福寿齐至。)

六三　包羞。(享受祭肉。)

六二　包承,小人吉,大人否。亨。(包着熟肉,小人吉利,大人倒霉。亨通。)

初六　拔茅茹以其汇,贞吉。亨。(拔茅草连杆带根一起拔出来,占此吉利。亨通。)

第二讲　《周易》　53

《易经》各卦的结构形式就是这样。它和其他各经不同,其他各经是分篇分章,让人逐篇逐章去读,《易经》却分六十四卦,每卦六爻(《乾》、《坤》二卦各多一爻),占筮占得某卦某爻便查阅某卦某爻。

卦爻辞的分类

《易经》的经文就是卦辞和爻辞,就其性质来分,可以分为记事之辞、取象之辞、论说之辞、断占之辞[①]。

一、记事之辞

记事之辞包括记叙流传的古代故事,对占筮之事的记录,或直叙某事。

采用古代故事来象征休咎,是古今卜书筮书通用的一种方法,占筮的人用古代故事的过程来比附所占问的事,从而论断休咎。这类古代故事,在卦爻辞中为数不少。

顾颉刚《周易卦爻辞中之故事》[②],考证出卦爻辞中的五个古代故事,可谓理明证确。如《大壮》六五:"丧羊于易,无悔。"《旅》上九:"鸟焚其巢,旅人先笑后号咷,丧牛于易,凶。"这二爻所记的是殷先王亥客于有易国,被有易之君绵臣杀害并夺去牛羊的故事。《既济》九三:"高宗伐鬼方,三年克之。"《未济》九四:"震用伐鬼方,三年有赏于大国。"这二爻记的是殷高宗征伐鬼方这个国家,有一个名叫震的周人帮助,三年战胜了鬼方。《泰》六五和《归妹》六五:"帝乙归妹,其君之袂不如其娣之袂良。"二爻所记的是殷帝乙嫁少女给周文王之父王季的故事。《明夷》六五:"箕子之明夷,利贞。"记的是殷亡,纣王之兄箕子逃亡到东方明夷这个国家的故事。《晋》卦辞:"康侯用锡马蕃庶,昼日三接。"所记的是武王之弟卫康叔用成王赐给的良种马来繁殖马匹,一天多次配种。这些故事,卦爻辞所记简单,或者只能说是故事的雏

[①] 参考高亨《周易筮辞分类表》,见《周易古经今注》卷首第四篇,中华书局1984年重订本。高氏分记事之辞、取象之辞、说事之辞、断占之辞。

[②] 顾颉刚:《周易卦爻辞中之故事》,见《古史辨》第三期。

形。当时这些故事是流传的,简括地一说,人们便能知道是什么故事,就可以用来象征顺逆吉凶。古人记载工具不完善,后来许多历史湮没,一些故事便不为人知。除了已考据出的这五个故事,还有一些故事其事可知而其人不可指,或其事隐约而其人也不可指要。郭沫若撰《周易时代的社会生活》[①],其中也举出这类雏型的故事。

卦爻辞中还有一部分是以往占筮的记录。古人占筮问事,其结果往往也有巧合者,如占得某卦某爻得吉,事后验证果然吉利,于是便把这事记录在该爻之下,作为后来的借鉴。当时记的这些事或简或略,都是当时社会生活的实录。

二、取象之辞

所谓取象,是用具体的事物表达抽象的道理。这是卦爻辞的特点之一。它采用自然界或人类社会的某种现象作为象征,向占筮者指示休咎。卦爻辞取象的内容有的简单,有的较为复杂。

内容比较简单的,近似于诗歌中的比兴,如《大过》九二:"枯杨生稊,老夫得其女妻。无不利。"(枯杨树发芽,老头子娶了个年轻女子。)同卦九五:"枯杨生华,老妇得其士夫,无咎无誉。"(枯杨树开花,老妇人找个年轻的丈夫。)二者以这样的比兴,引譬连类,得出"无不利"和"无咎无誉"的论断。它们都是以象征、比附的方法来表达事理。

取象比较复杂的,近似散文中的寓言。如《履》六三:"眇能(而)视,跛能履,履虎尾,咥人。"(眇者〔不宜视而〕视,跛者〔不宜行而〕行,结果踩着老虎尾巴,被老虎所噬。)这个简短的寓言说做不能做的事就会得到坏结果,用以说明下文的"凶,武人为于大君"。(武人没有那样的德才,一定要去当国君,结果也是凶恶的。)又如《井》九二:"井谷射鲋,瓮敝漏。"(井泉里有条小鲋鱼,有人引弓发矢去射,结果汲水的瓮破碎漏水。)这则寓言说,为了想取得一条小鱼,连盛水的器具都打破了,以致吃水都成了问题。譬喻的意义是:为了些许的利益动干戈,不但得不到微利,还会造成大损失。

---

① 郭沫若:《周易时代的社会生活》,见其文集《中国古代社会研究》,《郭沫若全集·历史编》第一卷。

卦爻辞取象,或取于自然界的现象,或取于社会的现象,都以客观现实为依据,以常见的事物为比喻。应用于占筮的时候,象征和比附的方法可以有较大的灵活性,尽可以一推百,以小推大,以近推远,有很大的附会的余地。

三、论说之辞

卦爻辞中也有一小部分文辞,提出作者的思想、主张以及关于行为修养的论述。如《临》卦主要讲治民术,各爻分别提出"咸临,吉"(以感化治民,吉);"甘临,无攸利"(以压迫治民,没有好处);"至临,无咎"(躬亲政治,无咎);"知临,大君之宜,吉"(统治者具备聪明智慧,用以治民,吉);"敦临,吉"(统治者忠厚诚实管理百姓,吉)。又如《谦卦》主要讲修养,各爻分别提出"鸣谦"(出了名要谦虚)、"劳谦"(有了功劳要谦虚)、"㧑(huī)谦"(有施予人要谦虚),等等。再如《乾》九三:"君子终日乾乾,夕惕若,厉无咎"(君子整天进取不息,夜晚警惕,可以转危为安)。《比》六三:"比之匪人"(辅佐不得其人),其结果不言而喻。《小过》六二:"过其祖,遇其妣;不及其君,遇其臣。无咎。"(祖父可以批评,祖母可以赞扬,君王可以指出他的不足,臣子可以赞扬,这样就不会有祸害。)这里指出批评要不分尊卑上下,错的就要批评,好的就要表扬。像这一类关于修养的论说,还有一些。

这类文辞在卦爻中虽然不多,其中却有一些精到的见解,是我们了解那个时代思想的重要材料。

四、断占之辞

断占之辞在卦爻辞中是较多的,大多使用"利"、"亨(亨通)"、"吉"、"凶(祸殃)"、"悔"、"吝(艰难)"、"咎(灾患)"等词。有时也不用这类词,而具体论断事之可否、利害、得失。如《泰》九三:"勿恤其孚,于食有福";《渐》九五:"妇三岁不孕"等。断占之辞多与记事、取象、论说之辞有内在的联系,多是承其之后而揭示其所含休咎之义,只有少数在前面。有时记事、取象、论说之辞所含休咎之义显而易见,就不再用断占之辞。

断占之辞是向占筮者论断休咎的,对于我们已经没有价值。

《易经》的时代和作者

《易经》究竟是何人作于何时？这个问题在先秦时代已经是个疑案，至今尚无定论。

八卦是谁画的？过去相传始于伏羲氏这个无可信考的传说人物。《系辞下传》说："古者包牺氏之王天下也，仰则观象于天，俯则观法于地，观鸟兽之文，与地之宜，近取诸身，远取诸物，于是始作八卦。"还有的传说伏羲开天辟地，太极开而生八卦。这些传说具有荒诞的神学色彩，殊不足信。至于扯到神农氏或夏禹演六十四卦，也是为增加这部筮书的神秘色彩，抬高它神圣性的权威地位，当然也不足信。司马迁说，是周文王"益《易》之八卦为六十四卦"（《史记·周本纪》），也没有说出什么根据来，仍是疑案。

其实"—"、"--"不过是从原始社会传下来的符号。古人结绳记事，或在石上木上画线，用这两个符号作不同形式的组合，只是用于记事，或作为某种标记。近年来从江苏海安县青墩遗址出土的骨角栖和鹿角枝，还有殷墟甲骨、周原甲骨、西周青铜器以及湖北江陵天星观楚简，都发现有一种由六个数字组成的符号。经今人辨认，这些符号就是原始卦爻形式。[①] 由此推论，《易经》的卦画，也不过是原始社会传下来的一些符号罢了。它们作为从原始社会传下来的占筮的标记而被沿传下来。

卦爻辞是何时何人所作呢？成于战国时期的《系辞下传》说："易之兴也，其当殷之末世，周之盛德邪？当文王与纣之事邪？""易之兴也，其于中古乎，作易者其有忧患乎！"对作者则持存疑态度。司马迁却肯定是文王所作，他说："西伯拘羑里演周易。"[②]"自伏羲作八卦，周文王演三百八十四爻。"[③] 班固承袭这个说法："文王……重《易》六爻，作上下篇。"[④]以后的汉儒大都承袭此说，而对这些说法，历代都有人怀疑。20世纪20年代末至30年代，

---

① 1980年张政烺辨识，是近年考古学重要成果之一。
② 司马迁：《太史公自序》。
③ 司马迁：《日者列传》。
④ 班固：《汉书·艺文志》。

以及60年代初,我国学术界曾就《周易》的作者和时代问题展开两次较大规模的讨论,仍迄无定论。

现在比较普遍的看法是这样的:《易》是周代的筮书。古代占筮之事由太卜或筮史掌管,《周礼·大卜》说:"大卜掌《三易》之法,一曰《连山》,二曰《归藏》,三曰《周易》。其经卦皆八,其别皆六十有四。"《连山》是夏代筮书,《归藏》是殷代筮书,《周易》和它们的体例一样,显然是在夏、商筮书的基础上重新编订的,它优于前二者,所以能够传用下来。《周易》的卦爻辞与前二者的筮辞可能也有联系,这从其中保存着远古即原始社会末期的某些记事,就可以论定。可以这样说,在殷周之际,周人的祖先开始把它们占筮的经验记录下来,这些记录下来的筮辞逐渐积累,大约在西周初年有人加以编选和修订,便成为《周易》这部新的筮书。

《汉书·艺文志》说:"《易》道深矣,人更三圣,世历三古。"这里说"世历三古",大体是对的,指《易》中的材料包含夏、商、周三代的事实记录。说"人更三圣"(伏羲、文王、孔子),那就不一定了。为什么呢？因为这些古经文不是一个时期写定的,也不是出于一人之手,它的主要作者是太卜或筮史。过去传说文王作卦爻辞,可能文王对本书的编纂起了重要作用,但以后仍有人增订,并非出自文王一人之手。我们可以肯定:《易》编纂成书的时间不可能早于西周初年,因为其中有成王时代康侯参加周公领导的平叛之事的记载；又不可能迟于西周末年,因为《左传》中有许多以《易》占筮的记录。就其晦涩诙诡、古奥难懂的语言及其语言结构和词汇特点来看,把其编纂时代断在西周初期,是站得住的。

占筮之法

古代占筮,使用五十根蓍草,后来以竹签代替。兹介绍原始的筮法和简便的筮法两种[①]。

[①] 参考孙振声《白话易经》及高亨《周易古经今注》有关章节。

先说原始的筮法。

五十根竹签先取出一根始终不用,以象征天地未开之前的太极,即所谓"大衍之数五十其用四十有九"。

将这四十九根签三变,每变七演,共二十一演,得一爻,法如下:

一变:将四十九根签随意分握于左右手,左象征天,右象征地,即所谓"分而为二以象两"。此为一演。

从右手中抽出一根夹于左手小指与无名指之间,象征人,然后放下右手的竹签,即所谓"挂一以象三"。此为二演。

数左手的竹签,每四根为一组,象征四时,即所谓"揲(shé)之以四以象四时"。此为三演。

数之最后,或余一根,或余二根,或余三根,或余四根,夹于中指与食指之间,象征闰月,即所谓"归奇于扐(lè)以象闰"。此为四演。

取右手原来放下的竹签加上抽出夹在左手小指与无名指之间的一根竹签,每四根为一组数之,所谓再"揲之以四,以象四时"。此为五演。

数之最后,或余一根,或余二根,或余三根,或余四根,夹在指间,所谓再"归奇于扐"。此为六演。

取指所夹之签合在一起,所谓"再扐而后挂"。此为七演。

以上一变七演毕,得签或四十四根,或四十根。

二变:将一变所得之签,按照一至七演的程序再进行第八演至第十四演,其结果可得签或四十根,或三十六根,或三十二根。

三变:将二变所得之签,按照一至七演的程序再进行第十五演至第二十一演。三变毕,可得签三十六根、三十二根、二十八根、二十四根四种。

得三十六根,九揲之数,称老阳,为可变之阳爻,记录成□。

得三十二根,八揲之数,称少阴,为不变之阴爻,记录成 -- 。

得二十八根,七揲之数,称少阳,为不变之阳爻,记录成 — 。

得二十四根,六揲之数,称老阴,为可变之阴爻,记录成×。

这样就得出了初爻,即所谓"三变而成爻";九、八、七、六四揲称四营,以四营成爻,也以四营变爻,即所谓"四营而成易"。

然后,按照以上演法,逐次得其余的五爻,即所谓"十有八变而成卦"。

假定:经过三变所得的六爻,依次记录为:初九、九二、九三、六四、六五(老阴×)、上六。得到的就是泰卦䷊,但第五爻是老阴,可能变为阳爻,就成为需卦䷄,称作"泰之需"。泰卦是"本卦",需卦是"之卦"。占筮的占断,在本卦的变爻。以上记泰卦为例,占断看六五变爻的爻辞。为了解卦的整体,卦辞也一并参考。

当一卦中出现两个变爻时,看本卦这两个变爻的爻辞,以在上者为主。有三个或三个以上变爻时,看本卦和之卦的卦辞,如出现矛盾,依本卦卦辞。

再说简单的筮法。

依据唐代《仪礼正义》之《士冠礼》,简化为不用竹签而用铜钱。后世那些搞"周易六爻神课"的,就多用铜钱了。其方法是用三枚铜钱在一个竹筒中摇动,然后举高倒在盘中,验看其正面或背面:

两个正面一个背面,是少阳—;

两个背面一个正面,是少阴--;

三个背面,是变爻老阳□;

三个正面,是变爻老阴×。

这样六次,可得全卦。六爻中有一个变爻,占断看该变爻爻辞;有两个以上变爻,占断看卦辞。

中国第一部哲学著作

《易经》是作为筮书而编纂和流传的,目的是供人们通过占筮的断占之辞来预测吉凶、指导行动。所以从总体来看,它崇拜冥冥之中有神灵的力量支配宇宙之一切,这种神灵的力量或意志,表现为有某种统一安排的事物生成发展的法则,而通过膜拜和祈祷,人们就可以得到未来命运的启示。这种观念和形式,自然属于神秘主义思想体系,表现为客观唯心主义的宇宙观。

不过,这种企图预知事物发展的企求,又表现了远古人们企图认识世界、掌握事物发展变化法则的努力。先民经过长期对事物的反复观察和实践,逐渐获得一些客观认识,这些认识也反映在《易经》的制作、记述和论断之中。因而在《易经》神学迷信的形式之下,又包含着朴素的唯物主义思想因素和朴素的辩证法思想因素,表现了上古时代人们抽象思维的发展,这对中国古代哲学的发展具有深刻的影响。因此,《易经》是中国第一部哲学著作。

先从本体论说起。

《易经》的本体论,当代学术界普遍认为含有原始的朴素唯物主义思想因素。冯友兰《中国哲学史新编》说:"天地如父母,生出来六个子女,分别代表殷周之际的人所认为的自然界六种重要的自然现象。照这样的理解,包括天地在内的自然界成为一个血肉相连的大家庭。这种神话式的对于自然界的理解,就是唯物主义世界观的胚胎。"任继愈主编的《中国哲学史》也说:"《易经》从人们生活经常接触的自然界中选取了八种东西作说明世界上其他更多东西的根源。……这是一种十分朴素的万物生成的唯物主义观念。"

卦爻辞虽然披着神学的外衣,记录的却是古代生活的真实,反映了人们对自然现象、自然规律、人与自然之间的关系以及人与人的关系的初步认识,作出不同于神学迷信而比较符合科学实际的解释。例如,神学迷信说雷电是"天"的震怒和恶戒,《易经》的《震》卦卦辞却讲人们对雷电三种认识的反应:或惧怕颤抖,或言笑自若,或听到震惊百里的巨雷,勺子里的酒也没有洒出一滴。其上六的爻辞讲,对雷电既不要惊惧失措,又要警惕小心,不外出,就可以保平安。在这里,反映了长期实践的经验,突破了神学的樊篱。又如《大畜》六五爻辞:"豮豕之牙吉",讲的是阉的猪温顺易肥;《明夷》六二爻辞:"用拯马壮吉",讲的是阉马健壮好使;等等。还有几个有关农业生产的卦,都反映了人们在畜牧业和农业生产中长期实践经验的总结。尽管这些认识还是粗浅的、初步的、片断的、朴素的甚至是幼稚的,但反映出先民们努力摆脱神学束缚去认识世界所取得的一些合理的颗粒,这在人类认识的长河中,是一个必不可少的发展阶段。

在远古,由于人们处于文化幼年时代,认识水平低下,思想受到神学神秘主义的束缚,但人们在从事生产斗争和社会斗争的实践中,又必然由少到多,由浅到深,逐渐积累对客观世界的正确认识,所以在人的头脑里总是复杂地纠葛着唯心主义和唯物主义。《易经》中具有唯心主义,也具有唯物主义因素,正是这种状态的反映。

再说方法论。

《易经》是一部讲变化的书。"易"者,变也。即使照郑玄的解释,"易"有"变易、简易、不易"三义,归根还是一个"变"字。在方法论上,《易经》也是透过神学神秘主义的形式,反映了原始的朴素的辩证法思想因素。

《易经》从复杂的自然现象和社会现象中抽象出阴(--)阳(—)两个基本范畴,以这两种符号象征着天地间万事万物具有的相对的两种性质,如天与地、日与月、男与女、昼与夜、寒与暑、正与负、生与死、正与邪、苦与乐、顺与逆、吉与凶、刚与柔、富贵与贫贱、前进与后退、积极与消极、一切事物有利也有弊……这反映《易经》描述的整个世界万事万物,存在着矛盾对立的现象。

郭沫若《周易时代的社会生活》说:"八卦的根底我们很鲜明地可以看出是古代生殖器崇拜的孑遗,画—以象男根,分而为--以象女阴。"这个论断比较符合原始意义,也与当时思维发展水平相适应。由阴阳这一对矛盾的作用,产生了八卦和六十四卦所象征的万事万物的生长、发展和变化。

《易经》中表现了对立的观念,反映了矛盾的普遍性。首先,自然界存在着对立的现象。如《明夷》上六爻辞:"不明晦。初登于天,后入于地。"讲的是太阳下山天黑了,太阳初登于天为明,后入于地为晦。这里就包含明与晦、天与地、日出与日入的对立现象。关于昼夜、牝牡、生死、荣枯等相对立的文字,在各卦爻辞中还有不少。其次,社会也存在着对立的现象,如《剥》上九爻辞:"硕果不食,君子得舆,小人剥庐。"讲的是农奴不能享受劳动果实,去给贵族造车;贵族有了车,农奴却离开自己的茅屋。又如《小过》六二爻辞:"过其祖,遇其妣,不及其君,遇其臣。"《小畜》九三爻:"舆说(脱)辐,夫妻反目。"等等。在这里,君子与小人、夫与妻、祖与妣、君与臣、得舆与剥庐、过与遇等,都是相对的现象。再次,对立矛盾现象还表现在人们的活动及其结果中,如《小过》卦辞:"可小事,不可大事。飞鸟遗之音,不宜上,宜下。"《蒙》上九爻辞:"不利为寇,利御寇。"(寇为侵掠)《否》上九爻辞:"先否后喜。"《讼》卦辞:"中吉终凶。利见大人,不利涉大川。"……都是对立矛盾现象。可见,《易经》作者不仅觉察到从自然到社会,到人们的活动,整个世界充满着矛盾现象,而且朦胧地感觉到了矛盾的双方相互依存:没有君,就没有臣;没有上,就没有下;没有进,就没有退;没有小,就没有大;等等。当然,这还只是一些原始的、朴素的辩证法思想因素,尚未构成明确的对立统一的观念。

《易经》的朴素辩证法思想因素,还表现在其关于运动变化的观念。任何一卦,要改变其中的一爻,由阳爻变阴爻,或由阴爻变阳爻,就变成与原来完全不同的卦。如《乾》卦初九的阳爻变为阴爻,就变成《垢》(gòu)卦;《乾》卦的卦辞是"元亨利贞",《垢》卦卦辞是"女壮勿用取女"(女子受伤、不利于娶女)。《坤》卦初六的阴爻变为阳爻,就成为《复》卦。《坤》卦卦辞与《复》卦卦辞也是两回事。如果一卦中变动几个爻,或者变动所有的爻,那么,就会变成相反的卦,如《益》卦䷩六二的阴爻变阳爻、九五的阳爻变阴爻,就成为相反的《损》卦䷨;《泰》卦䷊的初九、九二、九三的阳爻全变阴爻,六四、六五、上六的阴爻全变阳爻,就变成相反的《否》卦䷋,《泰》卦卦辞说:"小往大来,吉。"《否卦》卦辞说:"不利君子贞,大往小来。"占断结果完全相反。

《易经》中也比较明显地反映了事物发展转化的观念。变化着的事物都有它发展的阶段。以《乾》卦为例,本卦卦辞是大吉大利,初九爻辞是"潜龙勿用",说龙潜隐不动开始是不利的;九二爻辞是"见龙在田,利见大人",是说龙出现在田野上了,一见大人就会显达;九三爻辞是"君子终日乾乾,夕惕若,厉无咎",是说君子整天勤勉,夜晚警惕小心,有危险也不要紧;九四爻辞是"或跃在渊,无咎",是说龙跃于渊,正得其所,没有灾难了;九五爻辞是"飞龙在天,利见大人",龙飞于天,升腾之象,一见大人就会显达;上九爻辞说"亢龙有悔",是说发展到极点,龙反常态,又有困厄。《乾》卦多一爻为用九①,爻辞是"见群龙无首,吉",群龙腾飞于云中而不见其首,是大升腾之象,故曰吉。从这个卦可以看到,开头是潜隐、并不利,接着是出现、有了前途,再经过努力,转危为安,终于得所,再大升腾,到了极点又化为困厄。全卦以龙腾为象,象征一切事物有发展过程,在这个过程中,有进有退,有得有失,有顺利有不顺利,而且发展到一定的阶段又向反面转化。这一物极必反的原则,《泰》卦九三爻辞也说得很清楚:"无平不陂,无往不复。"这些话同样

---

① 每卦六爻,只有《乾》卦多一爻为用九,《坤》卦多一爻为用六。占筮时,《乾》卦六爻全是变爻,断占看用九;《坤》卦六爻全是变爻,断占看用六。

包含着朴素的辩证法思想。

《易经》中朴素的辩证法因素，也是零散的、片断的、初级的，是人类在文化幼年时代通过反复实践认识所完成的抽象思维的成果。它的突出的弱点，是认识不到矛盾对立的转化必须具备一定的条件，也认识不到发展变化是由低级向高级的发展而不是简单的循环。因此，它终究挣不脱神学神秘主义的桎梏。

社会史料和思想史料

《易经》卦爻辞多是筮事的记录或对古代传说的记述，虽然这些记录东鳞西爪，既不完整，又不系统，但周初、殷周之际以及远古的史料极其缺乏，这些片断的文字，就成为极为珍贵的第一手材料。

先说社会史料。

从《易经》卦爻辞，首先可以看到那个时期的社会矛盾，当时的阶级社会及其阶级对立的一些情况。卦爻辞中写到的统治者，有天子、王、公、侯、大人、君子、武人等，被统治者有小人、刑人、邑人、幽人、童仆、臣、妾等，他们的政治地位和经济地位是对立的。

统治者对被统治者操生杀予夺之权，设有专政机器"幽谷"（监狱）。《困》卦就是一个记刑狱的卦，初六爻辞："臀困于株木，入于幽谷，三岁不觌。"说的是被监禁者臀部受杖刑，然后关进类似潮湿黑暗的土窖一样的监狱，一关就是三年不见其人。六三爻辞："困于石，据于蒺藜，入于其宫，不见其妻。"说的是犯人被担枷示众，又放在四周是蒺藜的地方，放回家，妻子已经没有了。九五爻辞又说到"劓（yì）"、"刖（yuè）"，即把人割去鼻子，刖掉两足。又如《革》卦九五爻辞"大人虎变"、上六爻辞"君子豹变"，都是说统治者像虎豹一样发威，老百姓视如虎豹。再如《讼》卦九二爻辞："不克讼，归而逋其邑人三百户。"说的是某贵族打官司败诉，回来一看，奴隶逃亡了三百户。卦爻辞有许多条写战争，如《师》、《同人》、《离》、《晋》等卦，这些战争多是"寇"（即侵掠战争），奴隶主发动军队去侵掠弱小的异族或他国。《易经》还写了较多的贵族内部的矛盾斗争，如《比》、《否》、《遯》、《萃》等卦。

从卦爻辞中,还可以看到那个时代社会生产力发展的情况和一些社会经济活动。在这个时期,人们使用的工具:耕田用耒耜,织布用纺车,渔猎用弓矢,运输用人拉车或牛拉车,兵车用马车。弓用心木,矢用铜镞。这时由田猎发展到畜牧业,六畜具备,已掌握了一些饲养技术,但社会经济生活还是以农业为主。有几个卦专记农事,反映了这个时期农业生产的技术水平。当时经济生活中已有行商在活跃:行商有时借宿人家,有时住宿旅店,以贩牛羊为主,也贩卖童仆,使用的货币先是朋贝,后是资斧(铜币)。关于人们的物质生活水平:衣履有黄裳、鞶(pán)带、履、朱绂、赤绂等字样;住居有门、庭、家、屋、庙、宫、户、城、床、枕、庐、隍、井、穴等字样,可见既有宫室建筑,而仍存在穴居;器用则有土器(缶、瓶、瓮……)、革器(鞶带、括囊、鼓……)、木器(车、舆、柅、机、枕……)以及草编织用品等等。我们把这些零星的记载聚合到一起,不难对殷周之际和西周初期的社会生活样式有个大致的了解。

尤其珍贵的材料,是卦爻辞中保存了原始社会的某些风习。其中主要是婚姻习俗。《屯》、《蒙》二卦写劫夺婚:女子被抢放声悲泣,抢婚的男子遭到抵抗乃至送命。《归妹》卦写姊妹共夫。郭沫若在《周易时代的社会生活》一文中,提出从《易经》中可以看到母系制的残余,其说也可作参考。这一类史料,在其他文献中是罕见的。

再说思想史料。

卦爻辞的记事或取象,必然反映记录者的思想观念。我们可以看到,这些思想观念产生在奴隶社会繁荣的时期,它们在一定程度上,反映了殷末和周初那个时代的社会进步要求。

《易经》中的经济思想,首先突出的是重农思想。殷周之际农业生产已占社会经济的主要地位。《易经》有几个记载农业生产的卦,不仅记载农业生产经验,而且提出重视农业生产的意见。如《小畜》卦上九爻辞:"既雨既处,尚德载。"《无妄》卦六二爻辞:"不耕获,不菑畬(zī shē),则利有攸往。"前者说雨后可以多栽种;后者说不耕种就要收获,不开垦就要种熟地,都是妄想,妄想就不会有好结果。这两条的含意,和周公在《无逸》中对周族子孙的告诫是一致的:施政之要,首在于人民足食。《易经》认识到农业的重要性,是符合社会进步要求的。

《易经》的时代,畜牧业仍是社会经济的重要生产部门。《易经》中关于畜牧的爻辞约有18条,表现了对畜牧业生产的肯定和对畜牧业新技术的重视。所以,《易经》又是主张农牧并举的。

殷周之际,工商业已经有所发展,国家设专职机构管理奴隶从事手工业生产,行商则来往各地。有28条爻辞谈工艺生产和工艺,有12条爻辞谈商旅贸易和货币,表现了发展工商和重视财富的观念。

《易经》的经济思想概括言之,就是重视农业,农牧并举,发展工商,并且产生了货币观念。这是奴隶社会经济繁荣时期的反映。

《易经》中的政治思想是殷周之际统治阶级政治思想的反映。首先,它反映了"君权神授"的思想。《师》卦上六爻辞:"大君有命,开国承家。"《大有》卦九三爻辞:"公用亨于天子,小人弗克。"又上九爻辞:"自天祐之,吉无不利。"等等。既然统治者的权力是神给予的,那么,自然是剥削有理了。从卦爻辞中所见社会统治阶级和被统治阶级各种人身份的称谓来看,如统治阶级中的天子、王、公、侯、武人、史巫……下层被统治阶级中的臣、妾、邑人、刑人、幽人、童仆等等,表现出鲜明的等级观念。

为了对平民和奴隶进行统治,统治者必须建立暴力的统治机器:国家、军队和监狱。卦爻辞中记载殷周之际刑法和刑具的约有13条,作者基本上是站在统治阶级立场上记载的,其中颇有一些"利用狱"或"无不利"的断占。在运用军队这个暴力机器时,其中有时也有保卫自己国家免受侵犯("御寇")的记录,较多的却是关于征伐抢掠他国的记载,就其结果断占,或为凶,或为吉。《未济》卦九四爻辞:"震用伐鬼方,三年,有赏于大国。"《既济》卦九三爻辞:"高宗伐鬼方,三年克之。小人勿用。"这两条记的是一件事:殷高宗派军队去征伐一个名叫鬼方的部族,叫周派军队跟随征伐,打了三年获得胜利,死了不少奴隶兵,高宗赏赐了随征的周人。诸如此类战事的记载,《易经》是作为经常而且正常的事件的,其中有不少是对异族掠夺的战争。

《易经》中的道德伦理思想,是奴隶社会的道德伦理观念的反映。它认为"大人"和"小人"的不同地位,奴隶买卖,乃至杀死奴隶作献祭之用,都是合理的。如《旅》卦九三爻辞说,拿钱买来奴隶,是吉;其九二爻辞说,买来的奴隶逃亡是危险,这是奴隶主的道德观念。《升》卦九二、《困》卦九二和《萃》

卦六二的爻辞,都是说用俘虏和奴隶来献祭先王,作者都断占为吉和利。作者对侵掠战争也作同样的理解。战争主要是掠夺土地、财物和奴隶,在写战争的 23 条卦爻辞中,有 19 条写到俘虏。俘虏就是奴隶的来源,抓着俘虏,作者就断占为吉利。所以,在《易经》中买卖、杀害奴隶,掠夺俘虏都不是罪恶,而是符合道德规范甚至是勇敢和光荣的行为。

在统治阶级内部,为维护统治阶级根本的长远的利益,《易经》中也提倡谦虚,提倡节俭,提倡统治阶级之间的适当的批评,但这只是奴隶主内部的道德要求。谦虚是为了互相间的和气容让,节省是为了积累财富。并不认为大规模祭祀甚至屠杀奴隶作人牲是对物质和人力的浪费,也决不会容忍奴隶对他们不俯首帖耳。我们从《易经》来看,道德,确实是阶级性的道德。

《易经》中的社会史料和思想史料,是我们研究上古社会形态和上古思想史所不可缺少的重要材料。

爻辞的文学价值

《易经》卦爻辞中有一部分是韵文。有人说约三分之一,有人说有一半以上。由于语言音义的变化,这已经很难确考。不过,从部分字音和语辞结构来看,其中有相当一部分韵文,则是可以断定的。因此可以说:在卦爻辞中保存着我国最早的韵文。

这些韵文之中,有类似比兴的诗歌,请看以下二例。

《明夷》卦初九爻辞:"明夷于飞,垂其翼。君子于行,三日不食。"(鸣鹈天上飞翔,翅膀搭拉下来。君子在旅途跋涉,三天挨饿忍饥。)它以鸣鹈于飞起兴,用垂其翼来比旅人忍饥挨饿的形象,"翼"、"食"同韵相叶,隔句押韵。把这首诗和《诗经》的《小雅·鸿雁》"鸿雁于飞,肃肃其羽。之子于征,劬劳于野"相比,和《邶风·燕燕》"燕燕于飞,差池其羽。之子于归,远送于野"相比,再和《豳风·东风》"仓庚于飞,熠熠其羽。之子于归,皇驳其马"相比,它们的内容、语言结构、词汇运用和表现手法都很相似,可说是同类的歌谣。

《中孚》卦九二爻辞:"鸣鹤在阴,其子和之。我有好爵,吾与尔靡之。"(鹤儿鸣叫在树荫,它的伴侣和鸣。我的杯中有美酒,我和你一同干杯。)这也是一首比兴诗歌,按古音隔句押韵,以鹤的和鸣,托物起兴。这和《小雅·鹤鸣》相比:"鹤鸣于九皋,声闻于野。鱼潜在渊,或在于渚。乐彼之园,爰有树檀。"二者也相类似。

如果说这两首歌谣体的诗歌与周诗《诗经》中的作品相类,可以表明它们是大致同一时代流传的歌谣,那么,《易经》爻辞中还保存着从更早的时代——殷周之际流传下来的歌谣,反映了我国诗歌更早的风貌。再看以下二例。

《贲》卦六四爻辞:"贲如,皤如,白马翰如,匪寇,婚媾。"(跑啊跑,太阳像火烧,白马扬头奔驰。不是来劫掠,是来把亲抢。)《屯》卦六二爻辞只改几个字,含义、语辞结构和韵律都相同。

《离》卦九四爻辞:"突如其来如,焚如,死如,弃如。"(冲啊攻啊,烧啊,杀啊,抓着孩子就摔啊。)这里描写的是侵掠性的毁灭性战争,节奏短促,有明显的韵律。把这样的歌谣和《诗经》中的歌谣相比,就能清楚地看到它们的不同。《易经》的这类爻辞,内容单纯而语言简古;《诗经》的民歌则内容丰富而语言流畅。《易经》爻辞的比兴手法和叠字词的运用以及韵律,都为《诗经》所进一步发挥、充实和提高。从爻辞到《诗经》的民歌,反映出我国上古诗歌发展的轨迹。

卦爻辞的散文记事中,还保存着古老的故事传说,已如前所述。《易经》中的记事太简单,它记录的故事传说,实际只能算是故事的雏型。它们也反映了我国记事散文的古老风貌。它和卜辞相比又显得词句变化明了一些,内容也多少丰富一些,代表殷周之际我国散文的水平。

第二节 《易传》

《易传》是对《易经》的解说和论述。

《易经》在春秋时代已广为流传,《左传》和《国语》都有大量用《易》占筮的记事,也记载当时就有人讲述八卦卦象。春秋末年的孔子读《易》韦编三绝,自述说:"五十以学《易》,可以无大过矣。"他对学生讲《易》的记录,有一些传了下来。晋代所发现的战国魏襄王墓中的竹书《易经》，就另有解说的汇编。1973年湖南长沙马王堆三号汉墓出土的帛书《周易》，有经，也有一部分传。原来经是经，传是传，二者是分开的，从汉末到晋，经过一个较长的过程，才把传分开与经合编在一起，成一本书。《易传》通过对《易经》的解说和论述，大大加强了《周易》的哲学内容，使之成为一部内容丰富的、极有价值的哲学著作。在中国古代哲学史上它承先启后，以后历代学者在这个基础上进行研究和发挥，发展了中国古典哲学，其长处和短处，都产生深远的影响。

《易传》的时代和作者

《易传》共七种十篇，它们是：《彖(tuàn)》上、下，《象》上、下，《文言》，《系辞》上、下，《说卦》，《杂卦》，《序卦》。这十篇，称《十翼》。"翼"，即"羽翼"，是"辅"的意思。它们是辅助理解经文的，又称《周易大传》。

《十翼》是什么人著的，产生于什么时代？这是两千多年来不断讨论的问题。

司马迁《史记·孔子世家》说："孔子晚而喜《易》，序《彖》、《系》、《象》、《说卦》、《文言》。"班固《汉书·艺文志》也说："文王以诸侯顺命而行道，天人之占可得而效，于是重《易》六爻，作上下篇。孔子为之《彖》、《象》、《系辞》、《文言》、《序卦》之属十篇。"这个说法在汉、唐相沿，都说《易传》的作者是孔子，并由此产生所谓"周易三圣"之说，即伏羲画卦、文王作卦爻辞、孔子作十翼；或所谓"周易四圣"之说，即再加上周公作爻辞。这样，用一层层神圣的灵光，把《周易》神圣化。

北宋欧阳修开始提出怀疑。他说："《系辞》……《文言》、《说卦》而下，皆非圣人之作，而众说淆乱，亦非一人之言也。"(《易童子问》)他的根据是：《文言》、《系辞》和《说卦》相互抵牾，《系辞》前后自相矛盾，所以，"余之所以知《系辞》而下非圣人之作者，以其言繁衍丛脞而乖戾"。不过他仍承认孔子作《彖》、《象》的著作权。到清代，姚际恒著《易传通论》、康有为著《新学伪经考》，就完全否定孔子的著作权，断言《易传》全非孔子所作。这个说法得到一些人的拥护。

"五四"以后,20年代后期中国学术界有一次《周易》年代和作者问题的讨论。60年代初,又对这个问题展开一次讨论。直到80年代"周易热",学者们还是各说各的,仍有不同的认识。其代表性意见可以归纳为以下两个方面论点:

一方面的论点是基本沿袭司马迁的记载。如范文澜认为:"孔子曾用大功夫钻研卦辞、爻辞,作为儒家的哲学思想传授给弟子,孔子讲说的记录及后来《易》大师的补充,总称为《易传》,或称《十翼》。"①任继愈认为:"旧说《系辞》是孔子所作,现在从阶级观点、时代特征来看,这个说法是有些根据的。"②匡亚明举出长沙马王堆汉墓出土的帛书《易》,该书卷后附有佚书《要》等两篇记录孔子与其弟子研讨《易》理的问答,并结合其他佐证,认为:"孔子晚年确曾钻研过《周易》,并且进行过讲授,在讲授过程中可能作过整理,加入一些自己的体会和说明。因此,司马迁所说的'孔子晚而喜《易》','孔子传《易》于瞿'等语,还是比较可信。"③郭沫若在1927年写的《周易时代的社会生活》文中说:"孔子是研究过《易经》的,他对于《易》理当然发过些议论,我们在《易传》中可以看出不少的'子曰'云云的话,这便是证据。大约《易传》的产生至少是像《论语》一样,是出于孔门弟子的笔录吧。"④

另一方面的论点是仍然否认孔子的著作权,他们对《易传》作者和时代的解释又互有出入。冯友兰说:"旧说《十翼》都是孔子所作。其实,这些篇并不是一个人作的,也不是一个时候的作品,大概说,是战国末至秦汉之际儒家的人的作品。"⑤李镜池认为"《彖》、《象》的时代在秦汉之际,其他在司

---

① 范文澜:《中国通史简编》修订本第一册,人民出版社,1953年,第139页。
② 任继愈:《易经和它的哲学思想》,《光明日报》1961.3.31。
③ 匡亚明:《孔子评传》第八章,齐鲁书社,1985年,第351页。
④ 1935年郭沫若氏写《周易之制作时代》一文(收入《青铜时代》一书),又否定了自己这个意见。他不仅认为《易经》是战国初年的作品,而且认为《易传》大部分"是秦汉时代的荀子的门徒们楚国的人所著",并特地证明"孔子与《易》并无关系"。他作这个论断,当然是失误的。
⑤ 冯友兰:《易传的哲学思想》,《哲学研究》1960年7—8期。

马迁之后的昭、宣之间和昭、宣之后"①；钱玄同也认为有西汉中期的作品②。高亨则提出不同看法，他说："说《十翼》中有汉人作品，并无坚确的论据。管见以为《十翼》都写于战国时代，正如欧阳所说'非一人之言'，《彖》、《象》比较早些，可能在春秋末期。"③

根据以上意见，我们求同存异，斟酌取舍，关于《易传》的时代和作者问题，在没有发现确凿的新的史料以前，可以大体上得出这样的认识：《易传》基本上成书于春秋末年至战国后期，不成于一时，也不成于一人之手。书中有孔子讲授《易经》的记录，这从其中有"子云"云云的明显标记，以及发挥的哲学政治思想有许多与孔子的思想完全一致，可以得到证明；但是也有孔子的门人及战国的儒家学者撰写的，这从书中有些思想和文句与《孟子》一致，也可以证实。我们再从魏墓竹书和汉墓帛书来检验，其经文卦次，解说文字均与今本《易传》不同，说明《周易》在西汉时代又经过编订，对《易传》又有补充和修订，所以《十翼》之中的有些篇章又带有西汉时代的痕迹。应该说《易传》基本上制作于春秋末年至战国后期，再经西汉学者的编订。这正是中国由奴隶社会转为封建社会的社会大变革时期，《易传》的思想是这个社会大变革时期的产物。

《十翼》是讲什么的

这七种十篇文章各有各的内容和用途。前面已经说过，它们原来与《易经》是分开的，从东汉末年以后，才逐步合起来，到晋代才逐篇或逐段分开与经文合编在一起，经传相合。

《彖》上、下：主要解释卦和卦辞，断定一卦的基本观念和卦辞的基本观念。大约产生在春秋末期。经传相合后分编在六十四卦经文之后，言前标"彖曰"。

---

① 李镜池：《周易探源》，中华书局，1978年，第301页。
② 钱玄同：《读汉石经残字而论及今文易的篇数问题》，《古史辨》第三册。
③ 高亨：《试谈周易大传的哲学思想》，《学术研究》1961年11期。

《象》上、下：解释卦的象征意义。其中说明卦辞的部分，在于解释上、下卦的象征，称作"大象"，通常的方式是解释上三画象征什么，下三画象征什么，二者重叠又象征什么。其中说明爻辞的部分，在于就该爻的位置，结合爻辞解释该爻的基本观念，称作"小象"。大约完成于战国中、晚期。经传相合后分编在六十四卦各卦卦辞和各爻爻辞之后，言前标"象曰"。

《系辞》上、下：总论《易传》的基本意义，是《易经》的总体概论（通论），由春秋末至战国晚后期的许多阐明《易》理的记录连缀而成，内容较杂乱。其中阐释《易经》哲学观念的文字，是重要的哲学论文，把《易经》由卜筮书提高到哲学的意义上。它总论全经的哲学观念，并阐发这些观念如何普遍应用于自然和社会。它无法分编，经传相合后附于全书之后。

《文言》：解释《乾》、《坤》两卦卦辞和爻辞，将这两卦的《彖》和《象》作进一步的推衍和解说，着重阐扬儒家的伦理道德思想。大约作于战国晚后期。经传相合后分编在《乾》、《坤》两卦卦辞和爻辞之后，言前标"文言曰"。

《说卦》：总说八卦所象征的物象及其重叠推衍成六十四卦的原理。约为西汉前期所补充，附于全书书后。

《序卦》：对六十四卦排列次序的说明。约为西汉前期所补充。附于全书书后。

《杂卦》：杂论卦与卦之间的关系，将性格相反、或性格交错的卦，两卦并列，论述刚柔相济的道理。写于西汉前期。附于全书书后。

这十篇写作时间有先有后，但都在由奴隶制向封建制转化以及统一的封建帝国基本完成的时代，反映这个大时代的哲学、政治和伦理道德思想的发展。从总体来看，它们反映新兴地主阶级的意识形态。

《易传》的哲学思想体系

《易传》通过对《易经》的卦、卦辞、爻辞所作的说明、解释和补充、发挥，吸取和改造战国时代各学派的哲学观念，发展了《易经》所蕴含的哲学思想。它已经不是《易经》所表现的那样简单、片断、粗浅的初级形式，而具有议论、阐述、思辨的内容，初步地构成了比较完整的哲学思想体系，反映了中国古典哲学在战国时期和西汉前期的发展。兹就其本体论和方法论两个方面，将其精华大略陈述。

先谈本体论。

在六十年代前期的《易》学讨论中，对《易传》的本体论问题有不同的认识：有人说是唯物论（任继愈），有人说是唯心论（冯友兰），有人说是由唯物论转化为唯心论（沈酞民）。何所适从，我们还是看看它的主要观点吧。

一、"盈天地之间唯万物。"《序卦》说"有天地，然后万物生焉，盈天地之间唯万物"，提出"自然之天"的命题。《说卦》又说明世界万物是由天、地、雷、风、水、火、山、泽八种物质构成的。并依据这八种物质所具有的性质和作用，对形形色色的万事万物进行概括和分门别类。"大哉乾元，万物资始"（《乾·象》），"至哉坤元，万物资生"（《坤·象》），"天地绷缊，万物化醇，男女构精，万物化生"（《系辞下》）。万物构成宇宙，而万物又互相联系，互相作用化生，它所描述的客观世界，表现了唯物主义的自然观。这是古人长期观察世界而形成的总结，对盛行的神学世界观是一个大突破。

二、"天行健，君子以自强不息。"这是《乾·象》中的一句名言。"行"指运行，"健"是刚健中正。它认为，宇宙、自然和人类社会的法则，即天道、地道、人道是一致的，天的运行刚健中正而永不衰竭，因此，君子也应该奋发图强，积极进取，不断更新。这个观点是对天道的新解释，也是对以神明为主体的天命论的否定，反映了上升期的新兴地主阶级推进社会改革的积极唯物主义精神。

三、"象数"之论。《系辞下》说：天地未分之时最原始的统一体是太极，太极生两仪，两仪生四象，四象生八卦，乃至六十四卦，八卦和六十四卦是"象"，它们体现了万事万物的发展变化法则叫"数"。《易》中的象数体现了宇宙的法则，即体现了天道、地道、人道，人们通过占筮，便可以得知象数，而预知事物未来的发展变化，按天道行事趋吉避凶。《易传》有不少文字谈象数，把其作用无限夸大和神秘化，陷入客观唯心主义。

再谈方法论。

《易传》把《易经》所体现的朴素的辩证法思想因素，作了理论的概括和系统的发展，主要内容有以下几点：

一、"一阴一阳之谓道。"(《系辞上》)《易传》把阴和阳认为是万事万物的两种属性和作用,用这两个概念概括自然界和社会万事万物对立的两面,整个世界是若干不同层次的属性对立的事物构成的。《说卦》说:"立天之道曰阴与阳,立地之道曰柔与刚,立人之道,曰仁与义。"它进而用阳象征天、日、父、男、上、前、明、往、昼、尊、贵、仁、福等等一切积极性事物,属于阳、刚、动;用阴象征地、月、母、女、下、后、暗、来、夜、卑、贱、义、祸等等一切消极性事物,属于阴、柔、静。这些对立的事物相反相成,互相对立又互相依存。

二、"为道也屡迁。"(《系辞下》)这是提出事物处于不断变化发展的过程之中,称之为"变化之道"。它说:"变动不居,周流六虚,上下无常,刚柔相易,不可为典要,唯变所适。"变,是宇宙的普遍规律,一切事物都不是固定的,而处于不停的运动和转化之中。那么,事物为什么会变化呢?它认为是由于事物对立的属性和作用,"刚柔相摩,八卦相荡","刚柔相推而生变化"。相摩相推而生变化,即我们现在所说的事物矛盾的两方面互相斗争、互相作用,推动事物的发展变化。

三、"物极必反","生生不已之谓易"。《系辞》又说:事物发展到极限就要向反面转化,上下、刚柔、强弱、盈虚、泰否、损益……都是会转化的。这样的论述很多,如《丰·彖》"日中则昃,月盈则食",《序卦》"物不可以终通,故受之以否;物不可以终否,故受之以同人";"损而不已必益,故受之以益;益而不已必决,故受之以夬"。矛盾对立的两方面,各向其相反方面转化。《易传》又认为转化是不断地由新事物代替旧事物,它强调一个"生"字,一个"新"字。《系辞上》说:"日新之谓盛德,生生之谓易。"《系辞下》又说:"天地之大德曰生。"《易传》的这些发展变化的观点,演化成为中国人民历代有益的格言,如物极必反,否极泰来,生生不已,穷则变,乐极生悲,居安思危等等。

从以上主要几点来看,《易传》在两千多年以前已经阐述了矛盾对立统一规律。当然限于当时自然科学发展的水准,论述还不够透彻和完备,仍未完全脱离原始的、朴素的阶段,但是它确实抓住了辩证法的核心。

在整个《易传》中,它的哲学方法论又常常有自相矛盾之处,反映了它的辩证法思想也不是彻底的。这主要表现于以下的论点:

一、"无往不复"、"乾坤定位"。《系辞上》说："日往则月来,月往则日来,明相推而明生焉;寒往则暑来,暑往则寒来,寒暑相推而岁成焉。"它认为这种周而复始的循环运动,在自然界如此,在社会历史也如此,它说："天尊地卑,乾坤定矣,卑高以陈,贵贱位矣。"这就是所谓"变中有不变",万物在变,但是天尊地卑是乾坤的既定法则,卑高贵贱是社会上确定不移的地位,它们是不能变的。《解·象》又说："负也者,小人之事也;乘也者,君子之器也。小人而乘君子之器,盗思夺之矣;上慢下暴,盗思伐之矣。"在这里,它论证了封建统治秩序的合理性和永恒性,是形而上学。

二、"先天之道"。《系辞上》宣扬"《易》与天地准,故能弥纶天地之道",它"范围天地之化而不过,曲成万物而不遗","引而伸之,触类而长之,天下之能事毕矣。"这是说《易经》卦象中包罗宇宙万物变化的法则,世界上一切事物可能有的变化之数,都可以由它类推和演绎出来,依靠它就能解决一切问题,它是永恒不变的绝对真理。它说:圣人精研《易》理而知天道、地道、人道,创造社会的物质文化和精神文化,诸如网罟、耒耜、舟楫、衣裳、杵臼、弧矢、宫室、棺椁、书契、服牛乘马等等,都是圣人取法于卦象,"观象制器"而创造出来的。照这样的解释,它是用一种永恒不变的精神(道——易理)来代替上帝(神),认为易象以其易理是事物的本源,先天的绝对真理。

《易传》的社会政治思想

《易传》通过对《易经》的解说,来发挥儒家的社会政治思想,是它的哲学思想体系在社会政治思想领域的具体运用,对孔孟思想进行了发挥和改造。概括其要点如下:

一、"汤武革命顺天应人。"这是《易传》中一句很有影响的名言。《革·彖》说："天地革而四时成,汤武革命,顺乎天而应乎人,革之时大矣哉!"这里所说的"汤武革命",指汤伐夏桀建立商朝、武王伐纣建立周朝。"革命"一词和现代的意义不同,指革去暴君桀、暴君纣所受之天命,由汤、武受天命建立新朝代。《易传》对这两次政治变革,热烈地赞扬它们是符合天道和顺应人心的伟大行动。儒家认为,应该是"圣人"(有极高道德和极高智慧的人)治世,上天授予其统治四方民众的王位,使之对民众实行德治,这就是天命。如果他失德,上天就会夺去他所受的天命,而另以有德者来代替。春秋末年的孔子积极提倡德治,但是坚决反对臣弑君,对汤武革命的问题没有直接论述。后来孟子才具体回答这个问题:"闻诛一夫纣矣,未闻弑君也。"《易传》继承和发挥孔孟的思想,作了积极的明确的表达。《文言·坤》的解释又进了一步:"积善之家,必有余庆;积不善之家,必有余殃。臣弑其君,子弑其父,非一朝一夕之故,其所由来者渐矣。"这是为"臣弑君"辩护的。

二、理想社会。《家人·象》提出一个以一家一户为生产的基本单位,每个家庭中男外女内,家长有绝对权威(严君),家庭成员之间实行父父、子子、兄兄、弟弟、夫夫、妇妇的伦常关系。这是一个以封建自然经济为基础的小农经济和宗法家长制相结合的典型的封建社会蓝图。

这样的社会由谁来治理呢?《说卦》说:"圣人南面而听天下,向明而治。"由智慧非凡、品德出众的人光明正大地来管理天下。《系辞下》提出帝王的三大任务:一是"通天下之志……吉凶与民同患。"意思是沟通天下的思想意志,全国上下团结,帝王以身作则,与人民同甘共苦。二是"定天下之业",即安定国家,建立国家礼仪和典章制度,发展生产和贸易使国家富裕,管理财政。三是"断天下之疑",即一切疑难之事由帝王决断。帝王又如何决断呢?占卜,八卦包罗天道、地道、人道,能提供一切问题的答案。这实际上是君主专制加迷信统治。

《易传》的理想社会,是在小农经济和宗法家长制的基础上,建立君主专制的封建国家,其目标是通过封建专制国家来发展国民经济,实现社会安定和富裕。它把实现这一目标的希望,寄托于"圣人"作帝王。但是两千余年,从来没有出现过这样的帝王,这是永远也不会实现的幻想。

三、实行德治,德刑调和。孔子提倡的"德治",是《易传》的政治指导思想,主要有四个方面:

第一是"尚贤",即孔子所说的"举贤才",反对"亲亲"制度,主持"尚贤"制度。所谓"亲亲"制度,是指奴隶制国家以血缘关系受爵禄的用人制度;所谓"尚贤"制度,是指以功受爵禄和以才德受爵禄的用人制度。要"尚贤"就要"养贤",即养育贤才和培养人才。《大畜·象》:"不家食,吉,养贤也。"

《颐·彖》："天地养万物，圣人养贤以及万民。"

第二是"正位"，即维护尊卑、贵贱的封建等级差别，各守其位。《易传》认为这是实施德治的前提。《涣·象》："王居无咎，正位也。""贵而无位，高而无民，贤人在下位而无辅，是以动而有悔也。"（《系辞上》）"位"是什么？是尊卑、贵贱、上下的位置，它们的具体表现就是"礼"，各个等级的人都按"礼"来规范自己的行为，人们能各守其位，统治阶级就平安大吉；反之，国家就要乱，统治阶级就有危险。实施德治，是按照"礼"的等级规定来实行。

第三是"慎刑明罚"。实行德治，又不能不要法。犯了法，也要治罪，给予刑罚。《易传》提出明、宽、慎的法治主张。《旅·象》说："君子以明慎用刑而不留狱。"明，是处理案件清明，不搞冤假错案；慎，是用刑谨慎不能滥施，一定要罪刑得当；宽，是处理从宽，不能严酷。如《解·象》："君子以赦过宥罪。"《中孚·象》："君子以议狱缓死。"例如判死刑缓期执行等等。

第四是"裒（póu）多益寡，上以厚下"（《谦·象》、《剥·象》）。裒多益寡，即取有余补不足；上以厚下，即损上益下，让统治阶级牺牲一些利益，使人民能够安居乐业。这个主张在封建社会很难行得通，即使偶有实行，也是不彻底的。北宋王安石变法，说过"损有余以补不足，天道也"。但他的变法以失败告终。

第三节 《周易》的解说和研究

《周易》本是占筮用书，自从经和传结合之后，便成为一部内容丰富的哲学著作。在长期的封建社会，它是士大夫必读的高深教科书，历代学者对它进行研究和发挥，现存注本和论说不下两三千种，现代人仍然把它视为中华民族传统文化的一份遗产，在国内外哲学界都有深刻的影响。

两千余年，《周易》的解说和研究，内容丰富，著作如林，直至当代，仍是人们热烈讨论的课题。

汉儒象数和魏晋玄理

前面曾经叙述，从《左传》、《国语》的占筮记事证实，春秋时代已有对《易》象的解说和研究。从战国魏墓竹书中有《说卦》残篇，可以证实战国时已经流传一些比较深入研究的文字。从汉墓帛书中有《系辞》、《说卦》（前三章），可以证实《易传》中的许多篇章已经流传到西汉初年。尽管《易传》中的文字有西汉前期汉儒的增补，但它在战国时代已基本成书，因而可以说它是战国时期《易》学解说和研究资料的总汇。

秦代焚书，《周易》因为是筮书不在被焚之列，得以完整地保存并流传。汉代仍重视占筮，《易传》的哲学和社会政治思想再加以发挥或充实改造，对于建立封建主义的统一帝国是有用的，所以尊为"群经之首"，而且盛传所谓"三世三圣"之说，给它加上神圣光环。汉代经学兴盛，《易》学相应发达。皮锡瑞《经学通论》说："贾（谊）董（仲舒）汉初大儒，其说《易》皆明白正大，主义理，切人事，不言阴阳术数，盖得《易》之正传。"[①]后来先后衍化的繁杂的流派，《汉书·艺文志》记有十三家，其中施雠（仇）、孟喜、梁丘贺、京房、殷嘉五家均为今文经学，立为博士；费直、高相二家为古文经学，未立学官，在民间传授。今文经学诸家重在象数，或严守师法，章句趋向烦琐，如施雠、梁丘贺诸家，乃至改换卦爻、强解经文；或讲阴阳灾异，融入方士术数，如孟喜、京房、殷嘉诸家；或二者兼之，到东汉乃至和谶纬迷信相结合。因此，今文诸家在东汉后期即已衰微[②]。古文费直的《易》学，无章句，根据《易传》解说经意，内容重在义理，在民间广为传授，东汉后期大儒都学费氏《易》。郑玄作《周易注》，即基本根据费氏《易》，并开始将《易传》的《彖》、《象》分开与经文合编，同时也适当吸取今文《易》学的象数之论，实现汉今、古文《易》学的合流，曾长期流传。从以上概略叙述来看，汉代《易学》以传解经，阐发象学义

---

① 贾、董说《易》可见贾谊《新论》、董仲舒《春秋繁露》。
② 汉今文《易》学多已亡佚，今仅存《京氏易传》，有四部丛刊本。另有《周易乾凿度》，撰者不详，有许多荒诞内容，有《四库全书》本。

理为主流,今文诸家的灾异、谶纬和笺注烦琐的一时盛行,则是走了弯路。

到了魏晋,玄学兴盛,魏王弼和晋韩康伯依费氏旧本,吸取老庄学说,援道入儒,将《十翼》分开与《易经》合为一书。王弼本来是著名的玄学家,他以儒道结合的玄学思想体系,对六十四卦作了思辨哲学的精致解说,他摒弃汉儒灾异、谶纬之学,收摧毁廓清之功;文辞隽永简约,也一反汉儒笺注烦琐之风。此后,王、韩《周易注》渐次取代汉以来诸家《易》说,并与《老子》、《庄子》合称"三玄"。入唐后,孔颖达又为之"正义",颁为官定本,即今通行《十三经注疏》所收之本。

王弼、韩康伯《周易注》的出现,是《易》学史上的一个大转折点。它从《易》学中摧毁廓清了汉代灾异谶纬等妄诞的神学内容,把道家的玄理融进儒家哲学,丰富和发展了中国古典哲学,开后世义理派之先河。

宋学图书派和义理派

宋学反汉学,《易》学在宋代也大变。北宋各大学者、大作家都有《易》说,派别众多,但主要是图书派和义理派。

图书派的创始人是宋初道士陈抟,他融合儒学、道家和佛家学说,创作《易龙图》。"龙图",见《系辞上》云:"河出图,洛出书,圣人则之。"汉儒解释:伏羲时有龙马出于黄河,马背有旋毛如星点,称作龙图。伏羲取法以画八卦生蓍法。夏禹治水时有神龟出于洛水,背上有裂纹如文字,禹取法而作《尚书·洪范·九畴》。图书派即由"河图洛书"而得名,他们企图从"图"、"书"说明《周易》及其卦象的起源,象数尽蕴其中。图书派有三家:

一是以邵雍为代表的"先天图"学,邵氏传有"先天八卦图"(及由其变化的"后天八卦图"),鼓吹先天象数学,把《周易》归结为象和数,并推衍出宇宙发生的图式。他的象数学对宋明理学的产生很有影响;其中也蕴涵着中世纪数学的精蕴,表现出哲人的睿智,不无可取之处。

二是以周敦颐为代表的"太极图"学,认为天地万物都从一个本体"太极"演化而来,太极一分为二生出阴阳,再二分为四生出四象(日月星辰),再四分为八生出八卦,再八分为十六生出暑寒昼夜雨风露雷性情形体飞走木草,依次分化而生出世界万物。

三是以刘牧为代表的"河图洛书"学。其实三家都把《周易》象数溯源于河图洛书。汉儒关于河图洛书的传说本是无稽之谈,对绘出并印在《周易》卷首的《河图》、《洛书》长期无人能解。

图书派解说象数以及由此衍化出的各种图书,并无科学意义,它们只反映了他们这一代人,试图把象数哲理与自然科学相结合的一种努力,开拓了结合数学、化学、物理学、天象学来研究哲学的新途径。《河图》、《洛书》究竟是什么?清初黄宗羲认为是图经和地理志。今人韩永贤认为《河图》是上古游牧时代的气象图,《洛书》则是上古游牧时代的方位图。① 图书派所谓"作《易》本源精微之义"蕴于其中,乃属附会。

义理派的创始人是胡瑗。《周易口义》一书是其弟子所记述的他的讲学记录,后人又称《易解》。这部书专谈"变易之道",《发题》说:"盖变易之道,天人之理也。以天道言之,则阴阳变易而成万物,寒暑交易而成四时,日月变易而成昼夜。以人事言之,则得失变易而成吉凶,情伪变易而成利害,君子小人变易而成治乱。"书中扫除了西汉的阴阳灾异之说、东汉的谶纬神学之说、魏晋的玄学之说以及释家神学之说,而致力于倡明儒学,阐发人生吉凶消长之理,进退存亡之道,以教人修身治国之方,开创了宋代《易》学的义理一派。② 北宋理学奠基者程颐,本胡瑗之说来注解《周易》,成《伊川易传》③和《经说·易说》。他进一步发挥儒家的义理,探究心性、天命和道德哲学,构成以天理为核心的《易》学思想。如释《恒》卦:"天地之所以不已,盖有恒久之道。人能恒于可恒之道,则合天地之理也。"释《系辞》:"有理而后有象。"释《艮》卦:"夫有物必有则……万物庶事莫不各有其所,得其所则安,

---

① 见《内蒙古社会科学》1988年2期。韩永贤的考察和清初黄宗羲的论断基本是一致的,大致可以成立,是一个有价值的发现。黄宗羲的论断见其《万公择墓志铭》一文。
② 胡瑗(993—1059年),北宋著名教育家、经学家,弟子数千人,与孙复、石介并称"宋初三先生",倡导"以仁义礼乐为学",在理学史上处于"开伊洛之先"的地位。《周易口义》有《四库全书》本。
③ 程颐(1033—1107年),号伊川,洛阳人,北宋理学的奠基者,《伊川易传》见《二程全书》。

失其所则悖。"他所阐释的"理"、"则",即所谓先天固有的"三纲"(君臣、父子、夫妇)"五常"(仁、义、礼、智、信)。他的《易说》汇合他对《论语》、《中庸》、《孟子》等经典的阐释,创始了新儒学,为统治思想界几百年的理学奠定了基础。

南宋朱熹也很重视《易》学,撰述《易》学著作七种,以《周易本义》为代表。朱熹继承并发展了程颐的理学思想,大力发挥理学的心性、天命、道德之学,完成了程朱理学。书题"本义",即探究《周易》的源本意义,他说伏羲以前并无文字只有图书,所以图书中有《周易》的本源精微之义。他也吸取图书派的象数学,也在《本义》的卷首印上图书派绘制的九种图,论说太极、无极、先天、后天,达到义理、象数兼论。后来,明清的《易》学都以程朱《易》学为主体,以《伊川易传》和《周易本义》为读本,尤以《周易本义》为法定的考试标准本。台湾孙振声的《白话易经》,就是今人根据程朱《易》说讲解《周易》的。

现代《易》学

《四库全书总目·易类小序》曾经说过:"《易》道广大,无所不包,旁及天文、地理、乐律、兵法、韵学、算术,以逮方外之炉火,皆可援《易》以为说;而好异者又援以入《易》,故《易》说愈繁。"清皮锡瑞《经学通论》说:"说《易》之书最多,可取者少。"《周易》主要是哲学著作,哲学是研究自然界和社会的共同法则的学问,它旁及自然科学和社会科学的各个学科是当然的。过去的义理派主要着重于治国修身的道德哲学和历史哲学,作为一定历史时代的产物,它们有其历史的意义,从总体而论却谈不上"科学"。过去的象数派及其分支图书派,虽然涉及自然科学的诸多领域,限于当时的自然科学水平,也有许多繁杂、幼稚乃至荒诞的内容。以正确的世界观和方法论为指导,在现代自然科学和社会科学的基础上,总结前人的《易》学成果,重新研究这部古老的经典文献,这个责任落在现代学者肩上。

近人尚秉和积数十年之力,撰成《周易尚氏学》,对早期《易》的象学多所阐发。于省吾为之序,说它:"解决了旧所不解的不可胜数的易象问题。"旧学新知,为学术界推重。

现代学者的《易》学,较之古代有很大进步。如以郭沫若为代表的一派学者,开始试图对卦爻辞作新的解释用以分析古代社会;以顾颉刚为代表的古史辨派,以新史学的疑古精神对《周易》追本溯源,科学地考察其内容;以闻一多为代表的新训诂义疏一派,则试图科学地考订训诂,钩稽古史资料;以冯友兰、任继愈为代表的哲学家们,则结合现代哲学的成就考察《周易》的哲学思想;高亨则继承清代朴学方法,致力于经、传的训诂。还有许多学者的义理探讨,都具有新意,曾进行过多次全国性的公开学术讨论。

半个世纪以来,港台和海外的《易》学也很兴盛。国际现代哲学思潮是企图创建现代哲学新体系,西方学者转向重新评估东方——尤其是中国的传统哲学,所以首先注意它的母体《易》。中国现代新儒学的影响逐渐扩大,而现代新儒家的先驱人物正是由学《易》而归儒,他们归儒也主要是返归宋明而发展和深化《易》理的心性之学;又与之和现代科学相结合,试图沟通融会中西哲学,使之现代化。现代新儒家和欧美学者的研究,主要是深层次的哲学研究。

无论国内还是国外,都不乏可喜的研究成果,其中各种意见的分歧乃至失误,都是科学研究的正常现象。至于近年兴起的"周易热",其中固然有严肃的科学研究,也有假科学研究之名兜售伪科学,乃至极端落后腐朽的占筮迷信死灰复燃,我们需要劝群众不要上当受骗。

本章推荐阅读书目:

• 《周易正义》 魏王弼、晋韩康伯注,唐孔颖达正义,《十三经注疏》通行本。

• 《伊川易传》 宋程颐著,见《二程集》,中华书局1981年新排本。

• 《周易本义》 宋朱熹撰,《四书五经》通行本。

• 《周易尚氏学》 尚秉和著,中华书局1980年新排本。

• 《周易古经今注》 高亨著,中华书局1984年重订本。

• 《周易大传今注》 高亨著,齐鲁书社1975年本。

- 《周易今注今译》 南怀瑾、徐芹庭合著,台湾商务印书馆1979年本。
- 《周易通义》 李镜池著,中华书局1981年本。
- 《周易大传新注》 徐志锐著,齐鲁书社1986年本。
- 《白话易经》 孙振声编著,台湾星光出版社1984年版本。
- 《周易读本》 黄庆萱撰,三民书局1991年增订本。
- 《周易时代的社会生活》 郭沫若著,见《中国古代社会研究》一书,收在《郭沫若全集》历史编第1卷。
- 《周易义证类纂》 《闻一多全集》第2卷。
- 《周易卦爻辞中的故事》 顾颉刚著,《古史辨》第3册。
- 《易传的哲学思想》 冯友兰著,《哲学研究》1960年7—8期。
- 《易经和易传》 见任继愈主编《中国哲学发展史(先秦)》582—667页,人民出版社1983年版。
- 《易学哲学史》 朱伯崑著,蓝灯文化事业有限公司1991年本。
- 《易学辞典》 张善文编,上海古籍出版社1992年本。

第三讲

《尚书》

《尚书》，又称《书经》，古称《书》。尚者，上也，指上古；书者，本义是记录，又为历史简册；尚书的意思，就是上古的史书。

我国在夏代（公元前约21—前17世纪），已经建立了奴隶制国家，至迟在那时已经有了文字。传说我国在尧时即已有专管记载历史和占卜的史官。但唐尧和虞舜都是传说时代的人物，连夏代也极少可考的资料。现在我们可以考定，殷商奴隶制国家确已建立了保存文字档案的制度。《尚书·多士》记周公姬旦向殷遗民说："惟殷先人，有册有典。"册、典就是指历史档案文献。周代继承了这个制度，设立专职史官，不但记载本朝的史事和文献，而且整理前代遗留下来的档案。史官记载的体裁有两种：一种是逐年逐月按时间顺序记录国家大事，这就是编年史，现存最早的编年史是春秋时期鲁国编年史《春秋》；一种是记载国家的号令、誓词、重要的谈话纪要以及专题记事，作为档案文献保存下来，后来把这些档案文献汇编在一起，就是《尚书》。

第一节 《尚书》的时代和体例

《尚书》是夏、商、周三代历史档案文献汇编。

这部历史档案文献汇编分《虞书》、《夏书》、《商书》、《周书》四部分。其中,《虞书》和《夏书》是商、周时的人根据远古传说和部分从夏代传下来的资料追记的;《商书》一部分是商代留传下来的文献,一部分经过后人的加工;《周书》全是周代档案文献。

这些档案本来是比较多的。《左传》记述春秋史事,其中多次引用这些文献中的词句,他们在引用这些文献的同时,或直接举出某篇的篇名,或只称之为《夏书》、《商书》、《周书》,或笼统地称之为《书》。这说明,在西周时期,这些文献已经分别汇编,而且是贵族们所熟悉的读物。春秋末年的孔子,很重视这些历史档案文献,《论语》里就记录了他经常向弟子谈论或引用《书》的事迹。相传在孔子的时代,这些文献有三千多篇,经孔子删去绝大部分,只留下100篇作为传授学生的教材。许多学者并不相信这个传说。然而,当时究竟有多少篇,孔子是否删订过,或者如何删订的,这些事已经无人能够考证清楚。不过,我们可以确信:既然孔子把它作为传授弟子的一种重要教材,当然曾经作过整理修订的工作,《论语·述而》说:"《诗》、《书》、执礼,皆雅言也。"就是有力的证明。

战国时期,儒家学派把《书》作为六经之一,各家各派的学者,在《墨子》、《管子》、《孟子》、《吕氏春秋》、《荀子》、《韩非子》等书中都引用《书》中的文句,说明从公元前475年起的200余年中,《尚书》是广泛流传的。这些先秦古籍所引用的文字,有的见于今本《尚书》,有的不见于今本《尚书》,有的文句和今本《尚书》大同小异,还有的篇目今本《尚书》已经没有。这说明,在战国时期通行的《尚书》,篇目比今本多,词句也不完全相同。秦始皇焚书时,《书》是被焚被禁的主要对象之一,汉初复出的《尚书》,只是大劫后艰难地藏留下来的一部分,并经过后人的重新整理。

《尚书》虽屡经整理,但全书体例和文体并无多大变化。《尚书》的文体,大多篇章是记言,少数篇章是记事或记言兼记事。它是中国记言散文之祖。孔颖达《尚书正义》把《尚书》的文体分为十类,较为烦琐,近人把它归为六类:

一、典:如《尧典》。"典"古文写法上半像册字,即书册,下半像几字,象形把书册放在几案上,有表示尊重的意思。《尧典》记述尧和舜的事迹与言论,古代史官认为这篇文献应该受到特别的尊重,所以称作"典"。由此可知,这种体裁不是当时的实录,而系后人的追叙。

二、谟:如《皋陶谟》。"谟"与"谋"通,谋议的意思。这一篇记述尧、禹、皋陶(yáo)等人讨论政治的谈话。这种体裁记述彼此问答对话,类似会谈纪要或会议记录之类。

三、训:如《伊训》。"训",是教诲的意思。这篇记述商大臣伊尹教训太甲的话,不过原文已亡佚,现在的《伊训》是伪古文,不可信。但《商书》中还有一篇《高宗肜(róng)日》,也属这种体裁。

四、诰:如《大诰》、《康诰》。"诰",是告谕的意思,如执政者对臣民的号令,或者上级对下级的指示。诰体是《尚书》最重要的部分,约占一半。又如《盘庚》、《梓材》、《多士》、《多方》等等,虽未用"诰"的名称,也属这种体裁。诰体大多记录讲话的口语,口语不像书面语言有条理,而商、周口语与现代语言距离太远,所以既重复零碎,又生涩难懂,是《尚书》中最难懂的部分。韩愈说"周诰殷盘,诘屈聱牙",就是指这类文体。

五、誓:如《汤誓》、《泰誓》。"誓",是约束的意思。多半指征伐、交战的誓师词。誓词是在群众集会上宣布的,语句力求简洁明了,比较易懂;也多半有节奏韵律,便于记忆。

六、命:如《文侯之命》。"命",是"令"的意思,所以命体是命令之词,多是君王奖赏臣子宣布的命令。今本《尚书》只保存下来周平王对晋文侯的一道嘉奖令。

今本《尚书》可信者28篇,不出这六体,通常用"典谟训诰之文"称整本《尚书》。

除经文外,还有一个附带的部分,那就是《书序》。《书序》是用几句话给各篇作题解,但并非每篇都有一篇序,也有几篇合一序的。序有100篇篇名,过去传说是孔子从3000余篇文献中删存100篇,并为之作序。这话靠不住。经学术界考证,这些序大概是西汉讲授《尚书》的儒家经师们作的,因而有些题解并不准确。

第二节　今文《尚书》、古文《尚书》和伪古文《尚书》

今文《尚书》

战国后期通行的《尚书》，在秦始皇时代遭到濒临灭亡的厄运。秦始皇统一全国后，颁布统一文字的命令，先以秦国所定小篆为标准文字，后又创一种比较简便的隶书作为日常通用文字，取缔先秦时代其他各种不同的字体。因此，秦朝官方原来所用《尚书》自当改为隶书，但民间藏书却未必改过来，这样，《尚书》便产生了不同字体的版本。秦始皇晚年又下了焚书的命令，规定："非博士官所职，天下敢有藏《诗》、《书》、百家语者，悉诣守、尉杂烧之。有敢偶语《诗》、《书》者弃市。"①经过这场浩劫，民间用先秦文字所写的《尚书》差不多全被烧掉，公开保留的只有博士所掌管的用隶书改写的《尚书》了。接着是农民起义军推翻秦朝，项羽用大火焚烧了秦的阿房宫，楚汉战争又打了好几年，秦官方的藏书或者被烧、或者散失。

山东济南人伏胜，人称伏生（生是尊称，如后代称"先生"），本来是秦朝的博士官，专门讲授《尚书》，在战争期间，他把保留的《尚书》藏在墙缝里。汉朝建立，秩序稳定，废了"挟书律"，民间藏书纷纷出现。这时，伏生从墙缝里找出保存的《尚书》，竹简大部分都沤烂了，只剩下28篇，就用这个残本在本乡传授门徒。汉朝沿用秦朝的隶书，所以这个《尚书》残本，是用汉代通用的隶书写的。汉文帝时朝廷大规模搜求古籍，派晁错到伏生家受教，伏生口授讲解，晁错笔录后带回朝廷。②从此，这个《尚书》残本被朝廷重视，立博士官专门讲授，通行全国。后来别的地方又发现《尚书》的另一篇，名《泰誓》，也是用隶书写的，应当是秦官定本的一部分，加上伏生传下的28篇，成了29篇。不过这篇《泰誓》的文字，和秦人引用的《泰誓》文字有很大不同，

---

① 《史记·秦始皇本纪》。
② 这里采用马雍《尚书史话》的说法，中华书局1982年本，11页。

真实性是可疑的。可是，汉朝的学者把它视为真的，在文章中引用它。在西汉流行的这个共有 29 篇的残本《尚书》，因为是用当时通行的隶书写的，便被称为今文《尚书》。

今文《尚书》是两汉的官学，东汉熹平年间经学者蔡邕据三家传本校订为统一本，刻于石碑，一体隶书，计 18650 字，称"熹平石经"，现残存拓片 809 字。

上面说的今文《尚书》三家，是在西汉后期传授今文《尚书》的三个支派：欧阳高、夏侯胜及其侄夏侯建，省称欧阳和大小夏侯。他们的讲章有《欧阳章句》、《欧阳说义》、《大夏侯章句》、《大夏侯解故》、《小夏侯章句》、《小夏侯解故》等等。这三个支派虽然源流都自伏生所传，但分章断句及解释又各有出入。当时三家都立于学官，各置博士一员，弟子人数众多，盛极一时。这三家讲章虽然名为"章句"、"解故（诂）"，却不是真正的分章断句和训诂之学，而是把每章每句甚至每一个词组分别解说，任意发挥，将一些不可靠的历史传说、阴阳谶纬、封建政治理论和儒家伦理思想等等拉扯在一起，牵强附会，动辄写出几十万字的讲章。其中，小夏侯一派最为突出，这一派有一个名叫秦恭的学者，讲解《尧典》的篇名二字，写了十余万字，解释该篇开头"曰若稽古"四字，写了三万多字，烦琐达到惊人的程度。

汉成帝时又出现一类《纬书》，也称"谶纬"，它附会儒家经义，编造预示吉凶的隐语，宣传封建迷信思想，为汉王朝统治服务。这类《纬书》假托是先秦著作，分别和五经扯上关系。其中和《尚书》有关的，有《尚书中候》、《尚书璇玑钤》等多种，统称《尚书纬》。《尚书纬》为《尚书》的产生捏造了一些神话，并杜撰说古档案原有 3240 篇，被孔子删除到 120 篇，以 102 篇作《尚书》、18 篇作《尚书中候》。由于统治者的提倡，《纬书》曾一度盛行。许多人竟相信这个谎话，误以为《尚书》原有 102 篇。

古文《尚书》

从汉景帝年间今文《尚书》第二十九篇《泰誓》出现时开始，在今文《尚书》盛行的同时，又陆续发现了用先秦古文字书写的《尚书》，它们与今文《尚书》不仅书写文字不同,篇数和章句也有所不同,另成一个体系,被称为古文《尚书》。

古文《尚书》曾经多次发现,所以有多种版本。据记载,或残或全,真真假假,有六种版本:

一、景帝的儿子河间献王刘德,广泛征求民间藏书,得到一批先秦古书,其中有一部分是先秦时代的《尚书》残篇,是秦焚书时民间私藏的。这个版本曾经献给朝廷,所以称"河间献王本"。它是什么样子,现在已经无人知道。

二、景帝的另一个儿子鲁恭王刘余,在孔子故乡拆毁孔子故居另建宫殿,于夹壁中发现几部先秦古籍,其中有一部《尚书》。鲁恭王把这些交还孔家,孔家后裔中有一位学者名孔安国,本来是研究《诗经》、《尚书》的,经他对照辨识,今文《尚书》的29篇这里都有,只是文字有所出入;另外还有13篇是今文《尚书》所没有的,但他也辨识不清那些古文,所以他只传授那29篇,而把那16篇称为"逸书"或"逸篇"。他把这45篇献于朝廷,称古文《尚书》,请求立于学官,却未能如愿。他的学生司马迁在朝廷的书库见到这45篇孔安国本的古文《尚书》,并且在《史记》中加以引用。孔安国传授的,虽然只是他能够对照辨清的29篇,但文字内容和解说却与今文《尚书》的各派不同,从而开创了古文《尚书》学派。

三、在成帝的时候,山东地方一个叫张霸的人,把通行的29篇拆开,又采用《左传》的某些文字,加上当时已出现的《书序》,凑上102篇。虽然作伪痕迹显著,也曾一度被立于学官,称为"百两本"。

四、从成帝到哀帝,刘向、刘歆父子先后奉旨主持整理秘府(国家收藏珍本图书的府库)图书。刘歆将全部图书分类编目,著《七略》一书①,上列今文欧阳家《尚书》是将《盘庚》分为上中下三篇,故其总目为31篇;古文《尚书》把《盘庚》、《泰誓》各分为三,把《顾命》、《康王之诰》分为二,原来的29篇便成为34篇;"逸书"16篇将其中《九共篇》析分为九,成为24篇,孔安国45篇本变为58篇本,可称为"秘府本"或"刘歆整理本"。其实,它们的篇数增

---

① 刘歆《七略》已失传,但《汉书·艺文志》系录自《七略》,见《汉书·艺文志》。

第三讲 《尚书》　89

多了,内容并无多大变化。据他们整理校对的结果,今文《尚书》和古文《尚书》相差不过八九百个字。刘歆曾经建议并力争将古文《尚书》立于学官,然而只在王莽执政时方才一度实现,到东汉时又取消其官学地位。所以,在汉代,古文《尚书》基本上是私学,可是它在学术界却有较大的影响。

五、东汉学者杜林,在陇西得到一卷漆书的《尚书》,后称"漆书本",或称"西州《尚书》",是先秦古籍。他是古文字学家,据此研究古文字,从而校订了通行的孔安国本。以前的古文《尚书》是没有文字解说的,学者贾逵为之作训,又作了详细的篇名目录《别录》,卫宏为之作训旨。此后马融为之作《传》,徐巡为之作"音",许慎《说文解字》考证其文字训义,卢植为之作章句。这些人都是名冠当世的大学者,于是由孔安国传本发展而来的古文《尚书》大为盛行,其影响远远超过当时已没落的今文《尚书》。

六、东汉末年的大学者郑玄,是古文学家,兼通今文学,他以上述的古文《尚书》传本为主,兼采今文三家之说,作《尚书注》。这时今文三家已经一蹶不振,郑玄注本一出,大行天下,从此平息了今、古文《尚书》之争。此后,郑玄的注本通行千年之久。

古文《尚书》的兴盛和今文《尚书》的没落,在于今文《尚书》的注疏烦琐而又掺杂大量的谶纬迷信内容;当它失去统治阶级的政治支持之后,便被训诂简明、学术价值较高的古文《尚书》所取代。不过,据今文《尚书》和古文《尚书》的篇数来看,古文《尚书》实际所传的也是今文《尚书》那29篇(其中《泰誓》一篇真实性可疑);古文《尚书》中的"逸书"16篇并未传授;尽管二者各自把某些篇一分为三或一分为二,以致篇数不等,归根结底,还是那连篇目名称也相同的29篇;对照二者经文来看,也只是在文字上有一些出入,经过多次校订,其出入就更小了。所以,二者的经文是大体一致的,其区别主要在于注释和解说;经过郑玄的揉合,二者也基本合流了。当然,据后世日渐提高的学术水平来看,郑玄的注本也有许多错误和讲不通的地方,不过较之他前人的注释,是提高多了。

魏代正始年间,立古文《尚书》为官学,又将《尚书》刻了一次石碑,用古文《尚书》的本子,而且用先秦古文、秦小篆和汉隶书三种字体重写,称"魏石经",或"正始石经",或"三体石经"。残石现存三体字合计2800字左右。

伪古文《尚书》

魏晋时代贾、马、郑、王（肃）四家《尚书》注本通行，主要是影响较大的郑、王两家之争。

魏末晋初之际，出现了所谓孔安国《尚书传》。其实，孔安国并未作过传，它是伪托的。但汉末董卓迁都之乱，使秘府藏书受到重大损失，这部伪书竟取得官方的承认而立于学官，我们可称之为"前伪孔传《尚书》"。西晋末年永嘉之乱，晋朝接收的汉、魏以来的秘府藏书又遭一次浩劫，今文三家《尚书》和秘府以前保存的各种版本全部被毁，唯一保存的只有晋朝立于学官的《尚书》34篇。它属于两家，一家是郑玄学派，一家是前伪《孔传》。当时玄学盛行，经学衰落，南朝梁武帝大力恢复学术事业，重兴太学，重建五经博士，经学有所恢复。这时，又出现了一部标榜为孔安国真本的古文《尚书》。这部"孔传"既与郑玄的注本不同，也与"前伪孔传《尚书》"不同，我们称为伪《孔传古文尚书》。这部《尚书》共有58篇，57篇有注释，头一篇没有注释，书前还有一篇自称孔安国所写的序，宣传这是真正的孔安国传。把它与郑玄注本相对照，郑玄注本为34篇，它有33篇篇目和郑注本相同，另外的25篇经文是伪造的，序是伪造的，57篇注解也是假冒孔安国作，而大部分是从"前伪孔传"抄下来的。关于这部伪《孔传古文尚书》的伪造者，有人说是一个名叫梅赜（颐）的人献给东晋元帝的，也有人说是王肃、郑冲或皇甫谧伪作的，尚无一致意见。不管怎么个说法，这部《尚书》十分流行，其影响超过了郑玄注本，在一个相当长的历史时期内，人们并不把它当作伪书。陆德明著《经典释文》，便以它为主，隋朝学者刘炫又为它作疏，流传很广。

唐代统一五经，令颜师古考定五经定本，便采用刘炫编订的伪《孔传古文尚书》为标准读本；又令孔颖达主持一批学者撰集五经义疏，其中《书经》也采用伪《孔传古文尚书》作为标准注本并为之作疏，定名为《尚书正义》。当时，隶书已成古文体，唐代通行楷书，于是唐开成二年，又以楷书将伪《孔传古文尚书》刻为石经，称"开成石经"。我国发明印刷术以后，便以"开成石经"为根据刻版印行，一直传到今天。现在由宋人收进《十三经注疏》通行至

第三讲 《尚书》

今的《尚书》，便是这部伪《孔传古文尚书》。由于唐代统一五经，排斥其他版本，在唐初尚流行的马融注本、王肃注本、郑玄注本，都在排斥之列，也就从那时失传了。我们现在所能见到的《尚书》版本，只是这一种，别无其他。我们现在讲《尚书》，指的就是这个本子，所以，在这58篇之中，哪些是真文献，哪些是假文献，不能不辨别清楚。《尚书》的辨伪，就不能不是一项重要的工作。

《尚书》的辨伪

对这部通行的《尚书》，虽然社会上普遍认为是先秦传下来的真正古本，南宋的吴棫（yù）、朱熹等已提出怀疑，元代吴澄、明代梅鷟（zhuó）作了一些初步的但是有价值的论证。清代前期考据学兴起，学术界纷纷研究这个问题，阎若璩经过二十年的考证，著《古文尚书疏证》一书，以丰富的材料，有力的论证，用128条论据澄清问题，宣判了这部通行一千多年的《孔传古文尚书》是伪造的。他的考证又得到姚际恒、惠栋等学者的修订，终于使伪《孔传古文尚书》中的真、伪篇章大白。

我们现在通行的《尚书》58篇，其中有真有假。33篇是从汉代传下来的古文《尚书》照抄的，这是真文献；其余的25篇，是从各种资料拉杂拼凑的，这是假文献；所有的所谓"孔安国传"，以及所谓孔安国的序，都是伪造的。

这里的33篇真文献，是古文《尚书》的篇数，今文《尚书》则是28篇之数。这28篇的编制和篇目如下：

《虞书》2篇：《尧典》、《皋陶谟》。（伪古文《尚书》分《尧典》后半篇为《舜典》，分《皋陶谟》的后半篇为《益稷》；另《大禹谟》一篇是伪造的，共为5篇。）

《夏书》2篇：《禹贡》、《甘誓》。（伪古文《尚书》中另有《五子之歌》、《胤征》两篇是伪造的，共为4篇。）

《商书》5篇：《汤誓》、《盘庚》、《高宗肜（róng）日》、《西伯戡黎》、《微子》。（伪古文《尚书》中将《盘庚》分为上中下三篇，另外的《仲虺（huǐ）之诰》、《汤诰》、《伊训》、《太甲》上中下、《咸有一德》、《说命》上中下计10篇是伪造的，共为17篇。）

《周书》19篇：《牧誓》、《洪范》、《金縢》、《大诰》、《康诰》、《酒诰》、《梓材》、《召诰》、《洛诰》、《多士》、《无逸》、《君奭(shì)》、《多方》、《立政》、《顾命》、《吕刑》、《文侯之命》、《费誓》、《秦誓》。（伪古文《尚书》中分《顾命》下半篇为《康王之诰》，另外的《泰誓》上中下、《武成》、《旅獒(áo)》、《微子之命》、《蔡仲之命》、《周官》、《君陈》、《毕命》、《君牙》、《冏(jiǒng)命》计11篇是伪造的，共32篇。）

据以上可知，伪古文《尚书》中的真文献33篇，是与从伏生传下来一脉相承的今文《尚书》28篇相同的。汉代今文《尚书》除这28篇外，后来还曾传有《泰誓》一篇，汉45篇本的"逸篇"里有《武成》一篇，伪古文《尚书》中的《泰誓》和《武成》却不是原作，而是托名伪造的，所以均归入伪作之列。

我们现在读《尚书》，其中的这些假文献可以不读，更不可引用。当代学者研究和注释《尚书》，主要是研究注释这28篇，其余的，大多置之不论了。

这28篇真文献，也不能说全部是原始档案，并非句句都确凿可靠。我们可以按其可靠程度，大体上把它们分为三组：

一、可信为原始档案的计13篇：

《商书》1篇：《盘庚》。

《周书》12篇：《大诰》、《康诰》、《酒诰》、《梓材》、《召诰》、《洛诰》、《多士》、《多方》、《吕刑》、《文侯之命》、《费誓》、《秦誓》。

二、基本是原始档案，文字等经过后来加工的计12篇：

《夏书》1篇：《甘誓》。

《商书》4篇：《汤誓》、《高宗肜日》、《西伯戡黎》、《微子》。

《周书》7篇：《牧誓》、《洪范》、《金縢》、《无逸》、《君奭》、《立政》、《顾命》。

三、战国时利用远古传说和流传下来的旧材料编写的计3篇：

《虞书》2篇：《尧典》、《皋陶谟》。

《夏书》1篇：《禹贡》。

这三类文献因错简、脱简、辗转传抄所造成的讹误，以及后人所附加的内容，学术界一直在进行研究。

第三讲 《尚书》　93

第三节 《虞书》和《夏书》

《虞书》的两篇和《夏书》的《禹贡》，都是战国年间的人利用远古传说和流传下来的旧材料追记的；《夏书》的《甘誓》基本是原始文献，但文字经过后人加工，窜改了部分内容。虽然这几篇不是原始档案，或不是原始档案的原貌，但是它们记载了不少尧舜时代的历史传说，保存了一部分可靠的材料。

《尧典》

《尧典》开头四字是"曰若稽古"，"曰若"是发语词，"稽"是查考；一开头就说明这篇文章是查考古事，记述古代传闻的事迹。可是究竟写于什么时代，从古到今聚讼不决。仅以近人意见而论，有三种不同说法：一说写于战国（郭沫若）；一说写于周代历代史官（范文澜）；一说写于秦汉（顾颉刚）。[①]三说都在从周初到秦汉这一段历史时间之内，具体年代已经很难考定。我们根据《左传》引述的尧舜事迹与《尧典》所记脉络一致，以及战国诸子的书也有大致与《尧典》记述相同的引文，可以认为《尧典》所记的材料是在一个很长时期流传的，战国年间有人掇拾这些传闻材料编写成一篇文章流传；到秦汉时又有人润色和修改，所以文中杂有一部分秦汉时的观点和材料。这样便使这篇文章具有不同的时代色彩。

尽管《尧典》写于战国，又经过秦汉人润色和部分窜改，它还是保存了不少真实的事迹。如所谓尧舜"禅让"之事，在周代世袭制度已实行一千余年，宗法世袭制是周人立国之本，不可能杜撰出这样的谎话。《尧典》中"四仲中星"的星象记载，经近代天文学家科学推断，也确是尧时的天文记录。《尧典》中记载的一些地理名称，也与甲骨文中记载相合。由此可见，《尧典》的

---

① 李民《尚书与古史研究》把时间限定于春秋时期，上下限更短（河南人民出版社1981年版）。

记述有一些是真实的传闻和记载。

《尧典》记述尧和舜的事迹。过去的历史把尧和舜列于太古的"三皇五帝"之列,所以又曾称《帝典》。前半篇主要记述尧的事迹,后半篇主要记述舜的事迹(古文《尚书》分出另成《舜典》)。

文章前半篇的内容分为四段:

第一段总述尧的德政可"横被四表,纵格天地"。

第二段记尧命羲和定历法,根据观测天文现象,以鸟、火、虚、卯四星运行于天体正中之时,定春、夏、秋、冬四季[①],以便安排"百工"作业,为生产服务。由此可知,我国在五千年前唐尧时代已经制定了历法,历法又是根据天文观测并密切联系农业生产活动产生的。

第三段记尧动员群臣举荐治国人才,选拔能够统率"四岳"(四方部落首领)的德才兼备的人员,管理政事,整治洪水,使人民安居乐业。众臣先后举荐了朱、共工、鲧几个人,尧认为这几个人都有严重的缺点而不能胜任。经过讨论,试用了鲧。但鲧治水九年不成。从这一段看,当时注意选贤与能,对使用的人员考察试用,用人决策时表现出原始民主制作风。

第四段记尧接受"四岳"的举荐,选处境困苦但以贤德闻名的舜作预备接班人,并把两个女儿嫁给舜。为了进行考察,先让舜负责推行德教;有成绩,又让他处理政务;又有成绩,再让他进行艰苦的锻炼。经过三年考验,决定让位给他。这一段叙述在所谓"禅让"之前是通过民意选拔和长期锻炼和考验的。

后半篇的叙述以舜为中心,内容分为两段:

第一段写尧年老,舜总理政务,所行政事主要有七项:一是观测星象修订历法;二是祭祀天地、山川、群神;三是召见四方部落首领重颁信圭;四是巡视"四岳",统一度量衡,制定五礼五服和朝贡制度;五是划定十二州疆界;六是制定刑典;七是流放共工、驩兜、三苗,殛鲧,平服民心。

第二段写舜摄政28年,尧死,全国悲悼。守丧三年以后,舜正式继位。舜召集四方部落首领宣布施行德政,任命九卿:禹为司空,治水土;弃为后

---

① 见王世舜《尚书译注》引述高鲁《星象统笺》,胡厚宣《甲骨文四方风名考证》。

第三讲 《尚书》　　95

稷,管农业;契为司徒,主教化;皋陶为士,典刑法;垂为共工,掌工事;益为虞,主林牧;伯夷为秩宗,典礼;夔为乐官,管理文化教育和艺术;龙作为纳言,出纳王命。从而内政修明,外夷慑伏。舜自三十岁受理政务,历五十年,后在巡视南方时死去。在这些叙述中,所谓统一度量衡、官制、服制以及大一统思想等,显然与当时社会发展水平不合,为后人所增益。

《尧典》反映了原始氏族社会末期的一些基本情况。文中赞颂的尧、舜,是部落联盟大酋长,"四岳"、"九族"都是氏族部落。大酋长的产生和重要管事人员的任命,还保留着部落联盟议事会推选、经过讨论议定的方式。推选多人,逐一讨论,如对鲧,尧本来不同意,由于"四岳之长"坚持试用,尧只好用鲧去治水。舜以贤德闻名而被推荐,终于以其卓越的政绩而接替了尧。古传说中所谓的"禅让",不过是通过部落联盟议事会来商定,由一个德才兼备的人代替另一个德才兼备的人接管政权。

从文中记述四岳的方位来看,尧舜时代的统治中心在今山西省西南部及豫西一带。定历法,立四时,反映了农业生产的发展;农业和林牧业分开管理,说明农业日益成为独立的、重要的生产部门。那时生产水平低下,人民生活困苦,舜命后稷"播时百谷",乃是注意提高农业技术,努力发展农业生产。文中活动的人物全是男子,只提到尧嫁二女给舜,无可怀疑当时是父系氏族社会,妇女属于从属的地位。农业生产要求定居,文中反映当时人们最大的危害,一是洪水(指黄河没有固定的河道而经常泛滥),所以要大力"治水土";二是"三苗",指南方蛮夷各族经常侵扰抢掠,所以必须驱逐。既要驱逐,使其逃窜,只有进行战争。当时战争是频繁的,流放联盟内部的共工、驩兜、鲧等"凶顽"的部落首领,当然也要进行战争。

《尧典》所反映的氏族社会,已经进入解体时期。私有财产和贫富差别已经出现,所以有了"寇贼奸宄";为了镇压"寇贼奸宄",制定了刑法;同时产生了专职管理各种生产部门以及教育文化的分工。舜在任用人员时已不再通过部落联盟议事会,而直接由个人任命、考绩和升黜。这些情况说明:当时的氏族社会已经产生私有制,开始了阶级分化,产生了法律和国家的雏型,最高统治者掌握的权力也在逐渐扩大。《尧典》向我们报道了阶级、国家和君主制度到来的信息。

《尧典》中还有一小段是谈论文艺问题的。舜任命夔主管文教艺术时说:"夔!命汝典乐,教胄子,直而温,宽而栗,刚而无虐,简而无傲。诗言志,歌永言,声依永,律和声。八音克谐,无相夺伦,神人以和。"(夔啊!命令你主管音乐,教育青年,教导他们正直而温和,宽弘而庄严,刚正而不暴虐,平易而不傲慢。诗表达志意,歌把语言咏唱出来,声调随着咏唱而抑扬顿挫,韵律使声调和谐统一。八类乐器的声音协调,不能互相搅乱伦次,神和人听了都感到欣悦和谐。)这一段文字是我国早期文艺理论的一段记录,虽然内容简短,却提出了文艺的内容、形式、作用等几个重要方面的问题,在文学理论发展史上影响深远。它提出的"诗言志"的命题,被认为是中国古代诗论的"开山的纲领"①。这一段话认为,诗是表达内心思想感情的,诗歌的声律必须和谐动人,并且强调诗歌的教化作用。

《皋陶谟》

　　这是舜、皋陶、禹三个人在一起讨论治国大政的谈话记录,"谟"就是谋的意思。正文开始就记皋陶的发言,除"曰若稽古"四字外,开头两字是"皋陶"二字,所以以此为题,就叫《皋陶谟》。他们这次讨论的中心问题,是如何继承尧的优良传统来治理好国家。他们发言的内容,是后人根据传闻追记的。我们可以看作是一篇会议发言纪要。

　　全文分三大段。第一段主要记皋陶的发言,第二段主要记禹的发言及禹、舜对话,第三段主要记舜的发言、禹再次发言,及讨论结束后的祭祀活动。全文一直在个人发言和相互对话中展开议论。

　　第一段是皋陶的发言。他就保持尧的优良传统,提出以安民为中心的治国意见。他认为,安民是治国的根本,要做到这一点,国王和大臣都要加强道德修养,以"九德"作为修身的标准,摒除私欲,规范自己的行为。同时要知人善任,所谓知人,也就是任用那些符合"九德"标准的人来治理国家。

　　第二段是禹的发言和禹、舜对话。首先禹汇报了治水的成绩,以及对国

---

① 朱自清:《诗言志辨序》,《朱自清古典文学论文集》,上海古籍出版社,1983年,第187页。

王的希望，然后舜提出准备采取的五项施政措施：一是进行讨伐叛逆的战争；二是从人们的服饰来分别等级；三是通过音乐来了解民意，考察政治得失；四是要听取各种意见；五是要惩罚犯罪。他要求大臣做他亲近得力的耳目和助手。禹表示支持、拥戴他奖赏功德，举用贤良。

第三段是舜的发言，他说明丹朱轻浮放纵，耽于游乐，所以给予严惩以儆戒别人。禹再次发言说明治水和施政成绩，提出苗民仍在顽抗。舜让他对苗民实行德教。谈话结束后，皋陶发布命令，命令全体臣民服从禹的领导。最后是祭祀和文艺演出，以禹作歌结束。

从记述来看，这应当是在舜的晚年。禹平治洪水后协助处理全国政务，皋陶也是这个"三人领导小组"的成员之一。从这次"三人领导小组"的会议发言，我们可以看到他们亲密团结、严格要求又互相勉励的关系。但是，谈话中的许多内容，如所谓"九德"、修身、德教，以及"天聪明，自我民聪明；天明畏，自我民明畏"等等，都是西周初期和后来儒家的思想，这显然是后人附加的，不能据为信史。

本篇反映了某些部落首领和行政人员已经比较普遍和严重地腐化放纵，这就说明压榨奴役人民的统治剥削阶级正在产生。要保持稳定，安民就自然成为中心议题。皋陶希望从修身和知人着手，用道德来约束这些首领和行政人员；舜希望用刑罚来儆戒别人；他们都没有抓住根本。在本篇中，禹还继续反映了所谓"苗顽"反抗的问题，表明在远古时代汉族与南方苗族的尖锐矛盾。

《皋陶谟》中也有一段关于文艺问题的文字。舜的谈话中提到两点：一是在衣物上绘绣日月、星辰、花草、虫兽等十二种图案，用来表示人们高下不同的地位；二是要从各种音乐中考察政治的得失。前者表明，上古美术的实用性质。我国的上古美术不仅仅是欣赏的，而且是实用的，美和实用合为一体的工艺美术已经出现；其实用性不仅用在彩陶器上，也用在衣饰上。后者说明已注意到文艺的认识作用，通过文艺作品可以认识生活，考察政治得失。

《禹贡》

《夏书》中的《禹贡》，是我国第一篇地理著作。它写作的年代说法不一，现在多数学者认为它原来是根据夏代流传下来的传闻和某些历史素材，在战国年代写成的；后来又掺杂了某些后世的语言和政治思想，所以表现出不同的时代色彩。虽然它杂有后代的材料，还是记载了一些夏代的史实。经过我们与其他文献，特别是与考古发掘相印证，许多史实是相合的，所以它仍然是研究夏代历史的重要材料，因而是一篇不可多得的历史地理文献。

全文结构井然。开头六句引言，概括介绍全文主要内容，接着分述九州、山脉、大川、土壤、赋贡；然后介绍后人假托的所谓五服制度；最后六句以歌颂禹的功绩结束全文。我们逐层剥开那些后世虚构和夸张的成分，其中确有许多可靠的珍贵史料，帮助我们初步地认识长期被笼罩于迷雾中的夏代社会。

从《禹贡》中所记九州、山脉、大川等段落，我们可以大体上确定夏代的区域。它的四至范围如《禹贡》所说："东渐于海，西被于流沙"，东至"海、岱惟青州"，达东海之滨；西至"黑水、西河惟雍州"，达今之甘肃、青海地区；南至"荆及衡阳惟荆州"，达今日的衡山之南；北至黄河河套地区。这广袤的区域，既包括夏王朝的中心地带，又包括夏王朝的附属国以及一些与夏王朝有联系的部落和部落联盟，即《禹贡》所说的"声教讫于四海"。从我国新石器时代龙山文化晚期的分布区域来看，它们基本上是相合的，所以这些记载可以相信。

冀州列为九州之首，因为它是夏的王畿所在地区。冀州主要地区在今山西中部和南部，王畿在南部。豫州距王畿最近，所以在九州中位居第二。豫州主要地区在伊、洛、豫西一带。夏王朝的中心地区在相衔接的晋南和豫西。这从河南偃师二里头文化遗址的发掘也可以证实。二里头文化的年代与夏代后期的年代基本一致，其中心与分布也与《禹贡》相合。

《禹贡》中所记各州赋税等级及贡道等贡赋制度，当然是不可信的，因为那个时代还不可能产生如此完整的贡赋制度。但是，《禹贡》所定冀、豫、兖、青、徐、扬、荆、梁、雍九州名称,中国古代曾长期沿用,我们就可以从中了解当时全国各地物产分布、物资流通和贸易状况。

从《禹贡》可以了解:夏王国中心地区以农业生产为主,因而贡献和交换以农产品为主。其中记载的生产工具,据晋南、豫西二里头文化遗址出土文物考察,是石器工具。在手工业方面,"扬州"、"荆州"文中提到的"金三品",以二里头文化遗址发掘相证,当时已有青铜的器皿和武器,证明当时已有冶铸青铜器的手工作坊和达到一定发展水平的冶锻技术。文中分别提到各州的玉石、朱砂、皮服、漆、丝、桐油等几十种产品,都可通过发掘证实,证明那时手工业有相当的发展,青铜器已经开始使用。但是记"梁州"中提到的"璆铁银镂",迄无证实,可能是后人掺杂进去的了。

《禹贡》中所记山脉分三大系。一系称北条,从岍(陕西西部陇县)、岐(陕西岐山县)、荆(陕西富平县)穿过黄河,经壶口(山西吉县)一直到太岳(山西霍县)、王屋(山西阳城县跨河南济源县)、太行、恒山(北岳)至于碣石(冀东乐亭县)接海。一条称中条,分两支,一支从西倾(甘、青交界)、朱圉(yǔ,甘肃甘谷县,属秦岭山脉)、太华(陕西华阳,即华山)、熊耳(河南卢氏县)、外方(河南登封县,即嵩山)、桐柏(河南桐柏县)至于陪尾(河北安陆县);另一支从嶓冢(甘肃西和县)、荆山(北处为湖北荆山)、内方(湖北钟祥,今名章山)至于大别(鄂豫皖交界)。一条称南条,从岷山之南(今乌蒙山脉)、衡山(即南岳),过九江至于敷浅原(江西鄱阳山,即庐山)。这三大山脉,北条在黄河以北;中条在长江和黄河之间,其中一支在黄河南岸,一支在长江北岸;南条在长江以南。历经沧桑,这些自然地理面貌基本没有变化,只是名称有所不同而已。

《禹贡》记载了九条水系,据说这些河流都经过禹的疏通,恐难完全相信。禹的一生不可能完成这样多的工程,只能是世世代代人们努力与自然奋斗兴建水利的结果。文中说禹导九水,是夸大之辞。但是,这九条水系是存在的。第一条是疏导弱水(发源于祁连山,又名张掖河,今名黑河)经甘肃张掖入宁夏,下游流入居延海(苏克诺尔和嘎顺诺尔二湖)。第二条是疏导黑水(今怒江,一说今澜沧江)至三危(一说甘肃敦煌,一说甘肃岷山之西)下游流入南海。第三条是疏导黄河,从青海的积石山至陕西龙门山,南流至华阴,东流至山西河南交界的底柱山,再东过孟津(河南孟津县),东流会合洛、汭(ruì)二水到大伾(河南汜水西北),而后北流过洚水(淇水或漳水)到大陆泽(古湖泊,今河北任县西北,已湮没)后分为九条支流入海。第四条疏导从甘肃西和县嶓冢山发源的漾水(汉水源流)东流为汉水,至大别(汉阳东北)入江,向东汇为彭蠡(泽)湖,东流入海。第五条疏导长江,从岷山开始,向东分支流为沱水,东流合澧水(湖南澧县),过九江至东陵(河南固始县),蜿蜒东流会合淮水入海。第六条疏导沇(yǎn)水(发源于山西王屋山)东流为济水入黄河,河水流溢为荥泽(汉时淤为平地),东流至陶丘(山东定陶)再东流至菏泽(山东菏泽县),再东北会合济水,再东北流入海。第七条疏导淮河,从河南桐柏山发源地东流,会合泗、沂二水东流入海。第八条疏导渭水,从鸟鼠山(甘肃渭源县)东流会合沣水(发源陕西宁陕县,已湮没),再东流会合泾(jīng)水(发源六盘山经平凉、泾川注入渭河)、漆水(发源陕西铜川)、沮水(发源陕西耀县)入黄河。第九条疏导洛水,从熊耳山(河南卢氏)发源地东北流至洛阳与漳水、瀍(chán)水会合,再东流会合伊水入黄河。

河流不像山脉,它的变化比较大。有些河流的名称古今不同,其中有的名称学者考证结论不一,但黄河、长江两大水系的脉络还是清楚的。长江水系自古以来变化不大,而黄河水系的变化却相当大,黄河主河道多次改变,有些支流和湖泊已经湮没,但仍能查寻出痕迹。

从《禹贡》的记载来看,夏代确实已经建立了国家,有了行政管理,有了征赋制度,有了大规模兴建水利工程的组织能力,表明已经产生了国家机器。

《甘誓》

《夏书》中的《甘誓》是夏代初期禹的儿子启伐讨有扈的战前誓师词。《墨子·明鬼篇》曾全文引录,《庄子》、《吕氏春秋》等书均也曾经引用。学术界较普遍地认为这是一篇比较可靠的文献,大约是周代根据夏代留传下来的材料写定的。司马迁《史记·夏本纪》说:"有扈氏不服,启伐之,大战于甘,将战,作《甘誓》。"《书序》也说:"启与有扈战于甘之野,作《甘誓》。"有扈是一个部落联盟的名称,甘是地名,启是继承父亲禹之位的夏朝开国的君主。《墨子》引录时作《禹誓》,说是禹伐有扈。据各种文献,夏与有扈是经常发生战争的,禹也与有扈进行过几次战争,在启时又进行多次战争直至决战。所以,多数文献作为启在决战前的誓师词。

有扈是当时陕西中部和东部的一个比较强大的部落联盟,其中心在今陕西户县。夏的疆域中心在今晋南豫西一带,双方接壤。从文中夏军的布阵和决战部署看,有扈的军队也是强大的。夏建立的奴隶制国家要向外发展,便受到有扈的阻碍。有扈有了强大的军队并有进行频繁战争的能力,其社会发展水平也不会相距过远,它向外发展也必然受到夏的阻碍。经过多次战争之后,终于在甘(今陕西户县西南)这个地方进行最后决战。这是一次初建的奴隶制国家和一个正向奴隶制国家过渡的氏族部落联盟进行的战争。

全文简短,只有188字。开始呼军中执事人员命听誓言,接着便宣布敌方罪状,申明军纪。征伐用的誓师词,大多是这样的写法。

《甘誓》中宣布有扈的罪状是"威侮五行,怠弃三正"八个字,因而讨伐是"恭行天之罚"。这里的"五行"、"三正"的解释,历来注说纷歧。所谓"五行",指金、木、水、火、土五种物质元素,由五种元素构成万物。这是战国时期流行的思想。"三正"的"正"通"政","三"不一定是确数,指几种重要的政治措施。"代行天罚",是周代"代行天德"的政治用语。这些语言不是夏代当时的用语,而是本文写定年代的措辞。这八个字的意思是说有扈违背天道,其政治措施背弃天德,所以要进行讨伐,代替天来惩罚他们。

《甘誓》所申明的军纪是要求军队的全体人员努力恪尽职守,完成各自的战斗任务。完成任务的在先祖神位前颁行赏赐;不努力完成任务的则予"孥戮"。"孥戮"可以解释为或作为奴隶,或加以刑戮[①]。从这里也可以看出,以罪人为奴隶,是奴隶制国家的律条之一。

据史载,这次战争的结果是夏启取得最后胜利,较之其他的部落联盟,夏朝是发展水平较高,力量比较强大的。

---

① 据颜师古《匡谬正俗》。

第四节 《商书》

商王朝,是在长久的历史过程中,从黄河下游的一个古老部落发展起来的。传说商的始祖契曾佐禹治水,又曾是禹主管文教的官。传十四代到汤,以亳(今山东曹县南)为都,势力伸及泰山附近地区以至渤海沿岸,那时已经建立强盛的国家。

汤,又名太乙。他以伊尹为右相,以仲虺(huǐ)为左相。他们都是被后世称道的贤明能干的人。这时正是夏王朝由暴君桀统治的时候,汤在灭了邻近的十几个部落和小国以后,出兵西进进攻夏王朝。双方会战于鸣条(今山西安邑县北三十里南坡口),夏桀失败逃亡,夏王朝被推翻。商王朝建立,以商丘(今河南商丘市)为政治中心。

汤建国后相继几世传了几个王,王朝一直进行争夺王位及贵族内部的夺权纷争,因而衰落下去。传到十世第二十个王盘庚,迁都到殷(今河南安阳)。此后的商,又称为殷。

盘庚以下的一世为武丁,是商的第二十三个王。他比较了解民间疾苦,任用甘盘、傅说为相,努力振兴国家,又连续向四方用兵,攻打活动在今山西、河套、陕西、荆楚一带的游牧部落,把势力伸展到西北、内蒙和长江流域。他在位五十九年,死后被尊为高宗。

传到十六世第三十个王帝乙,对江淮用兵取得胜利,又迁都于朝歌(今河南淇县)。十七世第三十一个王帝辛,就是纣。他是一个出名的暴君,他亲率大军征伐东夷,虽然得胜,却消耗了国力,加重了人民负担,使社会矛盾激化。公元前11世纪,周武王乘机起兵灭商,结束了商王朝约五个世纪的统治。

现存《商书》五篇,记述的是商王朝从兴起到灭亡这一漫长历史时期中的几个个别事件。这些篇章,大都是后来根据商王朝遗留下来的材料编写的。对照殷墟发掘的甲骨文和一些金文,其中所记史迹基本可信,所以它们是研究商代历史的重要史料。

《汤誓》

《汤誓》是汤出兵伐桀的誓师词。其写作的年代,学术界多认为写定于战国时期。

《书序》说:"伊尹相汤伐桀,升自陑(ér),遂与桀战于鸣条之野。"这是说汤在伊尹的辅佐下,越雷首山自风陵渡登岸,与夏桀在鸣条会战。誓师词是在会战前发布的。

全文简短,仅144字,以"王曰"二字开头,语译如下:

> 来吧,诸位都来听我说。不是我小子敢于发动暴乱,是夏家犯了许多罪行,上天命令我诛杀他。现在,你们大家有的说:我们的王不体恤我们众人,抛弃我们的庄稼活便是大错,又怎能讨伐别人呢。我听到你们说的话了。可是夏家有罪,我畏上帝,不敢不去讨伐。现在你们要问:夏家的罪行究竟是什么?夏竭尽了民力,压榨夏朝地区的人民,大众都不肯为他出力了。大众说:"这太阳什么时候毁灭呀,我愿意和你一同死亡。"夏家的德行坏到这个样子,现在我们必须前去讨伐。你们辅佐我,就是执行天的使命,我要大大赏赐你们。你们不要不信,我不食言。你们不听从我的誓言,我要罚你们作奴隶或者杀掉,决不宽恕。

《汤誓》和《甘誓》的内容有明显不同。《汤誓》在短短的讲话中,反复解释他出师的原因是为了惩罚残暴,解除人民的苦难。他谴责夏桀破坏生产,浪费民力,失去人民支持,自己作出注意民意、关心生产的姿态。他反复解释的目的,在于希望取得群众的支持。同时,他又口口声声假托天意,说明让群众扔下农活来打仗,是因为执行天意,不得不这样做,支持他,也就是听从天意。这说明敬畏上帝的迷信思想,是统治当时社会的思想,而统治者正是利用这种迷信思想,把自己装扮为上帝在人间的代表,假托自己的行动完全是天的意旨,从而对人民实行精神上的统治。

从这篇讲话中,还可以看到农业生产在商初已占据重要的地位。汤的军队的战士不是奴隶,而是当时的平民。

《盘庚》

《盘庚》篇幅较长,文字涩深,而且有不少脱衍和错简。就其内容来看,保存了不少殷商时代的原始资料。学术界近来多认为是周初时期,根据殷商档案文献资料整理写成的,它在《商书》中史料价值最高,是研究商代政治、经济、文化的不可多得的材料。

《盘庚》的内容是殷王盘庚迁都于殷,对臣民发布的号令和讲话。古文《尚书》把它分为上、中、下三篇,其实三篇内容一致,还是合成一篇为好。上篇记迁都后臣民不安于新都而有怨言,盘庚发布讲话。中篇记迁都之前对臣民发布的讲话。下篇记初到新都后对臣民的讲话。这里的上篇和中篇、下篇可能颠倒了,因为中篇所记是未迁之前的事,下篇所记是初到新都的事,上篇所记是迁都定居后的事。这样的颠倒,可能是错简所致。

据说,在盘庚迁都前,商朝曾迁都五次,盘庚这次迁都是从奄(今山东曲阜)地迁殷。中篇记盘庚迁都前,当时曾引起旧贵族的反抗和臣民的惊扰,盘庚把许多反对者召集到王庭之内发布讲话,他反复说明他决定迁都是为了使大家免除灾祸,安定国家,申明这个决定是不能改变的。他举出先王有迁都之例在前,他决定迁都是顺从先王的意旨为他的子民谋幸福,破坏他的迁都大计,就会得到祖先降罪,他就要给予灭种的惩罚。

下篇记述初迁殷地之后安顿住地,规划宗庙宫殿之后,盘庚召集臣民发布讲话,勉励臣民努力重建家园。他又重复申明他之所以迁都,是仿照先王迁都而为国家建立丰功伟绩的先例,是执行上天的意旨来拯救臣民,恢复成汤的大业。他命令全体臣工恭谨从事,恪尽职守,同心同德,他将根据他们功劳的大小给予奖勉。

上篇记述迁都之后臣民不安于新都发出怨言,盘庚召集贵戚大臣讲话,并要求他们把他的话传达给全体臣民。他反复说明他迁都的理由。他觉察到臣民所以不安于新都,是由于旧贵族和大臣借机煽动、蛊惑人心的缘故,所以他打算整饬法纪,对他们进行严厉的训诫,警告他们必须恪尽职守,不许乱说乱道,否则必将受到惩罚。

《盘庚》全文内容大致如上。其实,盘庚所说的迁都理论,翻来覆去,不过是两个:一个是迁都可以使国家安定,避免灾祸,振兴国家;一个是遵从先王的意旨。他进行威慑的手段也是两个:一个是运用手中的生杀予夺之权予以严厉惩罚;一个是说各大臣的祖先也将对他们降罪。

盘庚以前的几世商王穷奢极欲,争夺王位的战争延续不断,人民流离失所,附属国纷纷叛离,旧贵族掌握大权为所欲为。盘庚在讲话中也批评了贵族和大臣们"虐民"、"非德"、"戎毒"、"败祸奸宄"、"作福作灾"乃至使农人"不昏作劳,不服田亩",不事生产。盘庚说迁都是为了安定国家,指的是旧的秩序不能再维持下去,转移到一个新的地域重建政治秩序。

《盘庚》还反映了王是受上帝之命来统治天下的,他的活动都是上帝的意旨。商王,生为人主管活人,死后成神管死人,祖先神和上帝神统一起来;敬畏鬼神,主要是敬畏帝王。这种精神统治,在《盘庚》里反映得也比较清楚。

《高宗肜日》、《西伯戡黎》、《微子》

《高宗肜日》、《西伯戡黎》、《微子》都写于较晚的时期,是在前代流传的事迹的基础上写出的,所以有较多后世的思想。这里作简略介绍。

《高宗肜日》的"肜",释为"祭之明日又祭",清人孙诒让《契文举例》认为:"肜日"当为"易日"之形误,"易日"即更改日期的意思。高宗名武丁,是殷代有武功的名王,曾征伐四方,扩展疆域。文章记述贤臣祖己对高宗的谏诫。内容写高宗祭祀成汤时,一只野鸡飞在鼎耳上啼叫。由于祭品过于丰盛,祖己借机谏诫高宗,祭祀首要的是正心,上天考察是否以义、德来对待人民,由此来决定降福延长其寿命或致罪缩短其寿命;所以祭品不要过于丰盛。这里提出的"义"、"德"显然不是商代的思想意识。

《西伯戡黎》的"西伯",指周文王姬昌,西伯是殷纣王给他的封号。那时周还是殷商的附属国,可是势力已经发展强大。纣王是历史上著名的暴君,他施政暴虐,耽于淫乐,姬昌便作灭殷的准备。黎是当时一个小国,也是殷的附属国。姬昌为了扩张自己的势力,为翦除殷商的屏障,便出兵攻灭了黎。本篇记言兼记事,记述大臣祖伊听说西伯戡黎的消息十分恐惧,赶快告诉纣王,同时向他说明国内的危机,指出由于王沉湎酒乐,上天降下灾荒;由于不遵法度,臣民都盼望殷国灭亡。纣王却回答说:我是接受天命的,老百姓能够把我怎么样呢?祖伊回来叹息说:纣王有罪行而不觉悟,殷国就要灭亡了。全文记载的事实与历史是吻合的,语言和"天命无常"等思想却是周代的,所以有人推断是东周的作品。

《微子》记述微子和父师、少师的谈话。微子是纣王的哥哥,"子"是爵位;父师、少师都是官名。他们这次谈话的中心问题是分析国家行将灭亡的原因。讨论各自应抱的态度和进退出处。微子的谈话内容有两点:一点是殷国目前的危机处境,是由于纣王败坏了成汤的传统,沉湎酒色,法度不明,政治昏乱,上下为非作歹,招致人民反对,必然趋于败亡;另一点是他打算返回封地,隐遁山林。父师谈话的内容也有两点:一点是他认为殷国的行将败亡全是国王一人的罪行,小民衣食无着乃至偷祭品充饥,国王却仍以杀戮重刑搜刮民财,这必然招致上天的惩罚;另一点他认为应该铲除祸根,不过他也不反对微子的做法,认为可以各行其是。这一篇也是后人追记的。

第五节 《周书》

《周书》十九篇,占现存《尚书》篇数的三分之二。这十九篇的体裁,有誓词三篇:《牧誓》、《费誓》、《秦誓》;记事两篇:《金縢》、《顾命》;通告臣民的诰辞四篇:《大诰》、《多士》、《多方》、《吕刑》;告诸侯的诰辞四篇:《康诰》、《酒诰》、《梓材》、《文侯之命》;臣告君之辞四篇:《洪范》、《召诰》、《无逸》、《立政》;君臣及臣与臣之间的谟辞两篇:《洛诰》、《君奭》。其中,诰辞、誓辞绝大多数是原来的档案文献,其余的也是根据原来文献加工的。《洪范》、《无逸》两篇,历代都很注意,是研究、讨论最多的名篇,我们重点介绍这两篇,其余文章只作简略介绍。

第三讲 《尚书》 107

《洪范》

《洪范》是包括自然、政治、宗教各方面内容而具有完整思想体系的论文。周武王伐殷胜利之后,封箕子为殷的继承人,他访问箕子,询问治国安民的大法。本篇开头采用问答形式,箕子回答武王的问题,陈述自己的意见,由后人追记为这篇文章。"洪"是大的意思,"范"是法的意思,"洪范"的意思就是大法。学术界多认为写定于战国时期。

箕子陈述治国安民的"常道"(通常的原则,即大法)有九条,即"洪范九畴",其要点如下:

第一,五行:水、火、木、金、土。水向下渗透而润下,味咸;火向上燃烧而炎上,味苦;木可弯曲伸直,味酸;金可以熔铸变化,味辛;土可以生产百谷,味甜。

第二,认真对待五事:一是容貌恭敬,则表情严肃;二是语言听从,则办事顺利;三是视察清楚,则明辨一切;四是听受聪敏,则谋事成功;五是思虑通达,则圣明。

第三,办好八政:一是管理民食;二是管理财物;三是管理祭祀;四是管理住行;五是管理教育;六是管理司法;七是接待宾客;八是治理军务。

第四,使用五纪:一是岁;二是月;三是日;四是星辰;五是历数。

第五,建立皇极:即树立君主治理臣民的至大公正的标准,降给人民以"五福"。这样,人民都依这个标准努力。重视有计谋、有作为、有操守的人,宽容未达到标准但没有错误的人,给予鼓励。不欺侮孤苦无依的鳏寡,不惧怕高明显赫的贵族。促使有作为有才能的人发展德行,给正直的人以优厚的俸禄和照顾,任用优秀的人为国办事,遵守先王的正道,王道宽广;没有朋党和偏私,王道平坦;没有反复和偏心,王道正直。执行这些标准,让所有的人提出好的意见,予以采纳,那么天子作为人民的父母,就能使天下归向王道。

第六,三德:一是正直;二是以刚制胜;三是以柔制胜。采取或刚或柔的方式,根据不同的对象,以刚制刚,以柔制柔,以刚补柔,以柔补刚。只有君主才可以给人以赏赐或惩罚,才可以玉食,臣下不可作威作福和玉食。

第七,稽疑,靠卜筮。遇到疑难,依次和卿士、人民商量,最后卜筮。这四方面的意见一致,就叫"大同"。若不完全相同,仍以卜筮结果为准。

第八,庶征,所谓庶征,就是看各种不同的征兆,一是雨,二是晴,三是暖,四是寒,五是风。这五种气候调顺,作物生长茂盛;若不均匀,就是凶年。出现好的征兆,在于君王肃敬、政治良好、昭明、善谋、通达事理;反之,出现不好的征兆,在于君王狂妄、政治差错、放纵逸乐、急躁、糊涂。君王和大臣的过失,都会感应上天发出征兆。

第九,五福:一是寿;二是富;三是康宁;四是好德;五是长命善终。六极:一是夭折;二是多病;三是忧愁;四是贫穷;五是丑恶;六是懦弱。

《洪范》开始叙述水、火、木、金、土五行,说明这五种元素的性能,并把注意这五种元素及其性能作为治国之本,这是保存原始的朴素唯物主义五行说的材料。但是它紧接着却把包括这五行在内的自然界的一切发展变化,如雨、晴、暖、寒、风乃至丰收和凶年,都认为由上帝来主宰,从而把五行说纳入唯心主义神学世界观之中。《洪范》又认为,自然现象和社会人事是相通的,上帝对君王和大臣们的行为都是明察的,通过自然现象向人们发出征兆,而且每一种行为,都联系一种自然现象,所以人世的休咎,从五气的征验就可以知道,而且从这里也就可以知道天意。在《洪范》中已经开始形成天人感应的学说体系。

《洪范》宣扬神权,它通过"五福"、"六极"的报应之说,宣扬行善的人将得到福佑,作恶的人会得到灾祸;王执行天意,代行神的权力,给行善的人以福禄,给作恶的人以惩罚。它又极端夸大占筮的作用,宣扬占筮是人们预知天意的方法。这些,都属于神秘主义的宗教神学体系。

《洪范》还企图确立君王至高无上的权力和地位。在第六条"三德"中,它规定了君王的特权:"惟辟作福,惟辟作威,惟辟玉食。"只有君王才能够给人赏赐,才能够给人惩罚,才能够享受美食;而臣下如果这样做,就会获得灾祸,就会大乱。至于那些被君王任用做官的人,都可以获得丰厚的俸禄;所有的臣民都必须自觉地服从君王的意志及其建立的道德规范,求取君王赏赐幸福。这是彻头彻尾为奴隶制度服务的皇权理论。

《无逸》、《召诰》、《立政》

《无逸》是《尚书》中一篇文字流畅、中心突出、条理分明、层次清楚的佳作,标志着中国散文早期发展的较高水平,历来被高等学校选为散文教材。

周武王建立西周王朝后不久死去,其子成王年幼,由其弟周公姬旦摄政。成王成长之后,周公怕成王"有所淫佚",写了这篇《无逸》来告诫成王。由于本篇文字流畅,与同时期其他诰词语言风格不同,近人疑为春秋末年写定。

全篇分为三段,要点如下:

第一段,周公首先告诫成王:君子应该"无逸"(不贪图安逸享受)。要做到"无逸",要"先知稼穑之艰难",了解"稼穑之艰难",便了解"小人"的疾苦。

第二段,总结历史教训,论证"无逸"的重要。首先,总结殷的教训,举中宗、高宗、祖甲三王为例,说明这三王都能了解人民的疾苦,因而勤于政务,享国日久。再举殷的后王为例,说明这些后王生下来就贪图安逸,耽于享乐,所以享国甚短。其次,举周先王为例,赞扬文王知人民之疾苦,宽厚待民,勤于政务,从不安逸享受,所以承受天命,享国五十年。接着,要求成王不要贪图安逸享受,而以殷的后王为戒。

第三段,论证应该如何对待"小人"的怨詈。周公仍举殷三宗和文王为榜样,说明这四位明君听到"小人"的怨詈,不是乱施惩罚,而是"皇自敬德",修明政治。反之,如果一听到怨詈便乱罚无罪,杀无辜,只会使怨詈乃至诅咒更加强烈。最后希望成王以历史为鉴而结束全文。

这篇文章总结了殷商败亡的历史教训,一方面要求统治者不贪图安逸享受而勤于政务,一方面修明政治,宽以待民,保持政治的安定。作为新兴王朝政治家的周公,他总结历史经验,是为了用以指导统治者的思想和行为,求取周王朝的长治久安。

《召诰》和《无逸》的内容相近。

周公摄政七年,决定还政成王。成王派召公主持营建洛邑。营建过程中,周公曾去视察,因而作《召诰》、《洛诰》。召公奭也是周初辅佐成王的名臣,旧注说本篇是召公作,所以标题《召诰》。但细察文章内容的思想和语气,仍像是周公所作。

全文分四段:

第一段,叙述营建洛邑的过程和一些情况。第二段,总结殷商败亡的教训,说明天命不可恃,祖宗不可恃,唯敬德可保天命。殷的后王残虐百姓,所以上天将大命由殷转移给周,因此,要保住政权,必须敬德。第三段,说明巩固政权任务艰巨,营建洛邑有利于统治全国,治理殷民仍须推行德政。第四段,以夏、殷两朝灭亡的教训说明敬德的重要性,只有敬德才能祈天永命,国王必须具备天子的品德,以谋求小民的安乐来"受天永命"。

全文的中心是"敬德"二字。所谓敬德,包括两方面的内容:一是敬天,一是保民。这二者密切联系在一起,因为天意是保民的,只有保民,才符合天意,才能永远保住天命。在这里,"天命无常,唯德是从"的周人的天命观,表现得相当清楚。周初开明的奴隶主政治家用这种思想来指导自己的行动,在当时确实起了缓和阶级矛盾、促进社会发展的积极作用。

《立政》一篇也是周公对成王的诰辞。

周公还政成王后,国家政局已经稳定,为了建立良好的行政,周公总结历史经验,提出用人和理政两个问题。全文分三段:

第一段总结夏、殷两代用人和理政的经验教训。夏、商贤王的成功经验概括为任人以贤,从政务、理民、执法三个方面考察,从有德有才不事虚名来选拔。桀、纣的失败教训,是任用任刑弃德的人,所以政治黑暗。

第二段总结文王、武王用人和理德的经验,指出他们除了像成汤一样从三方面考察官吏,并且了解官员的德行,设立各类专职官员各司其职,内外工作都有专责,不代替各专职官员发布命令,对司法事务不作不适当的干预。

第三段对成王提出希望和要求:一是照先人的传统任用贤明的官吏,不越俎代庖,不干预司法。

周公是位善于总结经验的政治家,他总结的用人和理政的经验,在中国古代政治中有长远的影响。

第三讲 《尚书》　111

《大诰》、《多士》、《多方》、《吕刑》

《大诰》、《多士》、《多方》、《吕刑》四篇,都是以周王名义对臣民发布的通告。这四篇都是周王室原来的档案文献。

《大诰》是周公东征的诰辞。

武王死后,周公摄政,武王的弟弟管叔、蔡叔、霍叔勾结殷残余势力武庚发动叛乱,周公决定东征。东征前,统治集团内部意见并不一致,有些人提出种种理由反对,周公用周王的名义发布了这篇诰辞。全篇分两大段:

第一大段,周公分析当时国家存在两方面的困难:一是国家统治集团内部的矛盾,武王死后,王室内部互不信任,政见不一;二是殷残余势力图谋复辟。面对这样的局势,他提出用战争的手段来解决问题。

第二大段,周公极力说服反对派,说明东征的必要性与可行性。反对派的理由主要有两条:一是困难大,民心不靖;二是叛乱者属于王室内部,是国王的长辈,不应讨伐。周公首先说明不是不考虑出征的困难,然而平叛是完成文王开创的事业,不能忧虑自身的安危。他指出反对派也都是文王的旧臣,应了解文王创业的艰辛,全力去完成文王未竟之业,并通过各种比喻,说明除恶务尽的必要。其次,他一再宣扬东征是上帝的意旨,说明通过文王遗留的大龟占卜而预知天意。

从全篇的内容来看,它反映了周初的国内形势和严重而复杂的政治冲突,周公克服重重困难,正确地采取了用武力镇压内部叛乱和残余敌人复辟的对策。天意和占卜,不过是周公推行自己政策所假借的手段。

《多士》是周公向殷民发布的通知,也是以周王的名义发布的。时间在成王元年三月。

周公平息三监和武庚的叛乱后,把殷残余的顽抗势力集中迁徙到洛阳附近新建的成周这座新城,进行监管。"多士",指的就是殷的遗民,即殷王朝残余的大小奴隶主贵族。本篇分两大段:

第一段,向殷民说明周灭殷的理由。他以殷商的先王成汤革夏的史实为证,论证成汤因为夏的嗣王淫逸暴虐而奉天命取代之,这是合理的。殷的灭亡是咎由自取,是天意,殷民必须服从天意。

第二段,向殷民发布诰令:一、宣布对参与叛乱的殷民实行宽大政策,不再治罪;二、将殷民迁徙来此是上帝的命令,不得有怨言;三、对殷的"多士"不再任用;四、殷民只要顺从统治,便给予土地,让其过和平生活,否则严惩不贷。

这篇诰辞反映了西周统治阶级为巩固政权,彻底消灭被推翻敌人的复辟活动,对残余敌人实行镇压和宽大相结合的策略。周公统治和改造敌人的工具有两个:一个是神权,从精神上来训化敌人;一个是王权,用惩罚来镇压敌人。

《多方》也是周公以成王的名义发布的诰辞。

三监和武庚的叛乱,既有殷人参加,追随者也有当时的"徐戎"、"淮夷"及四方诸侯小国。这篇文告是向四方小国发布的,所以叫"多方",作于东征胜利从奄(今山东曲阜东)地归来之时。奄是当时一个追随叛乱的小国,为周公攻灭。文章分三段:

第一段,分析夏亡商兴的原因,夏亡在于一不敬天,二害民;商兴是因为明德慎罚。第二段,说明夏、殷的灭亡都是因为嗣王的罪行招致天罚,咎由自取;周的兴起是承天命,四方诸侯应服从周的统治。第三段,要求四方诸侯亲附周朝,共享天命,如若再发动叛乱,将再进行征伐,并按罪行轻重给予不同惩罚。

在这篇文告里,周王朝统治四方部族小国的工具有两个:一个是上帝神,把周王朝装扮成代表上帝推行德教的当然统治者,这是软刀子;一个是军队讨伐,暴力镇压,这是硬刀子。从这篇文告,我们也可以看到当时周王朝与四方小国的关系,各小国并未心服。

《吕刑》是以穆王名义发布的关于司法问题的诰辞。

穆王是西周的第五代王,辅佐大臣是甫侯。甫侯建议穆王制定和颁布国家的刑律,所以本篇篇名一作《甫侯》。这个文告并没有颁布具体的法律条文,而是论述立法理论和司法原则,是研究周代社会和西周法制的重要文献。全篇可分三大段:

第一大段,首先叙述上古蚩尤制律严苛,滥用酷刑,杀戮无辜,社会道德和秩序反而混乱,结果蚩尤受到上帝的严惩并降祸给他的种族。舜把刑政和德教结合而天下大治。文章反复说明滥刑的危害,强调德教和慎刑。

第二大段,重点说明刑律的条目和审理案件的原则。刑罚分作三大类:五刑、五罚、五过。五刑是肉刑,为墨刑(脸上刺字)、劓(yì)刑(割鼻)、剕(fèi)刑(断足)、宫刑(割去生殖器)、大辟(死刑);五罚为不等的罚金;五过为较轻微的处罚;其中五刑的条款有三千条。对审理案件提出三条原则,一是惩罚与罪行相符,不滥刑,也不宽纵;二是认真核实罪行,判词与状词一致;三是区别偶然犯罪和一贯犯罪,区别乱世和治世,予以从轻或从重的处罚。

第三大段,警戒贪官污吏,严禁贪赃枉法;必须心存公允,不可有所私袒;应该明察案件,量刑一定得当;司法务必谨慎,处理尽量从宽。

贯穿全篇的中心思想是"明德慎刑"。这是西周统治者为维护统治、建立法制秩序而推行的思想。它虽然一再谈到"德"和"宽",但其刑律仍然是严酷的,三千条五刑刑律,又谈得上什么"德"和"宽"呢?法律从来不是什么仁慈的东西,而是统治阶级的统治工具。不过,文章中提到的司法思想和原则,奴隶主阶级和后来的地主阶级都很难做到,不过作为一种司法思想理论,还是有许多可取之处的。

《康诰》、《酒诰》、《梓材》、《文侯之命》

《康诰》、《酒诰》、《梓材》、《文侯之命》四篇,都是以周王名义给某一诸侯的诰辞。前三篇是周公给康叔的,后一篇是平王给晋文侯的。前三篇和后一篇的时间距离很大。

《康诰》是周公对康叔的训诫之辞。周公平定三监及武庚的叛乱之后,把康叔封在殷地统治殷的余民。康叔上任前,周公对他作了这番训示。开头四十八字与全文不合,当是错简所致;宋代苏轼认为原来是《洛诰》的文字。

这篇诰辞谈的是如何统治殷余民的问题。诰辞开头就提出"明德慎罚"的原则,然后反复阐明为什么要遵守和怎样遵守这个原则。为什么要遵守这个原则?他以文王实行德政而得天命为榜样,说明对殷民也应实行德政,才能根绝反抗。怎样遵守这个原则呢？他说明不是不罚，而是行罚时慎重处理。对于不是故意犯罪而知悔改者，可以从宽；对于故意犯罪、不孝不友、罪大恶极者，决不宽赦；对于违犯国家大法，激起人民仇恨的大臣，坚决杀掉。最后，周公教训康叔：治民必须小心谨慎，才能保持世代统治。

这篇文章的中心是两个字，一个是"德"，一个是"慎"。明德和慎刑，都是为了消除被统治阶级的反抗，维护长期统治。中心思想是：天意表现在民情，应该刚柔相济，德威并用，才能保持统治秩序的稳定。

《酒诰》也是周公训诫康叔的诰辞。康叔是周公年轻的弟弟，周公怕他饮酒逸乐，便用这篇诰辞训诫他。

内容首先说明上帝造酒是为了祭祀用，不是为了给人享受，戒酒是文王的教导，上帝的意旨。他以前代为例：殷前王从成汤到帝乙都不饮酒，而勤于政务；后王耽酒作乐，结果众叛亲离而自取败亡。最后谈戒酒措施，规定不准"群饮"、"崇饮"，违者杀头。从《酒诰》来看，这位西周初期的政治家主张勤政，反对荒嬉；他对戒酒问题如此关切，可见酗酒已成为统治阶级一个突出的痼疾。

《梓材》也是周公对康叔的诰辞。文章上下不连贯之处较多，当是错简之误。

全文大意是提出"罔厉杀人"以及对罪犯讲宽恕。"罔厉杀人"，就是不杀无罪的人；对犯罪的人讲宽恕，就是尽可能从轻处理。这样做的目的，是使小民能够安分地生活而不犯上作乱，使殷的遗民能心悦诚服，接受统治。从这里看，所谓"宽大"政策，也是周公的一种统治手段。

《文侯之命》是东周初期平王赏赐晋文侯时所作的诰辞。

西周末年，幽王宠褒姒，废申后及太子宜臼，申侯联合犬戎攻杀幽王，会合诸侯拥立宜臼为王，即平王，迁都洛邑建立东周。晋文侯仇在这次拥立时起了重大作用，所以平王以这篇文告褒扬并给予奖赏。全文分三段：第一段写周的先王创业赖群臣拥戴和辅佐，当前国家大难，又有大臣扶危转安。第二段褒扬晋文侯辅佐王室的功劳。第三段给予赏赐和勉励。

《洛诰》、《君奭》

《洛诰》是周公和成王相互遣使送达的来往信件，因是周王的信件，所以也称诰辞。这些信件写在周公摄政七年后还政成王的时候，当在成王七年三月。因为开始谈的是营建洛邑，所以称《洛诰》。全篇分五段：第一段，周公到洛邑视察，报告勘察基地情况；成王作答。二人所谈的主要是营建洛邑的事。第二段，周公要求成王到新都①举行祭祀和即位大典，嘱咐他注重礼仪，宽厚持政，察看诸侯贡品，永保国运。第三段，是成王的回答，他赞扬周公的德行和政绩，表示牢记教诲，请周公留洛邑处理政务监督营建。第四段，写周公答应留守洛邑。第五段，记是年十二月成王祭祀文王、武王，将此事载入史册。

全文的思想和《召诰》相同。另外，从这篇文章的来往问答之中，说明了成王七年营建洛邑的理由。洛邑正处于当时天下的中心，与四方交通便利，有利于统治四方新归附的各小国，也可以更有效地监管迁徙到洛邑的殷顽民。所以，西周王朝大力营建为陪都。周公还政后仍负责留守洛邑，正如成王诰辞中所说，担负的责任仍然是很重要的。

《君奭》是周公写给召公的。这时周公已经还政成王，不能再用成王的名义，所以不能叫"诰"。召公名奭，所以叫《君奭》。在武王死后，辅佐成王的有两位大臣，一位是周公旦，任太师，一位是召公奭，任太保。本文是周公旦致召公奭的信。全文分三段：第一段，谈守业的艰难，从殷的灭亡看到天命不足恃，重在人为。第二段，谈大臣的重要，以商、周两代的历史事实，说明贤王成就大业都要依靠贤臣的辅佐，因此，他和召公二人责任重大。第三段要求召公以殷商灭亡为鉴戒，二人和衷共济完成重任。

这篇文章除了已经反复提到的殷商兴亡的历史经验，还有值得注意的

---

① 文王时都城在丰，称旧都；武王时都城在镐，称新都。成王七年二月命召公相土洛邑，三月周公去巡察基地，就留在洛邑监督营建。洛邑营建完成得若干年，后称东都。整个西周，都城在镐。有的注释以为周公要求成王到洛都来祭庙登基，误。

思想内容：他一方面在许多文诰里肯定天命，说周代殷是"天命攸归"；一方面又提到"天命不于常"，即天命不一定能永远保持下去，所以要敬德保民。在这个思想基础上，他又进一步强调人的主观努力。后人把这种思想总结为八个字："天命无常，事在人为。"

《金縢》、《顾命》

《金縢》和《顾命》是两篇记事之文。

《金縢》记周公事，其文字浅明，和《召诰》、《大诰》不类，后人多以为是战国时期写定。

《金縢》第一段记述武王病重，周公向三王的在天之灵祝祷，祝祷说：自己愿意代替哥哥死亡，为整个国家着想，请留下哥哥的生命，让自己替死。事后，史官把周公的祝祷词写在典册上，放进用金质绳索捆束的匣子中。第二段记述武王死后，周公执政，有人散布言论说周公有异心，成王对周公产生怀疑。秋天雷电交加，狂风大作，庄稼倒伏，人心惶恐，这时打开金縢之匮，成王看到里面所藏册书，为周公的忠诚大受感动，亲自出城去迎接周公。于是雨调风顺，获得好年成。

这篇记事文以上天示警的记述，反映了天人感应的思想。它意在说明：君王有了过错或改正了错误，上天都会通过自然界的变化降灾或赐福。这当然是迷信。

《顾命》记述成王临终的遗嘱和康王即位诰诸侯。学者多认为写定于春秋时期。古文《尚书》将后半篇另立为《康王之诰》一篇。

全文四段：第一段写成王临终遗嘱。成王临终前召集召公奭等大臣托孤，要求他们约束康王敬天继祖遵礼守法，安劝大小庶邦；越二日成王驾崩。第二段记康王登基大典的仪礼陈列。第三段记康王登基大典和诸侯朝贡进行的礼仪。第四段记大典上大臣致献词，献词内容是希望康王继先王遗业，整顿军队，无辱大命。康王致答词，宣布继位为天子，表示继承先王的德政。诰命完，礼毕。

从这篇记述中，我们可以看到，西周前期所谓成康盛世的政治指导思想是一致的,他们都以敬天明德为中心,谨慎地保持祖先的基业。成康之世,正是中国奴隶社会的鼎盛时期。其中关于典礼仪式、兵卫、陈列等具体而详细的记叙,是研究周代礼制的重要材料。

《牧誓》、《费誓》、《秦誓》

《牧誓》、《费誓》、《秦誓》是三篇誓师辞。前者经过后人在文字上整理加工,后二者基本是原来的文献。

《牧誓》是武王伐纣的誓词。武王以兵车三百辆,勇士三百人,和商纣王会战于牧野(商都朝歌南七十里,今河南卫辉北),所以称《牧誓》。

这篇誓词也是先陈述敌人的罪状,然后提出作战要求,最后申明军纪。武王陈述纣王的罪状有三条:一是听信妇人之言;二是不祭祀祖先;三是不进用同宗长辈和弟兄,而任用坏人为非作歹,残害百姓。这里不谈纣王本人荒淫暴虐,而着重提出这三条,很值得注意。在谈第一条时,武王举出古语:"牝鸡无晨;牝鸡之晨,惟家之索。"(母鸡不能啼鸣,如果母鸡啼鸣,就要败家。)这是父系制根深蒂固以后所流传的对妇女极端轻蔑的言论,在男性社会中听信妇女的话是被所有男子轻视的事,所以把它作为纣王的一种耻辱提出来。第二条,谈祭祀问题,纣王罪状是不祭祀祖先。殷人、周人都敬祖,认为人死后成为鬼神仍庇佑子孙,所以祭祀祖先是当时的一种道德规范。纣王不祭祀祖宗,自然是一项大罪。纣王的第三条大罪是不进用同宗。宗法制是奴隶制王朝统治的社会基础,西周的建立和巩固,就是把宗法制发展得更完善。纣王破坏宗法制,武王要维护宗法制。

誓辞最后谈到的俘虏政策也值得注意。武王说"弗迓克奔,以役西土",就是不要杀掉俘虏,让他们到西土服役。西土,指的是周的故土。现代学者公认为这是把俘虏作为奴隶。

《费誓》原来是鲁国的档案文献,旧说是周公之子鲁侯伯禽伐徐夷所作;近人又说是春秋时鲁僖公伐徐夷所作,尚无定论。

周公的后裔封地在鲁国,称鲁侯,都曲阜。徐淮一带部族联合叛乱,围困曲阜,曲阜以东尽入敌手,鲁侯在费(今山东费县东)地誓师讨伐,所以叫

《费誓》。

这篇誓词和前几篇誓词不同,它没有陈述敌人的罪状,一开始就以居高临下之势,严厉地发布命令。鲁侯以大奴隶主的派头发号施令,既不讲天命,也不讲德政,只是一条条严格的要求:从战备、保护牛马和奴隶、出发和准时到达,以及在全国征发兵士和征用物资,都必须按要求一一做到,否则就要杀头。在这里,我们看到撕去周公那一套"德"、"善"面具的奴隶主的真实面目。

《秦誓》是春秋时期秦穆公所作的誓词。它和以前誓词的不同之处,不是写在出师之时,而是写于战后。据《左传·僖公三十三年》,秦穆公派大将孟明等三人率师伐郑,大臣蹇叔曾极力劝阻,穆公不听,结果远道奔袭,于崤山遭晋军伏击而大败。穆公总结失败教训,自责自悔,作《秦誓》。

全文简短,但内容充实,语词恳切。他真诚地向全体士兵检讨自己的过失,发布誓词表明改正的决心。他首先引用古语,说明不要责备别人,而要听取别人的责备,接受别人的劝告。他公开检讨自己的错误是疏远那些不顺从自己意见的人,而亲近那些一味随声附和的人,军国大计不去请教年老经验丰富的人。接着他列举三种人,一种是品德高尚的老人,这种人可以保住子孙和臣民的幸福;一种是身强力壮的勇士,本领高强,但这还不够;一种是花言巧语、心胸狭隘的人,这种人危险。最后,他总结出:国家的危难或安宁,在于君主用人是否得当。在公元前7世纪,这种精神是难得的。据历史记载,由于秦穆公任贤,后来终于打败晋军,成为霸主。

第六节 《尚书》的训诂、版本和义理研究

古代的研究

历代研究《尚书》的学者很多,各代史书中的《艺文志》或《经籍志》,都著录一批《书》类书目,或佚或存,还有许多未曾著录的。《四库全书总目》从清

代存书中挑选出有价值或较有价值的《书》类专著共有一百三十四部[①];正续《清经解》收录清人《书》类专著三十四部。仅就现存的古籍来说,加上群经总论和小学之中有关《尚书》的研究,估计总数不在千种以下,这些还未包括近代和现代出版的专著和论文。这些大量的研究资料,主要集中于训诂、版本、义理三个研究方面。

训诂是《尚书》研究的一个十分重要的部分,这是因《尚书》语言的特点所形成的。

《尚书》的语言古奥难解。韩愈在《进学解》中作了准确的概括:"周诰殷盘,佶屈聱牙。"所谓"佶屈聱牙",指的是文字艰涩,语句拗口。它表现有三个特点:

一是词汇古老。《尚书》中大部分是西周初期的文献,所使用的词汇,有许多有它的古义;这些古义,不但在现代汉语中不应用,在秦汉以后的古文中也不再应用,连战国时代的《左传》和《国语》中也不多见,所以准确理解词义比较困难。

二是语法变化。《尚书》的词序安排和后代有所不同,这样不但读起来别扭,也影响理解句意。

三是虚词很少。文言虚词用于表示语法关系和语气,可以使语义明确、语句顺畅。《尚书》很少用虚词,不但拗口,还常常难以断句,因而意义更艰涩难明。

由于这三个特点,造成了《尚书》阅读的困难。当然,《尚书》中也有一些基本词汇的意义没有变化,甚至某些成语一直保留到今天。写成于战国时代的几篇,其语言较接近《左传》、《国语》,但是,要完全读懂,难度仍很大。在汉代,司马迁已经不能完全读懂,他只能把懂了的抄到《史记》里,不好懂的,他都回避了。司马迁这样有古文修养的史学家尚且如此,一般读者阅读更难。所以,从西汉《尚书》开始流传时起,便兴起训诂其字、词、句的传注之学,后来历经各代,至清末而不衰。

---

① 《四库全书总目提要》:"《书》类五十六部,六百五十一卷;附录二部,十一卷;《书》类七十八部,四百三十卷(内十部无卷数),附录一部,四卷皆附存目。"

据《汉书·艺文志》著录,汉代的《尚书》传注有今文、古文两派九家。汉儒重师法门户,九家传注各异。综而言之,今文学派的注释烦琐而不切实际,古文学派的注释比较简明,注意文字、名物训诂。汉末的郑玄以古文经学为本,兼采今文诸家可取的注说,作《尚书注》,可说是集两汉注释的成果,流传数百年。可是,限于时代水平,有些地方郑玄也还没弄懂,所以后世仍然要继续研究。

东晋出现并通行千余年之久的伪《孔传古文尚书》,是伪孔传、伪古文。这样成篇成本弄虚作假的事,固然可恶,但客观来看,其传注综合吸收了千年传注的成果,注释简明,句句有语译,易于阅读,注释水平也较以前通行的郑注本有所提高。唐孔颖达又以这部伪古文《尚书》为本,为其正注加疏,完成《尚书正义》。现在收在通行本《十三经注疏》中的,就是这一部,至今,它仍是一个较好的注本。

宋代经学重考辨,对《尚书》作了不少新的注释。朱熹弟子蔡沈的《书集传》,是明清科举法定本,后汇刊于《四书五经》丛刊。清初王夫之著《书经稗疏》,有理有据地驳正《东坡书传》和蔡沈《书集传》释文之误。清乾嘉学派致力于文字名物训诂考证,孙星衍《尚书今古文注疏》是清代有价值的《尚书》注释名著。清人注疏《尚书》的著述较多,对字词名物的训诂大都立足于比较精详的考证,对前人误注有许多订正。这种方法一直影响到清末民初的治经学者,他们对《尚书》某些字、词、名物的考训,各有创获。

两千多年的《尚书》训诂,总括来看是有很大成绩的。没有历代的这些注释,今人根本读不了这部历史档案文献。但这不是说古注本已经完善,古人的注释还有许多分歧之处,在文字上也有明显误注,直到今人的注本,字、词、句意仍然有许多不同的解释,有待于继续辨正。

除了语词训诂,版本真伪及其源流的考证,也是历代《尚书》学的重要内容。所谓版本研究,包括全书以及其中某些篇章的辨伪和校勘。《尚书》的版本,在十三经中是最多的了,如本书第一、二节所述,有今文、古文、伪古文三大系统,其中有真有假,或真假掺杂。用科学的方法,从其内容和源流来进行考察,分辨哪些是真文献,哪些是假文献,是非常重要的研究课题,历代《尚书》学都有这一门学问。我们不再重复那复杂的、又带有传奇性的《尚书》史话。清人阎若璩在前人辨正的基础上著《尚书古文疏证》,以确凿的实证,证明被尊奉一千多年的《孔传古文尚书》原来是一部伪书,而且考辨出其中哪些篇是真的,哪些篇是假的。通过这个研究,打倒了一部通行多年的伪"圣经",而且剥开了它的真面目,使这方面的辨伪工作告一段落。

但是告一段落并不等于结束,就拿被确认为真文献的28篇原文来说,其中有的经过后人的加工整理,有的撰写于战国,有些内容显然是后人加进去的。把这些问题再辨正清楚,还有大量工作要做。

两千多年中,《尚书》从口耳相传,到传抄、刻本印刷,难免会有脱简、错简,或在抄写、校刻的过程中发生讹误,再加上《尚书》中使用假借字,文字上的问题不少,需要通过校勘和考据来解决。清人阮元的《尚书校勘记》,就是这样一部成绩突出的名著。但这项工作并没有最后完成,仍有待于后人的继续努力。

对《尚书》各篇思想内容的研究,即所谓义理研究,在历代《尚书》研究成绩中是最小的。封建社会中儒家对《尚书》内容的解说,主要是发挥儒家的政教思想,把它变为封建社会的政治教科书。西汉今文学家把三皇五帝传说和谶纬神学掺进《尚书》义理之中,再加上离题万里的发挥,不切实际而又烦琐;古文学家在解释《尚书》内容时,也离不开二帝、三王、周公、孔子。伪古文《尚书》和托名孔子嫡传的伪《孔传》,重在宣扬孔子"修身、齐家、治国、平天下"的思想;即使反汉学的宋学学派,也离不开"圣道王功",利用义说来上承孔孟,建立儒家的所谓"道统"。直到明清之际的思想家王夫之撰《书经稗疏》和《尚书引义》[①],尤其在后者之中,通过阐释经义,评史论政,往往针对时事,陈古刺今,揭露时代政弊,主张社会改革;评说中虽不无穿凿、臆断之辞,然能不泥于传统经义,重在经世致用,颇多新见。但是,后来清代的新汉学家却大多走到典章名物的考据中去,并不深入《尚书》思想内容的研讨。

---

① 《书经稗疏》主要是通过考据,驳正苏轼《东坡书传》、蔡沈《书集传》释文之误,收入《船山遗书》。《尚书引义》类似哲学、政治思想短论集,共五十篇,收入《船山遗书》,有中华书局1976年排印本。

现代三派

从近代到现代,《尚书》研究可以举出较有影响的三个学派。

第一个学派是以王国维、章太炎以及刘师培等为代表的新训诂学派。王、章都是古文经学的末代大师,他们以《尚书》为上古史料,继承清代考据学传统,又吸收西方科学精神和研究方法,对《尚书》进行进一步训诂考辨。如王氏著《洛诰笺》①,结合当时初发现的甲骨卜辞研究,由字及句,由句及义,释义注文,突破前儒注经的传统;又根据卜辞的研究成果,证实殷周记历法是先纪日,次写月,后写年,论断前儒的周公摄政七年之说不确;其《尚书顾命礼征》、《尚书顾命后考》,利用金文,详密考证《顾命》之礼是周天子登假、嗣王继体的文质并重的大典,纠正了郑注孔疏的一些误解。他与弟子杨筠如合著的《尚书核诂》,也广泛地利用了金文和甲骨文。章太炎(炳麟)著《太史公古文尚书说》、《古文尚书拾遗》②等,以其新获魏三体石经(残碑)真迹和《史记》为据,考证古文《尚书》的文字章句。刘师培著《尚书源流考》③,考订《尚书》真伪源流,精审得当,是对明清以来《尚书》版本辨伪之学的发展。他们的弟子吴承仕、于省吾等是这一学派的第二代传人。于省吾著《双剑誃尚书新证》,以古籀文字研究来考订《尚书》,他广泛吸取现代在语言文字学研究方面的新成果,征引古籀,又以金文为主,兼及甲骨文、铭印、泉布、石刻等文字资料,并举同时代之语例为佐证,来校对今本《尚书》,把《尚书》的考据校勘之学提高到一个新的科学水平。

第二个学派是以顾颉刚为代表的古史辨学派,或称新史学派。这个学派经过"五四"科学与民主精神的洗礼,他们要"从圣道王功的空气中夺出真正的古文献",以民主精神对儒家所建立的"二帝三王二圣"的所谓"帝统"、"道统"发起有力的冲击。他们上承清代考据学和语言文字学的成果,又吸

---

① 王国维《洛诰笺》、《尚书顾命礼征》、《尚书顾命后考》均见《观堂集林》。
② 章炳麟《太史公古文尚书说》、《古文尚书拾遗》,收《章氏丛书》,民国二十二年刊本。
③ 刘师培《尚书源流考》,收《刘申叔遗书》,民国二十三年刊本。

取西方语言学、民俗学的方法,进行大量的研究和考辨,力求还《尚书》以本来面目并且应用于古史研究,作出有益的贡献。20世纪30年代,顾颉刚编撰《书序辨》[①],意在明辨孔子、《尚书》和《书序》的关系。《古史辨》一、二册辑有多人关于《尚书》的讨论,后来又辑有顾颉刚及其学友和师生研究《尚书》的论文集《尚书研究讲义》。这个学派至今在国内外仍有影响。

第三个学派是以郭沫若、范文澜为代表的马克思主义史学派。20世纪30年代起,接受了马克思主义的基本原理的史学家们,提出运用历史唯物论来研究包括《尚书》在内的古文献。他们开始用马克思主义的立场、观点和方法来研究古代历史。在那场关于中国社会性质的大论战中,关于中国是否存在过奴隶制阶段的问题,《尚书》被作为奴隶社会的文献进行了研究。郭沫若所作《诗书时代的社会变革与其思想上的反映》长文,就是在这一历史背景条件下写作的。这类论著,以唯物史观的基本原理为指导思想,又注意利用甲骨文、金文和地下发掘材料和各种历史文献,力求把文字、内容的诠释和理论分析,能建立在科学基础上。虽然他们的许多论断需要再作研究,但他们为近几十年中国大陆的研究作了开端。

推荐阅读书目:

- 《尚书正义》 唐孔颖达疏,《十三经注疏》通行本。
- 《书经集传》 宋蔡沈注,《四书五经》通行本。
- 《尚书今古文注疏》 清孙星衍撰,《清经解》本。
- 《尚书古文疏证》 清阎若璩撰,《清经解续编》本。
- 《尚书校勘记》 清阮元撰,《清经解》本。
- 《观堂集林》 王国维著,见《海宁王静安先王遗书》,商务印书馆1940年本。
- 《古史辨》 顾颉刚等著,上海古籍出版社1982年新版本。
- 《诗书时代的社会变革与其思想上的反映》 郭沫若著,《郭沫若全

---

① 《书序辨》,收《古史考辨丛刊》第一集,中华书局1955年本。

集·历史编》第一卷。
- 《尚书与古史研究》　李民著,河南人民出版社 1981 年版。
- 《尚书集释》　屈万里著,台湾联经出版公司 1983 年本。
- 《尚书今注今译》　屈万里注译,台湾商务印书馆 1969 年本。
- 《尚书读本》　吴璵注释,三民书局 1977 年本。
- 《尚书史话》　马雍著,中华书局 1982 年本。

第四讲

《诗经》

《诗经》,简称《诗》,有 305 篇,举其整数,又称"诗三百",或"三百篇"。

《诗经》是我国第一部诗歌总集,它是中国文学的现实主义的源头。在封建社会,它又是儒家重要的经典,自从列为五经之一,便成为必读的教科书,封建教化的重要工具。

第一节 诗三百篇产生的时代和地域

我们现在已无法考证三百篇各篇的创作年代,只能大致论定其中最早的创作于西周初期,最晚的创作于东周的春秋中叶,全部作品产生于公元前 11 世纪至公元前 5 世纪之间的五百多年的时间中。

这 305 篇诗分风、雅、颂三类。

风:160 篇,包括《周南》、《召南》、《邶》、《鄘》、《卫》、《王》、《郑》、《齐》、《魏》、《唐》、《秦》、《陈》、《桧》、《曹》、《豳》。又称"十五国风"。

雅:105 篇,其中,《小雅》74 篇,《大雅》31 篇,又称"二雅"。

颂:40 篇,其中,《周颂》31 篇,《鲁颂》4 篇,《商颂》5 篇,合称"三颂"。

三 《颂》的时代

《周颂》是西周王室的祭祀乐歌,主要产生在西周前期奴隶社会的兴盛时期。商周之世奴隶主的战争中,战胜的奴隶主对战败覆灭的奴隶主仍保存其祭祀,可见上古时代对祭祀的重视。西周前期政治安定,经济兴旺,为巩固和发展这种兴盛局面,大兴礼乐,为此制作了一些祭祀的乐歌。在整个"成康盛世",这些乐歌已积累不少,昭王时又继续补充修订。从这些诗所祭祀的对象和所反映的史实来看,可以相信《周颂》大部分制作在公元前1058年以后的七八十年之间。①

据说,《周颂》中最早的诗,是武王伐纣胜利回朝祭祀文王时制作的《大武舞歌》六篇,在今本《诗经》中,比较可信的尚保存其中的《武》、《赉》、《桓》三篇②。最晚的诗是昭王初年祭祀武、成、康三王的《执竞》。这些都无法确考,我们只能大致推断它们产生在西周前期不到一个世纪之间。它们的制作,大约出自史官和太师(乐官)的手笔。制作地点当然是在镐(hào)京。

《鲁颂》比《周颂》晚九个世纪,是春秋时期鲁国的宗庙祭祀乐歌。鲁是周公后裔的封地,在今山东一带。关于《鲁颂》的来源,朱熹《诗集传》说:"成王以周公有大勋劳于天下,故赐伯禽以天子之礼乐,鲁于是乎有颂,以为庙乐。其后又自作诗以美其君,亦谓之颂。"魏源《诗古微》卷六《鲁颂诗发微》:"僖四年,经书:公会齐侯、宋公等侵蔡,蔡溃;遂伐楚,至于召陵。此中原攘楚第一举,故鲁僖、宋襄,旧侈阙绩,各作颂诗,荐之祭庙。"齐桓公率八国之

---

① 西周从武王灭商(公元前1064年)到幽王亡国,凡十一代二十五王,据《竹书纪年》说共257年。中国历史有确实纪年,从公元前841年即共和元年开始,共和以前年代都不甚可靠。武王灭商后二年死,其弟周公旦摄政七年。《尚书大传》:周公"五年营成周,六年制礼乐,七年还政"。故其开始制礼兴乐约在公元前1058年。《周颂》的大部分当制作在这个时期。近代学者王国维认为周公摄政七年之说不确,但不影响我们在这个问题上的论断。

② 近人王国维《大武乐章考》提出,今本《诗经》中的《昊天有成命》、《般》为《大武乐章》的首尾两章(见《观堂集林》卷二);近又有人提出《酌》也是《大武乐章》之一(见孙作云《从读史的方面谈谈诗经的时代和地域性》,载1959年人民文学出版社《诗经研究论文集》)。二说均难定确否。如所说成立,加上《武》、《赉》、《桓》,《大武乐章》就全部保存下来了。

师伐楚时,是鲁僖公四年即公元前656年,所以现存《鲁颂》四篇是鲁僖公时制作,其中《閟宫》一篇作者署名奚斯,是鲁大夫公子。

《商颂》是宋国的宗庙祭祀乐歌。宋国(都河南商丘)是殷商的后裔,武王灭商,封微子启于宋,修其礼乐奉祀商的先王。现存《商颂》五篇的内容,有的是记述殷商先祖功业,可能是先世留传或后世追述,有的或说是歌颂宋襄公伐楚之事,但此说有争议。五篇《商颂》产生的时间先后距离很长,学术界尚无定论。

二 《雅》的时代

《大雅》全部是西周的作品,它们主要是朝会乐歌。其中一部分颂诗的内容,与祭祀诗没有多大区别。因为它们应用于诸侯朝聘、贵族享宴等朝会典礼,比较只应用于宗庙的乐歌,内容较为扩充。这些诗大半产生于西周前半期和宣王中兴时期,有的出自史官、太师的手笔,有的有作者署名,可以证明是公卿列士的献诗。

西周盛世并不长,七八十年就衰落了。穆、夷以后,政治腐败,社会危机,贪残昏暗的厉王更弄得民怨沸腾,在民不堪命的暴动中被放逐。宣王号称"中兴",实行开明政治,容许对王政得失提出批评。可是外患严重,战争频繁,剥削加重,又加深社会危机。幽王又是一个暴虐的昏君,西周终于灭亡。《大雅》中的一部分讽谏诗,就产生在厉、幽两代,是《大雅》中的重要篇章。

《小雅》74篇,基本上是西周后期的作品。其中也有一部分是朝会和贵族享宴的乐歌,内容与《大雅》没有多大区别,主要制作于宣王时代。宣王"中兴"图治,修礼兴乐,公卿列士就制作一些诗歌,或缅怀先王,或记述宣王文治武功,应用范围又由朝会扩延到贵族社会的各种典礼和宴会,所以也有反映贵族社会生活和习俗的诗歌。

西周后期社会危机深化,贵族阶级分化,一部分士大夫写了一些讽谏诗;而没落的贵族阶级下层,则写了许多不满现实、感叹身世、发抒悲怨的怨刺诗。这些讽谏怨刺之作,占了《小雅》的大部分。它们基本上都制作在京城,除极少数篇章署作者名字外,大多没有署名。

《国风》的时代和地域

《国风》主要是东周时期收集的十五个国家和地区的民间诗歌。共160篇,其篇幅占《诗经》的大半。

西周末年,国内危机严重,戎族入侵,幽王被杀。公元前770年平王东迁洛邑,建立东周王朝。东周王室衰微,诸侯争霸,社会处于更大的动荡和变革之中。历史上把公元前770年至公元前476年称为春秋时代,《国风》的绝大部分是春秋初期至中期的诗,一小部分是西周后期的诗;《豳风》中也有从西周初期流传下来的少数作品。

十五《国风》各以其所在国家或地区得名,总起来看,在现在的陕西、山西、河南、河北、山东和湖北北部,大体包括当时中国的全部地域,主要在黄河流域,向南扩展到江汉流域。这辽阔的区域,是我国古代文化的摇篮。

《周南》、《召南》的地域旧说纷歧,当代已取得基本一致的正确意见。周南、召南原来就是地域名称,由古南国得名。周南在今陕县以南,汝、汉、长江一带,湖北、河南之间。召南在周南之西,包括陕西南部和湖北一部分。《周南》、《召南》大部分是春秋时代的作品,最晚不迟于周釐王之世(公元前681—前677年),《左传》僖公二十八年记:"汉阳诸姬,楚实尽之。"经过楚的侵伐,江、汉、汝一带姬姓小国全部灭亡。所以二南诗的采编当在这些小国灭亡之前的春秋初期。二南中可能也有从西周流传下来的民歌,这已无法确定。我们就其总体而言,二南大部分作品的时代在西周末年到春秋初期这一段时间。

其他十三国风,邶、鄘、卫三国在今河南北部和河北南部至中部,后并为卫国;王,是东周都城洛邑近畿一带;郑国,在今河南郑州一带;齐国,在今山东临淄一带;魏国,在今山西南部;唐国,在今山西中部;秦国,在今陕西西部和甘肃南部;陈国,在今河南淮阳一带;桧国,在今河南新密一带;曹国,在今山东曹县一带;豳国,在今陕西邠县、旬邑一带,是西周的故国。因为是西周的故国,《豳风》中可能有从很早流传下来的民间诗歌。

综上所述,《周颂》、二《雅》产生地域在周都;《鲁颂》在鲁国;《商颂》在宋国;《国风》产生在十五个国家和地区,各从其名称明确地反映出来。

《诗经》总的时代是公元前11世纪至前6世纪,我国周代奴隶社会时期。其中,《周颂》最早,大多产生于西周前期,是庙堂祭祀乐歌。《大雅》次之,大多是西周中期的作品,一部分是西周后期的作品。《小雅》又次之,大多是西周后期的作品,少部分迟至东迁。二《雅》是朝会和贵族享宴乐歌。《鲁颂》、《商颂》、《国风》产生较晚,大多在春秋前半期——《鲁颂》是鲁国庙堂祭祀乐歌,《商颂》是宋国庙堂祭祀乐歌;《国风》一部分是民间诗歌,也有一部分是贵族的作品。在民间流传的民歌中,是否有从很早的时代流传下来的作品,文献不足,那就很难考定了。以上是就总体而言,《周颂》与《大雅》产生的时代以及《小雅》与《国风》产生的时代不能截然分开,我们也无法一一考证三百篇产生的具体年代,只是就各类诗的内容和特点,大体上看出它们产生的历史阶段。

第二节　三百篇的采集、应用和编订

先后产生于五六百年之中,流布于广大的地域,出自不同的社会阶层,这305篇诗歌是怎样编成一个总集并且流传下来的呢?这一直是《诗经》学的一个重要问题。

采诗和陈诗

据说周代还保存着由上古时代传下来的一种制度,王朝派专门官员到各地去采集民间歌谣。采诗是为了知民情、观风俗。

采诗之制,先秦书中没有明确的记载,汉代有王官采诗和各国献诗两说。《汉书·食货志》:"孟春之月,群居者将散,行人振木铎徇于路以采诗,献于太师,比其音律以闻于天子。"《艺文志》也说:"古有采诗之官,王者所以观风俗,知得失,自考正也。"这二者说的是王官采诗。何休注《公羊传》宣公十五年:"男女有所怨恨,相从而歌,饥者歌其食,劳者歌其事。男年六十、女年五十无子者,官衣食之,使之民间求诗。乡移于邑,邑移于国,国以闻于天子。故王者不出牖户,尽知天下所苦。"这一条是说各国自采献于天子。近世学者又提出太师(乐官)搜集整理说。他们据《国语·鲁语》:"正考父校商之名颂十二篇于周太师。"又据《礼记·王制》:"天子五年一巡守。岁二月东巡守……命太师陈诗以观风俗。"

因为史无明据,古无定制,我们很难拘泥于一说。可以认为:王官采诗也有,各国献诗也有,太师搜集整理也有。《颂》本来由太师制乐,《国风》的采集则可以经过各种渠道。采集民间歌谣的目的是明确的,可以了解民情,作为施政的参考。

二《雅》是贵族的作品,有一些是歌功颂德,宴享酬应的,但还有一些是抨击时政,揭露社会弊病,以及倾诉个人怨恨和不平的,这些诗篇为什么能够入编呢?

据说周代有过公卿列士可以陈诗进谏的制度。《左传》襄公四年:"昔周辛甲之为大史也,命百官,官箴王阙。"《左传》昭公十二年:"昔穆王欲肆其心,周行天下,将皆必有车辙马迹焉。祭公谋父作《祈招》之诗,以止王心,王是以获,没于祇宫……"《大雅》中的《民劳》、《板》以及《小雅·节南山》,也都证明西周确有公卿列士向国王陈诗进谏的事实。《国语·周语上》记述召公谏弭谤,说明应该容许某些批评,从批评中吸取意见来巩固统治。宣王"中兴"图治,接受正反两方面经验教训,恢复进谏制度。二《雅》中大量针砭时政、言词激切无忌的讽刺诗于是产生。所以,二《雅》讽喻诗的产生是为了通过讽谏来达到改良政治的目的。

朝会宴享和赋诗言志

三百篇或由王廷乐官制作,或由公卿列士献诗,或由十五个国家和地区采集,集中到乐官整理加工合乐,书写于简片,习演于乐工,并且长时期保存和流传,自然有其实用的目的。据先秦典籍所记,它们确有广泛的应用范围。

一是应用于各种典礼仪式,诸如祭祀(宗庙、郊天)、朝会(诸侯觐见、使聘、享宴、出征、凯旋等),都有繁富的礼仪,要按规定演奏一些相应的乐歌。例如,《周颂·有瞽》、《商颂·那》、《小雅·楚茨》描写了祭祀典礼奏乐的状况;《大雅·崧高》、《小雅·出车》是朝会的庆功乐歌。

二是贵族宴会的应用。贵族每逢庆贺、婚嫁、迎宾等活动,也有繁富的礼节。《仪礼·乡饮酒礼》记载了贵族宴会演奏乐歌的程序。《小雅·鹿鸣》、《小雅·白驹》都是宴宾的乐歌。《周南·关雎》、《周南·桃夭》都是婚嫁乐歌。据《仪礼·乡饮酒礼》所记,除在典礼上演奏"正乐",还有"无算乐"助酒尽欢。这是说,除了演奏庄严郑重的乐歌,还演奏一些比较轻松和谐,带有娱乐性的乐歌。《国风》中的一些作品是这样得以保存和流传的。

在春秋时代,王室、诸侯、大小贵族都有大小不等的乐队,流传着大致相同的演奏乐歌,肯定已经有了一个大致相同的本子流传。《左传》襄公二十九年记吴公子季札聘鲁,鲁国为他演奏周乐,演奏的内容和顺序,大体和现在流传的《诗经》相同,可以证明当时已经有了一个内容和编次与现在流传的《诗经》差不多的结集,并且已经成为贵族文化生活的一部分。

三是赋诗言志,在当时非常普遍。在春秋时期,三百篇已经相当普遍地流传,其应用范围,超越了它们最初制作或采集的目的,列国人士把这些诗的言辞进一步应用于社会政治生活,作为社会交往中表情达意的工具。

《左传》和《国语》记载了大量赋诗言志的事实。据统计,《国语》引诗31条,其中三百篇中的诗30条;《左传》引诗227条,其中记列国公卿引诗101条(内逸诗5条),左丘明自引诗及转述孔子之言所引诗48条(内逸诗3条)[①]。所谓赋诗言志,并不是自己创作诗篇诵唱,而是点出现成的诗篇由乐工演唱,借以表明自己的情意。如《左传》襄公二十六年记晋侯囚卫侯,齐侯和郑伯往晋排解。在宴会上,晋侯先赋《大雅·嘉乐》作欢迎曲,表示对两位国君的欢迎和赞颂;齐国国景子答赋《小雅·蓼萧》,赞颂晋侯恩泽遍及于

[①] 此处据赵翼《陔余丛考》的统计。这个统计和近人夏承焘《采诗和赋诗》(载《中华文史论丛》第一辑)的统计不同。夏文统计《左传》引诗一百三四十处。这种差别,在于赵文把逸诗和在语辞中杂用的诗句都计算在内。

诸侯；郑国子展答赋《郑风·缁衣》，表示郑不背晋。接着商谈救卫侯问题，国景子赋《辔之柔矣》（逸诗），以驭马要用柔辔为喻，劝晋侯对小国宽大；子展赋《郑风·将仲子兮》，取诗中"人之多言，亦所畏也"一句，暗喻要考虑各种舆论。于是，晋侯放回卫侯。再如《左传》定公四年记楚遭吴侵略，楚大夫申包胥向秦国求援兵，申包胥绝食痛哭七日，感动了"秦哀公为之赋《无衣》……秦师乃出"。列国间办外交，往往通过赋诗言志，用比喻或暗示的方法表达彼此的立场和意见。赋诗成为外交官员必须具备的一种才能，出使办理外交事务，必须选择能掌握诗辞文采的人才，这样，三百篇成为政治外交活动中一种普遍应用的特殊工具。同时，公卿士大夫在谈话中也常常随口引用诗句，借以加强语言的表达力。所以孔子说："不学《诗》，无以言。"

由于典礼、宴享、政治交往、美化语言等方面的广泛应用，三百篇成为贵族学习的教材。据考证，在孔子创办私学之前约二百年，贵族的公学里在向贵族子弟传授的学科中已经有这些诗和乐，而且是必修科目。

幸运和厄运

春秋末期和战国初期，是中国社会由奴隶制向封建制急速蜕变的大动荡时期，奴隶主贵族阶级的没落及其统治的崩溃，造成原来保存在王室、公室的古文献大量散失，流传下来的乐歌结集也遭到同样的命运。春秋末年的孔子，致力于搜集和整理古代文献，整理出《易》、《书》、《诗》、《礼》、《乐》、《春秋》六种典籍，作为他创办的中国第一所私立学校的教本。从此，这部诗歌总集一直是儒家学派所重视的经典，长期传授下来。这是它的幸运，也是它的厄运。

所谓幸运，是说古代文献保存不易，历经时代的变迁和动乱，许多宝贵的典籍都亡逸或散乱不全，《诗经》由于被置于特别重要的地位，得以比较完整地保存和流传；同时它长时期地经过无数人的研究，积累了极其丰富的研究资料和词语训诂。因为这种幸运，才使它今日能够成为人民的宝贵遗产。

所谓厄运，是说两千年来它为封建统治阶级所利用，被当作宣扬圣道王化的愚民工具，对它的内容进行了无数歪曲和谬误的解释，掩盖了它真正的面目。我们要发掘这一份宝贵遗产,还要进行大量拨乱反正、正本清源的工作。

孔子删《诗》说

关于孔子如何整理《诗》,孔子自己只有非常简略的叙述:"吾自卫返鲁,然后乐正,《雅》、《颂》各得其所。"(《论语·子罕》)这是说他在69岁回鲁国后,对《诗》进行了一番编订和正乐的工作。此外,先秦古籍中没有其他可靠的材料。

司马迁作《史记·孔子世家》,才有比较具体的叙述:"古者诗三千余首,及至孔子,去其重,取可施于礼义,上采契、后稷,中述殷、周之盛,至幽、厉之缺,始于衽席……三百篇,孔子皆弦歌之,以求合韶、武、雅、颂之音。"这是说孔子从三千余首古诗中删存了三百篇。这个说法和当时把五经当作圣经的理论相一致,汉人信而不疑。

唐孔颖达为《诗经》作疏,开始怀疑司马迁的记述。宋代兴起怀疑学风,对孔子删《诗》说提出否定。从此展开删《诗》说与非删《诗》说的长期论战,持续八百多年。各个时代有重大影响的学者都卷进战团,聚讼纷纭。

我们现在无须再重复两派争论的纷纭意见。两派的论点都有一些道理,但双方都没有可以确立己说的充分论证和圆满论据,又都力圆己说而排斥对方观点,掺杂师法门户的偏见。他们都把孔子当"圣人",把《诗经》当"圣经",跳不出"捍圣卫道"的圈子。孔子时代究竟有多少古诗流传,孔子如何删削整理,古人没有留下具体的资料,如果继续纠葛于古诗的具体数量和删《诗》的具体细节,停留于分辨过去两派的各种论点的是非,在没有发掘出新史料的情况下,哪怕再争论八百年,也是搞不清楚的。

从"五四"以后直至当代,这个问题依然是学术界探讨的一个题目。现在多数学者渐趋一致地认为:《诗经》是经过一次总的编订加工的,不过,说"孔子从三千篇诗中删成三百零五篇,去其十分之九,这一说法不可靠,春秋时应用的诗不过三百多篇",但孔子确实整理过《诗经》,"保持其原来的文辞,删去芜杂的篇章",一些"有重大意义的最古诗篇,因孔子选诗而得以保存",对于他所整理的诗篇,基本上保存了原来的内容和表达风格,也有篇章字句的去重和加工。

孔门《诗》教

孔子教学生学《诗》,有他的教学目的。他对《诗》的作用作了系统的理论表述,即《论语·阳货》所说:"小子何莫学夫《诗》?《诗》可以兴,可以观,可以群,可以怨;迩之事父,远之事君,多识于鸟兽草木之名。"《诗》可以兴,是说它对人能起到思想启发和感情感染的作用;可以观,是说有认识作用,可以认识社会现实,观见风俗民情,考察政治得失;可以群,是指能够互相沟通思想感情,可以在社会生活中赋《诗》言志;可以怨,是说能讽喻不良政治和批评某些社会现象,发挥讽谏和怨诉的功能。在这里,孔子强调《诗》的社会作用,但社会作用离不开具体的阶级内容,孔子最后把这些功能归结为"事父"和"事君",即为巩固封建统治服务。

"诗三百,一言以蔽之,曰:思无邪。"这是孔子对学《诗》目的的总的概括。"无邪,归于正也。"《礼记·经解》引:"孔子曰:入其国,其教可知也。其为人也,温柔敦厚,《诗》教也。"孔子说的"无邪",就是"正",就是"中和",也就是"温柔敦厚",这是孔子《诗》教对人的政治、道德和思想修养的基本要求。在政治上,统治者治人而仁民,被统治者守制而不犯上,批评而不破坏,怨刺而不作乱,思想感情的表达要含蕴委婉,乐而不淫,哀而不伤,怨而不怒,犯而不校,调和两端,不发展到对立面,这就是温柔敦厚。

孔子还告诉他的儿子:"不学《诗》,无以言。"也向学生说过,学《诗》可"多识鸟兽草木之名"。这是说学《诗》有提高语言表达能力和增长知识的作用。但总起来,孔子《诗》教是强调修身和教化,强调增长认识和才干,去做官为封建统治服务。

《论语》中有两段孔子弟子问《诗》的记录。一段是子贡问《卫风·淇奥》"如切如磋,如琢如磨"两句,在原诗中,这两句本来是形容一个青年像切磋的象牙和琢磨的玉石,子贡用来解释孔子关于人的道德修养的见解,孔子称赞子贡能够触类旁通。另一段是子夏问《卫风·硕人》"巧笑倩兮,美目盼兮,素以为绚兮"(今本无第三句),在原诗中本来是形容一位美女的容貌,子夏引申到"礼",离原意很远,孔子却大加称赞。触类旁通,会发展为断章取义;层层引申,会发展为穿凿附会,因为儒家把《诗经》作为封建道德的修身教科书,就不能不撇开诗篇原来的内容而任意发挥。孔子以后,孟子说《诗》、荀子说《诗》,都采取这样断章取义、穿凿附会、任意发挥的方法。

孔门《诗》教统治《诗经》教学和研究两千余年,汉以后的经师继承他们祖师爷说《诗》的方法,为宣扬"圣道王化"和封建道德修养,对三百篇的内容进行无数歪曲和谬误的解释。这是我们必须注意的。

第三节　六义

风、雅、颂、赋、比、兴是《诗》之六义。风、雅、颂是诗体,赋、比、兴是诗法。要明白风、雅、颂的体制,就要明白诗的入乐问题,以及所谓"变风变雅"和所谓"四始"、"笙诗";明白赋、比、兴,就是了解它的表现方法。

风、雅、颂

《风》、《雅》、《颂》是《诗经》的三类诗体,它们是按照乐调分类编排的。对三者名称的解释及其分类,也是两千年来长期聚讼的问题。经过长期研讨,现在已取得基本一致的认识。

"风"名的本义,就是乐调。所谓"国风",就是土乐;十五"国风",就是十五个国家和地区的地方乐调。这个认识,《诗经》有内证,《大雅·崧高》"吉甫作诵,其诗孔硕,其风肆好",可见风是乐调。《左传》成公九年记晋侯见楚囚钟仪,"使与之琴,操南音……文子曰:楚囚,君子也。言称先职,不背本也;乐操土风,不忘旧也"。可见土风指地方乐调。宋朱熹也早有接近的认识,《诗集传》:"风则闾巷风土,男女情思之词。""国者,诸侯所封之域;而风者民俗歌谣之诗也。"

"雅"名的本义,古时释为"正",古时"雅"、"夏"二字通用,周王畿一带原是夏人的旧地,周人有时也自称夏人,其地称为夏地,王畿为政治中心,其言称为正声。孔子:"《诗》、《书》、执礼,皆雅言也。"(《论语·述而》)雅言就是标准话。宫廷和贵族用的乐歌要用这种正声。当时的雅乐,就是这种正乐。"雅"是正乐,古说大体一致。再据现代考证,古时原来就有一种名叫"雅"的乐器,这种乐器硕大而笨重,为正乐所用,雅乐由此而得名。"雅乐"原来只有一种,后来吸收土乐的影响,乐器也改进得较为小巧而灵活,产生了新的雅乐,便叫旧的为"大雅",新的为"小雅"。

"颂"字古训"容",也就是现在的"样"字。它是有舞蹈配合的乐歌。"颂"、"庸"古写通假。"庸"即"镛"字,是一种大钟。"颂"是舞、乐合一的乐歌,其声调缓慢,其音庄重,余音袅袅,至今宗教仪式还有类似乐器和乐曲。《颂》全是由大钟伴奏、声调缓慢、配合舞蹈的祭祀乐歌。这一点,前人解释基本一致。

由以上叙述可知,三百篇全是乐歌,它的编排体制,是以"风"、"雅"、"颂"三类不同的乐调来分类的;十五《国风》是按十五个国家和地区的地方乐调分别编排的,大、小《雅》是按雅乐的新旧分别编排的。这种编排方法,最初有它的实用性和科学性。后来时代久远,社会变迁,古乐全部失传,只保存下305篇歌词,人们对它的编排体制便不容易明白了。

笙诗、四始和风雅正变说

《诗经》实际保存的诗305篇,而有的篇目却是311篇。这是怎么回事呢?原来的《小雅》部分,有6篇有目无词。这6篇篇目是,《南陔》、《白华》、《华黍》、《由庚》、《崇丘》、《由仪》,它们被称为"笙诗"。笙诗是用笙这种乐器吹奏的乐曲。

关于笙诗,过去有两种不同的解释。汉学说"有义亡辞",宋学说"有声无辞"。"有义亡辞",是说原来有词,后来词失传了。"有声无辞",是说本来就没有词,只是贵族宴会典礼中演唱乐歌时插入的清乐。二说一直难统一,后来相信宋学论点的人较多。但二说也有一致的地方,即都承认笙诗原来有乐曲,后来乐曲失传,就只剩下篇目。

《史记·孔子世家》提出"四始"。它说："《关雎》之乱，以为《风》始；《鹿鸣》为《小雅》始；《文王》为《大雅》始；《清庙》为《颂》始。"司马迁在这里只是举出《诗经》四个部分各自的第一篇，作为每一部分的开始，并没有深意。《毛诗序》认为《风》诗是个人发于情而止于礼义，反映一国的政治和风俗；《雅》诗"言天下之事，形四方之风"，说的是王政兴废所由，反映国家的治乱兴衰；《大雅》说朝政大事，《小雅》说朝政小事；《颂》诗"美盛德之形容，以其成功告于神明"，是歌颂先王功德和祈祷神明的祭歌。他说《风》、《大雅》、《小雅》、《颂》这四类诗"是谓四始，诗之至也"，意思是这四类诗把诗的内容包括尽了，是后来各种诗歌的开始。今文《齐诗》学者对"四始"穿凿附会，说什么"四始"是"《大明》在亥，为水始；《四牡》在寅，为木始；《嘉鱼》在巳，为火始；《鸿雁》在申，为金始"（《诗纬·汎历枢》）。这样把"四始"和阴阳五行合起来，让人难以理解。这离司马迁和《毛诗序》的"四始"说很远，我们可以不去管它。

　　古人还曾提出"风雅正变"说，企图否定三百篇全是乐歌。"变风变雅"一说，最初见于《毛诗序》："至于王道衰，礼义废，政教失，国异政，家殊俗，而变风变雅作矣。"这段话里谈的变风变雅，是认识到了时代政治的改变而影响诗歌内容的改变，反映了政治兴衰与诗歌内容美刺的关系，有其合理的因素。郑玄著《诗谱》加以发挥，成了"风雅正变"说，他把歌颂周先王和西周盛世的诗称为"《诗》之正经"，而把那些众多的产生于衰乱之世的讽刺诗和爱情诗称为"变风"、"变雅"。"变"是不正的意思，指这些诗不是《诗》的正统。顾炎武附会"风雅正变"说来解释诗乐问题，说《颂》及正风正雅入乐，而变风变雅不入乐。按照这个说法，全部《诗经》只有100篇诗入乐，其余205篇是变风变雅，全不入乐。这是不符合事实的。这个说法立论无据，矛盾百出。《诗经》全是乐歌，已是不可移易的定论。

赋、比、兴

　　唐孔颖达《毛诗正义·诗大序疏》说："风、雅、颂者，诗文之异体；赋、比、兴者，诗文之异辞耳。大小不同，而得并为六义者，赋、比、兴是诗之所用；

风、雅、颂是诗之成形。……是故同称为义。"他是把赋、比、兴作为诗的表现方法的。南宋的朱熹也谈到这个问题，他说："赋者，直陈其事；比者，以彼状此；兴者，托物兴词。"后来，《诗经》学者大多采用这个说法，把赋、比、兴看作诗的三种基本的表现方法。赋，是铺陈直叙，即直接叙述事物、铺陈情节、抒发感情。比，是比喻和比拟，也就是利用两种事物之间的某种相似点来打比方，或用浅显常见的事物来说明抽象的道理和情感，使人易于理解；或借以描绘和渲染事物的特征，使事物生动、具体，形象地表现出来，给人鲜明深刻的印象。兴，是先言他物以引起所咏之辞，即托物起兴，先描绘某种事物的形象，用以引起所要咏唱的内容。

也有人根据汉代的材料，说"六义"就是六体，赋、比、兴也是当初赋诗言志的三体。如唐代的贾公彦、近代的章太炎和今人郭绍虞等，都作过这样的考辨和论述。① 考之当初，赋、比、兴可能有这样的初意。不过，汉人对这个问题没有深入研究，自唐以来，就一直把它们当表现方法来立意的，已经通行了一千多年，在文学理论研究领域应用广泛，并起了很大作用，原始意义也只供参考了。

第四节　三家《诗》、《毛诗》和《毛诗序》

秦代实行封建专制主义文化政策，《诗》与其他一些先秦典籍，濒临毁灭的浩劫。三百篇是合乐的歌词，那时古乐曲还没有完全失传，韵文又便于咏诵和记忆，《汉书·艺文志》说，《诗经》"遭秦而全者，以其讽诵不独在竹帛之故也"。所以它得以比较完整地保存和流传。

汉初开书禁，准许私人传授古学，后来又设立五经博士，把五经立为官学。整理的写本，为了讲述便利，都用当时通行的文字——隶书书写，为今文经。今文《诗经》由于传授者和搜集的地区与时间不同，由于过去口耳相

---

① 对这个问题如感兴趣，可参看贾公彦《周礼注疏》、章太炎《国故论衡·辨诗》、郭绍虞《六义说考辨》(《中华文史论丛》第七期或《照隅室古典文学论集·下编》)。

传记忆不准或口音不清,有多家传本,流传的主要有《鲁诗》、《齐诗》、《韩诗》三家,称"今文三家",简称"三家诗"。西汉中期以后,又陆续发现了一部分用战国时代篆书书写的经籍,为古文经。古文《诗经》,只有《毛诗》一家。"三家诗"和《毛诗》不只是书写文字的不同,文句、训诂和内容解释也有很大不同。汉代传经重视师法,形成齐、鲁、韩、毛四家并传,分为今文三家和古文《毛诗》两相对立的学派。

三家诗

《鲁诗》是西汉初年出现最早的《诗经》,由最初流传于鲁国而得名。

《鲁诗》最早的传授大师是申培。据称孔子传《诗》于子夏,五传于荀子,荀子传于浮丘伯,浮丘伯传于鲁人申培。这自然无从稽考,《鲁诗》以此自称其源流传自孔子及子夏(卜商)。《史记·申公传》:"申公独以《诗经》为训以教,无传,疑者则阙不传。"《汉书·艺文志》:"鲁申公为《诗训故》。"可见申培在汉初给《诗经》作了训诂。《汉书·艺文志·六艺略》记有《鲁故》25卷、《鲁说》28卷。前者当是申培所著《诗训故》,后者当为其弟子韦、张、唐、褚诸氏的补充。西汉诸家《诗》中以《鲁诗》影响最大,因申培曾任楚元王太子的师傅,武帝时又被朝廷立为博士,其弟子和再传弟子多人担任朝廷及地方要职,几代皇帝也学《鲁诗》,所以《鲁诗》盛行。《鲁诗》著作在西晋失传,仅有石经残碑一块留于世,不足二百字。

清陈乔枞《鲁诗遗说考序》说:从《史记》、《汉书》、《后汉书》以及汉代诸家著述的称引,还能够看到《鲁诗》的一鳞半爪。荀子的《诗》说是《鲁诗》训释所本,孔安国受《诗》于申培,而司马迁受业于孔安国,所以《史记》引述的是《鲁诗》。刘向、刘歆世习《鲁诗》,所著《说苑》、《新序》、《列女传》以及班固执笔的《白虎通》,说《诗》都是《鲁诗》。《尔雅》也是《鲁诗》之学。[①]《汉书·艺文志》曾作过如下评论:三家诗"或取《春秋》,采杂说,咸非其本义,与不得已,鲁最为近之"。三家诗都是采用《春秋》和杂说来附会诗义的,都不能解

---

① 见清陈乔枞《三家诗遗说考》,《清经解续编》本。

说诗的本义，而三家比较而言，《鲁诗》还是多少接近诗义的。

《齐诗》由齐人辕固所传，以传者地区得名。辕固在景帝时立为博士。据《汉书·儒林传》记述，他曾与道家辩论汤武革命问题，当着皇帝的面说汤武诛桀纣而得天下，是得民心的正义行动；后来又与奉黄老之学的窦太后当面辩论，几乎丧命。这些事实，可以说明他是坚持儒家学说的。荀悦的《汉纪》说他著有《诗内外传》。其弟子有翼、匡、师、伏诸氏之学，这些弟子把《齐诗》进一步与阴阳五行之说相结合，兴盛于西汉后期，学《齐诗》的人大多显贵，在东汉前期更盛行一时。《汉书·艺文志》载《齐诗》主要著述目录，有《齐后氏故》20卷、《齐后氏传》39卷、《齐孙氏故》27卷、《齐孙氏传》28卷、《齐杂记》18卷。所有这些著作，都在东汉末年失传。据陈乔枞《齐诗遗说考序》说，董仲舒学《齐诗》，他的《春秋繁露》等著述及荀悦《汉纪》、焦氏《易林》、桓宽《盐铁论》所称引的《诗》说，当是《齐诗》。

《齐诗》分化的派别很多，其中最突出的是翼奉一派。他们把对《诗经》的解释阴阳五行化，并进而和谶纬神学相结合，发挥所谓"四始、五际、六情"之说。《齐诗》的"四始"说附会五行中的水、火、金、木四行，毫无实际意义。《齐诗》的所谓"五际"，是以卯、酉、午、戌、亥，附会《易》卦的阴阳际会；所谓"六情"，指喜、怒、哀、乐、好、恶，五行运用，阴阳际会而产生六情之变。《齐诗》把三百篇一一附会上"四始、五际、六情"，简直把《诗经》变成推算阴阳灾异的"推背图"或占卜书，很少学术价值。它内容的迷信成分日益妄诞驳杂，章句日益烦琐难学，使它失去上层建筑的作用，在三家《诗》中衰亡最早。

《韩诗》由传授者燕人韩婴得名，主要流传在燕、赵两个地区，韩婴在文帝时立为博士。《韩诗》也托称传自子夏、荀子，而其源流实无可考。《汉书·艺文志》说它"推诗人之意，而为《内外传》数万言，其语颇与齐、鲁间殊，然归一也。"这是说《韩诗》与《齐诗》、《鲁诗》大同小异。其主要著述目录，有韩婴《内传》4卷，《外传》6卷共数万言，其后学所著有《韩故》36卷、《韩说》40卷。《韩诗》亡佚较晚，隋、唐还有人著述《韩诗》章句，到北宋时均失传。现在留存的《韩诗外传》，已经不是韩婴的原著，而是经隋、唐学者补充修改过的。

《韩诗外传》不是对《诗经》的解释和论述，而是先讲一个故事，发一通议论,然后引《诗》为证。它和荀子"引《诗》为证"的路数有继承关系,与汉代盛传的《说苑》、《新序》、《列女传》都相类似。

关于三家诗的异同、优劣比较,后代学者进行过不少烦琐的考证。其实,它们大同小异。所谓大同,是说它们都是从《春秋》和杂说里采取一些材料,用穿凿附会的方法,把一些诗说得有政治意义或伦理意义,实际上大都脱离诗的本义;所谓小异,是说它们各立门户,自我标榜,互相竞争,都想突出自己一家,所以他们说《诗》又有所不同。他们的著述现在只搜辑到一些鳞爪,一定要比较他们的高低,是没有多大意义的。

《毛诗》

《毛诗》由毛亨、毛苌(cháng)所传,称大毛公、小毛公。传说荀子《诗》学传自子夏,毛亨承自荀子。他在西汉初年开门授徒,著《诗故训传》(后简称《毛传》),传于赵人毛苌。河间献王任毛苌为博士,献《毛诗》于朝廷,但不被立为官学,长期在民间传授。东汉后期《毛诗》立为官学,取代了三家《诗》的地位。以后,三家《诗》衰亡,《毛诗》兴盛于世。我们现在读的《诗经》,就是《毛诗》。

《毛诗》所以胜过三家《诗》,相比有以下四个优点:

一、在几百年的流传过程中,许多《毛诗》学者对《毛诗》的训诂和序说,不断地充实和提高。我们现在看到的《毛传》,训诂简明,虽然它的内容还有许多阙疑和不妥的地方,后来的学者又进行不断加工、补充和完善,尤其是吸收了东汉时期文字学和历史学等学术研究成果,把文字和名物训诂,建立在比较切实的基础上。《毛诗》的训诂,我们现在来看,当然是不完善的,但在当时的学术水平上,比较派别多、经说烦琐杂乱的三家《诗》,要完善得多。

二、《毛诗》学者一直坚守孔子"不语怪力乱神"的著述原则和"温柔敦厚"的诗教理论,排斥极端落后的谶纬神学,很少妄诞迷信的内容,着重发挥儒家"圣道王化"的政治理想。当阴阳灾异和谶纬迷信对人民失去欺骗作用时,封建统治阶级自然要转而利用《毛诗》的政治教化和道德教育的内容。

三、《毛诗》在长期流传过程中,每一篇诗都有简明的序,说明该诗的题旨。这些序经过许多人增补加工,按照周代历史发展,把三百篇解释成是依照周王或诸侯世次排列的,从而依时代顺序来解释诗义。当然,他们的解释并不可靠,有许多附会和臆说,但比毫无系统、时代颠倒错乱的三家诗说,要高明得多。

四、"毛公述传,独标兴体。"(刘勰《文心雕龙·比兴》)《毛传》注重"兴义",标出 116 例。它所解释的"兴",都是譬喻,用以表现某些政治思想或伦理思想,从而把一些情诗恋歌和一般抒情诗,解释得具有封建政治教化的深意。《毛传》大量运用这种说诗方法,形成一套"兴义"理论,这同主要只用历史故事杂说来牵强附会的三家《诗》说相比,也要高明得多。

《毛诗》在以上四个方面超过了三家《诗》,能够发挥为封建统治服务的作用,所以受到封建统治阶级的推崇,能够独传于世。

《毛诗序》

东汉流传的《毛诗》305 篇的题目下面,各有一段类似题解式的简略文字,简述诗的题旨,或述及时代背景与作者,称作《诗序》。据说今文三家《诗》流传中也有序。如《新唐书·艺文志》载目:"《韩诗》卜商序、韩婴注二十二卷。"《四库全书总目》"诗序二卷"条下注:"观蔡邕本治《鲁诗》,而所作《独断》,载《周颂》31 篇之序,皆只有首二句,与《毛序》文有详略,而大旨略同。"所以,为了把现在流传下来的《诗序》说得更准确一些,又称为《毛诗序》。

关于《毛诗序》的作者、大小序、尊废,以及对大序的分析和评价,千余年来,一直是《诗经》学研究和争论的重要问题,现分述于下。

先说作者问题。

《毛诗序》的作者是谁?古今聚讼纷繁。对古人的说法,有人汇集为十三家之说①,有人汇集为十六家之说②,也有人引据各家,总括为八说③。提名的作者有孔子、子夏、诗人自作、毛亨、卫宏、国史、毛亨卫宏合作、汉儒续作,以及村野妄人作,等等。为避免烦琐,不再引录。

关于《毛诗序》作者的争论所以这样杂乱,一个原因是原始材料缺少,而且不可靠,缺乏令人信服的根据;另一个原因是封建学者对《毛诗序》的态度,及其宗派门户之见和舍本逐末的学风。《诗序》给各篇所作的题解,实际上有许多是穿凿附会的,很不可靠。有的学派为了提高这些序说的权威地位,就假托这些序说是孔子或其嫡传弟子所作,挂上圣贤的招牌,博取人们的崇信。后来有的学派提出新的诗说,要指出《诗序》的谬妄,就要首先打碎它挂的圣贤招牌,如宋代郑樵干脆就说《诗序》是"村野妄人所作"。

现当代学者经过反复的细致研究,已经基本上取得一致的看法,撇开自汉代以来关于《毛诗序》是"圣贤所传"的各种伪托,解决了自唐代后期以来千余年争论难决的疑案。就《毛诗序》杂抄经传、比附书史、繁简不一、叠见重复、穿凿附会,以及其中若干地方自相矛盾和内容悖谬,可以认定不是一时一人之作,而是在汉代《毛诗》流传的几百年过程中,既保存了一部分先秦旧说,又经过许多传授者陆续增补完成的。其中有毛亨、毛苌、卫宏,还有其他人,卫宏对现在流传下来的《毛诗序》的编纂,起了较大的作用。

其次,说《大序》、《小序》的问题。

《诗经》首篇《关雎》之前,有一段较长的序文,作《关雎》题解又概论全经;以下各篇之前,各有一小段题解式的序文。宋代人把概论全经的这一段长序文称为"大序",把各篇作题解的序文称为"小序"。

《诗经》有305篇,《毛诗》连6篇笙诗也作了小序,所以大序有1篇,小序有311篇,形成一篇总论,以下各篇有题解的完整体制。在中国文学史上,为诗作序,起源于《毛诗序》。以后白居易的《新乐府序》,就采用《毛诗》大、小序的体制。

---

① 胡朴安(韫玉):《诗经学》,商务印书馆1930年本。
② 张西堂:《诗经六论》,商务印书馆1957年本。
③ 蒋善国:《三百篇演论》,商务印书馆1931年本。

后来的学者,对大序和小序的分别,又提出许多不同的说法。关于《关雎》的一篇长序文,有大序,也有小序,应该从哪一句断限,一般都认为其首尾几句属于《关雎》的题解,是小序,其余的是大序。具体到从哪一句开始到哪一句为止是大序,还有各种细微的不同意见。也有些人把各篇序文的首一二句叫小序、或古序、或前序,把首句以下的话叫大序、或后序,等等。这类说法把原来比较整齐的序文体制说得杂乱无统。其实,这些争论没有什么意义,在细微末节上标奇立异,成篇累牍纠缠不休,是中世纪的烦琐哲学。

　　再谈《毛诗序》的尊废问题。

　　东汉以后《毛诗》兴盛,汉学学者们都依照《诗序》解说诗义。宋学学者对《诗经》作进一步研究,发现《诗序》的许多穿凿附会的谬妄,为了用他们的观点重新解释诗义,掀起了废序之风,提出《诗序》坏诗,"实不足信"[①]。当时攻击《诗序》形成一股潮流,朱熹撰《诗集传》,就废去《诗序》不录。

　　从宋代一直到清代,对《诗序》的尊废问题进行长期论争。他们的论战是经学内部之争。尊序派认为《诗序》有风雅正变的世次体系,而且汉人说诗离古代不远,其说定然合于诗的原义。这个理由是脆弱的。废序派指出《诗序》说诗谬妄不合,可是他们说诗也离不开经学,用新的穿凿附会来代替旧的穿凿附会,用谬误的东西来反对谬误的东西,所以也不能取得胜利。

　　其实,对《诗序》也不能一概而论。《小序》关于各诗所解说的世次、故事、人物、题旨,大多数是比附史传、杂records,颇多谬误,歪曲诗义。说诗者正是通过这些曲解,把《诗经》变为封建政治、伦理教科书。这些谬误以及全部序说中的封建毒素,是我们应该排除的糟粕。但是,对《小序》也不必一概而论,《小序》距离《诗经》时代较近,而且杂采经史,保留某些先秦旧说,间或对某些诗篇的世次、背景的提示,尚接近题旨,或有助于我们探求诗义,给我们以启发。所以《小序》仍然可以作为研究资料保存下来,批判地吸收其中可以参考的东西。至于《大序》,则是我国汉代文论著作中一篇重要的文献,具有保存和研究的价值。

[①] 朱熹:《朱子语类》卷十八。

最后谈对《大序》的分析和评价问题。

《大序》以总结三百篇创作经验为中心,概括了先秦以来儒家对诗歌的重要认识,并在理论上有所发展。它的主要内容可分四个方面:

一、对诗歌基本特征的认识。《大序》继承了先秦的"诗言志"和诗、乐、舞三者密切结合的观点,进一步指出这三者的核心在于言志抒情。

《大序》把情志并举,是对先秦诗论的重要补充。并且进一步把二者结合起来,着眼于对情志进行封建道德的规范,建立统治阶级的诗歌理论。

二、论述诗、乐与时代和政治的关系。提倡诗歌为统治阶级的政治服务,通过诗、乐的感化作用进行政治和道德教育,是《大序》的中心内容。它进一步阐明诗歌为政治服务的两种形式:"上以风化下"和"下以风刺上"。"上以风化下",就是利用诗歌作为实行教化的工具;"下以风刺上",就是用诗歌对统治者进行讽谏,促使统治者改良政治或改正过失。《大序》还提出,各个时代的政治情况,往往反映在诗歌里,说明不同时代的诗歌有不同的内容。进一步提出"变风变雅"之说,反映了时代政治兴衰与诗歌内容的密切关系。

三、总结三百篇的分类及其内容。《大序》采录了前人的"六义"说,对风、雅、颂的分类及这三类诗的内容作出说明。它认为《风》诗是"以一国之事系一人之本",通过个人抒情言志反映一国政教风俗;《雅》诗是"言天下之事,形四方之风",说的是王政兴废所由,反映国家治乱兴衰;《大雅》说朝政大事,《小雅》大多说个人在政治生活中的感受。《颂》诗是"美盛德之形容,以其成功告于神明",是歌颂先王功德和祈祷神明的乐舞祭歌。它还认为,《风》、《大雅》、《小雅》、《颂》"是谓四始,诗之至也"。指出这四类诗把诗的内容包括尽了,它们是后来各种诗歌的开始。这样的概括,基本上符合《诗经》的基本内容。

四、反映儒家诗论的保守性和局限性。全文的中心思想,是从政治上表达封建统治阶级对诗歌的要求,要求诗歌宣扬封建伦理道德,使之成为统治阶级教化的工具,并且以此作为诗歌创作和评论的标准。它推崇对封建统治阶级歌功颂德和美化封建统治的作品,评价为"正始之道,王化之基"。为了把三百篇变为封建政治的教科书,它又按照封建政治的要求,对许多诗篇进行种种歪曲的解释。对于《诗经》中"下以风刺上"的作品,它又强调"主文而谲谏,发乎情,止乎礼义"。

诗歌为统治阶级政治服务,是全部《毛诗序》的基本思想,它的诗说(小序)和论述(大序),存在着明显的谬误和不足。但是,它把先秦到汉代对《诗经》的解说作了一次集录,保存下来一部分研究资料;尤其是《大序》,概括和发展了儒家的诗论,并对《诗经》研究的基本理论初步地作了简明的总结,作为文论史上的一篇文献,有我们可以借鉴的地方。

第五节 《颂》——西周的颂歌

《诗经》中《颂》诗40篇,其中除《鲁颂》4篇、《商颂》5篇,其余31篇全是《周颂》,占《颂》诗的四分之三强。它们全是宗庙祭祀乐歌,大多制作在西周前期武王到成、康之世约一百年中。

《周颂》绝大多数是祭祀先王和山川神明的颂歌,也有一部分祈祷丰收的农事诗。

对这些作品,鲁迅有句名言:"颂诗早已拍马。"它们的内容大多是歌功颂德,阿谀祈祷,有很大的虚伪性。它们的许多语言是概念化的,缺乏生动的描写,艺术性不强。不过,它们还是反映了西周前期周贵族统治阶级在意识形态方面的变革,它对农业生产的记述,以及对一些史实和神话传说的保存,还具有一定的史料价值。

歌颂和神化开国的先王

西周颂歌的主要内容,是歌颂周王国的先王,其中歌颂最多的是文王,其次是武王。《周颂》的《清庙之什》10篇(还有《大雅》的《文王之什》10篇),主要是歌颂文王的。篇次已经散乱的《大武乐章》6篇,是歌颂武王的。

歌颂文王的诗篇所以占居最主要的内容,是有一定现实基础的。文王执政五十年,奠定了西周建国的经济基础和政治基础,制定了灭商的战略方针和建国方略,他被称为西周王国之父,实际上是西周国家的缔造者。总括

起来,这些歌颂文王的诗篇有以下内容:

第一,歌颂他的文治武功,颂扬他开创国家的伟绩。《文王有声》等诗述写"文王受命,有此武功,既伐于崇,作邑于丰";《维清》诗写"维清缉熙,文王之典",《我将》诗写"仪式刑文王之典,日靖四方",都是颂扬文王制定国家的典章制度;《文王》诗则歌颂他勤勉地创建国家造福子孙。在这些诗里,表现了对文王虔诚的崇敬,深切的怀念。这些思念先人功业的颂歌,其基本主题就是"仪刑文王,万邦作孚"(《文王》),宣扬以文王为榜样来治理天下;"骏惠我文王,曾孙笃之"(《维天之命》),意在怀念先人,继承遗志。

第二,颂扬他有非凡的人格,歌颂他是道德的化身。在几乎所有的诗篇中,文王都是一个"其德靡悔"的在道德上十全十美的人物。除《周颂》之外,《大雅》的颂歌写有关于这一方面的内容更多,《皇矣》诗歌颂他"其德克明,克明克类,克长克君";《棫朴》诗歌颂他善于培养任用人才;《旱麓》诗歌颂他和乐近人;《思齐》诗歌颂他采纳善言;《灵台》诗歌颂文王营造灵台,群众自愿支持;等等。文王被描写为具有至高道德和非凡才能并受到国人拥戴的"圣王"。

第三,把他的诞生神圣化。为了把他神化,宣扬他是非常人所生的不平凡的人,他的诞生是上天所安排。《文王》诗歌颂他与天同心,是天子,"文王陟降,在帝左右",所以他上承天命,来管理地上众民。所有颂歌都对文王像神明一样崇拜,他已经被偶像化了。

西周颂歌对文王的歌颂,包含西周统治阶级的积极的政治主题,这就是,把自己的先王和自己国家的缔造者,颂扬为天意的代表,是至高道德和非凡才智的化身,是秉承天意的救世主,从而把天上的上帝和人间的帝王合在一起,来巩固本阶级的政权。[①]

对武王的歌颂,突出的是歌颂他继承文王遗志伐纣胜利的业绩,颂扬他继承文王的思想和事业,其内容也不出上述的范围。

---

① 对《周颂》问题如感兴趣,请参阅拙作《论西周的颂歌》,载《文学评论丛刊》第三十辑,中国社会科学出版社1988年本。

农事诗

《臣工》、《噫嘻》、《丰年》、《载芟》、《良耜》是《周颂》中的五篇农事诗，它们在一定程度上反映了西周前期农业生产力的发展水平。

《臣工》和《噫嘻》都是周王籍田礼上的乐歌。所谓"籍田"，实际上是帝王征用民力耕种的王田。春耕前，由帝王或诸侯执耒耜在籍田上三推或一拨，就算是天子亲耕，然后举行典礼，称"籍田礼"，用以表示天子对农业的重视，祈求丰年。《臣工》诗"如何新畬，于皇来牟"，"庤(zhì)乃钱镈(jiǎn bó)，奄观铚艾"，反映当时实行轮种，使用锹、锄、镰等农具。工具是生产力的主要部分，西周是青铜时代，铁制工具尚未使用，但从实物来看，西周青铜器锻冶水平较商代高。《良耜》诗中的耜，即犁头，只有铜锡合金才能锻出锋利坚硬的犁头。殷墟发掘出土的还是石犁，铜锡合金犁的出现是西周生产力大为发展的明证。《噫嘻》诗还反映出当时已开垦有"终三十里"的广阔田野，"十千维耦"，春耕季节众多农夫在田野耕作。①

《丰年》、《载芟(shū)》、《良耜》三诗，都是周王在收成后祭祀祖先或社稷的乐歌。《丰年》："丰年多黍多稌(tú)，亦有高廪，万亿及秭(zǐ)。"万石亿石粮食入仓，这自然只是极言粮食入仓之多，并非确数，是反映生产力达到了一定的水平。《载芟》和《良耜》则反映了西周初期农业生产技术和领主的消费水平。结合西周初期民歌《七月》来看，当时农业劳动者有自己的家庭，能从收获物中留下微少的一部分，即有微小的一点个人经济。这样的劳动者的身份，不同于希腊、罗马式的人身完全隶属的奴隶，而像是向领主提供实物地租和力役地租的农奴。西周这种生产方式，反映了社会发展过程中的进步。

---

① "终三十里"，《毛传》、《孔疏》均曰"言各极其望"，三十是约数，言其辽阔而已。"十千维耦"，十千为万，耦耕言二人结合耕作，言耕作者之多。《诗经原始》："窃意诗言三十里者，一望之地也。言十千为耦者，万众齐心合作也。一以见其人之众，一以见其地之宽，岂有数在其胸中？"

第四讲 《诗经》　149

仁德的神

神是统治阶级意志的化身,各个统治阶级都创造自己的上帝。从西周的颂歌可以看到,西周统治者把殷商奴隶主传下来的上帝神,进行了重大的改造。

殷商奴隶主敬奉的上帝是与祖先合一的祖先神,是狰狞恐怖、手执刀剑、杀戮抢掠的暴力镇压之神,在《商颂·殷武》诗中就活跃着这位神的影子:"挞彼殷武,奋伐荆楚。罙(深)入其阻,裒(póu)荆之旅。有截其所,汤孙之绪。"这些诗歌颂神灵的祖先对外侵掠土地财物,俘虏奴隶,压迫各部族"莫敢不来享,莫敢不来王,曰商是常";对内则残酷地压迫奴隶绝对服从其统治:"天命降监,下民有严。不僭不滥,不敢怠遑。"殷商的神,是奴隶主对外抢掠、对内压迫制度的欲望的化身。

在西周的庙堂里,这样的暴力神不再出现了。原来与祖先合一的天帝被改造了。他已经不是哪一个部族的祖先神,而是关心民生疾苦的救世主,他选择能够代天保民的仁德者,授予统治万邦万民的大命。这位道德神,憎恨违背天心而虐民、害民的暴君,夺回天命并且降予惩罚。《周颂》中的《敬之》诗就描述了他们的鉴临四方的上帝:"敬之敬之,天维显思,命不易哉!无曰高高在上,陟降厥土,日监在兹。"这些诗贯穿着天命无常、唯德是从的思想。《维天之命》:"维天之命,於穆不已。於乎不显,文王之德之纯。"《时迈》:"时迈其邦,昊天其子之,实右序有周。"《昊天有成命》:"昊天有成命,二后受之。"这些颂歌都颂扬周王以仁德而上承天命。周人创造这样一位披着仁德外纱的仁慈的救世主,尊为新的开国神。

在新王朝建立之后,这位仁德的上帝,又变成维护新王朝的守护神。他一方面保佑并降福给施行仁德的君王,"绥万邦,屡丰年,天命匪解"(《周颂·桓》),一方面又监察着帝王的行动,让帝王"维予小子,夙夜敬止"(《闵予小子》)。全部《诗经》的政治诗,都要求统治者必须"以殷为鉴",牢记夏桀、殷纣暴政亡国的历史教训。"天命无常,唯德是从",正是浸透于西周颂歌中的基本政治思想。

第六节 《雅》——贵族的诗篇

《大雅》31篇,《小雅》74篇,共105篇,全是贵族的作品。《大雅》全是朝会乐歌,《小雅》大多是贵族宴享时演奏的乐歌。

在《大雅》中有一部分是歌颂文王和歌颂大臣功业的颂歌,艺术性不高。比较有价值的是五篇周人开国史诗和一部分贵族政治讽喻诗。《小雅》中除了一部分贵族政治讽喻诗,比较有价值的还有一部分小贵族的怨刺诗;另外还有一些反映贵族生活习俗的诗。《小雅》多为小贵族的个人抒情作品,艺术性较高。兹分述之。

周人的开国史诗

《大雅》中的周族开国史诗有《生民》、《公刘》、《绵》、《皇矣》、《大明》五篇。这五篇史诗都写定在西周初年,其中有些传说或篇章,可能很早就在周族内部流传。

《生民》叙述周族始祖后稷的诞生和创业。后稷是所知的周族最早的始祖,诗篇描述了神话传说中他的神奇的诞生。后稷的母亲姜嫄因为踏上上帝的脚拇指印感应怀孕,生下来的却是个胞衣不破的怪胎,家人把他扔掉,却出现了牛羊哺乳、大鸟展翅庇护等等奇迹。后稷应天而生的神话,反映了周族在后稷以前,还处于知其母不知其父的母系氏族社会,从后稷开始才过渡到父系氏族社会。诗的后半部叙述了后稷天赋的农业生产才能,以及他对发展周族农业的贡献,反映了在远古时代农业已经成为周族社会经济的主要部门,因而周族把从事农业的先人作为部族的始祖。

《公刘》叙述后稷的曾孙公刘,率领部族从邰地迁徙至豳地的事迹。公刘的时代在公元前1700年左右。据说原来住在邰地的周人,受到夏桀的侵略,在公刘率领下渡渭水北迁豳地。周人经过多次战斗,赶走在当地游牧的戎狄,开发了广大的新农垦区,定居发展农业生产。"周道之兴自此始"(《史记》),这是周族历史上的一次大发展。《公刘》诗就是对周族历史上这次大迁移的描写,反映了这一重要历史事件,歌颂了深受全族爱戴的领袖公刘的形象,表现了周人迁豳后的一片兴旺发达的景象。诗中刻画了公刘戎装的英武形象:他是受拥护的军事领袖——各部落联盟的君主,又是民族领袖——氏族的总族长。从诗篇里透露出氏族制度解体的信息。

《绵》叙述在公元前11世纪左右,居住在豳地的周人,又在古公亶父领导下南迁到岐山之南的周原。古公亶(dǎn)父是文王的祖父,据史传,这次迁移的原因是殷王暴虐的侵凌和游牧部族的侵扰。全诗第一章写初迁周原时的艰难;第二至七章写在周原的大规模建设;第八章写战胜长期来侵掠的犬戎,解除了这方面的威胁;第九章写再传到文王时代,周成为西方诸侯中强盛的大国。从诗的描写可以看到:在肥沃的关中平原上,周人建立的奴隶制国家兴盛发达和他们建设的热情,反映了周国在西方的崛起。

《皇矣》叙述和歌颂文王的业绩。诗从太王受命、太伯和王季让国,叙述到文王姬昌兴起,及其伐密伐崇战争的胜利。诗中叙述的太王受命和太伯、王季兄弟让国的传说,都是为了突出文王上承天命和他的至善至美的超人德行。诗的第一章,就形象鲜明地站出来周人所创造的上帝:"皇矣上帝,临下有赫,监观四方,求民之莫。"他选择了"其德靡悔"的文王,要他代天保民。这个神还站在文王的战车上,命令他除暴安民,去进行伐密伐崇战争。诗的中心思想是歌颂文王以天命和仁德取得胜利。

《大明》叙述武王姬发继承乃父遗志,约于公元前1066年伐商的事迹。诗从文王出生写起,铺叙到牧野会战胜利,题旨是歌颂文王、武王。第一章开始写一代兴亡系于天命,而天德合一,天命无常,唯德是从;第二至六章铺叙文王、武王承天命出生,宣扬他们是秉承天意的仁德的统治者;第七、八章描写牧野之战的胜利。诗中精彩的章节是写牧野之战,仅有五十六字,却以极为精练的文字,抓住全过程中的几个突出点,表现了会战的首尾及其中重要史实和人物,场面宏伟,气势磅礴,形象生动,是中国文学中描写战争的著名章节。

周族的五篇开国史诗,重点叙述了周族历史发展过程中的重大事件。它们所表现的意识形态是西周贵族统治阶级的意识形态,其中有不少空洞的歌颂和说教,但也有一些章节形象生动,有一定的艺术性。

贵族政治讽喻诗

二《雅》的贵族讽喻诗共22首,主要产生在厉、幽之世以及东迁之后的一段时间,出自卿大夫之手。其中几篇有署名,但大多是无名诗人的作品。

这时西周的盛世已经一去不返,内外矛盾发展,社会危机严重。厉王横征暴敛,实行高压政策,民怨沸腾,结果国人暴动,把厉王放逐;幽王昏淫,奸佞满朝,政治黑暗,民不聊生,加上频繁的自然灾害,招致西周的覆亡。这22首政治讽喻诗,真实地反映了这个丧乱时代。

《大雅》中的讽喻诗,最著名的是《板》、《荡》两篇。厉王用恐怖手段压制人民及大臣对他的指责和劝谏,所以两诗采用假托的方法。《板》诗假托讽刺同僚,诗人以"忠正"的面目出现,斥责那些奸佞混乱朝纲,招致民怨沸腾和国家灾难,指出人民已无法忍受,如不改正就要亡国。这显然是讽谏厉王的。《荡》诗托古讽今,假托文王哀伤殷纣王暴虐招致灭亡,严斥纣王亲信坏人,不用贤才,凶残贪暴,沉湎酒色,是非不分,内外交怨;他说夏桀的灭亡是殷商的镜子,要牢记天命无常的教训。这实际上是要厉王以殷为鉴,否则也难免同样的下场。

《桑柔》也是一篇代表作。在诗的开头,诗人以桑树来比喻周王朝,说国家兴盛时像一棵枝叶茂盛的大树,如今成了一棵衰落的枯树;接着,描写暴政给人民造成深重灾难:"民靡有黎,具祸以烬。于乎有哀,国步斯频。"意为人民死亡殆尽,都像灾难后的余烬,可哀啊,国家命运已经危急。"民之贪乱,宁为荼毒";"民之未戾,职盗为寇";"天降丧乱,灭我立王"。(人民盼望大乱,宁愿为此受苦;人民不得安住,执政者像盗贼抢掠;上天灾乱,灭我们尊奉的王。)诗中反复说明了征役不息、民不聊生是祸乱的根源。虽然诗人在充满激愤和忧伤地反复劝谏,但他已预见到周王朝统治已面临无可挽救的崩溃。

《大雅》中的《抑》和《民劳》也是广为传诵的讽喻诗。《抑》是西周末年一位元老劝谏周王的诗,以老臣的身份,他批评周王昏庸骄横,糊涂无知,劝告周王守礼修德,谨言慎行。《民劳》据说是召穆公谏厉王的,也是用爱护周王的口气,劝谏周王防奸安民。这些诗的基本思想,都是举着西周初期敬天保民的旗帜,要求排斥朝中奸佞,改变暴虐的掠夺政策,安定社会,来维护王朝的长治久安。这是统治阶级内部"正"与"邪"两派力量的斗争,也在一定程度上反映了西周后期的政治黑暗、民生困苦的社会现实。

《小雅》中的《节南山》、《十月之交》等诗,就写得更为大胆直率,言词激切。《节南山》直接批评周王和当权太师尹氏,批评国王不问国事而委政小人,斥责尹氏暴虐不公,希望唤醒周王斥退奸佞而进用君子。《十月之交》反映的是西周末年的腐败政治。诗中关于日蚀的记载,是世界上最早的日蚀记录。诗中的十月,经推算是幽王六年(公元前776年)十月。前三章写日蚀、月蚀和泾、洛、渭三川地带大地震,借自然灾害象征政治黑暗和国家危机;第四章指名道姓点出八个当权大官僚,画了一幅群丑图;第五、六章写群丑的罪恶;第七章说明人民的苦难不是天降而是人为;最后一章表明独善其身、尽瘁职守。这篇诗反映了西周崩溃前夕的社会现实:一方面是日蚀、大雷霆、地震山崩、百川沸腾的自然灾害;一方面当权的统治阶级君淫臣嬉,横征暴敛,加重劳役,田园荒芜,在崩溃前夕,当权小人就带着金银珠宝逃跑。诗中尖锐地揭发了统治集团的罪恶。诗人虽然还认为天灾是上帝的警告,但他指出这是由于统治阶级的罪恶造成的,而且人祸甚于天灾。诗人站在统治阶级孤臣孽子的立场,为西周王朝的崩溃唱了挽歌。《小雅》中的政治讽喻诗较之《大雅》中的讽喻诗感情更为激愤真切,对现实的暴露也较为尖锐深刻。

怨刺诗

《小雅》中有一些个人伤世感时、忧谗畏讥之作,我们称为"怨刺诗"。它们的作者属于贵族阶级的下层,大多为小官吏和普通士人之作。《北山》和《巷伯》是其中著名的篇章。

《北山》是小官吏发泄内心不平的怨刺诗,他苦的是没完没了的王事,怨的是贵贱不同、劳逸不均;反映了贵族统治阶级内部存在的严格的等级差别,身居下层的小官吏,也是身受压迫、心怀不满的。诗的第一章倾诉久役在外忧念父母;第二章提出劳役不均;第三章谈被驱使奔走四方;第四至六章历举六种劳逸不均的现象,将上层贵族的悠闲和自己的劳苦对比。诗的中心如第二章所述:"溥天之下,莫非王土;率土之滨,莫非王臣;大夫不均,我从事独贤!"(普天之下都是王土,四海之内都是王臣,执政大夫不公平,教我独自劳碌!)

《巷伯》写一个名叫孟子的寺人(宦官),由于小人进谗而受到迫害,他恨透了进谗的人,写诗发泄满腔的怨愤。他对进谗者极尽诅咒之能事,最后说:"取彼谮人,投畀豺虎。豺虎不食,投畀有北。有北不受,投畀有昊。"(抓住进谗的坏东西,扔给虎狼去充饥。虎狼不肯咽,把它扔到北极去。北极不肯留,送给老天去发落。)他对进谗者恨之入骨,竟想扔给虎狼去吃,抛到极寒冷之地。从他的怨恨之深,也可见他受害之深。

许多怨刺诗都是写个人对所处的政治地位和受到的待遇的不平之感,而《大东》一诗却写东方附属国对周王朝的不满。东方的小国是被周王朝用武力征服的,诗中反映了东方小国对周王朝强加给他们的过重负担抒发不平,它用西人(周人)和东人生活的对比,反映了周王朝所实行的种族剥削和奴役。

《小雅》的怨刺诗,由于是诗人抒发个人在生活中的直接感受,有些诗写得情真意切,有一定的艺术性。

第七节 《国风》——民间的歌辞

《国风》160 篇,分属十五个国家和地区,产生时间最早的有西周初年流传下来的民歌,最晚的是春秋时代的作品。其中有的作品的作者是劳动人民,有的则是贵族,不能认为《国风》都是劳动人民的作品。这些作品的内容丰富多彩,其主要内容有:劳者之歌、行役之怨、情诗恋歌、妇女婚姻、国家兴亡、民俗风习、讽刺民谣、没落哀歌等类。

劳者之歌

何休注《公羊传》说："饥者歌其食，劳者歌其事。"《诗经》中的一部分诗篇，唱出人民的苦难，唱出人民的愤怒和不平，真实地反映了人民遭受的沉重剥削。

《豳风·七月》一诗叙述了三千年前农民的生活，真实地反映了西周社会的阶级矛盾。诗的抒情主人公是被压迫的农奴，他代表着广大的被奴役的农奴，倾诉他们一年到头艰辛的劳动过程和生活的实际状况。全诗八章：第一章描述从入冬到春耕的苦况，寒风凛冽，无衣御寒，还要全家为农奴主准备春耕；第二章叙述妇女蚕桑劳动，描绘一幅美丽的蚕桑图，却又写出妇女失去人身保障的内心忧伤；第三章写制作布帛是为领主缝制衣裳；第四章写秋收后去为领主狩猎；第五章描述农奴修补破屋过冬；第六章写农奴生产粮食瓜果，酿造美酒，自己却摘野菜充饥；第七章写粮食交公，一年农事完毕，冬天还要给领主当差，日夜服役；第八章写冬季为领主储冰防暑、准备宴会，还要去祝福领主万寿无疆。全诗对统治者和被统治者的生活作了鲜明的对比，宛如一卷农事速写连环画，每幅画面寥寥数笔，选取衣食住等生活中具有典型意义的细节描写，运用对比手法，构成鲜明对立的形象。全诗又采用分类直叙的方法，一件件、一桩桩，用简朴的语言陈述事实，不作夸张渲染，却又声声泪、字字血，十分感人。

《魏风·伐檀》是伐木者劳动时唱的歌。歌词共三章，每章九句。每章前三句抒写伐木者砍伐檀树制车的劳动和眼前风光，后六句是伐木者对不劳而获的贵族老爷的质问和讽刺："不稼不穑，胡取禾三百廛兮？不狩不猎，胡瞻尔庭有县貆兮？彼君子兮，不素餐兮！"（不种不收，为啥三百捆稻谷车上装？不去打猎，为啥庭院猎肉满墙挂？那些贵族老爷啊，白吃闲饭饭不香！）这几句在三章中反复咏唱，每章只变换几个字，而意义不变，质问得有力，讽刺得辛辣。

《魏风·硕鼠》中的农民，把农奴主比作大老鼠，痛骂它吃食农民的粮食，决心离开它，去寻找"乐土"、"乐国"、"乐郊"："硕鼠硕鼠，无食我黍！三岁贯女,莫我肯顾。逝将去女,适彼乐土。乐土乐土,爰得我所。"(大老鼠大老鼠,别吃我的黍! 养你三年整,不肯把我顾。誓要离开你,去找那乐土。乐土啊乐土,才是我的安居处!)这篇诗反映了农民不堪忍受农奴主的残酷剥削,打算逃亡,去寻找一块乌托邦式的乐土,表现出他们对自由幸福生活的向往。

《秦风·黄鸟》是控诉奴隶社会殉葬制度的。《左传》文公六年载:"秦伯任好卒,以子车氏之三子奄息、仲行、𫘣虎为殉,皆秦之良也,国人哀之,为之赋《黄鸟》。"《史记·秦本纪》记这次为秦穆公殉葬者177人。殉葬者当然是奴隶。诗从棘、桑上黄鸟的哀鸣起兴,直抒内心的悲痛和对殉葬者的哀悼,作结的四句说:"彼苍天兮,歼我良人。如可赎兮,人百其身。"(那老天啊老天,毁掉我们的好人。如能赎他的命,愿用一百人换他一身!)从口气看,歌唱者是与殉葬者同等身份的人,歌词中充满对统治者愤怒的控诉。

行役之怨

徭役是沉重的政治压迫,也是超经济的剥削,它侵占生产力,造成农业生产荒废,人民生活无计。《唐风·鸨羽》就是徭役者的怨歌:"肃肃鸨羽,集于苞栩。王事靡盬(gǔ),不能艺稷黍。父母何怙? 悠悠苍天,曷其有所?"(野雁翅膀沙沙响,飞来落在栎树上。王事没个完,不能种五谷。爹妈靠谁养? 苍天呀苍天,啥时能安居?)王事,这里指的是以国王的权力向民间强迫征用的"官差",它无休无止,把农民驱离土地,使得生产荒废。农民生活没有着落,渴望安居乐业,哀呼苍天,表示对徭役的抗议。

《魏风·陟岵》也是同类题材的诗。诗中写一位役夫登高眺望故乡,思念父母兄弟,在他的想象中,亲人也正在牵挂自己。全诗三章,一章思父,二章思母,三章思兄。如第二章:"陟彼屺兮,瞻望母兮。母曰:嗟! 予季行役,夙夜无寐。上慎旃(zhān)哉,犹来无弃!"(爬到秃山上,登高望我娘。娘说:唉! 小儿去劳役,日夜不挨床,千万多保重,别丢你的娘!)诗中情真意切,表现了深刻的骨肉之情,反映了因徭役而生离的怨恨。

《王风·君子于役》写一位妇女怀念在远方长期服劳役的丈夫,在家禽和牛羊归来的黄昏,她唱出了内心深切的思念:"君子于役,不知其期。曷至哉?鸡栖于埘(shí),日之夕矣,羊牛下来。君子于役,如之何勿思?"(丈夫服役去远方,不知还有几年期,哪年哪月回家乡?鸡儿进了窝,太阳落西方,羊儿牛儿下山岗。丈夫服役去远方,叫我怎不把他想?)全诗以浓厚的生活气息,纯朴真挚的感情,反映了徭役给人民带来的痛苦。

反映兵役苦的诗,有《邶风·击鼓》,写卫国远戍陈、宋的士兵思乡厌战。诗中叙述战事不断,士兵与家人长期别离,末二章说:"死生契阔,与子成说。执子之手,与子偕老。于嗟阔兮,不我活兮,于嗟洵兮,不我信兮!"(生死永远不分离,你我早就有盟誓。我曾握着你的手,说和你偕老到白头。唉,两分离,你我怎能相依?唉,远别离,我的心意难伸。)

《豳风·东山》是抒写远戍士卒归来的优美抒情诗。诗四章:第一章写东征后解甲西归,沿途露宿;第二、三章写家园颓败,妻子叹息;第四章回忆出征前的幸福生活。诗中以出征后家室的残破凄凉,和出征前新婚的美满幸福的回忆形成强烈的对照,形象鲜明地揭示出战争给人们带来的灾难。

情诗恋歌

情诗恋歌在《国风》中占很大的比重。这些民间诗歌大都以真挚、热烈、纯朴而健康的歌唱,反映出爱情生活中各种典型的情感,描述了青年男女对爱情幸福的渴望,大胆的追求,幽会的欢乐,相思的痛苦,热恋过程中的波澜,失恋的悲伤,以及个人意志和家庭、礼教的冲突,等等,相当全面地反映了当时人们的爱情生活。

《周南·关雎》是一首相思恋歌,是《国风》的第一篇,也是全部《诗经》的第一篇。所谓"食、色,性也",就是说吃饭和性爱是人性的基本要求;有了男女婚姻才有人伦,所以,《诗经》中把《关雎》编为第一篇,并且被采用为婚礼的乐歌。《关雎》写一个男子爱上美丽而善良的姑娘:"关关雎鸠,在河之洲。窈窕淑女,君子好逑。"(他听到水洲上成双成对的水鸟在欢乐地鸣唱,想到那个美丽善良的姑娘,正是他理想的配偶。)"参差荇菜,左右流之;窈窕淑女,寤寐求之。求之不得,寤寐思服;悠哉悠哉,辗转反侧。"(荇菜在水流中摇动,那个姑娘采荇菜的姿影,又在他的眼前闪现。他陷在相思之中,不论是睡着还是醒时都在相思,以致翻来覆去睡不好。)"参差荇菜,左右采之;窈窕淑女,琴瑟友之。参差荇菜,左右芼(máo)之;窈窕淑女,钟鼓乐之。"(那在水中摇动的荇菜,要左边右边寻找,那美丽善良的姑娘,弹琴调瑟多亲爱,敲钟打鼓娶过来。)这后面一章叙述的可能是幻景,他想象同那个姑娘结成情侣,共同享受婚后的欢乐生活。

《郑风·溱洧(zhēn wěi)》和《郑风·萚(tuò)兮》都是描绘青年男女自由欢会的诗。《溱洧》记述郑国三月上巳节青年男女的欢会。《周礼》:"仲春之月,令会男女,于是时也,奔者不禁。"这首诗描写郑都上巳节青年男女在河边欢乐游会的情景:"洧之外,洵訏且乐。维士与女,伊其将谑,赠之以芍药。"(洧水边,宽敞热闹好玩乐。小伙和姑娘,嬉嬉闹闹真亲热,赠你一把香芍药。)表现了青年男女在节日共同游玩时选择称心的对象,赠物定情。这首诗反映出当时民间男女的恋爱还是有一定自由的。《萚兮》写的是青年男女对歌,一个姑娘要求男子领唱,她来和。她先唱道:"萚兮萚兮,风其吹女。叔兮伯兮,倡,予和女!"(树叶儿,草皮儿,随风飘;弟弟啊哥哥啊,你唱,我来和。)全诗情调欢快,可以想象到那是一个欢乐对歌的自由快乐的环境。

《郑风·出其东门》写一位男子爱情专一:"出其东门,有女如云。虽则如云,匪我思存。缟衣綦(qí)巾,聊乐我员。"(出了东门,姑娘如云。虽然美得像云,不是我心上人,那素衣裳青围裙,才占据我的心。)旧注解释这首诗是歌男子不二色,而把"缟衣綦巾"作家中妻子的代名词。

《召南·摽(biāo)有梅》写一位大龄女青年对爱情婚姻的迫切追求。她坦率地说:"摽有梅,其实七兮。求我庶士,迨其吉兮。"(梅子纷纷落地,树上还有七成。有心求婚的小伙子,休要耽误好日子。)这是第一章。第二章,"其实三兮",她要小伙子,不要过了今天。第三章就"顷筐塈(jí)之",她只等小伙子开一开口。这样层层递进,用梅子快要落完,象征青春快要消逝,盼望小伙子及时前来求婚。

《召南·野有死麕》也写大胆的追求:"野有死麕,白茅包之。有女怀春,吉士诱之。"(野外猎只獐,白茅包之。姑娘春心动,小伙把她撩。)这位年轻的猎人用白茅草包着獐和鹿,作为赠物向她追求,获得了她的爱情:"舒而脱脱兮！无感我帨（shuì）兮,无使尨（máng）也吠！"（慢慢来,不要动手动脚,别扯我的围裙,别惹得狗儿叫!）

《邶风·静女》写男女约会,她应约在城楼等他,为了逗着玩,故意隐藏起来,他来时"爱而不见,搔首踟蹰",急得抓耳搔头,走来走去。见了面,她送他一支红管和一把嫩茅,他觉得礼物非常好:"匪女之为美,美人之贻。"（不是茅草出奇,打从美人手里来。）在他心里,情人赠的一草一木,都寄托无限情意。

《郑风·子衿》写一个少女盼望会见情人的焦急心情。她在城楼上焦灼地等待情人:"青青子衿,悠悠我心。纵我不往,子宁不嗣音?"那小伙子青青的衣领（代指姿影）缭绕她的心,不见他来,她生气了:纵然我不去,你为何就不来个信?"挑兮达兮,在城阙兮。一日不见,如三月兮!"她急得在城楼上走来走去,觉得一天不见面,好像三月长。最后这句诗,在《大风·采葛》里说成"一日不见,如三秋兮",这样表达相思挚情的精练生动的语句,一直到今天还是广泛流行的成语。

《郑风·狡童》另是一种风趣。在热恋过程中的青年男女,有时不免闹点小别扭,赌气不再和对方说话。诗中的少女为此深感苦闷。她骂他,可是又舍不开他,情意率真缠绵:"彼狡童兮,不与我言兮。维子之故,使我不能餐兮!"（那个小滑头,不跟我说话。为了你呀,害我饭吃不下!）

《郑风·遵大路》中的姑娘,和上面那个姑娘的性格不同,她在大路上拉扯着情人,要求他恋念旧情,不要抛弃她:"遵大路兮,掺执子之手兮,无我魗兮,不寁（jié）好也!"（顺着大路走,拉着你的手,不要嫌我丑,不和我相好!）

《郑风·褰（qiān）裳》中的姑娘,她和前两诗中的姑娘处理矛盾的方式又不同。她唱道:"子惠思我,褰裳涉洧。子不我思,岂无他士?狂童之狂也且!"（你要是真心爱我,提起衣裳过洧河。你要是心里没有我,难道没有别的小伙?你这个傻家伙当中的傻家伙!）她的性格爽朗,要对方表示明确的态度,要爱她,就到她身边来,不爱她,她就另找别人。这里表现了她处理爱情关系的爽朗态度和主动精神。

《卫风·伯兮》是《诗经》中写妻子思念出征丈夫的名篇。它生动地表现了丈夫出征后妻子生活的空虚和内心哀伤,反映出她对丈夫的深挚情爱。

第一章称赞丈夫英雄盖世。第二、三、四章都写相思,说她想得头疼,想成心病,可是她还要想。第二章写道:"自伯之东,首如飞蓬。岂无膏沐,谁适为容?"(自从哥哥去东方,我的头发乱蓬蓬。哪是没有润发油,为谁打扮为谁容?)这些都是广为传诵的篇章。

《郑风·将仲子》写一个少女热恋她的情人,但又不得不拒绝他前来幽会,她委婉地央求他:"将仲子兮,无逾我里,无折我树杞。岂敢爱之?畏我父母。仲可怀也,父母之言,亦可畏也。"(求求你小二哥呀!别爬我家大门楼,别抓断了杞树头。树又算什么?怕我爹和妈。小二哥在我心头挂,只怕爹妈骂得丑呀!)这是第一章,第二章是"畏我诸兄",第三章是"畏人之多言"。她是十分爱这位小二哥的,但又怕父母、兄长的责备和人们的闲话,生动地刻画出她心灵中爱与畏的矛盾。

《秦风·蒹葭》是一首非常优美的抒情诗。在一个深秋的早晨,芦苇上的露水还没有干,诗人便来到水边寻找自己心目中的"伊人":"蒹葭苍苍,白露为霜。所谓伊人,在水一方。溯洄从之,道阻且长。溯游从之,宛在水中央。"诗共三章,反复吟咏,层层递进,诗人含情脉脉地站在水边,那伊人总是可望而不可及。溯流而上吧,道路崎岖遥远;顺流而下吧,她又仿佛在水的中央,表现出彷徨惆怅的心情,流露出对伊人深深的爱慕。全诗意境优美,画面生动,情景交融,是《诗经》中的名篇。

妇女婚姻

在春秋时代,"父母之命,媒妁之言"的婚姻礼法已经存在。如《齐风·南山》后二章所说:"蓺麻如之何?衡从其亩。取妻如之何?必告父母。既曰告止,曷又鞠止?析薪如之何?匪斧不克。取妻如之何?匪媒不得。"(如何种大麻,翻地打好垄。如何娶妻子,必须告父母。既已禀告,怎能再放纵她。如何劈开柴,没斧劈不开。如何娶妻子,无媒不成婚。)这种封建礼法,剥夺了许多青年男女恋爱婚姻的自由,制造了不少血泪悲剧。

《鄘风·柏舟》写的就是一个被迫害的少女。她的恋爱婚姻受到母亲的干涉,不能自主,她的母亲强迫她另嫁别的男子。她悲愤已极,呼老天叫亲娘,誓死不改变主张。全诗二章内容复沓:"汎彼柏舟,在彼中河。髧(dàn)彼两髦,实维我仪,之死矢靡它。母也天只,不谅人只!"(柏木舟儿漂荡,在那河中央。那人刘海分两旁,实在是我好对象,我到死不改心肠!娘啊!天啊!人家的心思就看不见!)表现出她对爱情的坚贞和争取婚姻自主的斗争精神。

妇女的婚姻不但受到礼教的约束,而且常被轻薄的男人所欺骗,遭到被遗弃的悲惨命运。《邶风·谷风》和《卫风·氓》都是弃妇诗中的名篇。

《谷风》是被遗弃的妇女的哀诉。她曾经与丈夫共患难,生活安乐了,丈夫却喜新厌旧。她哀怨地倾诉满腔的痴情和被弃逐的痛苦。全诗六章,每章六句:一章是委婉的劝说,希望能够挽回丈夫的心,不被弃逐;二章写逐离时恋恋不肯离去;三章写丈夫新婚,自己实在于心不甘,但又无可奈何;四章叙述过去持家的艰辛和勤勉;五章说丈夫不念昔日患难相共而于安乐之时相弃;末章写她依然旧情未断,劝丈夫勿忘往日的相好。诗中抒情主人公是一位勤劳、痴情又软弱的妇女,一直期望负心的丈夫回心转意;除了逆来顺受,她别无其他良策。全诗描写的"痴心女子负心汉",反映了广大劳动妇女受压迫的无权地位和被遗弃的悲惨命运。

《氓》是一首叙事诗,内容是一个被遗弃的妇女自诉从恋爱、结婚到被遗弃的过程,泣诉了她错误的爱情,不幸的婚姻,她的悔、她的恨和她的决绝。她与丈夫原来由恋爱而结婚,过了多年穷苦、勤劳的日子,以后家境逐渐宽裕,而她年老色衰,竟被丈夫无情遗弃。全诗六章,每章十句:一章写订婚;二章写结婚;三章追悔陷入情网;四、五章写丈夫负心,遭受遗弃;六章写对负心人的怨愤,表示从此决绝。这首诗也典型地反映了旧社会妇女在婚后被任意遗弃的悲苦命运。

《王风·中谷有蓷(tuī)》是以诗人的口吻,对被离弃的妇女表示同情。诗人悲叹妇女被弃后孤苦无告,然后说明妇女嫁人识人难,嫁给坏人则追悔无及。作者把弃妇的不幸归结为"遇人不淑",认识不到这是社会制度造成的。

国家兴亡

《国风》也有些篇章,表现了爱国精神,保家卫国的意志,以及为国家丧乱而哀伤。

《鄘风·载驰》据史传记载,是春秋时代许穆公夫人穆姬所作。公元前660年,狄人攻破卫国,卫懿公被杀,卫国残军流亡漕邑,立戴公为君。戴公之妹许穆公夫人闻卫国败亡,赶往漕邑,策划向大国呼吁求援。许国国小怕事,百般阻挠她的出行,她不顾许国大夫们的反对和拦阻,毅然赶到漕邑执行她拯救国难的计划。诗从主人公疾驰回国开始,中间叙述她对前来拦阻的许国大夫反复申明回国的理由和决心,表示为拯救国难决不中途回转;末章说明她拯救国难的计划和自己行动的正确性。诗中主人公表现了对故国国难的关怀和对阻挠者的愤懑,比较深刻地抒写了她拯救国难的坚毅意志。

《秦风·无衣》是军中歌谣,抒写秦国人民在国王号召下团结一致,同仇敌忾抗御入侵的战歌。当时秦国时常受到西部和北部游牧部族的野蛮侵扰,当时"王事唯农是务……三时务农而一时讲武"(《国语·周语》),为了保家卫国,一听到号召便立即武装起来,组成军队迎敌。"岂曰无衣?与子同袍!王于兴师,修我戈矛,与子同仇!"(谁说没有军衣?和你伙穿战袍,国王号召出兵,赶快修好戈矛,你我敌忾同仇。)诗的基调慷慨激昂,表现了士兵积极应召、勇于赴敌的气概,也反映了战士间解衣推食、团结一致的精神。

《王风·黍离》是西周亡国后的作品,作者是以前的大夫。他行经故都镐京,看到过去的宗庙和宫室已经成为田地,长满禾黍,引起心中无限感伤:"彼黍离离,彼稷之苗。行迈靡靡,中心摇摇。"(黍子齐齐整整,高粱一片新苗。步儿慢慢腾腾,心儿晃晃摇摇。)往日庄严繁华的宫室,竟然变成一片田野了,诗人不由得"心中如醉"、"如噎"。"知我者,谓我心忧;不知我者,谓我何求?悠悠苍天,此何人哉?"(了解我的人,知道我心中的忧愁;不了解我的人,还以为我在把什么寻找。苍天啊苍天,是谁把它变得这个模样?)这个问语问得意味深长,全诗悲凉感伤,而贯穿全篇的忧思,不是个人命运的忧愤,而是关心国家的衰亡,以后历代就把亡国之哀,称为"黍离之悲"。

第四讲 《诗经》

民俗风习

《国风》中的有些篇章,从不同的方面,反映了当时的民情风俗。

《周南·桃夭》是祝贺女子出嫁的乐歌。诗中把女子出嫁称作"于归",希望她嫁后"宜其室家"、"有蕡(fén)其实";前者指家族和美,后者指多生贵子。

《周南·螽(zhōng)斯》是一首祝人多子多孙的诗,诗中用蝗虫多子作比喻,反映那个时代以多子多孙为福。另一首《唐风·椒聊》,也是赞美妇女多子的。后人用"椒房"称皇后住室,取其多子吉祥之意。

《周南·芣苢(fú yǐ)》是一群妇女采集车前子时结伴咏唱的短歌。"读者试平心静气,涵咏此诗,恍听田家妇女,三三五五,于平原绣野,风和日丽中群歌互答,余音袅袅,若远若近,忽断忽续,不知其情之何以移,而神之何以旷,则此诗可不必细绎而自得其妙焉。……今世南方妇女登山采茶,结伴讴歌,犹有此遗风焉。"(方玉润:《诗经原始》)《魏风·十亩之间》也是属于这类的采桑歌。

《豳风·伐柯》反映民间婚姻要通过媒人:"伐柯如何?匪斧不克。取妻如何?匪媒不得。"伐柯的"柯",指斧柄,要砍斧柄,不用斧头是不行的,用来比喻完成婚姻必须要有媒人,后来便称为人作媒叫"伐柯",或"作伐",这一习俗流传久远。

讽刺民谣

《国风》中还有相当一部分诗篇是讽刺和揭露贵族统治者丑行的。贵族统治者残酷压榨人民,他们自己却过着荒淫无耻的生活。对他们的丑行,人民鄙视而痛恨,在歌谣里给予无情的讽刺。

《鄘风·相鼠》讽刺丧失廉耻的统治者白披一张人皮,连令人厌恶的耗子都不如。首章"相鼠有皮,人而无仪;人而无仪,不死何为?"(老鼠有张皮,人却没礼仪;人要没礼仪,不死做甚?)二章说统治者"无耻",咒他们"不死何俟";三章说他们"无礼",咒他们"胡不遄死"(何不早点死)。诗中嬉笑怒骂,十分辛辣。

《鄘风·墙有茨》也是这样地嬉笑怒骂,揭露宫廷之内尽是淫乱无耻的丑行,这些丑行讲出来都会污嘴。这首诗也是三章,每章只换几个字,其首章:"墙有茨,不可扫也。中冓(gòu)之言,不可道也。所可道也,言之丑也。"(墙上的蒺藜,不能把它扫;深宫里的事,不能向外道。要是说起来,话儿实在丑。)二、三章意思仿此,只是逐章加深。宫廷内的淫乱无耻已经到了一时说不完,而且话儿也污嘴的程度,揭露得入木三分,也足见鄙弃之深。

《邶风·新台》是揭露卫宣公劫夺儿媳的乱伦丑行的。卫宣公极为荒淫无耻,他先与庶母私通,生下儿子伋,后为儿子伋娶齐女为媳,见儿媳貌美,就劫夺为己有,为之在黄河岸上筑新台。新台建造的原因,当时卫国人都知道,所以第一句就点出"新台有泚(cǐ)"(新台多么新灿),然后通篇用借喻的手法,用丑恶的癞蛤蟆比喻卫宣公,说美丽的新娘本想嫁个如意郎,不料想却是个癞蛤蟆。

《陈风·株林》是陈国人民讽刺陈灵公淫夏姬的诗。夏姬是陈国大夫夏御叔的妻子,生了个儿子叫夏南。陈灵公同夏姬私通,不分昼夜往夏家跑。这首歌谣就指名道姓揭露丑行:"胡为乎株林,从夏南?匪适株林,从夏南。"歌谣故意设问:陈灵公为什么往株林跑,是找夏南吗?接着又自问自答道,原来到株林去不是找夏南的。那么去干什么,就不言而喻了。据说由于人民的非议传扬,夏南终于杀掉陈灵公。

《鄘风·鹑之奔奔》进而揭露所有统治全国的国君,都不是好东西:"鹊之彊彊(jiāng),鹑之奔奔,人之无良,我以为君!"(喜鹊相随飞,鹌鹑飞相随,为人是坏蛋,却当我君王!)诗人讽刺统治者连禽鸟不如,用犀利的语言说明他们不配当君王。

像这样尖锐讽刺贵族统治者的诗歌,《国风》和《小雅》中还有一些。

没落哀歌

春秋时代的社会大动荡,加速了社会阶级的大分化。许多贵族被逐出他们高贵的天堂,降落到民间。《国风》中有一些这类没落贵族的哀歌。兹举《秦风·权舆》、《陈风·衡门》为例。

《权舆》写一个没落贵族进行今昔对比,他为今朝的贫困而叹气,回想当年:"於,我乎,夏屋渠渠,今也每食无余。于嗟乎!不承权舆。"(唉!我呀,住过高房大厦,如今这顿愁下顿。唉唉!不能比当年。)下章说他当年每顿饭菜四大件,如今顿顿吃不饱,他是多么留恋那失去的天堂。

《陈风·衡门》历来被认为是歌咏"安贫乐道"的名篇,通过这首诗提倡安贫寡欲、乐道忘饥的思想。诗中的"衡门栖迟"、"泌水乐饥"语句,成为安贫乐道的典故,麻痹知识分子的催眠剂。诗中说:"衡门之下,可以栖迟。泌水洋洋,可以乐饥。岂其食鱼,必河之鲂?岂其取妻,必齐之姜?"(横木就算门,屋陋可栖身。泌水流洋洋,清水也填肠。难道吃鱼,定要黄河鲂?难道娶妻,定要齐国姜家大姑娘?)黄河鲂是他过去的桌上菜,齐国姜姓是当时的名门望族。郭沫若对这首诗有独到的领会,他说:"这首诗也是一位饿饭的破落贵族作的。他食鱼本来有吃河鲂河鲤的资格……但是贫穷了,吃不起了。他娶妻本来有娶齐姜宋子的资格,但是贫穷了,娶不起了。娶不起,吃不起,偏偏要说两句漂亮话,这正是破落贵族的劣根性,我们在现在也随时可见。"(《中国古代社会研究》)

第八节 《诗经》的语言艺术

诗是语言的艺术。它以语言为材料,构造出生动感人的形象。

《诗经》不但是重要的古代社会史料,而且是中国古代文学的现实主义的源头。它的艺术经验,对后世文学创作,尤其是诗歌创作,有深远的影响。

语言、句法和章法

首先谈语言。

《诗经》是第一部用汉字记录的诗集,《雅》《颂》是士大夫的创作,是用当时通用的标准语即雅言写作的;《国风》是各地区的作品,其中还有相当数量的民歌,但经过记录时整理加工,也进行了语言规范化的处理。孔子说:"《诗》、《书》、执礼,皆雅言也。"(《论语·述而》)这由十五《国风》语言文句的统一和音韵的一致,可作证明。所以说,《诗经》的语言是经过提炼加工的书面语,是在先秦全民共同语的基础上规范化的语言,它对我国书面语言的统一和发展,起了积极作用。

《诗经》一共使用了2949个单字,有许多单字是一字多义的,按字义计算,有三千九百多个单音词。先秦的两周时代,是汉语词汇由以单音词为主向以双音词为主开始过渡的阶段,这些单字又构造了近一千个复音词。这样数量众多的词汇,反映事物较为丰富,表现较为精确,它们就是两千多年以来所使用的文言文的前身。其中许多词汇,至今还是现代汉语中表现力强的词汇。

作为艺术的语言,《诗经》运用了丰富的动词、单音形容词和复音形容词,以及创造性地运用叠字以及双声叠韵词;它的另一特色,是大量运用虚词。这些,增加了语言的形象性和韵律美,又加深了语意和增强了语言的表现力。同时,《诗经》又综合运用各种修辞格,诸如比喻、比拟、借代、夸张、对比、对偶、衬托、排比、层递、设问、反问、顶真、回环、摹状、拟声、双关、反语,以及叠字、叠句、双声、叠韵等等。常常在一篇诗中,具有不同修辞效果的辞格交错使用,前后配合,互补互衬,珠联璧合,浑然一体,把内容表现得丰富多彩,鲜明有力。

下面谈句法。

《诗经》的句型以四言为主体。《诗经》总句数为7284句,其中四言句为6724句,约占92%强;其他为杂言。《诗经》是四言诗,但它又兼采杂言,形式灵活多变;其中尤以《国风》形式变化多,表现了活泼自由的民歌特色。前人曾评价《诗经》的句式:"三百篇造句大抵四言,而时杂二三五六七八言;意已明则不病其短,旨未畅则无嫌于长。短非蹇也,长非冗也。"这是说《诗经》既有工整和谐的格式,又不受其束缚,用以表现各种不同的内容,造成各种不同的语气,做到工整与灵活相统一。

再谈章法。

《诗经》章句,多少、长短不等。有的诗篇有十章,有的仅有一章;有的一章多到二十二句,有的一章只有两句。孰多孰少,孰长孰短,视表达的内容而定。

十五《国风》以及接近《国风》的《小雅》部分,比较普遍地使用重章叠唱的方法。很多诗篇,全篇各章的结构和语言几乎完全相同,中间只换几个字,有时甚至只换一两个字。这样采用章节复沓的形式,反复咏唱,便于记忆,利于传唱;反复咏叹同一内容,一唱三叹,又能够充分抒发思想感情,加强感染力量,给人留下深刻的印象。这是《诗经》语言艺术的一大特色。重章叠唱,可以通过鲜明的节奏感和音乐性创造浓郁的意境,可以反复强调一种思想或愿望来加强主题的感染力量,可以起到一章比一章诗意发展或感情加深的作用。有的诗是整章重复,也有一些诗只重复开头的几句,或只重复结尾的几句,形式也是多样的。《诗经》的复沓章法,对中国诗歌创作有深刻影响。直到现代,重章叠唱,尤其是每一节重复前几句或后面几句,仍然是诗歌创作常见的表现手法。

自然韵律

《诗经》305 篇全是合乐的歌词。合乐,要有和谐的音节。除《周颂》中有七篇诗无韵,其余 298 篇诗有韵,占 98%,所以说,《诗经》是有韵律的。现在觉得有些地方不合辙押韵,是因为语言长期演变,一部分古音与今音不同。《诗经》入韵的字一共 1900 多个,其中十分之七今音与古音相同,十分之三今音与古音不同。①

韵律,包括节奏和韵脚。《诗经》主要是四言诗,每一句由两个音步组成,每个音步是一个双音节构成的音顿。双音顿的节奏点落在第二个音顿。

《诗经》中的用韵灵活多变,有三种基本方式:一、从头到尾句句用韵,这

---

① 清江永《古韵标准例言》:"三百篇者古音之丛,亦百世用韵之准,稽其人韵之字,凡千九百有奇;同今音者十七,异今音者十三。"

包括一章中一韵到底，或一章双韵；二、隔句用韵，即在单句不押韵，在双句押韵，所以又称偶句韵，这在《诗经》中是常见的韵式，如一章中最后一句是单句，则或不用韵，或重叠用韵；三、第一、二句用韵，隔第三句而于第四句再用韵，唐人律诗、绝句基本上继承了这种韵式。以上只是三种基本的形式，实际上变化很多，如还有抱韵（一、四用韵或二、三用韵）、疏韵（隔两句用韵）、遥韵（这一章的某句与下一章相应部位的某句用韵），在一篇诗中或换用各种用韵方式，或换韵。由此可见，《诗经》有韵律，但又灵活自如，表现出格律和自由的统一。

赋、比、兴并用

赋、比、兴三义，是《诗经》所用的三种基本的表现方法。明谢榛《四溟诗话》作过统计："予尝考之三百篇，赋七百二十，兴三百七十，比一百一十。"这三种基本的方法，《诗经》是并用的，它们各有各的作用，其中，赋用得最多。

赋的特点是直接叙述事物、铺陈情节、抒发感情。《诗经》中的赋体诗，叙事、写景、抒情兼而有之。它以赋体抒情，或直抒胸臆，或意在言外、委婉含蓄；以赋体写景，可以做到形神俱似、情景交融；以赋体叙事，或铺叙敷陈，或重点勾勒，运用各种不同的陈述方法，注意语言的形象化。《诗经》的赋，成功地综合运用各种修辞格，或兼寓比兴之义。《诗经》为赋体的手法提供了许多成功经验。

比，即现代修辞学的比喻和比拟两种辞格。纯乎比体的诗，《诗经》中只有《硕鼠》、《鸱鸮》、《螽斯》、《鹤鸣》数篇。为起修辞作用而在赋句或兴句中用比喻，这样的例子则俯拾皆是。它所用的比喻，有明喻、隐喻、借喻；也用比拟，即物的人格化或人格的物化。

《诗经》普遍运用比，有些比喻和比拟，创造了许多成功的经验。如：选择人们熟知的事物作喻体；贴切生动而又往往夸张喻体，借以使本体的某种特征突出；比喻具有感情色彩；同时，其众多比喻中的绝大多数是新鲜的。

兴，即起兴。对"兴"义的解释，古时学者意见纷繁，现代学术界通常认为：兴，是在一首诗或一章诗的开头，先言他物以引起所咏之辞。朱熹《诗集传》标注"兴"的为265章,约占全部1141章的四分之一;谢榛《四溟诗话》则统计为370处。虽然他们对"兴"义的理解有出入,具体数字不同,但"兴"在《诗经》中大量使用,则是公认的。

《诗经》运用这种手法,大致有三类情况:第一类,是兴辞只有发端起情和定韵的作用,而与下文在意义上没有什么联系,即朱熹所说的"全不取其义";第二类,是起兴的形象与下文所咏之辞在意义上有某种相似的特征,因而能起一定的比喻作用,即毛、郑派所说的"托物起兴"、"兴寓美刺";第三类,是起兴对正文有交待背景、渲染气氛和烘托形象的作用,起到钟嵘所说的"文已尽而意有余"的效果。

诗要用形象思维,比、兴两法是形象思维的重要手段,在《诗经》中保存着一些成功的范例,可资借鉴。

第九节 《诗经》的注疏和研究

两千余年来,《诗经》的注疏和研究,积累了丰富的资料。每一代人,都在继承前人注疏和研究资料的基础上,把注疏和研究向前推进。

《诗经》是儒家的经典,当作封建社会的政治伦理教科书。因此,在封建社会,《诗经》研究以经学为主体,以宣扬儒家教义为主要内容,这就不能不严重地掩盖《诗经》的本来面目。但是,随着社会运动的发展,经学经过几次重大的变革,各个时代的学术思潮有所变化。在各个学派的论争中,新起的学派为了驳倒旧的学派,最初也以一定的求实精神,对《诗经》的某些方面,作出一些符合实际或接近实际的解释,积累了一些不无可取的训诂、考证等材料。经学发展的几个阶段,和中国文化发展的阶段是密切联系的,所以我们也按照这条主线,把《诗经》研究分为五个阶段。

一、先秦时期。孔子整理三百篇,作为传授弟子的教材,倡导儒家诗教。他说《诗》,采取触类旁通、断章取义的方法来贯彻他的"仁"、"礼"学说。孟子继承并且发展了这种思想和方法,提出"知人论世"、"以意逆志"的方法论。荀子也继承了孔子的诗教理论和方法,进而创立了"明道、征圣、宗经"

的文学(学术文化)观。这些,奠立了后世《诗经》研究的理论基础。

二、汉学时期(汉至唐)。汉初《诗》成为"经"。汉代鲁、齐、韩、毛四家传《诗》,反映汉学内部今文经学和古文经学的斗争。后《毛诗》独传,《毛传》体现了古文经学的成果。郑玄以《毛诗》为本,兼采三家,集东汉语言文字学研究的大成,为《毛传》作笺,完成了划时代的《毛诗传笺》。唐初孔颖达又采六朝以来《诗经》注疏的可取之说,为《毛诗传笺》作疏而成《毛诗正义》,统一汉学各派的斗争。在六朝文学创作繁荣、文学理论批评发展之际,以《文心雕龙》、《诗品》为代表的文学理论著作,开始总结《诗经》创作经验,探讨其艺术表现方法,对唐诗有重要影响。

三、宋学时期(宋至明)。宋人改造儒学,兴起自由研究、注重实证的思辨学风,对汉学《诗经》之学提出批评,展开废序与尊序的论争。朱熹的《诗集传》,是宋学《诗经》注疏研究的集大成著作。它以理学为思想基础,集中宋人训诂、考证的成果,又比较注意到《诗经》的文学特点。这部注说直到清代仍是权威性的注本。元、明是宋学的继续。明代在《诗经》音韵学和名物考证上有一些成绩。宋、明诗话对《诗经》的艺术也有一些探讨。

四、新汉学时期(清代)。清人以复古为解放,要求脱离宋明理学桎梏,提倡复兴汉学,兴起新汉学。以古文经学为本的考据学派,对《诗经》的文字、音韵、训诂、名物进行了浩繁的考证。清今文学派则致力于搜辑三家诗遗说。马瑞辰《毛诗传笺通释》以郑玄《毛诗传笺》为本,吸取清代考据学成果,着重纠毛、郑和孔疏的错误,也吸取今文可取疏解,是清代今古文通学的代表作。陈奂《诗毛氏传疏》力主古文《毛诗》,是清代研究《毛诗》的集大成著作。王先谦《诗三家义集疏》是搜辑三家诗遗说的集大成著作。魏源《诗古微》是清今文《诗经》学的代表作。另外,姚际恒、崔述、方玉润属独立思考派,以方玉润《诗经原始》为代表作。在清人诗话中,对《诗经》艺术形式的分析也较有价值。

五、"五四"以后时期。早在旧民主主义革命时期,民主革命派就开始以民主主义思想来研究《诗经》。"五四"运动猛烈地扫荡封建文化,资产阶级批判封建经学,为恢复《诗经》的本来面目起过战斗作用。古史辨派对揭示《诗经》的真相,作出积极的贡献。20世纪30年代开始了马克思主义的《诗经》研究,郭沫若倡导在历史唯物论指导下把《诗经》应用于古代社会研究,并且是《诗经》今译(译为新诗)的创始人。20世纪30和40年代闻一多把民俗学的方法、文学分析的方法和考据的方法结合起来,提出许多新颖的见解。当代也有许多有价值的论著和《诗经》全译本多种。

两千余年的《诗经》研究,主要集中于四个方面:一、关于《诗经》的性质、时代、编订、体制、传授和研究流派的研究;二、对于各篇内容和艺术形式的研究;三、对于其中史料的研究;四、文字、音韵、训诂、名物的考证研究以及校勘、辑佚等有关研究资料的研究。这些都有待于我们总结,批判地继承和发展。

推荐阅读书目

- 《毛诗正义》 汉毛亨传,汉郑玄笺,唐孔颖达疏,《十三经注疏》通行本。
- 《诗集传》 宋朱熹集注,中华书局新排印本。
- 《毛诗传笺通释》 清马瑞辰撰,中华书局新版本。
- 《诗毛氏传疏》 清陈奂著,中国书店影印本。
- 《诗三家义集疏》 清王先谦撰,中华书局新版本。
- 《诗经原始》 清方玉润撰,中华书局新版本。
- 《诗经通义》、《诗经新义》 闻一多著,《闻一多全集》第二卷。
- 《诗经今注》 高亨注,上海古籍出版社1980年本。
- 《诗经直解》 陈子展著,复旦大学出版社1983年本。
- 《古史辨》 顾颉刚编著,上海古籍出版社影印本。
- 《诗书时代的社会变革与其思想上的反映》 郭沫若著,《郭沫若全集》第二卷。
- 《诗经词典》 向熹编,四川人民出版社1997年修订本。

第五讲

三《礼》

十三经中有"三礼",即《周礼》、《仪礼》、《礼记》。"三礼"这个称谓起自东汉末年。孔子传授弟子的《礼》,即《仪礼》十七篇。西汉的五经,其中的《礼经》,也是指《仪礼》。《周礼》原名《周官》,又名《周官经》,出现得比较晚,西汉末年才改称《周礼》。《礼记》是儒家四十九篇礼学论文集。东汉末年郑玄给这三部书作注,开始称"三礼",以后便通行天下。"三礼"中《仪礼》最早,而且是原来的《礼经》。现在的次序是晋代定的,从那时一直通行下来,我们这里也一仍其旧,不再改动。

第一节 《周礼》

《周礼》是我国上古时代唯一一部具体而系统地叙述政治和经济制度的典籍。从西汉末年起,即不时有人把它作为政治制度或经济制度的理论依据,历代王朝直到明、清两代,政治机构的设置,仍然参考《周礼》。自从它被立为儒家的经典,便成为读书人的必读书,也是封建士大夫治国平天下的理想蓝图。

《周礼》是一部古书,使用古老的语言记述古老的制度,至今研究西周历史和西周考古,还经常从其中寻求史料和佐证。但是,这部离开注疏根本无法读懂的古书,注疏纷繁而多歧见,其内容复杂又有相互抵牾之处。从它成书的时代,到内容的具体情节,都长期存在着争论。对诸家之说,目前我们也只能求同存异。

《周礼》的成书时代、作者和影响

《周礼》原名《周官》,相传是西汉时期河间献王刘德从民间搜集来的一部古书,献给朝廷。最初并未受重视,西汉后期刘向、刘歆整理秘府图书,发现了它。后来王莽摄政,王莽以周公自比,摹仿周制,任刘歆为国师,把这部书改称《周礼》,被当作"国典",立博士,而且在行政上照搬它记述的各种制度。王莽失败后,这部书又遭到冷遇,直到东汉末年郑玄为它作注,才通行天下。

相传这部书是西周初年周公"制礼作乐"的产品,它的作者是周公姬旦。不过这是古文学家的说法,今文学家多不相信,纷纷著论批驳,直斥这部书是"伪书",是刘歆为帮助王莽建立新政权而伪作的。这两种说法,一直到清代还在争论。稽考《汉书·艺文志》,已经记载本书,参证本书的内容,又多有战国时的事迹,所以以上两种说法都不能自圆其说。东汉学者何休又提出成书于战国时期,清代毛奇龄、皮锡瑞等皆从此说。

近人经过研究,多从成书于战国之说。但是,是成书于战国前期还是后期,仍有分歧;是成于一人之手还是多人之手,也有分歧。目前渐趋一致地认为:本书不成于一时,可以肯定它采用了西周旧制度的一些材料,这从有一部分职官及其职掌和西周旧制相吻合可以看出来;但有些材料及其思想体系,又是战国时代的,较孟子晚,所以它最后成书当在战国后期。因此,它的作者也不会是一个人。不过,从全书的完整性和系统性来看,一定有一个人总其成;而书中又有互相抵牾之处,当是陆续有人增补所致。从全书内容来看,它所记述的职官、政治制度和经济制度,在西周、东周和战国都没有完全实行。因此,它既利用了从西周到战国的许多材料,又加以理想化,是关于国家政治体制和经济体制的设计蓝图。从这个意义上来看,它具有更多的思想史料的价值,是研究先秦政治思想和经济思想的重要材料。

王莽推行他的"新政"时，就是把《周礼》作为蓝图的。西汉末年尖锐的社会矛盾，决不是《周礼》所设计的封建领主制的政治体制和经济体制所能解决的，结果一方面招致了大地主阶级的激烈反对，一方面民怨沸腾，爆发了农民起义，加速了王莽新朝的溃灭。北朝西魏宇文泰执政，曾经以《周礼》为蓝图组织政府机构，并实行授田制；唐玄宗也仿效《周礼》制《开元六典》；他们都把《周礼》当作政治、经济改革的依据。北宋王安石实行"变法"，也标榜取法《周礼》，并作《周官新义》。他的经济体制改革也遭到大地主阶级的激烈反抗，并造成全国经济混乱，为人民所怨诅，最后彻底失败。以后，没有人再照搬《周礼》那一套，但直到明、清，中枢机构的设置还是基本承袭《周礼》的六官设立六部，同时也参照了某些财政管理措施。可见直到清朝，它的影响仍然存在。

六　官

《周礼》的内容包括《天官》、《地官》、《春官》、《夏官》、《秋官》、《冬官》六篇。在西汉重新出现时，只有前五篇，《冬官》一篇亡佚，另取内容相近的《考工记》一篇代替，凑足六篇。它把天、地、四时和六大官属相联系，构成国家行政机构体系，取其囊括一切、无所不包的意思。

这六大官属是：一曰天官"冢宰"（太宰），其下属官 63 种；二曰地官"司徒"（大司徒），其下属官 78 种；三曰春官"宗伯"（大宗伯），其下属官 70 种；四曰夏官"司马"（大司马），其下属官 69 种；五曰秋官"司寇"（大司寇），其下属官 66 种；六曰冬官"司空"（大司空），已亡佚，不知属官多少。书中所列官职共 360 多个，分属六大官。《周官》的内容，就是规定六官和所属官职的职掌及其所形成的各种制度。

六官是国家中枢机构的六部分，中枢又管理地方，书中所列 360 多个官职，其中有中枢的属官，也有地方官和职事官。所以，我们通过这 360 多个官职的记述，就可以了解它从中枢到地方基层组织以及各部门之间相联系的一整套国家行政机构模式。下面分述中枢六官的基本职能。

天官冢宰：冢宰就是太宰，为六官之首，主管朝廷及宫中事务。序中规定:"太宰之职,掌建邦之六典,以佐王治邦国。"六典之首是"治典",是它的本职,包括"以经邦国,以治官府,以纪万民"。这已经是行政的最主要内容,但还兼统其他五典,即其他五官所分别掌管的教典、礼典、政典、刑典、事典。序中说,他以"八法"治官府,以"八则"治都鄙,以"八柄"御群臣,以"八统"御万民,以"九职"安万民,以"九赋"理财货,以"九式"调节财政,以"九贡"收属国贡物,以"九两"协和万民,等等。此外,太宰又是王宫政务的总管,宫官都是太宰属官。他的副职小宰,除辅佐他执行以上任务,还分管王宫的刑法、政令、禁令。所以太宰不仅仅相当于后来的吏部尚书、首席部长,实际上职权要大得多,大致相当于后来设立的宰相或总理大臣。

地官司徒:主管土地和户口,负责分配土地,收取赋税。为此,司徒总的职责是"掌建邦之土地之图与其人民之数,以佐王安扰(驯也)邦国"。其具体的职掌,是封建诸侯时划疆域、置社稷;管理"山林、川泽、丘陵、坟衍、原隰"之物产;施行"十二教"使民众努力生产;施行"十二职"和"十二荒政(赈济政策)"注重民生;制定"九等"地征收取赋税,以"九比之数"征用徭役;等等。它的职能,实际上是主管农业、财政,包括土地、户籍、赋税、赈济以及整饬风俗,相当于后来的大司农、户部。

春官宗伯:即礼官。"掌建邦之天神、人鬼、地祇之礼",也就是主管祭祀和礼仪。具体的职掌是掌"五礼":吉礼为祭祀之礼,凶礼为丧、忧之礼,宾礼为礼宾之礼,军礼为师旅与征役之礼,嘉礼为喜庆之礼;掌"九仪之命"(封侯、任职、赏赐等九种钦命仪式)以及"六瑞"(王公侯伯子男六爵所执六圭璧)、"六贽"(行礼时所执辨别贵贱等级的六种信物)、"六器"(行礼时用的不同器物)、车服等等,并管理卜祝、太史、星历、乐舞等属官。大宗伯相当于后来的太常、礼部。

夏官司马:主管军政。具体的职掌是编制军队,防御疆域,出师征伐,行军布阵,训练民兵,校阅部队,征收军赋,管理军需军械,以及掌理国王戎事和田猎等,相当于后来的太尉、兵部。

秋官司寇:即刑官。主要职责是主管刑罚、司法、治安;具体的职掌是:对犯罪之国以"三典"施行刑罚(新建国用轻典,平顺国用中典,叛乱国用重典);对万民以"五刑"施行刑罚(野刑纠不力,军刑纠不守,乡刑纠不考,官刑纠不职,国刑纠暴);管理刑法狱讼,掌"五刑"(墨、劓、宫、刖、杀)、"三宥"(不识、过失、遗忘)、"三赦"(幼弱、老耄、蠢愚);掌管盟约、宪令;执行禁令、刑罚;以及管理监狱、示众犯人、宣传法律;等等。大司寇相当于后世的廷尉、刑部。

冬官司空:主管百工、土木建筑等,相当于后世的工部。本篇亡佚,以《考工记》补之。《考工记》的内容,前一部分是总论部分,论述百工的重要,把它与王公、士大夫、商旅、农夫、妇功同列为六职之一。它说:"烁金以为刃,凝土以为器,作车以行陆,作舟以行水,此皆圣人之所作也。"它认为,这些都是智者、圣人的发明创造,不能因为工匠世守其业而轻视,如果没有这些能工巧匠,也就没有必需的器物。后一部分记载各种工匠,所记可分六大类:木工(轮、车、弓、兵器柄、建筑木工、舟、木质农具、钟磬架、饮器等)、铜工(削刀、兵器锋刃、钟、量器、剑等)、皮革工(甲、鼓、缝革等)、设色工(画缋、染羽、练丝等)、刮磨工(制圭、璧、琮、璋、磬等玉器)、陶工(制各种陶器)。《考工记》原文有残阙,所记并不完全。据其所记,它还记述了每一器物的形状和简单的制作过程,对研究先秦社会经济和手工业的发展,都是珍贵的史料。

《周礼》的经济制度和经济思想

在《周礼》的时代,农业是国民经济的基础,而农业生产起主要作用的是土地(生产资料)和农民(生产力)两大要素。《周礼》在这个基础上,紧紧抓住这两大要素,来设计经济和政治蓝图。"普天之下,莫非王土,率土之滨,莫非王臣",《周礼》就是基于这一思想,设计王治下理想的经济制度。

王是所有土地主权的所有者,他把土地用"授田"的办法授予农民,也将一部分土地分封给公卿士大夫和诸侯。王畿千里之内,王直接占有的土地为乡地、遂地、公邑,总称王田;王分封给其卿士大夫的土地为采地;王畿之外的土地按五等爵分封为诸侯国。

先说王田。

王城百里之内为乡,王城百里外至二百里内为遂,其土地按家庭人口和

第五讲 三《礼》 177

劳动力多寡,分配给农民耕种。每乡一万二千五百家,每家以二夫计,每夫受田一百亩,每家平均受田二百亩,共六乡,计一千五百万亩;遂的数目与此相等,也为一千五百万亩。农民受田只有使用权,所有权属于王,王向农民征收田税(实物地租)、征用徭役(力役地租)、征发兵役。因此,如《司徒》所规定,必须确切掌握土地面积和户籍情况,每三年要总查户口,根据各家人口变动情况调整土地。遂外之地及遂内未分之地称为公邑,归王直接指派官吏经营管理。

次说采地。

采地指分封给公卿士大夫的土地。王直属的公卿士大夫在千里王畿内受封,诸侯国的卿大夫在该邦国受封。大夫采地二十五里(三百步为一里),封地在距王城三百里之内;士还要少些、近些;卿的采地五十里,封地在距王城三百里至四百里之间;公的采地一百里,封地在距王城四百里至五百里之间。受封者对土地有享有权,即收取租税享用,但没有所有权。受封者犯罪或绝嗣无人承袭时,该封地由王收回为公邑。受封者收取采地的租税并不完全归个人享有,应将其四分之一上缴给王。

再说封国。

《周礼》按五等爵实行分封建国之制,其封疆都在王畿之外。诸公的封疆方五百里,诸侯的封疆方四百里,诸伯的封疆方三百里,诸子的封疆方二百里,诸男的封疆方一百里。这些等级不同、大小不一的封建的诸侯国,数目甚多,分布在千里王畿的外围。各诸侯国对土地只有享有权,所有权仍属于王。诸侯国应将其所收租税的一部分作为贡赋献给王。诸侯犯罪或绝嗣时,王可以将其收回另封他人。

从上面的记述可以看到,王是天下最大的地主。

关于对农民分配土地的具体方式,《周礼》中的记述不尽相同,过去的学者曾进行许多考证和争议。其实,我们可以把它们看成不同的方案,其中大体上不外以家庭为单位分配,或以家庭与劳动力结合起来分配这两种基本形式。

以家庭为单位的分配,《大司徒》所记是"不易之地(每年可耕种的地),家百亩;一易之地(两年轮耕的土地),家二百亩;再易之地(三年轮耕的地),

家三百亩"。据《小司徒》所记,则是一种井田式的分配法,"一夫(家长)百亩,九夫为一井"。但这里所记,与《孟子》中所说的"井田制"不同,并非"井"的中间一格是公田,而是将这样井田式的分配与行政组织合而为一,即"九夫为一井,四井为一邑,四邑为一丘,四丘为一甸,四甸为一县,四县为一都"。

以劳动力为单位的分配法,如《小司徒》所记:七口之家有三个壮劳力的给上地;六口之家有两个半劳力的给中地;五口之家有两个劳力的给下地。《遂人》中记述了上地、中地、下地的田数。上地:家长廛(房基地)一处、田百亩、莱地五十亩,其余劳力按四分之一比例分配;中地:家长房基地一处、田百亩、莱地百亩,其余劳力按四分之一比例分配;下地:家长房基地一处、田百亩、莱地二百亩,其余劳力也按四分之一比例分配。从上述分配的数量来看,上、中、下三等地的土壤肥力差别很大。

另外,《大司马》讲军赋时还讲到以家庭和劳力结合授田的方法;《载师》记述了多种特殊田的分配法,如场圃、宅田、士田、贾田、牛田、赏田、牧田等田地的远近和分配、赏赐、分封的对象,不再细述。

我们从上述材料已经了解,国王是最大的地主,他规定了授田制度,把土地有偿分配给有劳动生产能力的农民使用;即使是他赏赐和分封的采地和邦国,他也要从土地的生产中分成享用,因为从观念上,他仍拥有这些土地的所有权。王是生产资料最大的占有者,身份地位不等的贵族——诸侯和公卿士大夫,也是生产资料不等的占有者,他们组成剥削阶级;广大农民是主要生产力,他们没有土地,向王和贵族缴纳各种形式的地租,他们是被剥削阶级中最基本的、人数最多的群体。从按户籍授田这种制度来看,没有户籍就分配不到土地耕种,而且户籍是不准自由迁徙的,这样,他们就只有牢牢地被束缚在土地上,奉献实物地租和力役地租,世世代代不能改变。这种土地制度是封建领主制,虽然是以一家一户为单位的自然经济,广大农民的身份仍然是农奴。

王之所以实行这样的授田制度,其目的是征收租税。《周礼》所记赋税和征役之法也不尽一致,但主要税目和基本轮廓是清楚的。农民主要承担以下各种税役:

一、土地税。凡受田者必须交税,受封者必须进贡。《司徒》篇中《闾师》、《委人》记载收征实物,经营什么就交纳什么。《载师》规定税率:近郊之田交十分之一,远郊之田交十分之一点五,甸、县之田不超过十分之二,漆林交十分之二点五,场圃(宅基地及其周围)交十分之零点五。这些都是实物地租。

二、口赋。《太宰》的"九赋"之中和《乡大夫》中都提出口赋,国中七尺以上、六十岁以下,野中六尺以上、六十五岁以下都得交纳。"野中"之人即指农民,按一尺约合今二十厘米计算,凡是人到一百二十厘米高、六十五岁以下,都得交税,这是"人头税"。

三、力役,指无偿劳动。《周礼》中记载征用力役有徭役、师役、田(猎)役三大项,都是按土地和劳动力状况征发的。徭役,就是出苦力为国家或贵族从事无偿劳动。师役,指军事活动征发民工。田(猎)役,指王和贵族田猎活动征用民工。关于力役征用多少,《司徒·均人》的记述是按年成丰歉有所不同,丰年平均每旬三天,中等年成平均每旬两天,歉年平均每旬一天,可以在一年中集中于一次或数次使用。按照这个设计,中等年成,一年要无偿服劳役七十二天,如果是丰年,一年就要无偿服劳役一百零八天。这是相当沉重的力役地租。

四、兵役和军赋。每家一人(户长)服兵役,为"征卒";其他劳力为"羡卒",临时征调。每逢军事行动,要出牛、出马、出车,即军赋。战争频繁,农民负担繁重。

此外,还有各种"罚款",有的罚款,《司徒·闾师》说要缴纳"里布"、"夫布",即货币。当时已经出现征收货币的方式。

由上述税役可见,农民承受着繁重的经济剥削和超经济剥削。

农业生产的丰歉及其再生产,直接关系统治阶级的统治地位和收入,所以统治阶级也十分关心农业的生产和再生产。在《司徒》一章中分别记述了对提高生产力的关注。《司徒》所说"辨十有二土之名物"和"辨十有二壤之物",都是提倡根据不同的土质种植不同的作物;《草人》提倡"土化之法",即种籽处理,提高种籽的发芽率和发育生长能力;《稻人》中提倡水稻产区的水源利用以及利用杂草沤肥……这些都是为提高产量而推广农业增产技术。为了保证农业生产,设专职官员"司稼"巡视耕作,按时令推动耕稼以及进行技术指导。《司徒·均人》主张按年成好坏调整税率,调整的原则是丰年照收,荒年减半;用多产不多征鼓励提高产量;用荒年减半,来保证农民的口粮,使劳动力能够生存。《廪人》中还提出二釜(每釜六斗四升,但古制远远小于今制)为农民每月最低口粮数,收获小于此数,租税可以减免。《太宰》还提出"荒政"(赈济政策)十二法,即在大灾年份,采取适当的赈济措施,如贷给种籽粮食,开放山林川泽准许人民入内谋取生活资料,减赋缓刑,息徭役,鼓励增加人口等等。这些都是为了保护生产力,保证再生产。

山林、川泽、矿藏等一切自然资源,实行国有化政策,设专职官员管理,人民不得任意开发。至于"靠山吃山"的人伐木和采集山货,"靠水吃水"的人捕捞水生动植物,只能依照规定进行生计活动,而且产品在纳贡之余方归己有。

从《周礼》的记述来看,当时商品经济已有一定发展。国家经营商业,并允许私人经商,保护正常的商业活动,当时已经使用货币调节市场。太宰把"商贾阜(盛)通货贿(财帛)"作为"九职"之一。《司徒》中有十三段记述市场管理和商业税的征收,由此可见商业已经比较发达。国家对市场施行严格管理,如划定市场并按时开闭,实行商人节符凭证和关门检查,禁止投机活动,禁止奢侈品上市,进行物价管理,规定并检查度量衡标准,统一成交券书,以及收购滞销物品和赊贷国家收购的物品等。市场管理官员还要负责维持市场治安、处理市场争讼以及征收市场税、货物税、印花税、堆栈税,另外还有关税、门税、屠宰税等。官府对商业发放高利贷。当时有奴隶买卖,在市场上公开进行,奴隶的来源是罪人、盗贼没入为奴以及战争俘虏,但这些奴隶是家庭奴隶(奴婢)。奴隶的子女仍是奴隶,也像牛马和财物一样属于主人。这样的奴隶在社会生产中不占主要地位。

综上所述,《周礼》所设计的经济制度和经济思想,是封建领主制的经济制度,它所反映的社会经济面貌,属于封建社会初期的社会经济形态。

《周礼》的政治制度和政治思想

政治是经济的集中表现。王是一切土地和自然资源的占有者,对人民实行奴役剥削,适应这一经济基础,《周礼》所建立的是一个封建专制的统一帝国对人民进行镇压和施行有效的行政管理的政治制度。全书最基本的思想是君主专制和大一统。

《周礼》现存五篇,每篇序文开头的文字,都是一样的五个分句:"唯王建国,辨方正位,体国经野,设官分职,以为民极。"这五个分句的意思是说:王者封建诸侯和立国,选择和确定国都与宫室的方位,划定国野域界,任命官员并规定其职守,使对人民的统治有准则。这是一个总纲,它首先说明了由王者封建诸侯邦国,由王者建立统治中心,由王者划定国野域界授田分封,由王者任命官吏照他的规定办事,由王者制定人民必须遵守的各种制度。在这里,开章明义,规定王集中一切最高的权力。

在《周礼》的全部记述中表明:立法权是属于王的。从国家机构的规划,到各种制度和法规,都由国王制定,诸侯国由王封建,六宫都是王的职能官员,他们全部是王的臣子、仆役和办事人员,王对他们掌握分封、任命、罢黜的权力。中枢六官及其所属地方官员,他们的职责是"佐王治邦国",执行由王制定的行政、司法、监察的制度和法规。在这里,监察只是由上而下,上级对下级官吏推行考课、检查,一切权力机构都是王的办事机构,接受王的监察。王对全体臣民还掌握支配、使用和生杀予夺的最高权力。

在《周礼》的整个国家体制中,没有任何制约王的权力机构。《司徒·保氏》一节谈到保氏有"掌谏王恶"的职责,似乎有点监督作用,但这仅仅是谏议,并没有制约作用。《司寇·小司寇》和《司徒·乡大夫》也曾提到"询万民",不过这里的"民",不包括"野"民即农民在内,指的是"乡"(国)民即主要是统治阶级,而且只限于解决三个问题:"一曰询危(国家有兵寇之难),二曰询国迁(迁都),三曰询立君(王无嫡而选庶子为嗣)。"而且这三项,也仅仅是咨询,并无决议权。对于王手中集中的全部权力,没有任何制约机制,这是君主专制制度的一个重要特征。

我们在前面已经概述《周礼》行政体系中的中枢六官,它们组成庞大的国家机器。把中枢机构划分为六个系统,规定各个系统的编制和职守,使之各司其职,各尽其责,从而发挥整个国家机器的行政效能。这是《周礼》对上古政治经验的总结,符合封建政治的需要。所以,直到明、清,六部制依然是封建社会国家中枢机构的模式。

这样庞大的国家机器,其基本职能是代王征收税役和统治人民。为了完成这两项任务,《周礼》还设计了地方行政组织并具体规定其职能。

《周礼》的地方行政组织是"乡"、"遂"制,这是把土地、居民、行政机构三结合,按照便于授田、征收赋税和征发徭役、兵役的原则而建立的。

邦国都鄙实行乡制,称比伍法,或比间法。其组织形式是把全体居民编组。按《大司徒》规定:五家为比,五比为间,四间为族,五族为党,五党为州,五州为乡。从基层组织比、间,到乡和六乡,逐级行政组织都有官吏实行行政管理:比设比长,管五家,由下士充任;间设间胥,管二十五家,由中士充任;族设族师,管一百家,由上士充任;党设党正,管五百家,由下大夫充任;州设州长,管二千五百家,由中大夫充任;乡设乡大夫,管一万二千五百家,由卿充任;六乡七万五千家,设乡老三人,一人管二乡,由公充任。

这种行政组织方法,又是和军制结合为一的,每家出一人当兵,共七万五千人,建立六军。其编制五人为伍,设伍长;五伍为两,二十五人,官长为两司马(中士);四两为卒,一百人,卒长为上士;五卒为旅,五百人,旅帅为下大夫;五旅为师,二千五百人,师帅为中大夫;五师为军,一万二千五百人,军将为卿;六军共七万五千人。军、政组织是统一的,在一般情况下,行政长官也就是军事长官。

乡之外实行遂制,称邻里法。据《遂人》规定:"五家为邻,五邻为里,四里为酇,五酇为鄙,五鄙为县,五县为遂。"各级行政组织也都设各级官吏,实行行政管理,官吏级别较乡制低一级:邻设邻长;里设里宰,管二十五家,由下士充任;酇设酇长,管一百家,由中士充任;鄙设鄙师,管五百家,由上士充任;县设县正,管二千五百家,由下大夫充任;遂设遂大夫,管一万二千五百家,由中大夫充任;六遂共七万五千家。六遂的邻里法和六乡的比间法,组织形式完全一样,只是名称不同,二者各级官吏级别相差一级。六遂居民也是每家出一人当兵,建立副六军。副六军的编制也完全与正六军的编制相同,也共有七万五千人。

六乡、六遂的居民,每间或里(即二十五家)聚居一处,构成一个邑里,简称邑,邑之周围是农田。由于地形不同,农田分布不等,也可以四邻(或比)、三邻、二邻成一邑,二邻(比)十家是最小的邑。邑相当于后世的村落,闾、里官员相当于村长,由中士或下士充任。这样,在广漠田野上星罗棋布的一个个村庄,被一个严密的网组织起来,由各级大大小小的官员由上而下地管理和控制。乡、遂各级地方官员的任务,平时管理户籍和土地,督令居民从事农业生产,征收赋税,征发徭役,执行禁令,处理争讼以及整饬礼俗等事,遇警则督率出征打仗、缉捕盗贼以及参加军训、校阅、田猎、军事值勤等活动。因为最小的行政基层组织只有五家,闾、里也只有二十五家,官员对人民完全可以做到严密控制。

在这种行政组织体系中,每个人和每个家庭,都被编组在一定的行政体系中被管理,《周礼》还主张推行联保制。《大司徒·族师》提出:"五家为比,十家为联;五人为伍,十人为联;四闾为族,八闾为联。使之相保相受,刑罚庆赏相及相共,以受邦职,以役国事,以相葬埋。"在行政组织或在军事组织之中,每比、每伍要互保,两个比之间、两个伍之间、两个族之间也要联保。保什么呢?这里也提出"相葬埋"、"相和亲",但重点却是保证遵守法令,保证出税出役,"刑罚庆赏相及相共";"相保"就是"连保连坐",是一种行政株连制度。《周礼》提出的是比、闾、族之间的层层联保制,使人人相互监督,闾与闾、族与族互相监督。旧中国整个封建社会都采用这种联保制,直到民国时期实行的保甲制,都是依靠这种制度来加强对人民的钳制。

上面引的文字还提到"相受"。"比长各掌其比之治,五家相受",又说:"邻长掌相纠相受。"相受,指的是迁徙的居民被迁入地的行政组织所接受。据《周礼》规定,居民是不能自由迁徙的,迁徙必须得到批准,由迁出地的行政官亲自把他送交迁入地的行政官,如果距离远不能亲送,就给予凭证,凭证迁入,再接受迁入地官员的管理和同邻里的联保监督。自由迁徙是违法行为,要入狱的。这样严格的户籍管理,紧紧地把人民桎梏在他们被压迫、被奴役的土地上。

社会组织是由氏族组织演变而来的,在《周礼》的社会组织中也存在着原始氏族制度的痕迹。同族的人比邻而居,而且"使之相葬"、"使之相救"、"使之相赒"(《大司徒》),还有社会组织和军事组织合一,都是氏族制度的遗迹。但是,《周礼》已经从本质上改造了它们。氏族社会组织的公职人员是由本氏族民主推选的,其职责是处理公众事务;服兵役是自由的,是义务和荣誉。《周礼》所设计的地方组织之中,邻、闾长都是统治者任命的下级官吏,其职责是剥削和统治人民。统治阶级实行"寓兵于农"的政策,是强制农民服兵役为其征伐卖命。

为了维护封建领主制统治,《周礼》提出"礼"和"刑"两种统治手段。

先说"礼"之于政治。

"礼"是《周礼》治国的基本原则。在六官的职掌分工中,"春官宗伯"是掌管"礼"的,但实际上,各官的各级组织和官员都必须按"礼"办事,并且要用"礼"来教化人民。《太宰》中的"以和邦国,以统百官,以谐万民"(使邦国安泰平和,使百官居统一的遵循,使万民安分守己和平相安),是对"礼"在政治生活中作用的明确概括。

《周礼》中的"礼"有"吉礼"、"凶礼"、"宾礼"、"军礼"、"嘉礼"五大类和数十小类。所有的"礼"都有等级规定。各种不同等级的人,在都城、宫室、车旗、服饰、器用、坐位、用乐、揖让等等方面,都有不同的具体规定。把这套礼制作为人们在社会生活中必须遵守的行为规范,这就把专制等级制度深入到人们日常生活之中。在《周礼》中,"礼"不仅是观念和习俗,而且是行政规定,凡僭礼、越礼,都会受到行政和司法官员的整饬和制裁。"礼"成为在思想和日常生活中统治人民的一种手段。

再说"刑"。

《周礼》中的刑禁种类很多,规定十分繁杂。如有三典(治诸侯国)、五刑(野刑、军刑、乡刑、宫刑、国刑)、五禁(宫禁、官禁、国禁、野禁、军禁)、乡八刑(不孝之刑、不睦之刑、不姻之刑、不弟之刑、不任之刑、不恤之刑、造言之刑、乱民之刑);具体刑罚有五刑(墨、劓、宫、刖、杀)五百多条,轻罪则关进监狱服劳役,以及采取公布罪状损辱人格的措施,等等。其中,也提出有宽赦之法以及促使犯人改悔,但刑法还是严苛的。

有一点更能说明《周礼》刑法的性质,它实行的是等级法。《大司寇》记述对卿大夫和对庶民施用不同的法典:对卿大夫断案用"邦法",对庶民断案用"邦成"。《小司徒》又规定"凡命夫命妇不躬坐狱讼",就是说贵族和高级官员及其妻室不用出庭打官司。用刑时因等级高下而有轻重不同,按照"八议"即依据"新"、"故"、"贤"、"能"、"功"、"贵"、"勤"、"宾"八种情况,可以减刑或免刑。《周礼》法律的主要锋芒是对向普通平民的,很显然地说明它是镇压人民的工具。

统治阶级经过长期的司法实践,为了使法律这一工具更有效地发挥对人民镇压和警诫的作用,也总结司法经验,这在《周礼》中也有所记述。如:断案强调细致查问,重物证;判死刑要广泛征求各方面意见;判刑时要区分出过失罪;对儿童、七八十岁老人以及白痴等犯罪予以赦免;对一般过失或纠纷应加强教育和调解等。这些都是可取的司法经验。

"礼"和"刑"二者不是割裂的,而是相辅相成的,成为封建统治阶级统治人民的两手。

第二节 《仪礼》

《仪礼》,原来只叫《礼》,也就是孔子传授弟子的《礼》;汉代人称为《士礼》,又称《礼经》,到晋代改称《仪礼》。

《仪礼》是一本残缺不全的书,现只有十七篇,全是礼仪的详细记录。它一般只记礼仪,不讲意义,所以读起来既费力又枯燥无味。

礼的起源和礼制

什么是"礼"? 我们在这里所说的"礼",是指我国奴隶社会和封建社会的等级制度以及与此相适应的一整套礼节仪式。

"礼"的起源早在奴隶社会之前。在原始氏族社会时期,在人们的共同生活中,经过长久的历史过程,由于风俗习惯而形成某些大家共同遵守的礼节仪式,便是最早的礼仪。这样的礼仪,在氏族公社时代已经积存不少。《礼记·礼运》篇里追述了远古原始社会祭祀活动的仪式,是符合人类学和氏族起源学说的。《仪礼·乡饮酒礼》记述了古代乡定期举行的以敬老为中心的酒会仪式,和起源于氏族社会的长老议事制度。在氏族社会,人们进行祭祀、婚、丧、议事、交往等活动，由于长期习用，相约俗成，逐渐形成大家都遵从的"礼，俗"。例如，氏族社会的祭祀祖先之礼，本来是通过祭祀本氏族的祖先，加强氏族成员在共同血缘基础上的团结；婚礼是强化一夫一妻制的产物，使当事人的婚姻关系得到公认；丧礼在于表示哀思和悼念；等等。礼，属于意识形态，是社会文化现象。

奴隶社会是从原始氏族社会发展而来，奴隶主统治阶级一方面不得不继承已经相约俗成的某些礼俗，一方面又对它们进行改造，塞进阶级统治的内容，使它发展成为统治阶级的上层建筑。其中，最突出的是强调上下尊卑关系，尤其是强化王的天子的地位和权威；又如各种祭礼都规定严格的等级，用以确保绝对不可逾越的阶级和等级制度。原来祭祖先，是全氏族成员共同参加的，这时分化为天子之祭、诸侯之祭、士大夫之祭、平民之祭；原来祭祀神灵，是人们共同的信仰，这时分化为唯有天子行祭五岳礼，唯有天子、诸侯祭社稷等等。丧礼也分化了：天子称崩葬，鲁公称薨葬，诸侯称卒葬，身份不同，丧葬礼仪规格就不同。这些礼仪经过历代不断充实和完善，形成一套严格而烦琐的礼仪制度。除了这类礼节仪式，礼制还包括国家制定的政治上的各种制度，如上一节的《周礼》，就是国家体制和官制。西周初期周公制礼兴乐，制定了一套完备的礼制，孔子特别推崇西周的这套礼制："郁郁乎文哉！吾从周。"就是提倡以周的礼制来治天下。贵族阶级的政治制度及其礼仪制度，只要稍加改造就可以为封建统治阶级所用，所以它又为封建王朝所继承。

《周礼》的内容是政治体制和官制，《仪礼》的内容是西周的各种礼节仪式。西周的仪礼是很多的，传说有三千，又说有三百；当然这都是虚数，但可以看出其数量很多。《周礼·大宗伯》把礼仪概括为"五礼"，下面把五礼的内容再略作介绍：

一、祭礼：即祭祀之礼。古人认为祭祀是国家的大事，所以列为五礼之首。祭礼的对象有祖先、上帝、日月星辰、司中司命、风师雨师、社稷、五祀、五岳、山林川泽以及四方百物等等，从而有规格大小不等的祭祀。

二、凶礼：除丧葬之外，还包括天灾人祸的哀悼。如饥馑、水灾、旱灾、战败、寇乱，以及其他灾变和不幸事件。

三、宾礼：即朝觐之礼，指天子接见诸侯来王朝朝见，各诸侯之间互相聘问、会盟等等。

四、军礼：主要指战事（出师、报捷、凯旋、献俘）以及对诸侯兵力的规定，也包括田猎、建造城邑和划定疆界等。田猎，指大规模狩猎，依军事组织进行，实际起训练和检阅武力的作用；建造城邑和划定疆界而发动人力，也都依军事组织进行，所以都属军礼。

五、嘉礼：内容较复杂，指婚冠（娶嫁、成年）、饮食、宾射（与宾客共射）、飨燕（宴享）、脤膰（zhēn fán，亲兄弟之国），以及种种庆贺之礼。后世只指婚礼。

在古代，礼制与法律和政治规定没有明显的界限，所以章太炎《检论》曾说："礼者，法度之通名，大别则官制、刑法、仪式是也。""礼"的主要作用是规定社会各个等级的尊卑贵贱。地位不同，衣、食、住乃至祭祀、丧葬、千事百事，各有各的规格，不能逾越，逾越就是僭，构成犯罪。《礼记·坊记》转述孔子说："礼"好比堤防，是限制人们逾越其本分的，人们应该各自安分于现在固定的位置和待遇。春秋末年，礼制遭到严重破坏，鲁国大夫季氏用"八佾（yì）舞于庭"，孔子认定是季氏的大罪一项。"八佾"是诸侯才能用的乐舞，大夫是家臣，竟然用诸侯的舞乐，这就是"僭"，所以孔子大发脾气说："是可忍孰不可忍！"军礼规定诸侯兵力不超过千乘，城邑不超过一百雉（每雉高一丈长三丈）的规模，卿大夫之家兵车不超过百乘，超过这些数目，就会对天子的统治秩序构成威胁。"礼"具有鲜明的政治性，它是维护君主专制制度的工具。"礼"讲的是君主专制的等级制度，所以它公开提倡不平等。不平等是"礼"的本质之一。

《礼记·曲礼上》讲过众所周知的两句话："礼不下庶人，刑不上大夫。""刑不上大夫"就是《周礼》所定的"凡命夫命妇不躬坐狱讼"，而且犯了法也可以按"八议"宽赦；"礼不下庶人"是说老百姓贫苦劳碌，没有经济条件和富裕的时间来讲究而且铺排烦琐的礼仪，他们根本无法举行或参加那些隆重而靡费的礼仪，所以也就不包括他们在内。对他们的要求只是按礼制的规定安于他们的地位，遵守他们的本分，处处不"僭礼"也就行了，如果违反了这个要求，就要按礼法予以制裁。

《仪礼》的成书和流传

《仪礼》是孔子传授弟子的重要课程,也是儒家传习最早的一部书。这部书出于何人之手,古人说法不一致。古文经学派认为是西周初年周公"制礼作乐"时所制作,这个说法不大可靠。《史记》和《汉书》采取今文经学派的说法,认为是春秋末年孔子采缀周、鲁各国残存的礼仪加以整理记录成书,后人多同意这个说法。

春秋末年周王室衰微,礼崩乐坏。孔子幼时好礼,儿时嬉戏即习仿礼仪形式,成年后专意"适周问礼",注意采辑搜访。《论语·八佾》记他"子入太庙每事问",问的是礼仪的事,说明他随时学习,到处打听。他又经常演习:他在鲁国习射礼,观者如堵墙;带弟子周游列国,半路上在大树下也习礼;习礼是他教学生的重要课程。《史记》说《礼》"记自孔氏",《汉书》说是孔子"缀周之礼",都说是孔子采辑周、鲁各国即将失传的礼仪整理成文字记录。

《仪礼》由孔子作文字记录,而所记录的礼仪活动,在成书之前却早已有之。书中有那样繁缛的进出之礼、趋详之礼,不是一时一人所能如此详尽设计的。它不可能是周公的制作,也不可能是孔子的编造,只能是在历代各种礼仪的基础上,经过长期实践而逐渐充实完善的。这就是说,孔子所记的这些礼仪形式,不但有周、鲁各国的,还有更早时代的;其中有的礼仪还是最早由原始氏族社会传下来的,不过后来又不断改造、充实、完善罢了。

孔子之后的儒家学派,一直重视传习《仪礼》,许多儒者就以执礼为职业。秦始皇焚书,没有杀绝的儒生仍在民间演习他们的礼仪。习俗是禁不完的。

汉代的《仪礼》也有今文、古文之分。今文《仪礼》即现在所传17篇。据他们说,孔子记录整理传授弟子的只有这17篇。西汉今文《仪礼》自鲁高堂生传授多家,通行有戴德本、戴圣本、庆普本。据1959年甘肃武威出土的《仪礼》庆普本,与大戴本、小戴本比较,篇目相同,但篇次顺序不同,篇题和正文字句也有歧异之处。现在通行的是东汉末郑玄的注本,郑注本的篇题和篇次顺序,是依据刘向《别录》所定的次序和篇题。

在今文《仪礼》传世时,据说又有河间献王和鲁恭王从孔子旧宅壁中得到的古文《仪礼》。古文《仪礼》56篇,除今文已有的17篇外,另有39篇。这39篇的真伪问题,曾经在今文学派和古文学派中进行争论。不过这39篇,郑玄没有为之作注,以后也失传,称为《逸礼》。我们现在连篇目也不得而知,其真伪问题也不必争辩了。我们现在读的《仪礼》,即今文17篇。

十七篇解题和主要注本

《仪礼》17篇可分为四组,分列于下:
第一组,冠昏(婚)之礼,3篇:《士冠礼》、《士昏礼》、《士相见礼》。
第二组,乡射之礼,4篇:《乡饮酒礼》、《乡射礼》、《燕礼》、《大射礼》。
第三组,朝聘之礼,3篇:《聘礼》、《公食大夫礼》、《觐礼》。
第四组,丧祭之礼,7篇:《丧服》、《士丧礼》、《既夕礼》、《士虞礼》、《特牲馈食礼》、《少牢馈食礼》、《有司彻》。

我们依这个篇次顺序,将17篇解题于下。

《士冠礼》:古代贵族青年到二十岁为成年,举行加冠(戴帽子)仪式,并且起个字(别名),表示他已经成年,开始享受成年人的权利,承担兵役等义务。这一礼俗是从氏族社会的"成丁礼"发展而来的。

《士昏礼》:古代贵族之间缔结婚姻关系是大事,有复杂的手续、繁细的仪注,这篇礼文记述了婚姻当事人双方在家长主持下,从纳采(下定)到婚姻后庙见等一系列礼仪。周王、公侯和一般贵族结婚的礼仪形式基本相同,只是身份地位越高,礼物、排场越加高贵富丽。

《士相见礼》:记述贵族与贵族第一次交往,一方携带礼物登门求见以及对方回拜的礼节。

《乡饮酒礼》:古代乡一级基层行政组织定期举行的以敬老为中心的酒会仪式。据考证,它起源于氏族公社以尊老和养老为目的的会食(聚餐)制度。这种仪礼一直持续到清代后期,各地因缺乏经费而撤销。

《乡射礼》:以乡为范围举行射箭比赛大会的具体仪节。上古氏族部落为防御侵袭,以及从事狩猎活动,对成员进行狩猎和作战训练,提倡尚武精神,定期举行骑马、射箭、搏斗比赛。贵族统治阶级实行"寓兵于农"政策,继承了这一传统,来和他们的民兵训练相配合。"乡射礼"这种形式,又像是地方运动会。

《燕礼》:"燕",就是"宴"。记述诸侯及其大臣们举行酒会的详细礼节。礼节繁缛,场面铺排,酒宴上有专用乐队和艺人伴乐演奏。

《大射礼》:国君主持下举行射箭比赛大会的种种礼仪规定。这样的大会由各级诸侯参加,类似全国范围的大运动会。

《聘礼》:各诸侯国之间,以及国君派使节去他国进行礼节性访问的具体礼仪。

《公食大夫礼》:国君举行宴会招待来访的外国大臣的具体礼仪。

《觐礼》:诸侯朝见天子的礼仪。

《丧服》:记述死者亲属丧服的种种差别,根据亲疏远近,对丧服和服期有不同的具体规定。这些规定形成"五服"制度,后来对我国政治、法律和民俗等方面都有长远的影响。

《士丧礼》和《既夕礼》:记述一般贵族从死亡到埋葬一系列详细礼仪。

《士虞礼》:记述一般贵族埋葬父母后回家举行安魂礼的礼仪。

《特牲馈食礼》:记述一般贵族定期在家庙祭祖祢(nǐ)的礼仪。父死立牌位称祢,用牛、猪祭祀称特牲。

《少牢馈食礼》和《有司彻》:记述大夫一级的贵族在庙祭祖祢的礼仪。用羊、猪祭祀称少牢。

我们今天读《仪礼》,当然不是学习这些礼仪。在我们的现实生活中,这些礼仪已毫无用处。我们了解它们,可以了解周代贵族生活的一些侧面,把它们作为考察周代社会的具体材料;同时,它们还保存了原始礼俗的一些成分,使我们观察到氏族社会的一些痕迹。再者,后世各朝代礼典制度,大都以《仪礼》为依据,其婚、冠、丧、祭等礼仪,一般为后世所承袭,只在细节上有所增减,所以也是我们研究社会学、民俗学的材料。

《仪礼》属于枯燥难懂的书,列举的是许多仪注,提到各种早不存在的名物礼器,这些分散为一段一段,既少头绪、又不贯通的文字,读起来很费劲。《十三经注疏》收的是东汉郑玄注、唐贾公彦疏;乾隆时代的张惠言根据十七篇礼文,编绘了六卷《三礼图》,有助于理解;清初张尔岐《仪礼郑注句读》为十七篇礼文分段,使之层次清晰;清末胡培翚(huī)《仪礼正义》总结历代注疏,对经文和郑注作了全面疏解。这些书,都有参考价值。

冠礼和婚礼

《士冠礼》列为17篇之首,表明这种礼仪的重要。古人不到二十岁是不戴帽子的,作为未成年的标志。到二十岁成年,举行加冠礼,并起个字,算是本族的一个正式成员。对本族来说,这是一件喜事:本族增加了一个正式成员;对本人也是一件喜事:人生新阶段的开始。这种礼仪活动,起源于原始氏族公社的成丁礼,或叫入社式。氏族公社中的青年,进入成年阶段时要连续几年接受一定的训练,合格后举行成丁礼,就成为公社正式成员,享受成员应享的权利,如参加氏族会议,选举、罢免酋长等;同时也履行成员的义务,如参加主要生产活动、参加战斗等等。贵族社会继承了这一成丁礼,又把它演变为冠礼。

据《士冠礼》所记,冠礼先以占筮选定加冠吉日,由父或兄主持在宗庙举行。冠礼前三天,通过占筮选宾(负责加冠的人,一般为父兄的僚友),选定后一再敦请至取得应允。冠礼进行时,宾给冠者加冠三次。第一次加缁布冠(黑麻布制成的冠),表示从此有治人之权;第二次加弁(用几块白鹿皮拼成的瓜皮帽),表示从此要服兵役;第三次加爵(读如雀)弁(用细葛布或丝帛制成的赤中带黑色的平顶帽),表示从此有参加祭祀之权。每加一次冠,宾都对冠者致祝词。三次加冠后,主人设酒馔招待宾、赞(宾的助手)等人,称"礼宾"。礼宾后,冠者入家拜见母亲,然后由宾取字(别名),然后依第拜见兄弟、赞者,入室拜见姑姊,然后脱下第三次加冠时所用的衣帽,换上玄色的礼帽礼服,带着礼品,去拜见国君、乡大夫、乡先生(退休居乡的官员)。这种种拜见,都是表明冠者已是成人。最后,主人向宾敬酒,赠送礼品,礼成。

又据《士昏礼》说:"女子许嫁,笄而醴之,称字。"这是指古代贵族女子十五岁许嫁时的加笄仪式。笄就是簪。行笄礼时要改变幼年时的发型,把头发绾成一个髻,用缅(xǐ,黑布)把发髻包住,然后用簪插定。笄礼也是表示成人的一种仪式,主持者是女性家长,加笄者是女宾。

《士昏礼》记述从求亲、订婚到结婚后三月庙见一系列十三个节目的礼仪。古代贵族认为结婚是生男育女、延续祭祀、下继后世的大事,所以相当隆重。十三个节目中,规定结为婚姻要经过六道手续,称"六礼":一、纳采:男方家长派媒人到女家献纳采择之礼,即求亲,所献礼物是雁。二、问名:男家派媒人持雁为礼物,询问女子的名字,女家以酒食款待,问名的目的是便于男家于宗庙问卜婚媾是否吉利可行。三、纳吉:男家获得吉兆后,派媒人仍持雁为礼物,告知女家。四、纳征:又叫纳币,男家送给女家玄纁(红黑帛五匹)、束帛(浅红帛五匹)、俪皮(鹿皮两张)等礼物作为聘礼,聘礼的厚薄视等级而定,纳征即宣告正式订婚,婚姻关系从而得到社会和法律的认可。五、请期:男家仍派媒人持雁为礼物,把决定的迎娶日期征求女家同意。六、亲迎:新郎亲自到女家迎娶新娘。媾婚六礼,除天子不亲迎这一项之外,所有的贵族都必须全部遵从。六礼中除纳征外,其余五礼都必须持雁为礼物。《仪礼正义》注说:所以持雁为礼,"取其随时南北不失其节,明不夺女子之时也;又取其飞成行,止成列,明嫁娶之礼,长幼有序,不相逾越也"。

亲迎的仪式隆重而烦琐。新郎迎亲乘黑漆的车,有人执烛前导,后从车两辆,准备新娘坐的车。同至女家时,新娘已打扮好立于房中,新娘之父迎于门外,新郎被迎接入女家,献雁给女家,行礼而出,新娘随行,父母不送出。新郎亲自驾车,请新娘上车,然后由车夫代新郎赶车上路,新郎便乘上自己的车先至家门外等侯,等新娘到达时接进门,设宴共食,行合卺(jǐn)礼。卺就是瓢,一个葫芦分成两个瓢,各盛酒,各执其一而饮,取夫妻互相敬爱、同体为一之意。合卺礼后,新人去礼服,新郎入室亲手摘下新娘的缨饰,撤出室内烛,婚礼合成。次晨,新娘拜见公婆,献枣栗(取早立子之意)于公公,献干肉于婆婆。拜见公婆和三月庙见,也各有一套礼仪。

以上是指贵族的结婚礼仪,一般庶民往往加以精简合并变通,变通办法大致是纳采和问名合并,纳征和请期合并,没有雁时,也可以用家禽或野鸡代替。

在两千余年的封建社会中,"六礼"婚制基本上延续下来,只是仪节略有增减而已。

五 服

《丧服》是较早记录丧服制度的专篇,它按照生者与死者亲属关系的亲疏,分五等服制,即斩衰(cuī)、齐衰(zī cuī)、大功、小功、缌(sī)麻五个等级,称五服。如在五服之外,就不再是亲属。

斩衰:五服中最重的一种。凡丧服,上衣叫衰(即缞),下衣叫裳。斩衰用最粗的生麻布制作,衣旁和下边不缝边。斩就是斩布制丧服,不缝辑,取痛甚之意。诸侯为天子、臣为君、子为父、父为长子、嗣子为嗣父都服斩衰。妻妾为夫,未嫁之女为父,除服斩衰外,还有丧髻。服斩衰者居丧期是三年,即孔子所说"三年之丧",而实际是二十五个月。为父服斩衰的,俗称"孝子",其服饰除斩衰外,还有苴绖(jū dié,粗麻腰带)、杖(哭丧棒)、绞带(麻绳)等,苴绖表示对亡父思慕得肠子若结,杖表示哀痛得形销骨瘦要用杖来支撑身体,麻绳束腰表示瘦得仅用苴绖束不紧。

齐衰:五服中的第二等丧服。齐衰用熟麻布,缝边整齐。按居丧期分四等:一、齐衰三年,是父已去世而子为其母、母为长子的丧服;二、齐衰杖期,杖是丧杖,期(jī)为一年,是父健在而子为母、夫为妻的丧服;三、齐衰不杖期,不用丧杖,也为期一年,是男子为伯父母、叔父母、兄弟、众子(长子以外诸子),已嫁女子为父母、媳妇为公婆、孙和孙女为祖父母所服的丧服;四、齐衰三月,为曾祖父母所服的丧服。

大功:五服中的第三等。用熟麻布,较齐衰所用精细。功,指对丧服布料的处理,大功就是用功粗大。大功服丧九个月。男子为出嫁的姐妹和姑母,为从兄弟和未嫁的从姐妹;女子为丈夫的祖父母、伯叔父母、为自己的兄弟;公婆为嫡子之妻,都服大功。

小功:五服中的第四等。用熟麻布,较大功更精细,用功也细小。小功服丧五个月。男子为从祖祖父、从祖祖母(叔伯祖父母)、从祖父母(堂叔伯父母)、从祖昆弟(同曾祖而不同祖父的兄弟)、从父姐妹(堂姊妹)、外祖父母;女子为丈夫的姑姐妹、娣姒(兄弟媳妇),都服小功。

缌麻:五服中最轻的一等。缌是细麻布,丧期三个月。男子为族曾祖父母、族祖父母、族父母、族兄弟、外孙、外甥、婿、岳父母、舅父,都服缌麻。

五服制度是封建宗法制度的产物。从《丧服》中的记述可以明显地看出:它根据血缘关系把本宗族的人连系起来,按亲疏远近,组成严密的网络——对外,他们是一体的;对内,他们各有严格的等级。五服制度是宗法关系的一个图表。

在五服制度中,强调嫡长子继承制。这是宗法制的一个最突出的特点,因为宗法制是强调嫡长子继承权的,为此,《丧服》中还规定了"承重"制。爵位和财产由嫡长子继承,如嫡长子已亡,由嫡长孙继承,非嫡长子的其他诸子是不能继承的。所以《丧服》规定由嫡长子承受丧祭与宗庙的重任。祖父母丧亡时,嫡长子先死,由出自嫡长子的嫡长孙承重,称承重孙;其曾祖父母丧亡时,如祖父及父都先死,由重嫡长孙承重;凡承重者,均服斩衰。承重制是维护宗法制继承制的重要规定,表现了宗法制内部的不平等关系。

在五服制度中,还强调了妇女的从属地位。妇女在宗族内的地位较男子低,已嫁和未嫁是不同的,未嫁还属于本宗族的成员,为生父母服丧服斩衰,已嫁后虽然与生父母有直接的血缘关系,毕竟已属于别的宗族成员,所以服丧要低一等而服齐衰。男子为生父母服丧服斩衰,为岳父母服丧却只服最轻的缌麻;而女子为公婆却要服齐衰。这种制度明显地表明了妇女的从属地位,公开宣扬男女的不平等关系。

《丧礼》中的五服制度,后来被封建统治阶级与法律相结合,从魏晋到清末,通过立法形式实行,其影响持久而广泛。

第三节 《礼记》

《礼记》是儒家关于礼学的一部论文集。"记"指对经义的说明、补充和发挥,《礼记》是对《礼经》经义的阐发。它原来并没有单独成书,只是附在《仪礼》后面,与《仪礼》一同流传,《汉书·艺文志》记:"《礼古经》五十六卷,经七十篇,记百三十一篇,七十子后学者所记也。"①它原来是依附《仪礼》一书的,是《仪礼》传习的长期过程中儒家学者写作的释经文字。

《礼记》在东汉末独立成书,到唐代取得儒家"经"书的地位,至明、清两代,地位越来越高,其影响远远超过《周礼》和《仪礼》。南宋朱熹取其中《大学》、《中庸》两篇,与《论语》、《孟子》合为"四书",为之作注,广为流传。

《礼记》全文近 10 万字,超过《周礼》(4.5 万字)、《仪礼》(5 万字)二书之和,在十三经中,其篇幅仅次于《左传》,所以称为"大经"。

《大戴礼记》和《小戴礼记》

先秦传习《仪礼》的同时,也传授一些说明和补充材料,累世相传,到西汉,这些文字已经积累不少。据说,到西汉后期,刘向考校书籍时又采集一些,共达 214 篇。这些文字写作的时代,早的是在战国时期,晚的是在西汉后期。它们的作者多不可考,有的是从其他书籍节录的,所以又称它是"儒学杂编"。《隋书·音乐志上》说:"《月令》取《吕氏春秋》;《中庸》、《表记》、《坊记》、《缁衣》取《子思子》;《乐记》取《公孙尼子》;《檀弓》残杂,又非方幅典诰之书也。"又据后人考证:《王制》与《孟子》的记述相合;《三年问》、《乐记》、《乡饮酒义》都与《荀子》中部分文字相同。所以,从《礼记》的内容看,包括思孟学派和荀子学派两派的著作,其中和荀子学派的关系较为密切。

汉代传《礼》有戴德、戴圣、庆氏三家,都汇集了说《礼》的论文集。戴德称为大戴,戴圣是戴德的侄子,称为小戴。戴德把流传的论文合为 85 篇,称《大戴礼记》;戴圣又加以删辑,为 46 篇,称《小戴礼记》;《小戴礼记》在东汉末期又由马融补上三篇,共 49 篇,郑玄给《小戴礼记》49 篇作注,使《小戴礼记》广泛流传。《十三经注疏》所收即《小戴礼记》,为郑玄注、孔颖达疏,题名《礼记正义》。学术界多认为:郑玄注很出色,清人注本尚无出其右者。

《大戴礼记》也有传本,因为不被学者重视,在流传的过程中佚失了 46

---

① 据钱大昕《汉书辨疑》:"七十篇"当系"十七篇"之误;又据钱大昕《汉书考异》记百三十一篇系合《大戴礼记》、《小戴礼记》之数。

篇,只保存下来39篇。有北周卢辩的注本,较好的注本还有清孔广森的补注。

《礼记》篇目分类

《礼记》选辑的49篇文章,内容极为丰富,包括社会观、人生哲学、政治理想、礼治思想,以及教育、音乐、天文、考据等等,涉及门类比较庞杂。刘向的《别录》把《礼记》内容分为八类,较啰唆;梁启超又分为五类,也不尽妥。我们把它分为四类:一、专释《仪礼》之属;二、考述古礼之属;三、杂记孔子及其弟子思想言行之属;四、儒家学术论文之属。当然,对有的文章只能从大体上予以归类。

一、专释《仪礼》之属

这一类篇目最多,是对《仪礼》各篇解释的专篇文章,阐述制礼的意义和礼治精神,一共有21篇。

其中有的是通释《仪礼》某一篇的,有7篇:《冠义》、《昏义》、《乡饮酒义》、《射义》、《燕义》、《聘义》、《丧服四制》,分别解释《仪礼》中的《士冠礼》、《士昏礼》、《乡饮酒礼》、《乡射礼》和《大射礼》、《燕礼》、《聘礼》、《丧服》等篇,类似这些篇的传注。

其中有的是解释《仪礼》中某一专题的,有14篇,其中大多关于丧、祭:《曾子问》、《丧服小记》、《丧大记》、《奔丧》、《问丧》、《间传》、《服问》、《三年问》、《杂记》上下、《郊特牲》、《祭义》、《祭法》、《祭统》。这些篇也都是读《仪礼》的参考材料。

《仪礼》中言丧事者4篇,《礼记》中言丧事者10篇;《仪礼》中言祭事者3篇,《礼记》中言祭事者4篇。由此也可见对于丧、祭的重视。上章已经说过,丧礼和祭礼要求非常严格而细密的等级制度,规定绝对不可逾越,它们对于维护宗法等级制和封建专制制度是十分必要的,所以成为各种礼制中最重要的礼制,一再加以说明和强调。

《昏义》是解释《士昏礼》制定意义的文章,一开始就说明为什么要重视婚礼。它说:"昏礼者,将合二姓之好,上以事宗庙,而下以继后世也。"开章明义,指出婚姻两大目的:一个是通过婚姻密切两个家族之间的联系,以姻亲的纽带合好两个贵族家族,增进彼此的亲密关系;一个是保证男方宗庙的祭祀,并向下传宗接代,因此要用隆重的礼仪来强调这一行动的重大社会意义。在这里,不是着眼结婚当事人的幸福,而是着眼于宗族的利益。

《乡饮酒义》开章明义说:"乡饮酒之礼者,所以明长幼之序也。""所以明养老也,民知尊长养老,而后乃能入孝弟,民入孝弟,出尊长养老,而后成教,成教而后国可安也。"实行乡饮酒礼,是使人尊长养老;在外面能够尊老养老,在家内自然能够孝顺父母、敬爱兄长。这样,宗法等级制可以确立,礼教可以通行,封建国家得以巩固。

专释《仪礼》的文章,大体上都这样阐发礼治精神。

二、考述古礼之属

有些古礼,《仪礼》17篇未载,这一类文章则记述和考证古礼,共13篇:《王制》、《礼器》、《大传》、《月令》、《明堂位》、《文王世子》、《深衣》、《曲礼》上下、《玉藻》、《少仪》、《内则》、《投壶》。

这些古礼,内容广泛而杂乱。如《月令》是授时颁政的;《文王世子》意在为王子示范;还有许多只是记述日常生活礼节和守则,如《曲礼》上下、《内则》、《少仪》等篇;有的是考述各种礼器用具以及明堂方位的,如《礼器》、《玉藻》、《明堂位》等篇。这些文章琐细、迂腐、呆板,但对于专业工作者来说,具有一定的考古学价值,也是研究古代宗法制的参考材料。其中的《王制》,较普遍地为历代学者所注意。

《王制》的内容,同于《孟子》书中的叙述,当是承袭《孟子》之说。如它述爵禄:"王者之制禄爵,公、侯、伯、子、男,凡五等。诸侯之上大夫卿、下大夫、上士、中士、下士,凡五等。天子之田,方千里;公、侯田方百里,伯七十里,子、男五十里,不能五十里者,不合于天子,附于诸侯,曰附庸。天子之三公之田,视公、侯;天子之卿,视伯;天子之大夫,视子、男;天子之元士,视附庸。"这里所记的三公九卿之制,与《周礼》六卿之制不同,其爵禄也比《周礼》所记少得多。由此可知,它们的记述,都不尽合已行之事实,而是有关国家制度的设计方案。

三、杂记孔子及弟子言论之属

这一类文章记述孔子及其弟子的思想言论,有的就采用问答的形式,或者其中还有记事,叙述些小故事。它们大多是后世孔门弟子托名孔子或其弟子所作。这类文章共 8 篇:《仲尼燕居》、《孔子闲居》、《哀公问》、《檀弓》上下、《坊记》、《丧记》、《缁衣》。

《檀弓下》是篇很有意义的文章,它杂记故事,寓以深刻的含义,成为优秀的寓言。世人称诵的是"苛政猛于虎也"一节。政,就是征;苛政,指繁重的赋役剥削。这节文章记:

> 孔子过泰山侧,有妇人哭于墓者而哀。夫子式(伏轼,式同轼,车前横木)而听之,使子路问之曰:"子之哭也,壹是(很象是)重有忧者。"而曰:"然。昔者,吾舅(公公)死于虎,吾夫又死焉,今吾子又死焉。"夫子曰:"何为不去也?"曰:"无苛政。"夫子曰:"小子识之,苛政猛于虎也。"

这段寓言故事,托孔子的名义,宣传了儒家薄赋敛、省徭役的仁政学说。"嗟来之食"一节,也是传诵已久的寓言:

> 齐大饥(荒年),黔敖(齐国富人)为食于路;以待饿者而食之。有饿者,蒙袂(mèi,衣袖)辑屦(用绳子捆着麻鞋),贸贸然(昏昏迷迷地)来。黔敖左奉(捧)食,右执饮(饮水),曰:"嗟,来食!"扬其目而视之,曰:"予唯不食嗟来之食,以至于斯也!"从而谢(道歉)焉。终不食而死。

这段寓言故事宣扬儒家的气节观念,饿死事小,屈节事大,坚持自己的人格气节,不接受侮辱性施舍,矜守气节,重于生命。这种观念,在中国知识分子中是可贵的精神传统。

四、学术论文之属

这一类文章论述了儒家思想的精义,原来编辑时,是作为附录的,而在后来流传时,这些论文的影响却最大,成为《礼记》中最有研读价值的代表作。有几篇世世代代被作为教材诵习,并单独成书。

它们一共7篇,每篇都有中心论题:

《礼运》:政治学论文,提出以礼治为中心的国家政治制度的理想。

《经解》:经学论文,分别论述六经的教学目的。

《乐记》:文艺学论文,论述音乐的起源和作用及其和"礼"的结合。

《大学》:哲学论文,论述儒家"修身齐家治国平天下"的人生哲学。

《中庸》:哲学论文,论述儒家的道德准则和思想方法。

《学记》:教育学论文,儒家教育经验的总结和理论概括,是体系完整的教育学专著。

《儒行》:德育论文,论述对儒者品格和行为的基本要求。

两千余年来,儒家经典对我们民族意识形态影响最大,其中《礼记》的影响仅次于《论语》,和《孟子》相等,而《礼记》也以这几篇文章为精华。我们在下面分别评介几篇文章。

《礼运》

《礼运》是一篇重要的文章,论说人类社会的发展阶段和礼义的起源,总的精神是强调礼义治天下,实现社会的安康和进步。从思想体系来看,渊源于荀子学派,时间大约写于秦统一中国之后。

文章一开头,便提出"大同"、"小康"说。作者托孔子的口气,描述理想的大同社会:

> 大道之行也,天下为公。选贤与(举)能,讲信修睦。故人不独亲其亲,不独子其子,使老有所终,壮有所用,幼有所长,矜(鳏)寡孤独废疾者,皆有所养。男有分,女有归。货恶其弃于地也,不必藏于己;力恶其不出于身也,不必为己。是故谋(阴谋诡计)闭而不兴,盗窃乱贼而不作。故外户(门户)而不闭,是谓大同。

文章认为,这样理想的大同社会,其特征是"天下为公"。这种"大同"思想,反映了农民小生产者对于远古没有压迫、没有剥削的社会制度的向往,把原始共产主义社会理想化，虚构出这样一个美好的乌托邦。文章认为大同的社会虽然美好，但它是三代以前的事了，已经一去而不复返。"大道"不再存在，已经进入"天下为家"的时代。

作者认为，自从有了私有财产，有了世袭制度，有了国家和战争，古代圣王为了安定社会，建立新的原则来实现"小康"社会。文章仍托孔子的口气，描述这个小康社会：

> 今大道既隐，天下为家。各亲其亲，各子其子，货力为己。大人（统治者）世及（世袭）以为礼，城郭沟池以为固，礼义以为纪，以正君臣，以笃父子，以睦兄弟，以和夫妇，以设制度，以立田里，以贤勇知，以功为己。故谋用是作，而兵（战争）由此起。禹、汤、文、武、成王、周公由此其选也。此六君子者，未有不谨于礼者也。以著其义，以考其信；著有过，刑仁（以仁德为法）讲让，示民有常（固定准则）。如有不由此者，在势（势位）者去，众以为殃（祸害），是谓小康。

文章认为，小康社会就是在私有制和国家出现之后，三代圣王所建立的礼治社会。下面的文字，就大段大段地论述用礼治来确立封建专制制度的必然性，提出大力推行礼治是当务之急，以等级制为核心的礼既是法制，又是道德原则。

《礼运》提出反映小农生产者理想的大同社会，却不准备去实现；它也找不到一条到达大同之路，"天下为公"成了一个永远无法达到的理想。但是，这一段关于大同社会的描述，却吸引了历代进步思想家的关注，成为人民向往的目标。一直到19世纪末20世纪初，先进的中国人，仍然受到它的鼓舞。康有为写了《大同书》，作为政治改革的最终理想；孙中山提出"天下为公"、"世界大同"，作为鼓动革命的口号。

《大学》

《大学》是一篇论述儒家人生哲学的论文，全文十章，共1753字。关于它的时代和作者,历来有不同的说法:朱熹认为是孔子弟子曾参所作,近人有人认为是思孟学派的作品,也有人认为是秦汉之际荀子后学之作。

"大学"原意为王公贵族子弟的学校,也就是培养统治者的学校,所以又解释为"大人之学"。《大学》这篇论文,讲的是统治者治理天下的最根本的学问。

《大学》第一章提出"三纲领八条目",以下各章是对这三纲八目的说明解释。

所谓三纲领,即统治者治理天下的三条基本原则。文章开宗明义提出:"大学之道,在明明德,在亲民,在止于至善。"这是总纲。它把道德修养和治理国家结合为一体,以统治者个人的道德修养作为治理天下的根本。分而言之,就是三条纲领:第一,"明明德",即发扬光辉美好的德行;第二,"亲民",即新民,指教化人民,使人民日新其德,具有新的道德风尚;第三,"止于至善",止,训为"处"或"达",即处于最完美的境地。这最完美的境地指的是什么呢?传文解释说:"为人君止于仁,为人臣止于敬,为人子止于孝,为人父止于慈,与国人交止于信。"仁、敬、孝、慈、信就是大人君子所要达到的最高道德标准。能够处于这个境地,就会"知止而后有定(志向坚定),定而后能静(处事镇静),静而后能安(不复犹豫动摇),安而后能虑(谋划得当),虑而后能得(达到目的)。"文章认为,达到至善,则方针明确,心不妄动,所处而安,能够正确思考和处理事务。

所谓八条目,即实现三条基本原则的八个步骤,即下文所说:"格物而后知至,知至而后意诚,意诚而后心正,心正而后身修,身修而后家齐,家齐而后国治,国治而后天下平。"格物、致知、诚意、正心、修身、齐家、治国、平天下,这就是八条目。

"格物"即推究事物的原理,朱熹注疏说:凡天下事物莫不有其理,当一一求之,用力之久,一旦豁然贯通,即能悟出贯穿全体的大道理。"致知"就是认识到万事万物本来之理。"诚意"的"意",谓意念,诚意即真心实意,传文解释说:"所谓诚其意者,毋自欺也","故君子必慎其独也。"何谓慎独?大庭广众能够做到,而个人独处时,以为人家看不到,便放大了胆做那不正当之事,这是不行的,所以君子要特别注意个人独处时的行为,人前人后都一样,这叫慎独。"正心",传文解释说:"身有所忿懥,则不得其正;有所恐惧,则不得其正;有所好乐,则不得其正;有所忧患,则不得其正。"正心就是守持儒家的正道,不忿怒,不恐惧,不好乐,不忧患,对种种感情有克制力,防止个人感情和欲望的偏向。"修身",即修养身心,修身是八条目的中心,这里指修养的完成。"明明德",是修身之本,提出"君子慎乎德",慎德就是强调个人的德行。前四个条目都是为了完成修身,君子有了德行,才能以身作则而齐家,才能爱民治国。"齐家"的家指"家族",传文解释说,齐家就是教化家族能够做到孝、弟、慈。子女对父母曰孝,兄弟曰弟(悌),父母对子女曰慈。一个家族做到这三点,家风就是仁、让之风,这也就是德。家族是国家组织的细胞,国是放大的家,齐家就可以"治国"。"治国"的"国",指诸侯之国。传文认为,君子治国,不外是修身齐家的道理,"孝者所以事君也,弟者所以事长也,慈者所以使众也"(在家能孝父母,就能忠事君长;在家敬兄长,就会服从长官;在家慈爱子女,就能治理和爱恤百姓)。所以"一家仁,一国兴仁,一家让,一国兴让;一人贪戾,一国作乱……尧舜帅天下以仁,而民从之;桀纣帅天下以暴,而民从之。其所令,反其所好,而民不从。是故君子有诸己而后求诸人,无诸己而后非诸人"。统治者必须以身作则,才能治国。"平天下"的平,即治理。平治天下,是儒家的最高理想,八个条目最后要落实于平天下。

怎样治国平天下呢?《大学》提出了三条原则。

第一,以统治者的德行推己及人。它说:"所谓平天下而治其国者,上老(尊敬)老而民兴孝,上长(尊敬)长而民兴弟,上恤孤而民不倍(遗弃),是以君子合絜(度量)矩(法度)之道也。所恶于上,毋以使下;所恶于下,毋以事上;所恶于前,毋以先后;所恶于后,毋以从前;所恶于右,毋以交于左;所恶于左,毋以交于右。此之谓絜矩之道。"所以它又说:"是故君子先慎乎德","未有上好仁而下不好义者也,未有好义其事不终者也。"起决定作用的是统治者的德行。

第二,仁德爱民,以民为本。传文说,统治者要像爱护子女一样爱护百姓,"民之所好,好之;民之所恶,恶之;此之谓民之父母。"它明确指出:"得众则得国,失众则失国。"为什么呢?因为"有德此有人,有人此有土,有土此有财,有财此有用。"这意思是说,统治者仁德才有群众,有群众才有农业生产,有农业生产才有财货,有财物才有官府和国家的用度,很清楚地说明国家依靠群众来供养,治理国家必须以民为本。

第三,薄赋敛。文章明确指出:"财聚则民散,财散则民聚",聚敛财富就会使人民离散,把财富分散在民间,人民就会拥护。人民是立国之本,所以,"仁者以财发身,不仁者以身发财,国不以利为利,以义为利也"。仁者使用财物来发展自己的事业,不仁者才使用心机求自己发财,国家不能把财物看作利,而要把仁义看作利。这些主张,都是要求对人民减轻赋税,取得国家的长治久安。

《大学》是儒家的人生哲学。它的人生观是入世的、积极进取的,把儒家的道德理想和政治理想作为个人修养和积极奋斗的目标,争取建立一个开明的封建社会。这个人生观,首先要求努力修养达到个人道德的自我完善,以此为基础,修身、齐家,进而承担起治国、平天下的社会责任。这曾经是封建社会世代知识分子大多信奉的人生哲学。

道德理想和政治理想是有阶级性的,《大学》的三纲八目有其具体的阶级内容,其"明德"和"至善"的内容就是封建主义的政治观念和伦理思想,并用以教化人民,协调封建社会的阶级关系,从而巩固封建统治。

在修养问题上,所谓格物、致知、诚意、正心,其所格之"物",所致之"知",显然是指社会的政治和伦理,并把这种封建的政治和伦理思想与个人的"意"和"心"融合一体,防止和杜绝个人一切不符合封建政治和伦理观念的思想感情活动。这里的"物"、"知"、"意"、"心"都是先验的。理学家朱熹就特别重视《大学》这一段,而着重予以发挥。他的"存天理去人欲"之说以及先验论的修养论,就是以《大学》的原则为指南。

《大学》还继承了孔子的仁政学说和孟子的民本学说,以之作为治国平天下的根本原则。《大学》对这一原则的实质作了清楚的发挥。

《大学》里的统治者自命为"君父"、"尊长"、"民之父母",而要求人民"事君以忠"、"事长以敬",而统治者则像父母爱护子女一样施惠于民。他们的所谓"爱民",所谓"不暴戾"、"薄赋敛",目的是保护生产力,让人民获得生存的条件,才能够再生产,才能够防止社会矛盾激化,从而维持其本身生存以及巩固其统治。

《中庸》

《中庸》也是谈人生哲学的,是《大学》的姊妹篇。全文三十三章,比《大学》长得多。

《中庸》的作者是谁,说法不一。儒家说是孔子的孙子子思所作,从而宣传此文得自孔子嫡传,所以深得孔门精义,是思孟学派的代表作;又有学者认为,文中的"今天下车同轨,书同文,行同伦",分明是秦统一后的景象,故此文不可能成篇在秦统一之前;也有的学者认为这个理由并不能成立。二说至今尚未统一。

全文内容可分五个部分:一、对中庸涵义的解释;二、五伦三德;三、正己与忠恕;四、三重九经;五、诚。分别作如下简介。

一、中庸的涵义

何谓中庸?"中庸"二字的字义,程颐解释说:"不偏之谓中,不易之谓庸。"朱熹释"庸"为"平常"、为"用";凡事取其中,为不易(变)之常道,就是中庸。

"致中和"是中庸之道的精髓。何谓"中和"之"中"?"喜怒哀乐之未发谓之中。"喜怒哀乐是感情欲望的不同表现,这些感情欲望未发生时,心理处于宁静状态。何谓"中和"之"和"?"发而皆中节谓之和"。节指节度。喜怒哀乐各种感情欲望发生了而自然而然地合于礼节,这就是中和。《中庸》说:"中也者,天下之大本(最重要的根本)也;和也者,天下之达道(普遍的原则)也。致中和,天地位(天地正位得其所)焉,万物育(化育生长)焉。"达到中和,是《中庸》对人的感情欲望的基本要求。孔子在《论语》里说:"中庸之为德也,其至矣乎!"这篇文章也引述孔子曰:"君子中庸,小人反中庸。君子之中庸也,君子而时中(时时节制);小人之反中庸也,小人而无忌惮(胡作乱为无所忌惮)也。"致中和,就是要求人的感情欲望行为自然地符合儒家的道德原则。

"执其两端用其中",是中庸之道对待矛盾事物的态度和方法。第十章以子路问"强"为例,孔子说:南方人的强,宽大教人不报复;北方人的强,勇猛无畏。二者都有可取之处，又都有偏颇；中庸之道是介乎二者之间，把二者结合起来，既吸收南方人之柔强，又吸收北方人之刚强，使柔刚混成一体之强。

中庸之道又反对"素隐行怪"。"素"是寻找，"隐"是隐僻，指人人所不了解、没接触过的道理；"行怪"指行为与众不同、与传统不同，即行为怪异。反对素隐行怪，就要求行为与众相同，合于常规。但这样，就没有革新，没有先进，因为一切革新的、先进的言行，无疑都是反成规、反传统的，也就都属于素隐行怪之列。中庸之道强调"君子无人而不自得焉"，这是要求不论到了什么境地都安然自得，目前是什么状况，就安于什么状态，不羡慕分外的东西。

留有余地，过犹不及，是中庸之道的又一原则。第十三章说："庸德之行，庸言之谨，有所不足，不敢不勉，有余不敢尽，言顾行，行顾言。"实践大家都遵守的道德，尊重大家的意见，做得不够，决不能不努力，但又一定要留有余地，说话要考虑能不能做到，做时又要考虑到怎么说的。文章又引述孔子曰："道之不行也，我知之矣，知（智）者过之，愚者不及也；道之不明也，我知之矣，贤者过之，不肖者不及也。"孔子认为，中庸之道是不容易做到的，不是过，就是不及，过与不及都不好。主张真正持其中，不过，也不要不及；不及，还可以努力再做，过了，就不好办了。

二、五伦三德

《中庸》开头三句话是："天命之谓性，率性之谓道，修道之谓教。"这三句是说，人的本性是上天给予的，顺应和发扬人的本性就是道，使人们推广和遵循天赋之道，就是教化。那么，这里所说的天赋的人的本性是什么呢？传文说："天下之达道五，所以行之者三，曰君臣也，父子也，夫妇也，昆弟也，朋友之交也。五者天下之达道也。知（智）、仁、勇三者，天下之达德也。所以行之者一也。"

《中庸》所说的"天下之达道"，就是君臣、父子、夫妇、兄弟、朋友五种伦理关系；《孟子》解释这五伦关系是"父子有亲、君臣有义、夫妇有别、长幼有序、朋友有信"。《中庸》认为，亲亲、忠君、夫妇之别、兄弟间之友悌、朋友间之信义，都源出于人的本性，而实行和发扬这五伦道德规范，靠智、仁、勇三种道德情操;要具备这三种道德情操,就靠修身。"好学近乎(接近于)知,力行近乎仁,知耻近乎勇。知斯三者,则知所以修身。"通过修身,就可以有智而聪明有知识,有仁而仁德爱人,有勇而勇敢无畏,用它们去实行五伦大道,就可以治天下。

三、正己与忠恕

如何修身,《中庸》认为从忠恕开始。何谓"忠恕"？传文明确指出:"施诸己而不愿,亦勿施于人。"以所求乎子者事父,所求乎臣者事君,所求乎弟者事兄,所求于朋友者先施之于朋友。忠恕就是推己及人,这是修齐治平的要道。

行忠恕,必先正己。"凡事豫(准备、谋划)则立,不豫则废",齐家治国平天下要以修身为本。归结到底,"为政在人",国家的治乱,决定于为政者的道德修养。

四、三重九经

如何治天下？《中庸》提出:"王天下有三重焉,其寡过亦乎？"(统治天下要抓住三件大事,就可以减少过错了。)哪三件大事？《中庸》说:"非天子不议礼,不制度,不考文。"议礼是议定礼乐,制度是制定法度,考文是考订文字。只有天子才能做这三件事,实现"车同轨,书同文,行同伦"。

《中庸》又提出王者统治天下国家的"九经",即九条原则:"凡为天下国家有九经,曰修身也,尊贤也,亲亲也,敬大臣也,体群臣也,子庶民也,来百工也,柔远人也,怀诸侯也。"原文分别作了解释。修身:即树立崇高的道德,处处合于礼仪,如此"则道立"。尊贤:摈除谗人,远离女色,轻财而重德,尊重有才能的人,逢事"则不惑"。亲亲:家族和谐,加爵加禄,同其好恶,"则诸父昆弟不怨"。敬大臣:"则不眩",给予任用部属之权。体群臣:体恤士,奖励加俸,士就会报答恩德。来百工:奖励各种技工,日省月试(考绩),计量付粮,如此"则财用足"。柔远人:优待远来宾客,来者欢迎,去者欢送,"则四方归(附)之"。怀诸侯:安抚各国诸侯,"继绝世,举废国,治乱扶危,朝聘以时,厚往而薄来",则天下畏(服)之。"三重九经",实际是统治者统治经验的总结。

五、诚

《中庸》反复论述人人具有天赋的道德观念,这天赋的道德观念与人的本性是一致的,又天然地与封建社会的伦理秩序一体。如何才能发扬本性中的天赋道德呢?《中庸》指出,主要在一个"诚"字:"唯天下至诚为能尽其性。"

"诚"是儒家提出的一个哲学范畴,意为信实无欺或真实无妄。《中庸》说:"诚者天之道也,诚之者人之道也。"这是说,"诚"是天的根本法则,努力达到"诚"的境界是为人之道。它认为为人达到"诚"的精神境界,则"不勉而中,不思而得,从容中道,圣人也"(无须努力就能合乎中庸,无须思虑就能处置合适,思想与言论自然而然合于天道,就能成为圣人)。它又说:"诚者,物之终始,不诚无物。"意思是,"诚"贯穿万物的始终,没有"诚"就没有万物。

《中庸》宣扬人应该不断地提升道德修养,追求达到"至诚"的精神境界,"至诚"的作用有四:一、"至诚"能发扬人的全部的善良本性,从而发扬所有的人和万物的本性,"赞天地之化育"(促进天地万物的生长和发展);二、"至诚"则"明"、则"智",有了"诚",可以明察事理,可以具有智慧,达到博厚而高明,从而"经纶天下之大经"(筹划和治理国家之大事大法),"立天下之大本";三、"至诚之道,可以前知",它说:"国家将兴,必有祯祥;国家将亡,必有妖孽。见乎蓍龟,动乎四体。祸福将至,善,必先知之;不善,必先知之。故至诚如神。"这是说,心诚如神灵,通过卜筮和人的仪容、动作可以预知吉凶。《中庸》无限地夸大了"诚"这一主观精神意念的作用,是唯心主义的先验论,又是神秘主义。这个唯心主义的命题,后来被程朱理学所继承和发挥。

《中庸》提出的政治理论,是封建阶级的治国理论。它把个人道德修养作为政治成败之本,把孔子的人治思想大大发展了,由完善个人道德的修身外延和扩大为治国。但这并没有抓住政治的本质,依靠统治者个人道德完善来实现国泰民安,是不切实际的空谈。

《学记》

《学记》是我国和世界第一部体系严整的教育专著,其写作时代大约在战国后期,是思孟学派的作品。据郭沫若考证,作者是孟子的学生乐正克,但也有学者持不同看法。

《学记》是先秦儒家学派教育经验的总结和理论概括,系统而全面地阐明教育目的和教学制度,教学的原则和方法,教师的地位和作用,师生关系与同学关系等。

一、教育目的和教学制度

《学记》开始就提出:"玉不琢,不成器;人不学,不知道。是故古之王者,建国君民,教学为先。"文章以玉不琢不成器,譬喻人不学不明道,说明教育是培养人的手段。这里的"道",指封建政治伦理道德规范,所要培养的是封建统治阶级所需要的人才。因此,教育是统治者建立国家、统治人民的第一要务。这是统治阶级教育的根本原则,教育为本阶级的政治服务。

为此,《学记》设计了从社会基层到中央的完整的教育体制:"家有塾","家"指最基本的社会组织单位家族,设塾;"党有庠","党"是五百家组成的行政基层组织,设庠;"术有序","术"即"遂",是一万二千五百家组成的行政区域组织,设序;"国有学",国都设大学。由基层到中央,层层有学校,规定了严密的视导和考核制度。

学制全程规定九年,分"小成"和"大成"两个大阶段。每年招收新生人学("比年入学"),每隔一年考查一次("中年考校")。在大学,一年考查"离经辨志"(离经指读经能断句),三年考查"敬业乐群",五年考查"博习亲师",七年考查"论学取友",九年考查"知类通达"。七年考查合格称小成,九年考查合格称大成。达到大成,就"足以化民易俗,近者说服而远者怀之"了。

从考查的内容也可以看出,《学记》提出的教育,不仅仅着重于智育,也着重于德育。"辨志"、"乐群"、"亲师"、"取友"都属于德育,而且在"离经"、"博习"、"论学"之中既然以儒家经典为知识学习的内容,其中也包含着德育。《学记》是把智育和德育结合起来的。同时,《学记》强调诗、乐的教学和实践,也是注意到美育的。所以,《学记》的教育原则不是单纯的知识教学,而是德、智、美相结合的教育,培育全面发展的人才。

二、教学原则和方法

《学记》以较多的篇幅论述教学的原则和方法。这一部分是儒家长期的

正反两面教学经验的总结和理论概括,这些经验符合教学的客观规律,具有宝贵的价值。择要有以下几点:

(一)学习实践结合:它提出"时教必有正业,退息必有居学"(按时进行正课教学,课后从事课外作业),"不学操缦(调琴),不能安弦;不学博依(依声律吟咏),不能安诗;不学杂服(各种服饰制度),不能安礼;不兴其艺(不习好礼乐射御等技艺),不能乐学。"主张课本学习和实际训练相结合。

(二)教学相长:《学记》总结出"学然后知不足",只有通过学习和实践才能看到自己在学术上的差距;"教然后知困",只有通过教的实践,才能看到自己知识和经验的贫乏。因而学的人会更加鞭策自己努力学习,教的人会更加鞭策充实自己,努力提高教学。通过教学活动可以"教学相长",即"教"和"学"两个方面相互联系,相互制约,相互促进。

(三)启发式教学:《学记》反对灌注式教学,它认为让学生死记硬背,不能调动学生学习的积极性,也达不到预期的教学效果。它强调"君子之教,喻也","喻"就是启发诱导。它说:"道而弗牵,强而弗抑,开而弗达",意思是对学生要引导而不要牵着,要激励而不要压制,要启发而不代替做结论。它认为这样就能激发学生的学习积极性,培养学生独立思考的能力。为此,教师在教学过程中要讲究教学技巧,如讲解内容要扼要明确,精辟得体,富于启迪,运用问答法,而且要"善问"、"善待问",促使学生开动脑筋,尽量发挥他们的智力。要进行启发式教学,就要注意激发学生的学习热情,端正学习态度,树立坚毅的志向。

(四)循序渐进:《学记》强调"学不躐等"、"当其可"、"不陵节而施",意思是不超越学生的接受水平,根据学生的实际程度,一节一节地循序而进。它举出生动的比喻:"良冶之子,必学为裘;良弓之子,必学为箕;始驾马者反之,车在马前。"好铁匠教他的儿子必先学会补缀皮衣,好弓匠教他的儿子必先学会编簸箕,初学驾车的小马要反过来跟在车后走;因此教学也要"先其易者,后其节目",一步步由浅入深,由易到难,由简单到复杂。

(五)因材施教:《学记》还重视对学生进行具体了解,根据每个学生的优点和缺点进行教育。"学者有四失,教者必知之:人之学也,或失则多,或失则寡,或失则易,或失则止。此四者,心之莫同也,知其心然后能救其失也。

教也者,长善而救其失者也。"意思是教师要了解学生在学习上通常会有四种缺点,有的贪多,有的求少,有的看得太易,有的半途而废,所以如此,是他们的思想不同,了解他们的思想才能补救他们的缺点。教师的作用,就是发扬他们的长处,矫正他们的缺点。

(六)禁于未发:《学记》主张把学生的不良行为消灭在萌芽状态,就不会发生不良行为,即"禁于未发之谓豫"、"发然后禁,则扞格而不胜",等不良行为发生之后再去禁止,就会扞格难入,不易收到效果了。

这些教学原则和方法,反映了教育和教学的客观规律,到现在还是有积极意义的。

三、教师的地位和作用

《学记》赋予教师以崇高的地位,这是由于教师对国家和社会有着重要的作用。它说:"凡学之道,严师为难。师严而后道尊,道尊然后民知敬学。"尊师,因为师是"道"的传播者,尊师才能尊重师所讲之"道",所以尊师就是尊"道",尊"道"才能教化万民。"师也者,所以学为君",师是培养官长和君王的。它说天子只把两种人不作为臣下看待,一种是祭祀时作为神的代表的"尸",一种就是师,天子对待教师是"不北面"的。"师道尊严"一直为古代教育所提倡。

教师既有这样崇高的地位,《学记》也对教师提出严格的要求。教师为了完成传"道"的任务,要有坚实的知识积累和熟练的教学技巧。"记问之学,不足以为人师",仅仅能回答学生的问题,是不配做教师的,"能博喻,然后能为师",能够多方面启发诱导学生,才能做教师。做一个好教师,还要善于经常检查和总结教学成功和失败的经验教训,不断地改进教学,"君子既知教之所由兴,又知教之所由废,然后可以为人师也"。所以,它又说:"是故择师不可不慎也。"

在《学记》中,师生之间的关系是传道和受业的关系,是教学相长的关系,是尊师和教师恪尽职责的关系。

另外,《学记》也重视在学习过程中同学间可以"相观而善",取长补短;如果一个人"独学而无友",则"孤陋而寡闻",但又要注意防止其不良的交往,"燕朋逆其师,燕辟废其学",沉缅于交游会违背师教,放荡游乐会荒废学业。这些见解,也是不错的。

《学记》虽然是封建社会的教育理论,但它是从长期教学实践中总结出来的,不少内容反映了教育和教学的客观规律,具有唯物论和辩证法的因素,是我们一份宝贵的教育理论遗产。

《乐记》

《乐记》的作者和成书时间,诸说不一。郭沫若说是孔子弟子公孙尼子所作[①],这是听信了唐代以前的讹传。清人汪中说是荀子所传,也不合事实。也有人说是思孟学派所作,或说是东汉儒者所作,都缺乏根据。还是《汉书·艺文志》的说法较为可信:"武帝时河间献王好儒,与毛生等共采《周官》及诸子言乐事者以作《乐记》。"这里说的是汉武帝时众儒杂采先秦旧籍编纂而成,证之《史记·乐书》,内容与《乐记》基本相同,当是司马迁利用当时已成书的《乐记》。《史记》是成书于武帝后期的,可证《乐记》成书于武帝前期。

把《乐记》与荀子《乐论》相比较,几个篇章的一些段落,几乎完全一样。关于音乐的教化作用,音乐与时代的关系,尊崇雅颂之乐,提倡中和之音,反对郑卫之声,这些论点甚至文字,二者也是一致的,只是《乐记》发挥得更为充实和明确,有的删减,有的补充,而且论述了《乐论》未曾接触的一些问题。这说明《乐记》是以《乐论》为底本,比较系统地汇编了先秦以来儒家音乐理论的资料,又吸取了其他学派的部分理论,结合长期的文艺实践,增添了《乐论》中未曾论述的一些内容,发展了儒家的文艺理论。

《乐记》在政治内容上最突出的地方,是它力图适应西汉统治阶级的政治要求,表现出明显的时代色彩,体现了西汉统治阶级对儒学的改造。西汉统治阶级一方面提倡"独尊儒术",大谈仁义礼乐;一方面又儒法并行,兼采黄老,礼乐刑政并用。《乐记》的全部章节,除了贯穿原始儒学的仁义学说和伦理道德,又突出地发挥荀子的礼乐结合思想,强调礼乐为封建等级制度服

---

① 郭沫若:《公孙尼子与其音乐理论》,《郭沫若全集·历史编》第一卷。

务,它发挥的深度,强调的程度,都大大超过了荀子。同时它又宣扬"法治":"故礼以道其志,乐以和其声,政以一其行,刑以防其奸,礼乐刑政,其极一也,所以同民心而出治道也。……礼乐刑政四达而不悖,则王道备矣。"(《乐本》)西汉统治者提倡"揖让而治天下",其目的是培养顺民,防止暴乱,《乐记》对《乐论》中关于音乐可以激扬战斗精神、奋发征诛意气等内容,就全部删除。《乐记》中还夹杂一些神秘主义色彩,这是西汉经学吸取阴阳五行说而趋向神学化的表现。《乐记》的一部分内容是迎合西汉统治阶级政治需要的。

在文艺理论问题上,《乐记》有值得注意的内容。

一是物感说。《乐本》章说:"乐者,音之所由生也,其本在人心之感于物也。"这里强调音乐是抒发内心感情的产物,而内心感情的产生是由于外物(客观环境)的激发。它列举人们的哀、乐、喜、怒、敬、爱六种感情产生六种不同的音调,人们有什么样的感情,就产生什么样的音乐。"六者非性也,感于物而后动","是故先王慎所以感之者",提出必须重视客观环境对创作的决定性影响。

二是文艺与时代和政治的关系。文艺既然是对现实感受的反映,那么,社会的治乱、国家的兴衰,必须反映在作品中。《乐本》说:"是故治世之音安以乐,其政和;乱世之音怨以怒,其政乖;亡国之音哀以思,其民困。声音之道,与政通矣。"这里提出的"审乐以知政"和"声音之道与政通"的理论,是对孔子"诗可以观"观点的深入发挥,《毛诗序》也引录了这一段。

三是文艺的真实性问题。《乐象》章还提出一个重要论点:"是故情深而文明,气盛而化神,和顺积中,而英华发外,唯乐不可以为伪。"音乐是人的感情的自然流露,"凡音之起,由人心生",内心丑恶的人写不出具有美好情操的作品,内心悲伤的人唱不出欢乐的歌,勉强唱时也带哭声,"为伪"——弄虚作假,绝难成真。"唯乐不可以为伪"这一命题,概括了一切真正的文艺作品的一个根本共同点:真正的诗和乐,所表达的感情必须是真实的。

《乐记》概括了经过长期发展的儒家文艺思想,又在长期的文艺论争之后,杂采诸家之说予以充实和提高,适应了封建统治阶级的政治需要。

推荐阅读书目：

- 《周礼注疏》 汉郑玄注,唐贾公彦疏,《十三经注疏》本。
- 《周礼正义》 清孙诒让撰,《四部备要》本。
- 《周礼今注今译》 林尹注译,台湾商务印书馆1972年本。
- 《周礼的政治制度和经济制度》 李普国著,中州古籍出版社1987年本。
- 《仪礼注疏》 汉郑玄注,唐贾公彦疏,《十三经注疏》本。
- 《仪礼郑注句读》 清张尔岐撰,乾隆癸亥刻本。
- 《仪礼正义》(点校本) 清胡培翚著,江苏古籍出版社1993年本。
- 《礼记正义》 汉郑玄注,唐孔颖达疏,《十三经注疏》本。
- 《学记评注》 高时良编著,人民教育出版社1982年本。
- 《先秦政治思想史》 刘泽华著,南开大学出版社1984年本。

第六讲

《春秋》三传

十三经中第七、八、九三部是《春秋左氏传》、《春秋公羊传》、《春秋穀梁传》，它们是《春秋》经的三部解说的书，称为《春秋》三传。

学习三传，不能不先了解《春秋》经。

第一节 《春秋》经

《春秋》是儒家原来的五经之一，是现存中国第一部编年体史书。它本来是鲁国历代史官的记事，在春秋末年，已经残缺不全。孔子搜集整理，加以修订，当作他那个时代的近现代史教材传授给学生，以后便被当作儒家的经典流传下来。全书1.8万余字，原来是独立成书的。因为它的文字简约难明，在以后的流传过程中出现了诸家的传记，并且将经文和传记合编在一起，经文便不再单独成书。

《春秋》解题

这部编年体史书为什么取名"春秋"呢？诸说不一，主要有三种说法：

第一种说法：古制"赏以春夏，刑以秋冬"，各取一字，以示赏、刑，寓褒贬于其中;又《公羊传疏》引《三统历》曰:"春为阳中,万物以生;秋为阴中,万物以成。"和上面的意思类似。

第二种说法:取自孔子著书的时间。《公羊传疏》又引《春秋说》曰:孔子于"哀公十四年春,西狩获麟,作《春秋》,九月书成,以其春作秋成,故云《春秋》。"

第三种说法:《春秋》本是鲁国史记的名称。杜预《春秋左氏传序》曰:"春秋者,鲁史记之名也。记事者,以事系日,以日系月,以月系时,以时系年,所以记远近,别同异也。故史之所记,必表年以首事。年有四时,故错举以为所记之名也。"这是说,所以取这个名称,是以"春秋"二字代表四季,古代史书无非记载一年四季大事,所以使用这二字作史书之名。

以上诸说,第三种说法是较可信的。从先秦古籍看,一年四季中最重春秋二季,如《周礼·地官·州长》、《左传》僖公十二年所记,都以春秋为朝聘时节,或聚会时节,故以春秋代表一年;如《诗经·鲁颂·闷宫》"春秋匪解,享祀不忒"也是明证。所以以"春秋"命名史记,就表示是逐年记载四季之事。当时,不止一国的史记以"春秋"命名,如《墨子·明鬼》说:"周之《春秋》、燕之《春秋》、宋之《春秋》、齐之《春秋》……吾见百国《春秋》。"可见,它是各国史记的通名;但也有的不叫《春秋》而另有名称,如《孟子·离娄下》:"晋之《乘》、楚之《梼杌》、鲁之《春秋》,一也。"可见当时确实有的国家的史记叫《春秋》。可是现在流传下来的,只有鲁《春秋》,它就成为鲁国史记的专名。我们现在谈《春秋》,指的就是鲁国历代史官逐年逐季逐月的记事。

明确了《春秋》是鲁国历代史官逐年逐季逐月的大事记,不言而喻,它原来的作者就是鲁国的那些史官。

过去,却传说孔子作《春秋》,那么,孔子和《春秋》是什么关系呢?

孔子作《春秋》之说,初见于《孟子·滕文公下》:"世衰道微,邪说暴行有作;臣弑其君者有之,子弑其父者有之。孔子惧,作《春秋》。"又曰:"孔子成《春秋》而乱臣贼子惧。"《史记·孔子世家》也说:"孔子曰:'弗乎!弗乎!君子病没世而名不称焉;吾道不行矣!吾何以自见于后世哉?'乃因史记,作《春秋》,上至隐公,下迄哀公十四年,十二公。"汉儒的著述对这个说法都没有疑议。《公羊传疏》还引闵因序曰:"昔孔子受端门之命,制《春秋》之义,使子夏等十四人求周史记,得百二十国宝书。"苏轼《春秋列国图说》列举见于《春秋》经传者凡百二十四国。这又说明孔子除"因鲁史记",还搜集并参考了其他国的一些史册。我们可以认为,孔子依据鲁史记,也参考了当时所能见到的别国史记。但从全书体例看,仍是以鲁史记为本,按鲁国纪元及十二公年次为序,作了一番整理修订的工作。古时学者还曾争论过孔子作于何时。《左传》以为鲁哀公十一年,夫子自卫返鲁,十二年,告老,遂作《春秋》,至十四年,经成;又说孔子作《春秋》,文成致麟,麟感而至。《公羊传》则说孔子于哀公十四年春获麟后动笔,至秋九月完成。获麟之事本属渺渺,这样的争论没有多大意义;至于说"麟感而至",则属于迷信,可不予具论。我们认为:上面所说的孔子"作《春秋》",或"修《春秋》",都是指孔子对鲁国《春秋》史记进行过一番整理修订的工作。242 年中的记事 1800 多条、文字不连贯,一个人是创作不出来的,只能是整理订定。

近人钱玄同以"疑古"著称,提出"孔子与六经无关"说,其中,认为孔子对《春秋》既不曾作,也不曾修,《春秋》只是原来的"断烂朝报"或"流水账簿","最不成东西"(《古史辨》第一册)。这个说法未免偏激、武断。从《春秋》经文本身来看,其文字的简约、选词斟句义例的一致、政治态度的鲜明和一致,也是对文字进行过统一加工才可以达到的;说孔子"笔削《春秋》",是有一定道理的。近来仍有学者认为孔子未曾作也未曾修[①],这个问题可再研究。

《春秋》的时代和史料价值

《春秋》记事起于鲁隐公元年(公元前 722 年),到鲁哀公十四年(公元前 481 年),历隐、桓、庄、闵、僖、文、宣、成、襄、昭、定、哀十二公,共 242 年间的大事。中国历史分期,把这个时代定为春秋时代。

这个时代的特点,是中国社会正处于由奴隶制向封建制转化的社会变革时期,新兴地主阶级与贵族阶级进行着反复的激烈较量,周王室衰微,诸

---

① 见杨伯峻《春秋左传注序》。

侯争霸，各国内部政治斗争和经济斗争尖锐而复杂。

《春秋》这本书，用的是鲁国纪元，所记的却是这一社会变革时期的各国之事。它记载的事实基本是原始记录，所以是可信的史实。这从以下三点可以证明：

一、从所记的日蚀和其他天象来验证。《春秋》所记日蚀共36次，其中一次误记、一次错简，其余34次有33次用现代科学方法推算是符合实际的；这是古人根本无法伪造的。其中庄公七年所记"星陨如雨"，是公元前687年3月16日发生的天琴星座流星雨，这是世界上最早的一次记载。

二、以魏国史书《竹书纪年》互相印证，两者所记，多有相合。

三、从青铜器铭文和若干出土钱币等古文物来印证，也多有相合。

由此可以证明，《春秋》所记242年间的各国大事是可信的史料。

不过，这些史料残缺不全，或过于简约。据前人考证，242年间从鲁都曲阜可见日蚀六十多次，《春秋》仅记三十多次；鲁十二公，所记女公子出嫁仅七次，有两位女公子只记来归未记出嫁，可见确有漏载。据说《春秋》原有18000字，三国时期以后脱漏了1000余字的内容，仅存16000余字。所以，王安石讥《春秋》是"断烂朝报"，指它早已残缺不全。

《春秋》的记事是粗线条的，文字过于简约，而且断断续续。记一件事，往往只是寥寥几字。如庄公二十六年经："曹杀其大夫。"僖公十五年经："宋杀其大夫。"究竟杀人者是谁？被杀者又是谁？因何杀，又如何杀？都不清楚，所以，杜预注："其事未具闻。"《春秋》中1800多条记事，最长的一段四十五字，最短的一段中只有一个字。这类记事，如不加以说明解释，有的记了等于没记。

正因为《春秋》经不易明了，于是传授者必须加以解释。不同的人传授，有不同的传。据《汉书·艺文志》，汉代《春秋》之传有五家：《左氏传》三十卷、《公羊传》十一卷、《穀梁传》十一卷、《邹氏传》十一卷、《夹氏传》十一卷。《邹氏传》和《夹氏传》因无师传授而失传，现仅存三传。

《春秋》大义和《春秋》笔法

《史记·太史公自序》说:"周道衰废,孔子为司寇,诸侯害之,大夫壅之。孔子知言之不用,道之不行也,是非二百四十二年之中,以为天下仪表,贬天子,退诸侯,讨大夫,以达王事而已矣。子曰:'我欲载之空言,不如见之行事之深切著明也。'"又引壶遂曰:"孔子之时,上无明君,下不得任用,故作《春秋》,垂空文以断礼义,当一王之法。"这些话的意思是说,孔子的政治主张在现实中不能实现,便把政治主张寄寓在他所修订的《春秋》之中,用来表达他治理天下的法则。过去的学者都认为,《春秋》这部书寄寓着孔子最主要的政治思想,即《春秋》大义。《春秋》大义是什么呢?

一是正名。《春秋》大义以正名为本。何谓"正名"? 正是定正,名是名分,是确立封建等级制度的政治伦理学说。孔子主张为政必先正名:"名不正则言不顺,言不顺则事不成,事不成则礼乐不兴,礼乐不兴则刑罚不中,刑罚不中则民无所措手足。"[①]正名的要求是"君君、臣臣、父父、子子",君有君的本分,臣有臣的本分,父有父的本分,子有子的本分。各个等级的人各守本分,就可以维护封建社会的等级制度和伦理关系。以下犯上是不行的,臣杀君,子杀父,是乱臣贼子,《春秋》中一律写作"弑君"、"弑父";反之,杀掉乱臣贼子,一律写作"诛"。吴、楚之君自称王,《春秋》以为僭,则改称为"子"。践土之会,是诸侯把周王召了去的,这有悖名分,《春秋》改写作"天王狩其河阳",因为写成周王"出狩"才正名。又如王死曰"崩",诸侯死曰"薨"等等,一字不苟。《春秋》全书贯穿着这种"正名"思想。所以,正名就是正名字、定名分,《春秋》通过正名寄寓褒贬,褒忠孝仁义,贬乱臣贼子,从而维护封建纲常。

二是尊王攘夷。在正名的基础上,明确地突出尊崇周王,承认周王是中国的共主,有统治各诸侯国之权;只有尊王,才能使中国有巩固统一的中央政府,才能对全国实行有效的统治。攘夷的"夷",指当时中国四周各游牧部

---

① 《论语·子路》。

族。从西周开始,各游牧部族时常前来武装侵扰,抢掠财物和人口,西周王朝就是被犬戎攻灭的,是周人历史上的一次大浩劫。当时周朝的生产力和文化发展水平与各游牧部族的落后水平相比,是比较先进的,攘夷的本义就是抵抗落后的野蛮部族的侵扰。《公羊传》曰:"夷狄也,而亟病中国,南夷与北狄交,中国不绝若线。桓公救中国而攘夷狄。"在当时说攘夷,包含有抵抗侵略、保国卫家、坚持文明的含义。但后来,逐渐演变为"严分华夷界限"的盲目排外心理。

三是大一统。所谓大一统,指全国法度和思想的统一。在《春秋》记事中,"隐公元年"开笔便书"元年春王正月";以后记年月多取这种形式,在鲁各公纪年后,于历法则取周王朝统一颁订的历法。历法的统一,属于法度统一的重要内容,统一有利于促进经济和文化发展。《公羊传》,尤其是汉代的公羊学,对"大一统"思想曾着重发挥,鼓吹建立统一的中央集权的封建专制国家。

古人又称颂所谓"《春秋》书法",或曰"《春秋》笔法"。关于"《春秋》笔法",司马迁在《太史公自序》里作了明晰的概括。

他认为,孔子是用对历史事实的褒贬,来为天下树立法度,通过对事实的叙述,批评天子,斥责诸侯,声讨大夫,以口诛笔伐来代替王者的政令,"上明三王之道,下辨人事之纪,别嫌疑,明是非,定犹豫,善善恶恶,贤贤贱不肖,存亡国,继绝世,补敝起废",实现"王道"。他认为,《春秋》的主要内容是道义,是拨乱反正。《春秋》笔法是通过叙述历史,而为现实政治服务,在对历史人物和历史事件的褒贬中,寄寓作者的政治理想,采善贬恶,明辨是非,秉笔直书,爱憎分明。这就是司马迁从理论上对《春秋》写作思想和写作方法的概括。

在文字写作技巧上,《春秋》经有两个突出的特点。一是简要。刘知几在《史通·叙事》中提倡"尚简",举《春秋》为例说:"《春秋》经曰:'陨石于宋五',夫闻之陨,视之石,数之五,加以一字太详,减其一字太略,求诸折中简要合理,此为省字也。"叙事之文尚简是对的,可是,《春秋》有时失之过于简约,不仅难明,而且缺乏文采。二是谨严。韩愈《进学解》说:"《春秋》谨严。"指其遣词用字不苟。如前文所述,用"崩"用"薨"还是用"卒",用"弑"用

"诛",还是用"杀",严格讲究,一点不马虎从事。用字如此,用句也如此。所以欧阳修《论尹师鲁墓志》说:"简而有法,此一句在孔子六经,惟《春秋》可当之。"可是,过于拘泥,又难能流畅自如。我们对这两个特点,只能取其长而避其短。

第二节 《左传》

《春秋左氏传》简称《左传》,是《春秋》三传的第一部,全文196845字,在十三经中篇幅最长,称为"大经"。

《左传》原名《左氏春秋》,原来与《春秋》各自成书,是单独流传的一部史书。因为它叙事比较详细明晰,在流传过程中,人们先是把二书一前一后编在一起,先是全经,后是全传;后来又把内容分拆开,一段经、一段传合编。于是,《左传》便成了释经之传。可是二书毕竟还有不合的地方,虽然后人对《左传》作了增纂,窜入二百多条,仍有不少明显的不合之处。所以,《左传》既有"经后之传",又有"无经之传",还有一些"有经无传"。

《左传》的作者和成书时代

《左传》原名《左氏春秋》,相传是春秋末年鲁国太史左丘明所撰。直到西汉司马迁作《史记》,还称这部书书名叫《左氏春秋》。《史记·十二诸侯年表序》说:"鲁君子左丘明,惧弟子人人异端,各安其意,失其真,故因孔子史记具论其语,成《左氏春秋》。"按"春秋"二字,乃史书之通称,《左氏春秋》,犹言左氏其人所撰写的私家史书。

对左丘明其人,我们现在了解很少。大约他与孔子是同时代人,《论语·公冶长》说:"巧言令色,足恭,左丘明耻之,丘亦耻之。匿怨而友其人,左丘明耻之,丘亦耻之。"看来,左丘明可能是一个以正直而出名的人。《汉书·艺文志》说:"左丘明,鲁太史。"他是鲁国的史官。这也是可信的,因为他是史官,才有可能掌握丰富的史实材料。《史记·太史公自序》说:"左丘失明,厥有《国语》。"说左丘明是个盲人。其他的情况,我们就不了解了。究竟他是姓左名丘明呢,还是复姓左丘名明呢,或者左史是官职,姓丘名明呢?都不得而知。孔颖达转引《观周篇》云:"孔子将修《春秋》,与左丘明乘如周,观书于周史,归而修《春秋》之经,丘明为之传。"《孔子家语》是魏经学家王肃所撰伪书,所述事理也不合,不可相信,这大概是附会孔子作《春秋》及左丘明为之作传而编造的故事。

宋代学者提出《左传》是战国时人根据各国史料辑录而成的(如王安石、叶梦得、郑樵、王应麟等人),主要理由是在《左传》末尾记有"悼之四年晋荀瑶帅师围郑"一小段,写到悼公十四年韩、魏、赵三家灭知伯事,事属战国时期;书中还写了一些在战国时得到应验的预言。但人们认为,这些文字是《左传》流行后,战国时的人补入的,不能据以否定全书基本为左丘明所作。清代刘逢禄《左氏春秋考证》和康有为《新学伪经考》,又断言《左传》为刘歆伪作,但颇多臆断之词,今人从此说者甚少。多数学者认为:左丘明作《左氏春秋》的传统说法,目前还没有充分的根据予以推翻。

承认左丘明是作者,那么这部史书当产生在春秋末年或春秋战国之交。据杨伯峻《春秋左传注前言》考证,约成书在公元前403年至公元前389年;据徐中舒《左传的作者及其成书年代》考证,约在公元前376年至公元前356年。二说的年代出入不大。从其产生时代来看,《左传》是我国第一部私家史书。从内容来看,它叙事较《春秋》详细、明晰、完整,而且史实、史论、史识相结合,是我国第一部完备的编年体史书。

我们现在见到的,已经不是左丘明所作的《左氏春秋》的原貌。在长期流传过程中,儒家把这部本来单独流传的史书,逐步地变成解释《春秋》的经传,改动了它原来的面貌。大约在战国时期,儒家学派为了解释《春秋》经,已经开始利用《左氏春秋》,同时又根据战国的史实,补充了一小部分文字。如上所述最后一小段以及书中有关三家分晋和田陈代齐的预言和其他内容,都是增入的。先秦儒家很重视这部书,据说是由荀子传授给门人而传下来的。在西汉前期,这部书并未广泛流传。一直到西汉后期,负责整校国家图书的刘歆,才从秘府书库里发现它。这部书怎样到了秘府书库,则其说不一:有人说是荀子传给张苍,张苍传给贾谊(《释文·叙录》);有人说是鲁恭王于孔子旧宅夹壁中发现(王充《论衡》);这都无从稽考。刘歆把《左氏春秋》作为解释《春秋》之传献给皇帝,请求立于学官;因为它是古文学,遭到今文学派的反对,举出内容的许多不合之处,说明它"不传《春秋》",是"非经之传"。这个问题,直到东汉,古文学派与今文学派仍然进行争论。古文学派为了使这部书与《春秋》经相合,不惜对它的文字进行某些涂改,又窜入了二百余条释经的"义例"和一些讨汉代统治者欢心的内容(如说刘氏是唐尧之后),这部书毕竟以《春秋左氏传》的名称,得与《春秋公羊传》、《春秋穀梁传》一同流传,最后也取得"经"的地位。晋代杜预把它和《春秋》经合在一起。杜预最早为《左传》作注,后来,唐孔颖达疏《春秋左传正义》是有影响的注本。

由《左氏春秋》变为《左传》,这部史书本来的面貌受到了损害,不但内容被有所涂改并且窜入一些经学文句,全书也被拆开附在一条条《春秋》经文之后,不再独立成书。虽然如此,由于它本身的历史价值和文学价值,仍然不失其耀眼的光彩。

经后之传、无经之传和异经之传

《左传》虽被当作一本释《春秋》经的书,而它的内容又与《春秋》经文不完全相合,它有"经后之传"、"无经之传"和"异经之传"。

先说"经后之传"

《春秋》经原来从鲁隐公元年(公元前722年)记到鲁哀公十四年(公元前481年),共242年之事;《左传》则从鲁隐公元年,记到鲁哀公十六年孔子卒,又延续到哀公二十七年(公元前468年),共255年之事,多十三年;如果加上最后附的一段鲁悼公四年(公元前453年)之事,实延至悼公十四年(公元前453年)。这些都是"经后之传"。又:《左传》在隐公元年"惠公元妃孟子"一节,还追述到春秋之前数十年的事。《左传》所记述的时代比《春秋》长,往前追述了几十年,往后延长了二十七年。

次说"无经之传"

《春秋》经所没有记载的,《左传》却有记载。凡是《左传》认为的大事,而

《春秋》经所失载的,它都根据史料加以记载。如首章隐公元年,经记了七条,《左传》记了十四条;这样的例子,每章都有,只要读《左传》就一目了然,不必再举例。当然也有有经无传之处,如隐公二年经九条,传只有七条;总起来,则是传的记事远远多于经的记事。至于有经有传的文字,经文简约,传却把事实记述清楚,如隐公元年经第三条只记"夏五月,郑伯克段于鄢"九字,传则把此事的始终经过交待得清清楚楚,有人物,有情节,有前因和后果,有血有肉,有评论,共写了522字,内容丰富而完整。

再说"异经之传"

《左传》传文有和《春秋》经文相异之处,这大多数是经文记载有误,传文则予以纠正。如昭公八年经文作:"夏四月辛丑陈侯溺卒。"传文作:"夏四月辛亥哀公缢。"二者记同一人死的时间和死法不同。又如襄公二十七年经文作:"十二月乙亥,朔,日有食之。"传文作:"十一月乙亥,朔,日有食之。"用现代科学方法推算,这次日食,传的记载是对的,经的记载是错的。像这样经传相异之处还有,孔颖达疏说:"经传异者,多是传实经虚。"

从以上评述来看,《左传》的历史记事资料,比《春秋》经丰富、充实,也比较准确可靠。

《左传》的基本内容和思想倾向

《左传》编年记事,取材范围和记叙内容比《春秋》广阔,是先秦时期内容最丰富、规模最宏大的一部历史著作。

全书记叙的时间跨度长达二百五十余年,地域范围遍及南北各诸侯国。由于史料的限制,就时间来说,前略而后详;就地域来说,鲁、晋等国较详。然从整体来说,《左传》内容比较丰富而有条理。

全书比较详细地记叙了春秋时期周天子以及各诸侯国之间的政治、军事、外交、文化等方面的活动,反映了当时王室衰微、诸侯争霸,以及诸侯衰落、卿大夫专权的历史过程。作者忠于历史事实,生动真实地反映了奴隶社会崩溃时期的重大变化,提供了那个时代广阔的社会生活画面。诸如宗法制度的崩溃,各个阶级、阶层和统治集团内部的各种矛盾斗争,各种制度礼仪、社会风俗、道德观念，以及当时流行的各种神话传说、歌谣谚语等，也都有大量记叙。

全书在记叙的过程中，对人物事件有分析有评价；赞成什么，反对什么，观点鲜明。作者在书中还用了不少"君子曰"，对史事发表评论。所以全书史事、史识、史论相结合，体现了作者的思想倾向：

一、通过各国的盛衰兴亡肯定"民惟邦本"

春秋列国或兴或衰，变化更迭。作者通过记述纷繁的历史现象，从一代之所以盛衰，一国之所以兴亡，一君之所以治乱，总结出"民惟邦本"的历史经验。

如襄公十四年记："卫人出其君"，晋侯认为这样做太过分了，师旷回答晋侯说："良君将赏善而刑淫，养民如子，盖之如天，容之如地，民奉其君，爱之如父母，仰之如日月，敬之如神明，畏之如雷霆，其可出乎？夫君，神之主也，民之望也。若困民之主，匮神乏祀，百姓绝望，社稷无主，将安用之？弗去何为？天生民而立之君，使司牧之，勿使失性。"作者记述师旷这一大段议论是说，天为了万民才立君，君须爱民合于民望，百姓逐君，非百姓之过，而是君不合民望，君不成爱民之君，逐之有何不可？

又如：哀公元年记吴军攻入楚国，楚君逃亡，陈国是夹在两国之中的小国，究竟向谁靠拢呢？陈君左右为难。逢滑向陈公说："国之兴也，视民如伤，是其福也；其亡也，以民为土芥，是其祸也。"他认为，楚国并没有失去民心，还可以恢复；吴国虽胜，却荼害它的人民，不能够久长。所以，"国之兴也以福，其亡也以祸。今吴未有福，楚未有祸，楚未可弃，吴未可从"。

《左传》通过叙述大量史实，总结出"国将兴，听于民"，"违民不祥"，"众怒难犯"等见解，表现出比较重视人民疾苦，重视群众意志和情绪，对虐害百姓的君王，无不加以抨击。如晋灵公不君被杀，作者谓其该死；秦穆公以子车氏三子殉葬，作者责其"死而弃民"。在全书中比较突出地反映了儒家的民本思想，并且作为贯穿全书的指导思想。

二、叙述新旧势力的代谢是历史的必然

《左传》有许多篇幅叙述了鲁、齐、晋等国代表新兴地主阶级的政治势力逐渐发展，终于"政在私门"，掌握了政权，与旧贵族统治阶级展开激烈的斗争。作者忠于史实,对双方进行如实的描写时,对新兴政治势力持一定的肯定态度。

如记述昭公二十五年鲁国新旧势力斗争的事件,作者如实地描写了代表旧势力的鲁昭公及其周围贵族,是一批昏庸腐朽、必然没落的人物,他们突然向代表新兴势力的季氏发难,季氏在危急中得到孟孙氏、叔孙氏的援助,予以反击,鲁昭公不堪一击,一败涂地,流亡晋国,八年后在晋国病死。记昭公三十二年晋赵简子就这个事件问史墨的看法,史墨回答说:"鲁君世从其失,季氏世修其勤,民忘君矣。虽死于外,其谁矜之?社稷无常奉,君臣无常位,自古以然。故《诗》曰:'高岸为谷,深谷为陵。'三后之姓,于今为庶。"作者借史墨的口,对这个事件作了评论:古时三代圣王的后代如今不也是庶民吗?君并不会代代是君,臣不会代代是臣,改朝换代是常有的事,在政治上有"失"有"勤",替代是必然的。

又如记述昭公三年晋国叔向和齐国晏婴的对话。他们谈论这两国政权逐渐落入代表新兴地主阶级的大夫之手,晏婴认为齐国的陈氏对于"民人痛疾,而或燠休(关怀)之",民人对陈氏"其爱之如父母,而归之如流水";叔向则承认晋国贵族统治者使"庶民罢敝,而宫室滋侈,道殣(饿死者)相望,而女(嬖宠之家)富溢尤;民闻公命,如逃寇仇"。他们一强一弱,新旧代谢,自是必然的了。

《左传》也描写了周王室的懦弱无能。如关于周、郑的冲突,隐公三年记周与郑互纳人质来解决争端;桓公五年记两方交战,周王室不堪一击。甚至周王室内部有几代发生变乱,却求乞于诸侯援助。虽然作者主张"尊王",对周王室的懦弱无能表示惋惜,却如实地展现了它的没落实属必然。

正因为《左传》表现了一定的进化观点,所以宋代理学家十分恼火,指责说:"左氏之病,是以成败论是非,而不本于义理之正。"[①]这是批评《左传》对违反纲常礼教的新兴政治势力作了客观的乃至同情的叙述,不维护君臣大义。据我们来看,这恰是《左传》有一定进步思想的表现,是其可贵之处。

---

① 朱熹:《朱子语类·春秋一》。

三、描写和歌颂于国于民有贡献的历史人物

春秋时期的列国是各诸侯国,在各国纷争中,对国家所持的观念,当然不能上升为现代意义的爱国主义;不过,当国家危难时,保卫其安全而使其免遭侵凌和毁灭的爱国思想,毕竟是可贵的。《左传》对这样的爱国人物是热情歌颂的;对为本国人民谋福利的开明政治家是热情赞扬的;对那些对历史发展起过促进作用的重要历史人物是积极肯定的。《左传》用了很多笔墨,描述这些突出的历史人物及其功业。

《左传》中描写的重要历史人物有齐桓公、秦穆公、晋文公、楚庄王等人,记述了他们部分的或一生的事业。

如僖公二十三年、二十四年记晋公子重耳亡命秦国,在外流亡十九年,在秦穆公帮助下回国夺取政权。他即位后,对晋国政治进行改革,励精图治,使晋国强盛,称晋文公。僖公二十八年又记晋楚城濮之战,晋文公大败楚军,从而争霸中原。

又如僖公三十二年、三十三年记述"秦晋殽(崤)之战",生动地刻画了秦穆公作为政治家的优良素质。秦穆公奋发图强,使秦国这一个僻处西陲的国家强盛起来。后来他不听谋臣蹇叔的劝告,作出错误的决策,派遣孟明等率军远道奔袭郑国,在殽地被晋军打败,孟明等被俘。秦穆公进行自我批评,主动承担责任,亲自迎接被释放归来的孟明,仍旧重用,养精蓄锐,结果打败了晋国,从此称霸西方。

再如文公十六年记楚庄公即位不久,楚国遇到大荒年,附近国家和一些部族联合来进攻,楚庄公以计战胜敌人,并扩大了版图。宣公十二年再记楚庄公任用贤臣,修明军政,强兵励武,发展经济,改善民生,促进楚国社会的发展,国力充实,结果问鼎中原,于楚晋邲地之战大捷,成为霸主。

《左传》还写了吴王阖闾、越王勾践等人,也都赞扬他们改革政治、励精图强,促进社会发展,各自成就一番事业,为我们留下这些重要历史人物的生动形象。

《左传》对于以国家为重而不顾个人安危、不计个人利益的人物,是满怀激情地赞扬的。如上述僖公三十二年、三十三年秦晋殽之战,记述中插叙了蹇叔哭师和弦高犒师两个故事。蹇叔哭师的故事,说的是秦穆公决定派师

远袭郑国,蹇叔苦谏不听,他便冒犯上之险,当秦师出师时,穿上孝衣在东门哭师,想以此作最后的谏阻。弦高是郑国的商人,途中遇到秦军袭郑,便取个人所有,在途中犒劳秦军,把秦军稳住,派人快马向郑国送情报,使郑国有所准备。蹇叔、弦高属秦、郑两方,作者并无偏袒,既赞许蹇叔审时度势,视国危为己危,又褒扬弦高机智灵活,不惜个人财产保护国家安全。又如定公四年记楚大夫申包胥向秦国求取救兵,痛哭请求,七日不食,终于说服秦君出兵,拯救了楚国的危难。

对于以国家利益为重、不计个人安危的思想和行动,《左传》是热情歌颂的;而对于为个人利益而出卖国家的人,《左传》则深恶痛绝。如宣公二年,记宋国的羊斟为报私仇使本国军队败于郑国,作者口诛笔伐,斥为"非人"。

《左传》也称颂留意民间疾苦、治国有方的开明封建政治家,郑国的子产就是作者大力突出的这类人物。襄公三十一年,昭公元年、二十年都记述了子产的事迹。子产在郑国为相,注意"择能而使",知人善任,扬长避短,注重使用具有实践经验的人。作者借此指出:执政者对群众的评议应该以之为师,扬善改恶,即使群众意见不正确,也不能压制,只能采取疏导的方法。对晋国的叔向、齐国的晏婴,也同样是肯定的。

四、揭露统治阶级内部矛盾斗争及统治者的荒淫残暴

隐公元年记"郑伯克段于鄢",是一篇很著名的记事,描述了郑庄公与其弟共叔段为争夺权位所进行的斗争,他们为了权位而骨肉相残。作者着重刻画了郑庄公居心险恶,老谋深算,狡猾诡诈而又伪善的性格。为了内部斗争,他与母亲反目,但又编造出"黄泉相见"的滑稽剧来伪装孝道。又如对晋灵公、楚灵王这些暴君,对陈灵公、齐庄公这些荒淫无耻、秽污败德的昏君,都无情地予以揭露。

五、通过对战争的描写总结先进的军事经验

《左传》以擅长写战争而著名,共记叙战争483次,以大量的篇幅描写了一百余次战争;其中有一些重大的战役,如齐鲁长勺之战(庄公十年)、秦晋韩原之战(僖公十五年)、晋楚城濮之战(僖公二十七年)、秦晋殽之战(僖公三十二年)、晋楚邲之战(宣公十二年)、齐晋鞌(鞍)之战(成公二年)、晋楚鄢陵之战(成公十六年)、齐晋平阴之战(襄公十八年)、吴楚柏举之战(定公四年)、齐鲁清地之战(哀公十一年)等等。作者写这许多战役,能够避免简单化、公式化,而抓住战役进行的关键环节和造成胜负的因果关系,表现出较深刻的军事思想。

《左传》着重记述了战争的胜负首先决定于政治因素,即战争的性质和人心的向背。如秦晋韩原之战,作者以较多笔墨强调秦国在道义上优胜,秦国曾援助晋国,而晋国背信弃义,结果晋国大败。晋楚城濮之战,楚国本来很强大,晋文公以很大力气争取盟国、争取民心,在政治上压倒楚国,结果取得胜利。晋楚邲之战,结果则相反,楚庄王得民心,晋不能相比,结果楚胜晋败。战争必须"师出有名",取得人民的支持。

《左传》也注意战略技术的运用。如秦晋殽之战讲的是"劳师远袭必败";晋齐鞌之战讲的是"骄兵必败";齐鲁长勺之战曾经被称为"中国战史中弱军战胜强军有名的战例"等。

《左传》一方面具有进步的思想倾向,但另一方面,作者的基本立场是维护旧礼制的,认为唯有恢复旧的礼制才可以扭转局势,安定社会。书中不但记述了一些人物关于"礼"的谈论和颂扬,有时还直接对破坏礼制的现象加以批评。其次,《左传》还有相当多的章节宣扬天道、鬼神、灾祥、卜筮、占梦之类迷信思想。这些是《左传》全书思想中的落后部分。

《左传》的文学成就

《左传》是史书,又是历史文学著作。它的文学成就,突出地表现在四个方面。

一、叙事详密完整,故事性强,情节曲折生动,穿插巧妙

《左传》是史传,它却不枯燥地叙述史实、机械地罗列各类材料,而以史事的发展过程为纲,一个一个事件来写,把众多的人物活动,政治、经济、外交、历史渊源、社会关系各方面的关联,有机地组成一个整体。虽然事件冗杂,头绪纷繁,却又井然有序。纵向发展,脉络清晰;横向联系,左依右傍。如刘熙载《艺概》所说"纷者整之,孤者辅之","剪裁运化之方,斯为大备"。有许多事件的记叙,通过精心结构剪裁,把枯燥的人物言论和政治、外交、军事组织等巧妙穿插进去。这又如《艺概》所说"板者活之,直者婉之,俗者雅之,枯者腴之"。有许多事件,在叙述中注意到情节的跌宕起伏,张弛有致,曲折生动,扣人心弦,宛如讲述故事。另外,《左传》既做到一个个事件叙述的详密完整,也注意到几个事件的前后联系,如郯之战、城濮之战、鄢陵之战三个战役前后相距数十年,在作者笔下上承下启,仍有其相联之轨迹。

二、刻画人物,个性鲜明

《左传》刻画了许多性格鲜明的历史人物形象,如雄才大略的晋文公、迂腐可笑的宋襄公、伪善诡诈的郑庄公、一心为国的蹇叔、明察善断的子产等人物,都栩栩如生,呼之欲出。《左传》是史书,描写的人物不像小说中的人物可以虚构,而必须忠实于历史原貌,因此必须在真实的历史过程中掌握和突出人物的性格特点。《左传》刻画的人物形象,性格是丰富的,如秦穆公拒不接受老臣的谏阻而决定远道袭郑,表现了他性格中刚愎自用的一面,而战败后他又能反躬自省,当众进行自我批评,表现了他性格中勇于承认错误和改正错误的一面;他既有富国强兵的宏图大志,又有压制臣民的横暴作风;人物的性格是丰满的、活生生的。又如先轸怒斥晋襄公,向襄公脸上吐唾沫,一个细节就显现出他性格的刚烈。《左传》常常这样寥寥几笔,便使人物形态毕露,各显其风姿神韵。而且,通过这众多的人物活动,作者也生动地写出了当时的世态人情。

三、善于描写复杂的战争

《左传》记载的战争有四百余次,具体记述的战争一百余次,其中有十余次规模宏大的历史上著名的大战役。记叙这些战役,作者明确交待战争的原因、经过和结果,军事斗争和政治、外交斗争的结合,双方的主帅、军心和兵力,把错综复杂的矛盾和众多的场面,严整有致又绘声绘色地表现出来;时而惊心动魄,时而又从容不迫地穿插一些生动的细节和有趣的故事。各个战役各有风貌,不曾有雷同的文字。而且,作者还以史学家的眼光,对战争胜负作出政治分析。这些,表现了较高的组织、剪裁和描写功力。

四、文辞简练,辞令精美,不乏"化工之笔"

《左传》的语言艺术成就,为历代学者所称道。它最大的特点是简练,而在简练之中又表现出富艳和丰润。刘知几《史通》曾专论《左传》的文体,他举过一些例子后说:"斯皆言近而旨远,辞浅而义深,虽发语已殚,而含意未尽,使夫读者望表而知里,扪毛而辨骨,睹一事于句中,反三隅于字外,晦之时义,不亦大哉!"这是说,《左传》用简练的文字蕴含丰富的意义,即"词约义丰"。苏轼也很高地评价《左传》的语言艺术,称赞它"言止而意不尽"。它的叙述语言都是随物赋形,写什么像什么。如冯李骅《读左卮言》:"凡声情意态,缓者缓之,急者急之,喜怒曲直,莫不逼肖。"写人物语言,有许多地方也能做到出于什么人的口就像什么人,适合其所处的环境和身份。《左传》还记述了许多"行人辞令"和谏说之辞,这是对原始记载作润饰加工,或委婉,或激切,或典雅,或风趣,显出不同的风格。另外,《左传》中还引用了一些歌谣谚语和人民群众的口语,增强文章的生动性。

《左传》对后世文学创作的影响是深远的。在叙事中情节完整生动,注重人物刻画和文采,给我国文言小说和白话小说以影响。唐宋八大家散文和桐城派古文,都提倡从《左传》学习"义法",即内容言之有物和讲究谋篇、布局、结构停当,并注意情致韵味。从司马迁的《史记》、各家史传、唐宋八大家和桐城派散文,到近代白话小说,都是对《左传》所开创的文学传统的继承。直到现代,《左传》的一些文章,仍然是各大中学校学习的散文教材,把《左传》中的名篇,作为学习写作的借鉴。

现在,我们是把它作为一部优秀的历史文学著作,而不把它当作所谓"经书"了。

第三节 《公羊传》

《春秋》三传中的《春秋公羊传》,简称《公羊传》,又称《公羊春秋》。《公羊传》是汉代的今文学,也是汉代的显学。汉代统治者"独尊儒术",赋予儒经以崇高的地位,其中最推崇的就是公羊学。到清代,由于中国政治运动的需要,公羊学又兴盛起来,于是《公羊传》又受到学术界的重视。

《公羊传》的作者、时代及其流传

《公羊传》旧题作者是公羊高,"公羊"是复姓,据说公羊高是孔子门人子夏的弟子。《春秋公羊传注疏》引《戴宏序》说:"子夏传与公羊高,高传与其子平,平传与其子地,地传与其子敢,敢传与其子寿。至汉景帝时,寿乃共弟子齐人胡毋子都著于竹帛。"这是说,公羊氏家传由公羊高起共五代,都是口耳相传,到第五代公羊寿,才和胡毋子都一同写成书,时间是在汉景帝时。所以,《四库全书总目》著录又称"汉公羊寿传"。这部书是在西汉成书的今文学传注,被立于学官。自来对作者和成书时代无异议。

《公羊传》用对答体逐层逐字解释《春秋》经文的所谓"微言大义"。汉武帝时,著名儒者公孙弘、董仲舒都是治公羊学的,都深得武帝的信用。董仲舒大力发挥公羊学,倡导大一统,完全迎合西汉地主阶级建立封建专制的统一大帝国的政治需要。武帝采纳董仲舒的建议,"罢黜百家,独尊儒术",也主要是尊公羊学,所以公羊学是汉代的一代显学。

《公羊传》本身重在发挥经文书法义例,根本不详史事,而借经文的只言片语,发挥冗长的议论,并不问经文本义,主观随意性很大。两汉经师传授公羊学,为了迎合统治者之所好以博取利禄,进一步把它和谶纬神学相结合,而且把《公羊传》的章句越讲越烦琐,以致章句蔓衍,往往数十万言至百余万言,还不能解明传意。

东汉后期的何休,是董仲舒四传弟子,著名的今文学者。他废章句之学,又合《春秋》经与《公羊传》为一编,按条例为《公羊传》作注,撰成《春秋公羊解诂》。这本书后来又由唐代的徐彦作疏,即今收入《十三经注疏》中的《公羊传注疏》。

清今文学家孔广森认为何休的《解诂》有讹误和臆断之处,未能全合传意,他以公羊学说为主,兼采他说,因袭《解诂》原注,存精粹,删支杂,破拘室,增隐漏,撰成《春秋公羊通义》。另一位今文学家刘逢禄著《春秋公羊经何氏释例》、《公羊春秋何氏解诂笺》,都是阐述何休《解诂》学说的重要著作。

"春王正月"

"隐公元年,春,王正月"是《春秋》经文的第一句话,《公羊传》给这句话作注,作了一篇文章,阐发它的"微言大义",即精微的语言和深奥的道理。他们认为:《春秋》经文的斟字措词有所谓"书法",在经文中贯穿有圣人深奥的含义。

这篇文章前后共两段。前段从"王正月"三字,阐明"大一统"思想:

> 元年者何?君之始年也。春者何?岁之始也。王者孰谓?谓文王也。曷为先言王而后言正月?王正月也。何言乎王正月?大一统也。

第一段分别解释了经文的"元年"、"春"、"王正月"几个字词,说明《春秋》用这几个字的含义。它说:元年,是国君即位的第一年;春,是一年农事活动的开始;王,是周文王;王正月,是根据文王受命建立周朝所制定的历法。根据儒家的礼制,由天子制定历法统一颁行天下,这就是大一统的思想。鲁国国君即位改元,所以记隐公元年,但记月,仍然按大一统的礼制采用统一的周历,表示尊王为共主,实行天下大一统的意思。

第二段说经文只记"隐公元年,春,王正月"而不写明"即位",由此进行推究,又深一层地发挥了一篇大道理。它说:

> 公何以不言即位?成(成全)公意也,何成乎公之意?公将平国(执政治国)而反(返归)之桓(桓公)。何为反之桓?桓幼(年幼)而贵,隐长(年老)而卑。其为尊卑也微,国人莫知。隐长又贤,诸大夫扳(攀)隐而立之。隐于是焉而辞立,则未知桓之将必得立也。且如桓立,则恐诸大夫之不能相幼君也。故凡隐之立,为桓立也。隐长又贤,何以不宜立?立適(嫡)以长不以贤,立子以贵不以长。桓何以贵?母贵也。母贵则子何以贵?子以母贵,母以子贵。

《公羊传》说,所以不写即位,是成全隐公的心意:隐公只打算摄位,而准备把国君的位置还给他的弟弟桓公。桓公虽然年幼,其母却是右媵,隐公虽然年长,其母却没有桓公的母亲尊贵;子以母贵,所以桓公的地位比隐公的地位尊贵。他俩都是媵妾所生的儿子,其母的尊卑地位国人不知道,攀援隐公的人见隐公年长又贤明,便拥立他为君。隐公当时不推辞,是怕大夫们不肯拥立和辅佐年幼的桓公,所以摄政,准备将来归政桓公。为什么长而贤的隐公不能正式继位为国君呢?因为礼法规定"立嫡以长不以贤,立子以贵不以长",立继承人应立正妻所生的儿子,不论他是贤是愚;如果正妻无子,立众媵妾所生的儿子,那就不论年长或年幼,子以母贵,立那个在媵妾中地位最高者所生的儿子。隐公和桓公的母亲虽然都是媵妾,但桓公的母亲地位尊贵,所以应该由桓公继位。《公羊传》就《春秋》经文中不写"即位"二字,作了这一篇文章,称赞隐公能够自觉地维护宗法制度的这个规定。

宗法制度的这个规定,其本质在于维护世袭制,避免因继承问题发生纠葛而破坏整个统治秩序,所以按照严格的尊卑等级规定了继承关系。它是为巩固奴隶主和封建贵族的内部秩序而服务的。《公羊传》从《春秋》经的一句话,引发出这一大段"微言大义",正是为了宣扬这个理论。它的其他传文,也多是采用这样的问答体来进行说教。

我们再看看《左传》对《春秋》经这一句话的解说,就明白二书的区别了。《左传》先是叙述隐公、桓公的生身关系,下面只有十三个字:"元年春,王周正月,不书即位,摄也。"《左传》详于记事,不多在文辞上引申发挥。

"宋人及楚人平"

《春秋》经文宣公十五年夏五月记"宋人及楚人平"。"平"指两国媾和。

《左传》对这件事作了详细的记述:楚庄王伐宋国,宋国派人向晋国求救,晋未发援师。楚包围宋城,久攻不下,就在宋城周围修建营房,分兵屯田,表示长期围困的决心,意在逼宋投降。宋派华元夜入楚营,向楚主将子反说明宋城内的困难情况,说城内已经"易子而食,析骸以爨",但是宁可亡国,也不会做城下之盟,如果楚退兵三十里,则唯命是听。"子反惧,与之盟而告王,退三十里",宋和楚媾和,盟曰:"我无尔诈,尔无我虞。"《左传》重在记事,很少发表议论。

《公羊传》的传法与《左传》不同。再从这一篇来看,它还是采用问答体,一开始就问:"外平不书,此何以书?"(别国媾和,《春秋》上不记载,这次媾和为什么记载?)"大其平乎已也。"(是为了赞扬这次媾和啊。)又问:为什么赞扬这次媾和呢?接下去就叙述这次媾和值得赞扬之处。为了突出赞扬"信义"这个主题,它叙述的方法和重点都与《左传》不同。它开始就叙述楚军围宋已只有七日之粮,粮尽而不胜就要退兵。庄王派主将子反登城外土丘窥视城内虚实,宋臣华元也出城来土丘见子反。子反问城内情况,华元据实告之"易子而食之,析骸而炊之"。子反问:"你为什么把实情告诉我呢?"华元说:"君子见人之厄则矜(怜悯)之,小人见人之厄则幸(庆幸)之,吾见子之君子也,是以告情于子也。"于是子反也把楚军的实情告诉华元。子反回营把情况告诉庄王,庄王怒责他不该把本军实情告诉宋国,子反说:"以区区之宋,犹有不欺人之臣,可以楚而无乎?是以告之也。"庄王还要等待破宋,子反却坚持撤兵回去,结果引军回国。这里叙述的事实比《左传》简略,也有细节出入和侧重点不同,但是,突出了推崇"信义"的主题思想。

在这篇文字的末尾,《公羊传》作者又问:媾和的两个人都是大夫,为什么《春秋》经文却记"宋人及楚人",为什么称"人"呢?回答说:"贬。曷为贬,平者在下也。"它发挥《春秋》在这里用"人"字的精义说:这是贬义,因为这是在下位的人媾和。按照礼制,像媾和这样的大事,应该由国君作出决定和定盟约的。这个观点是迂腐的,至于称赞交战双方这样互相交换真实情报,就更加迂腐了。

僖公二十二年的楚宋泓水之战,宋师败绩,责任完全在宋襄公。战幕揭开,楚军正渡河而来,将士们请求出击,宋襄公说:"不可,吾闻之也,君子不厄人。"楚军渡过河尚未布成阵,将士们再请求出击,宋襄公说:"不可,吾闻之也,君子不鼓不成列。"等楚军布完阵,宋军出击,结果大败,宋襄公本人也中了箭伤。《左传》记述这件事,批评宋襄公不知战,而《公羊传》却赞扬宋襄公"临大事而不忘大礼","虽文王之战亦不过此也"。这与宋襄公同样迂腐可笑。

公羊学

公羊学的最大代表是董仲舒,他是公羊学大师,又是今文学派的创始人。今文经学以公羊学最重要。董仲舒的著作以《春秋繁露》为代表。

董仲舒以孔孟原始儒学为基础,吸取法家、黄老学说,创始了以公羊学为主要内容的西汉今文经学。它完全适合新兴地主阶级建立统一的中央集权封建国家的需要,完成了儒学的一次重要的发展改造。公羊学在汉代十分盛行,甚至有人用它决狱,有人用它祈雨。这套经学对巩固统一的封建国家起了推动作用,而同时也把神权、君权、父权、夫权四条绳索套在中国人的脖子上。

公羊学的主要内容有以下一些:

(一)君权神授:皇帝是上帝之子,上帝授与他统治万民之权,所以称为"天子"。天子是执行上帝的意旨治理天下的,上帝的意旨通过天子的金口玉言传达世上,所以,服从皇帝,就是顺从天意,违逆皇帝就是逆天而行。神权是令人敬畏的,而皇帝受命于天,君权也不可侵犯。这样,公羊学就把君权和神权结合起来。

(二)天人感应:天心好德,所以天子以仁德之心治理天下。天可以通过祥瑞或灾异表示对皇帝政治得失的意见。皇帝听受天命,实行仁德,就会出现麒麟、凤凰、灵芝、甘露、丰禾等祥瑞,表示天的喜庆或褒奖;反之,政事不修,就会出现山崩、地裂、日月蚀、灾害以及怪异现象,表示天的谴责或警告,如果不改,天就要以有德代失德,另换皇帝。

(三)更化:公羊学主张政治上德刑并用,而以德政为主。公羊学者认识到光靠刑罚和镇压是不行的,应该进行政治上的变革,限制豪强土地兼并,薄赋敛、省徭役以宽民力,废除奴婢制度,尤其不得擅杀奴婢;采取这些改革措施可以缓和阶级矛盾,求取长治久安。

(四)天不变,道亦不变:天是至高无上的,永恒的。道就是天意,也是至高无上的,永恒的。何谓道?道就是纲常,即所谓"三纲五常"。三纲,指君为臣纲,父为子纲,夫为妻纲;五常,即董仲舒所说:"夫仁、谊(义)、礼、知

(智)、信五常之道,王者所当修饬也。"三纲五常是维护封建等级秩序的政治伦理根本原则。这个原则后来被宋代理学大大发挥。

(五)性三品:董仲舒根据孔子所说"性相近也,习相远也","惟上智与下愚不移"(《论语·阳货》)的人性论思想,作了进一步发挥。他把人性分为善、恶、中三等,认为"圣人之性不可以名性,斗筲(低微之人)之性又不可以名性,名性者,中民之性"。性三品说后来又经东汉的王充、荀悦,唐代的韩愈作了进一步发挥。

(六)大一统:对《春秋》的大一统思想,汉儒也作了进一步发挥。大一统就是促进和巩固国家的统一事业,在政治上实行君主专制的中央集权制;在经济上实行统一度量衡、统一赋税以及重要物资由国家直接经营;在思想上实行"罢黜百家、独尊儒术";等等。董仲舒说大一统是"天地之常经,古今之通义"。

(七)张三世:董仲舒首倡"三世说",他把《春秋》所记十二公的历史分为"有传闻、有闻、有见"三世。东汉何休《解诂》附会引申说:孔子修《春秋》,"于所传闻之世,见治起于衰乱之中,用心粗粝,故内其国而外诸夏;于所闻之世,见治升平,内诸夏而外夷狄;至所见之世,著治太平,夷狄进至于爵,天下远近小大若一。"清代公羊学复兴,康有为又把公羊学的三世说与《礼记·礼运》所表述的"大同之世"、"小康之世"相结合,把公羊学本来划分春秋历史的三世,扩大为划分世界历史演进的三阶段,即由"据乱世",进至"升平世",再进至"太平世",从而完成了一个历史演变的乌托邦思想,即拨乱世拨乱反正,升平世达到小康,太平世达到大同。

清代今文经学复兴,主要是复兴公羊学的"张三世"和"更化"思想,加以新的引申发挥,作为变法维新的理论根据。

第四节 《穀梁传》

《春秋》三传中的《春秋穀梁传》,简称《穀梁传》,又称《穀梁春秋》,也是汉代的今文学。《穀梁传》在汉代曾与《公羊传》并行,一度立于学官,但其后来的影响远远不如《公羊传》和《左传》。

《穀梁传》的作者、时代及其流传

《穀梁传》旧题作者是穀梁赤(俶),"穀梁"是复姓,名字是个悬案。有的说名"寘",有的说名"喜",有的说"名俶,字元始",有的说名"赤",无从考证。唐杨士勋撰《春秋穀梁传疏》并载后二说:"名俶,字元始,一名赤。"据说穀梁赤是孔子门人子夏的弟子,穀梁赤传于荀子,荀子传于鲁人申公,申公传于博士江翁。它在战国时期即已流传,大约在《左传》传世后百余年,与秦孝公同时;但那时都是口耳相传,到西汉时才成书。《穀梁传》成书的时间大约在西汉景帝之后,据今人杨伯峻证明:比较《公羊》、《穀梁》二传,所记事实有矛盾之处,褒贬态度也有矛盾之处,所以二书不会是同一师传;而《穀梁传》的内容,有不少系抄引《公羊传》又加以修饰。《公羊传》成书于汉景帝时代,所以,我们论断《穀梁传》只能成书于汉景帝以后。

《穀梁传》只在汉宣帝时立于学官,先后注讲者十余家。据《汉书·艺文志》记载曾有尹更始注《穀梁章句》三十三篇(亡)。这些章句注解"皆肤浅末学,不经师匠,辞理典据既无可观,又引《左氏》、《公羊》以解此传,文义违反,斯害也已"(《春秋穀梁传集解序》)。由于这些缺点,《穀梁传》的传授与习者逐渐减少。东晋范宁集众家解说为《穀梁传》重新作注,成《春秋穀梁传集解》,开始将传文与《春秋》经文合编在一起。唐初杨士勋又吸取别家注说,为范宁《集解》本作疏释,有兼采诸家之长的优点。今传宋本《十三经注疏》所收《春秋穀梁传注疏》即题晋范宁注、唐杨士勋疏,它引证博广,是一个较好的注本。后来为《穀梁传》作义疏者不多,清王闿运著有《穀梁申义》,对范宁注有所辩说,进一步阐发了《穀梁传》的义理。

《穀梁传》和《公羊传》同样重在阐发义理,随经作传,其体裁也是一问一答逐层逐字释义,这都与《左传》不同。《穀梁》与《公羊》二传虽同是重于释义,却又有不同:《公羊传》释"微言大义";《穀梁传》只释"大义",不释"微言"。《朱子语类》说:"《左传》是史家,《公》、《穀》是经学,史学者记事却详,于道理上便差;经学者于义理上有功,然记事多误。"这里所说的"义理",当然是指儒家的"义理"。《穀梁传》的文字虽不如《左传》简练而富艳丰润,却较《公羊传》显得清新婉约。

"郑伯克段于鄢"

"郑伯克段于鄢",是《春秋》经隐公元年的一条记事,只有这六个字。《左传》对这件事的始末作了详细的记叙,描写了郑庄公处心积虑杀掉其弟共叔段的事实经过,刻画了郑庄公诡诈阴险而又伪善的形象,把褒贬寓于对事实的记叙和人物形象之中,而不直接议论。《穀梁传》并未叙述事实,只就这件事发表评论,写了一篇文章。

这篇文章前段议论"郑伯克段"的提法。段是世子却不称公子,是同母弟却不称弟,而直呼其名,因为他有失"子弟之道","克"是用武力征服对方,用这个字就表明段有军队,是被武力战胜的。这是对段的"贬"。但是,文中间以"贱段而甚郑伯也"一句一转,后段就直接议论《春秋》这段记事贬郑伯之恶:"何甚乎郑伯?甚郑伯之处心积虑,成于杀也。于鄢,远也。犹曰取之其母怀中,而杀之云尔,甚之也。"这是说,郑伯处心积虑,故意设谋定计,助长段的骄纵之心,制造灭段的口实,然后在很远的地方把段杀掉,可是这和从母亲怀中夺过来杀掉一样。结句说道:"然则为郑伯者,宜奈何?缓追、逸贼,亲亲之道也。"《穀梁传》作者认为,郑伯应该宽缓其追逐,放走作乱的叛国者,才符合"亲亲之道"。所谓"亲亲",即亲其所亲,是儒家的伦理道德。作者批评郑庄公处心积虑杀弟,违反了伦理道德。

从这段文字可以看出,本文不记事,而就《春秋》所记之事加以评论,来发挥儒家的义理。这与《左传》的体例有明显的不同。

从这段文字也可以看出,《穀梁传》与《公羊传》都是逐层逐字释义理的,而《穀梁传》重在释"大义"而不深究"微言"。

《穀梁传》中也偶有篇段记事。如僖公二年"虞师晋师灭夏阳"一段,全文叙述文字较多,而且具体生动。但这样的文字,在《穀梁传》中是不多的。

《春秋》三传中,《穀梁传》的影响较小,这里也不多介绍了。

推荐阅读书目：

- 《春秋左传正义》 晋杜预注,唐孔颖达等正义,《十三经注疏》本。
- 《春秋左传注》 杨伯峻编著,中华书局1981年本。
- 《春秋左传学史稿》 沈玉成、刘宁著,江苏古籍出版社1992年本。
- 《春秋左传词典》 杨伯峻、徐提编,中华书局1985年本。
- 《论左传》 胡念贻著,收《先秦文学论集》,中国社会科学出版社1981年本。
- 《春秋公羊传注疏》 汉何休注,唐徐彦疏,《十三经注疏》本。
- 《春秋公羊传今注今译》 李宗侗注译,台湾商务印书馆1973年本。
- 《春秋繁露》 汉董仲舒著,《四库全书》本。
- 《春秋公羊通义》 清孔广森撰,《清经解》本。
- 《春秋公羊经何氏释例》 清刘逢禄撰,《清经解》本。
- 《春秋穀梁传注疏》 晋范宁注,唐杨士勋疏,《十三经注疏》本。
- 《穀梁申义》 清王闿运撰,光绪十七年刻本。
- 《春秋三传比义》 傅隶朴著,中国友谊出版公司,1984年重印台湾本。

第七讲

《论语》

　　《论语》是一部语录体的著作，记述孔子言论行事及其少数弟子的言论行事。现存二十篇，四百七十余章。"论"，是论纂的意思；"语"，是言语的意思；《论语》的命名，就是指孔子及其弟子言论的汇编。其中主要是汇辑孔子的言论和行事，是研究孔子和儒家思想本源的重要资料。

　　《论语》又简称《论》，或《语》，前十篇为上编，称《上论》，后十篇为下编，称《下论》。在战国和汉初流传时，并不是"经"，是当作附在"经"后的"传"或"记"的；不过，在所有的"传"、"记"中是最重要的"传"或"记"。从战国年间开始，儒家学派办学，一直当作重要的教材。学童经过启蒙识字教育之后，不读五经先必读《论语》，这一教学程序，一直延续到清朝末年。汉代把孔子抬到崇高的神圣地位，辑录孔子言论和行事的《论语》，也便定为经书，以后一直是九经、十二经、十三经之一。宋朝的朱熹又把《论语》和《孟子》、《大学》、《中庸》合编为"四书"，明、清两代是科举用书，每个读书人都必须背熟，所以它是封建社会人人必读的书。

第一节　孔子和孔门弟子

孔子生平

孔子(公元前551—前479年)名丘,字仲尼,春秋末年伟大的思想家、教育家、儒家学派创始人。他出生在鲁国昌平乡陬邑(今山东曲阜)一个没落贵族家庭。他原是殷商的后裔,先祖孔父嘉是宋国宗室,在统治集团互相倾轧斗争中被杀,后人避难逃亡鲁国,三世而生孔子。孔子幼年时家境已经衰微,青年时代做过委吏(仓库管理员)、乘田(畜牧管理员)之类小吏。他聪敏好学,志向远大,喜好古代文献,学识渊博,名冠乡里。中年开始授徒讲学,闻名鲁国;曾出任鲁国中都宰、司空、大司寇,摄行相事三个月。

孔子生活在春秋末期奴隶制向封建制激烈转化的社会大变革时代。他提出一套以"仁"为核心,以"礼"为手段,"祖述尧舜,宪章文武"的政治主张。这些主张鲁国当政者不能接受,他便率领弟子周游列国,宣传他的学说。他走遍了大小国家,没有一个国君采纳他的主张。他到处碰壁,晚年返回鲁国,以整理文献、教授学生终其一生。

孔子伟大的贡献,是他搜集整理了大量古代文献,使之得以流传和保存下来;他创办了中国第一所私学,总结出丰富的教学经验;他创始的历史上最大的学派儒家学派,继承、改造和发展了他的思想学说,成为中国封建社会的正统思想,对中国历史发展起着极为重大的影响。从汉代开始,孔子被历代统治者尊奉为"圣人"、"至圣先师"、"大成至圣文宣王",他被神圣化,成为人们心目中的偶像。

孔子形象

《论语》主要是记孔子的言论和行事。通过孔子的自述以及弟子们的记述,我们可以看到实际生活中的孔子。

孔子自述说:"吾十有五而志于学,三十而立,四十而不惑,五十而知天命,六十而耳顺,七十而从心所欲,不逾矩。"(《为政》)这是说,他十五岁有志于学习,三十岁明礼仪,言行都有把握,四十岁掌握各种知识而不致迷惑,五十岁知天命,六十岁听别人言语可以明辨是非,七十岁随心所欲而不会越出规矩。他又说:"十室之邑,必有忠信如丘者焉,不如丘之好学也。"(《公冶长》)他自称好学是他最大的特点。他说他最担忧的是"德之不修,学之不讲,闻义不能徙,不善不能改"。道德修养和学习是他自强不息、身体力行的两件事,他说为此自己"发愤忘食,乐以忘忧,不知老之将至","盖有不知而作之者,我无是也;多闻,择其善者而从之,多见而识之,知之次也"。把学习、修身和实践结合起来,对自己"学而不厌",对别人"诲人不倦"。"若圣与仁,则吾岂敢?抑为之不厌,诲人不倦,则可谓云尔已矣"。能够这样,即使是"饭疏食饮水,曲肱而枕之,亦乐在其中矣;不义而富且贵,于我如浮云。"(《述而》)他认为,哪怕是吃粗粮,喝冷水,弯着胳膊当枕头,也会自得其乐,不能干不正当的事去求取富贵。"富而可求也,虽执鞭之士,吾亦为之。如不可求,从吾所好。"(《述而》)所以,他还是干他乐于干的"学而不厌"与"诲人不倦"。

孔子怀抱济世的理想,一生劳劳碌碌,政治主张不被采纳,抱负不得施展,他喟然兴叹:"道不行,乘桴浮于海。"(《公冶长》)除了想编竹筏渡海远走,他还想"居九夷(淮夷)"(《子罕》)。话不过是这么说,孔子还是期望能够用世的:"苟有用我者,期月而已可也(一年差不多),三年有成(可以有成绩)。"(《子路》)可惜,并没有执政者任用他,他不禁感慨道:"知我者其天乎?""道之将行也欤?命也。道之将废也欤?命也。"他穷困潦倒,在陈绝粮,从人饿病了爬不下床,子路问他:"君子亦有穷乎?"他回答说:"君子固穷,小人穷斯滥矣。"(《卫灵公》)他认为君子也有穷困的时候,但虽穷仍能坚持志节,小人一穷就无所不为了。《泰伯》又说:"笃信好学,死守善道。危邦不入,乱邦不居。天下有道则见,无道则隐。"他的主张是:信仰、学习、誓死保全道,不进入危险的国家,不居住祸乱的国家,天下有道就出来做事,一展抱负,天下无道就隐居,明哲保身,安贫乐道。

《乡党》还比较详细地记述了孔子的日常生活,包括衣食起居、仪表态度和待人接物。从这些生活细节,也可勾画出孔子的性格。

孔子平时穿着朴素,夏季穿粗或细葛布单衣,把衬衣露在外面,不用红、紫色;冬季皮袄较长,为了实用,右袖短些;为了节省工料,裙子不用整幅布而裁下一些布。但又注意颜色的调和,黑衣配紫羔,白衣配麑裘,黄衣配狐裘;朝贺穿礼服,上朝和祭祀不穿戴紫羔和黑色礼帽。斋戒沐浴,必穿布质浴衣,并且改变平常饮食,不与妻室同房。

"食不厌精,脍不厌细"(粮食不嫌舂得细,鱼肉不嫌切得细),霉变、腐烂、颜色难看、气味难闻、烹调不当、没有调料、不按规定方法分解的肉,买来的酒和肉干以及不到该吃饭的时间,都不吃;吃肉不超过主食,酒不限量但不醉,不过饱。这些都是讲求饮食卫生。

食不语,寝不言。席,不正,不坐。寝不尸,居不客(睡眠和平时坐着姿态任其自然)。宴会毕,让老年人先出,遇人丧事正容表示同情,亡友无人殡葬则负责殡葬,与人交往注意礼貌和礼仪。外出登车,先正立,然后拉着扶手带上车;在车内不回顾,不疾言,不用手指指画画。这些都是讲求仪表端庄正派。

孔子爱好音乐,"子在齐,闻《韶》,三月不知肉味"。他讲标准话,不讲土语,"子所雅言,《诗》、《书》、执礼皆雅言也"。不谈怪、力、乱、神。在乡党中因辈分不高,所以态度谦虚很少说话;在朝廷里则畅谈所见,侃侃而言,但措辞谨慎;见君则恭敬、严肃而自然。他的学生说他待人接物的态度是"温(温和)、良(善良)、恭(严肃)、俭(节俭)、让(谦逊)"。

在孔子弟子的心目中,孔子的形象是高大的。子贡说:"譬之宫墙,赐(子贡名)之墙也及肩,窥见室家之好;夫子之墙数仞,不得其门而入,不见宗庙之美,百官之富。得其门者,或寡矣。"又说:"夫子之不可及也,犹天之不可阶而升也。"有人诋毁孔子,子贡又说:"仲尼不可毁也!他人之贤者,丘陵也,犹可逾也。仲尼,日月也,无得而逾焉。人虽欲自绝,其何伤于日月乎?"(《子张》)颜回说:"仰之弥高,钻之弥坚,瞻之在前,忽焉在后。夫子循循然善诱人,博我以文,约我以礼,欲罢不能,既竭吾才,如有所立卓尔,虽欲从之,末由也已。"(《子罕》)

孔子生前是郁郁不得志的,当时人们对他也有毁有誉。据《论语》记录,除了有些士大夫诋毁他，乡里群众中也有人持不同的看法。《子罕》记："达巷党人曰：大哉孔子，博学而无所成名。"（伟大啊孔子，学识渊博，却没有足以成名的专长。）一位老丈批评他："四体不勤，五谷不分，孰谓夫子？"（《微子》）同篇又记孔子让子路向耕者打听渡口，耕者不告诉他，并且讥笑孔子到处逃避坏人却空谈社会改革。对他到处奔波游说诸侯，也有人不理解，说他"丘何为是栖栖（忙忙碌碌）者与？无乃为佞乎？"（《宪问》）

孔门弟子

孔门弟子三千人，贤者七十二人，见于《论语》者二十七人，其中确实可考的二十二人。

颜回（公元前521—前490年），字子渊，春秋末鲁国人，是孔子最得意的弟子，《论语》中记录许多孔子对他的赞美之辞。颜回聪敏好学，每次有人问孔子，其弟子中谁最好学，孔子必举颜回。有一次孔子与子贡谈起学习，子贡说："赐也何敢望回？回也闻一以知十，赐也闻一以知二。"孔子说："弗如也，吾与汝弗如也。"（《公冶长》）孔子称赞颜回安贫乐道："贤哉回也！一箪食，一瓢饮，在陋巷，人不堪其忧，回也不改其乐，贤哉回也！"又称赞他身体力行："回也，其心三月不违（长久不离开）仁；其余（别的学生）则日月（短时间）至焉而已矣。"（以上《雍也》）"语之而不惰者（听我讲话始终不懈怠的），其回也欤！"（《子罕》）颜回死时，年仅三十一岁，孔子悲痛地叹息道："噫！天丧予！天丧予！"（《先进》）颜回被后儒列为七十二贤之首，尊为"复圣"。

曾参（约公元前505—前436年），字子舆，春秋末鲁国人。《论语》称他"曾子"，是孔子学说的主要传道者之一。他认为"夫子之道，忠恕而已"（《里仁》）。曾子弟子记录了他不少教诲学生的话："吾日三省吾身，为人谋而不忠乎？与朋友交而不信乎？传不习乎？""慎终追远（慎重对待父母丧亡，追念远代祖先），民德归厚（归于忠厚老成）矣。"（以上《学而》）《泰伯》记录曾子多段谈话，有一段谈君子"可以托六尺之孤，可以寄百里之命，临大节而不可夺也，君子人与？君子人也"！（一个人，可以把幼小的孤儿和国家的命脉都交付给他，面临生死存亡的关头而不屈服，这样的人，就是君子。）"士不可以不弘毅（刚强有毅力），任重而道远。仁以为己任，不亦重乎？死而后已，不亦远乎？"传说曾参是《大学》和《孝经》的作者，这未必可信，但他对孔子学说确有所发挥。《大戴礼记》记有他的言行，他事亲至孝，发展了孔子的孝道，提出"夫孝者，天下之大经"（《大戴礼解诂·曾子大孝第五十三》）。历代封建统治者尊曾参为"宗圣"。

子贡（公元前520—？年），复姓端木，名赐，字子贡，春秋末卫国人。因为他曾长期随侍孔子，《论语》中记孔子与子贡对答最多。子贡长于辞令，擅长外交，孔子称赞他是"瑚琏"之器（宗庙重器）。《先进》说："赐不受命，而货殖焉，亿则屡中。"这是说子贡善于经商，预测市场行情常常正确。《史记·仲尼弟子列传》记他曾在卫国和鲁国做官，也曾游说齐国和吴国，但后来还是经商，成为当时著名富商。《史记·货殖列传》列他为首，称他"家富累千金"。他说："君子之过也，如日月之食焉；过也，人皆见之；更也，人皆仰之。"这句话在后世很有影响。子贡对孔子十分景仰，孔子死，结庐墓旁，守丧六年始去；今曲阜孔林仍有遗迹。

子夏（公元前507—？年），姓卜名商，字子夏，春秋末卫国人，以文学著称，精通《诗》、《春秋》、《易》、《礼》，常与孔子对答，以才思敏捷而深得孔子赞许。他曾任鲁国莒父（今山东莒县西）宰，问政于孔子。《子张》记录子夏言论十多条。"大德不逾闲，小德出入可也"，主张大节不可逾越，小节可以放松一些；"仕而优，则学；学而优，则仕"，"优"是有余力的意思，这段话本是主张做官有了余力便去学习，学习有了余力便去做官。后人把"优"释为"优良"，把"学而优则仕"解释为学习好做官，与原意相距很远。他还说："百工居肆（作坊）以成其事，君子学以致其道。""博学而笃志，切问而近思，仁在其中矣。"他认为博学是为了笃志、明道，是达到"仁"的途径。孔子死后，子夏收徒讲学，其后学成为儒家的一个学派。

子游（约公元前506—？年），姓言名偃，春秋末吴国人，以文学著称。曾任鲁国武城（今山东费县西南）宰。他根据孔子的"小人学道则易使"的思想，实行礼乐教民，孔子去武城，闻满城皆弦歌之声。他说："丧致乎哀而止。"认为丧葬能够表达哀思也就够了，主张节丧。其后学在战国时期也形成儒家的一个学派。

子路(公元前542—前480年),名仲由,字子路,通称季路,春秋末鲁国人。他是孔子的亲密弟子之一,曾长期随侍孔子,在孔子弟子中年龄最长,性格耿直,有勇力才艺。曾任鲁国大夫季氏宰和卫国孔悝邑宰,孔子称赞他的政事才干,说他"片言可以息狱者,其由也与"(《颜渊》)!认为他"千乘之国可使治其赋"(《公冶长》),认为他的才干可以作一国的宰相。据《史记·仲尼弟子列传》,卫国宫廷发生政变时,他以"食其食者,不避其难"(吃卫国的俸禄不应逃避卫国的灾难),不肯离去。在战乱中,冠缨被击断,他想起孔子教诲的"君子死而冠不免",重结缨带时,被人砍成肉酱。孔子听说后十分悲痛:"嗟乎,由死矣!""自吾得由,恶言不闻于耳。"

子有(公元前522—前489年),姓冉名求,字子有,通称冉有,春秋末鲁国人,以政事著称。《史记·仲尼弟子列传》说,孔子曾称赞他"千室之邑,百乘之家,求也可使治其赋"。在鲁国任季康氏宰,鲁哀公十一年(公元前484年)齐国攻鲁国,子有统率季氏的甲兵,很得季氏信任,在他劝说下迎回在外十四年的孔子。《先进》记:"季氏富于周公,而求也为之聚敛而附益之,子曰:'求,非吾徒也!小子鸣鼓而攻之可也!'"季氏是新兴地主阶级当权派的暴发户,子有依附季氏,帮助搜刮民财,孔子要学生们大张旗鼓去攻击他。

宰予(公元前522—前458年),字子我,通称宰我,春秋末鲁国人,以言辞著称。孔子评论他说:"始吾于人也,听其言而信其行;今吾于人也,听其言而观其行,于予与改是。"(《公冶长》)这是指宰予有言行不一的缺点。同章又记:"宰予昼寝。子曰:朽木不可雕也,粪土之墙不可杇(抹刷)也,于予与何诛(责备什么呢)?"宰予问三年之丧,认为守孝三年太久,不如改为一年,孔子批评他"不仁"。《史记·仲尼弟子列传》说他任齐国临淄大夫时,因参与弑君而被杀。

子张,复姓颛孙,名师,春秋末鲁国(一说陈国)人。《论语》多章记他向孔子问学,《子张》记录他几段言论。其一曰:"士见危致命,见得思义,祭思敬,丧思哀,其可已矣。"其二曰:"执德不弘,信道不笃,焉能为有?焉能为亡?"(奉行道德不坚强,信道不忠实,这种人有他不为多,没他不为少。)其三是论交友:"君子尊贤而容众,嘉善而矜不能。我之大贤与,于人何所不容?我之不贤与,人将拒我,如之何其拒人也?"(君子尊重贤才,也容纳普通人,鼓励好人和同情无能的人。我是大贤吗,有什么人不能容纳呢?我是不贤的人吗,别人将会拒绝我,我怎么拒绝别人呢?)其后学也成为儒家的一个学派。

公冶长,公冶是复姓,字子长,齐国(一说鲁国)人。他在监狱里的时候,孔子把女儿嫁给他:"可妻也,虽在缧绁之中,非其罪也。"(《公冶长》)

闵损,字子骞,鲁国人。孔子称赞他的孝行:"孝哉闵子骞,人不间(无异议)于其父母昆弟之言。"(《先进》)世传其早年丧母,父娶后妻又生二子,后母虐待闵子,冬季以芦花絮其袄。闵子为父推车,寒不能前,父怒鞭之,衣破而芦花见,父欲出其后妻,闵子泣谏而止。这是有名的孝子传说。他除了孝行为世称道,也以德行著称,《史记·仲尼弟子列传》说他"不仕大夫,不食污君之禄"。

冉耕,字伯牛,鲁国人,以德行著称。《论语》仅一章记及伯牛患恶疾,孔子往视时其脉息将绝,早亡。

冉雍,子仲弓,鲁国人,以德行著称,其德才为孔子所器重。曾任季氏宰,但孔子认为"雍也可使南面"(为诸侯之任)。《论语》记录他向孔子问仁、问政。荀子把他和孔子并列为大儒。

司马牛,复姓司马,字子牛,春秋末宋国人。《论语·颜渊》记司马牛向孔子问仁、问君子。他的弟弟桓魋(tuí)在宋国作乱,司马牛忧曰:"人皆有兄弟,我独无!"

樊须,字子迟,通称樊迟,齐国(一说鲁国)人,《论语》中凡五见。他向孔子问知、问德、问仁。有一次向孔子请学稼、学圃,孔子说:"小人哉,樊须也!"(《子路》)认为他没有出息,这是孔子的偏见。

原宪,字子思,鲁国人,为孔子家宰,以安贫乐道著称。《论语》仅记他向孔子问耻。孔子卒后退隐于卫国。

公孙赤,字子华,又称公孙华,鲁国人。娴习礼乐,长于交际,《论语》仅三见。

有若,姓有名若,称有子。《论语》记录他四段言论。第一段论孝悌:"其为人也孝弟,而好犯上者鲜矣;不好犯上而好作乱者,未之有也。君子务本,本立而道生。孝弟也者,其为仁之本欤!"(《学而》)第二段论和:"礼之用,和为贵。先王之道,斯为美,小大由之。有所不行,知和而和,不以礼节之,亦不可行也。"(《学而》)前些年,许多人曲解了"和为贵",其实"和"在这里是适当、恰当的意思,他是说礼以做得适当、恰当为可贵,先王治理国家,大处小处都做得恰当,有行不通的地方,照恰当的要求去做,不用礼来约束是不行的。第三段论信和恭:"信近于义,言可复也。恭近于礼,远耻辱也。因不失其宗,亦可宗也。"(约言合于义,说的话就可以兑现。庄矜的态度合于礼,不会遭受侮辱。依靠亲近的人,就可靠了。)第四段是:"哀公问于有若曰:'年饥,用不足,如之何?'有若对曰:'盍彻乎(为什么不实行十分抽一的税率呢)?'曰:'二,吾犹不足,如之何其彻也(十分之二,我还不够,怎么能十分抽一呢)?'对曰:'百姓足,君孰与不足(你怎么会不够)? 百姓不足,君孰与足(你怎么会够)?'"这些言论都能发挥孔子学说的精义。

宓不齐,字子贱,《论语》仅一见。

南宫适,一作南宫括,字子容,孔子的侄女婿,《论语》凡三见。

高柴,字子皋(羔),《论语》仅二见。

雕漆开,字子开,《论语》仅一见。

以上二十二人为可考者,孟懿子、孟武伯也曾向孔子问学,却不一定是弟子。

《论语》主要记录孔子的言论行事,也兼及上述弟子的言论行事。

第二节　今、古文《论语》和注本

关于《论语》成书的时代,《论语》的流传,今、古文版本,都是历代讨论的问题。自古以来,《论语》注释本不下三千种之多,因而需要作重点说明。

《论语》成书的时代

《论语》现存 20 篇,470 余章,其中大部分是孔子的言论和行事,基本上都是孔子的学生记录的。孔子与不同学生的谈论和学生见到的孔子的行事,分别由学生在当时记录,或后来追记下来。从这些章节尊称"子"、"子曰"、"夫子",可以证明,它们绝非孔子自己写的;由此也可以推断:这些章节最初记录的时间,是在春秋末年孔子生前或死后不久。

孔子学生的言论行事,基本上是由他们的学生记录下来的,这从这些章节屡用"曾子曰"、"有子曰"之类尊称,可以证明是他们的学生所记,并可以推断其记录时间大致在春秋末年及春秋战国之交的一段时间。

《汉书·艺文志》说:"《论语》者,孔子应答弟子时人及弟子相与言而接闻于夫子之语也。当时弟子各有所记,夫子既卒,门人相与辑而论纂,故谓之《论语》。"这段话比较笼统,只说是在孔子死后其门人辑纂的。《释文·叙录》引申说:"……当时弟子各有所记,夫子既终,微言已绝,弟子恐离居以后,各生异见,而圣言永灭,故相与论撰。"话是说明白了,但说是孔子的学生在老师死后大家分散之前共同编纂的,却又说错了。

《论语》470余章不但不是一个人记的,而且其前后相距年代不止于三五十年。曾参是孔子最年轻的学生,孔子死时曾参才26岁,曾参活到70岁,那时,孔子死后已经46年。《论语》中有一段是记录曾子临死前与鲁国孟敬子的谈话,那时孔子的其他门人大概都死了。《论语》中时间最晚的记录,无疑是曾子的门人记的,全书中除了记孔子的言论行事最多外,其次就是曾子,而且处处用尊称,所以有人推论是由曾子门人最后编纂的;书中有一些章节前后重复出现于不同篇次,可证编纂者也不是一人。就内容来考查,成书的年代,只能在公元前429年之后,因为曾参死于公元前436年,与他谈话的孟敬子在公元前429年还从事政治活动,而敬子是谥号,因而只能写在孟敬子死亡受谥之后。

从这些考证来看,今人杨伯峻推定《论语》成书在公元前400年左右,这个推论基本是可信的。我们可以认定《论语》是在战国初期由曾参的门人编纂的。

今文《论语》和古文《论语》

汉代流行的《论语》,也有今文和古文之分。

今文《论语》有两家,鲁人所传者称《鲁论》,齐人所传者称《齐论》。

《鲁论》凡 20 篇,《齐论》凡 22 篇。《齐论》多出的两篇,《汉书·艺文志》自注曰:"多《问王》、《知道》。"学者们又怀疑"问王"为"问玉"之误。不过这两篇今皆不存,是非已很难稽考。魏何晏《论语集解序》说:"《齐论》二十二篇,其二十篇中,章句颇多于《鲁论》。"现在我们只能知道《齐论》的训释之词较多。

古文《论语》只有一家,据说是和古文《尚书》一同为鲁恭王坏孔子故居壁中发现。这事和古文《尚书》一样真伪难辨,我们可以不再管前人的这些纠缠不清的笔墨官司。《汉书·艺文志》记"《论语》古二十一篇,出孔子壁中,有两《子张》"。《古论》的篇名比《鲁论》多一篇,这是把《尧曰》篇的"子张问"另分为一篇。《古论》与《鲁论》、《齐论》不同,文字也有四百多字不同。《鲁论》、《齐论》最初各有师传,相信《古论》的人较少。我们现在流传的版本,不是《鲁论》,不是《齐论》,也不是《古论》,而是《张侯论》。

张侯,指西汉末年安昌侯张禹,他先传《鲁论》,又讲习《齐论》,于是把这两个版本融合为一,篇目以《鲁论》为根据,称为《张侯论》。张禹是汉成帝的师傅,地位尊贵,他的这个本子便流行天下,为一般儒生所尊奉。东汉灵帝时代刻熹平石经,就是用的《张侯论》。

东汉末年郑玄以《张侯论》为本,参照《齐论》、《古论》作了《论语注》。魏代何晏又以郑玄注为本,作《论语集解》,这就是收在今通行宋本《十三经注疏》中的《论语》本子。

《论语》的注释

《论语》内容丰富而文字简约,这为注释和讲解留下发挥的天地。古代释《论语》的书达三千余种,下面只能择其最主要的略作叙录。

《汉书·艺文志》记汉人传授《论语》12 家、229 篇;《隋书·经籍志》补记汉时周威、包咸为《张侯论》作章句,马融作训诂;但这些注释已经全部亡佚。东汉末郑玄作的《论语注》,现残存一部分,尚可看到《齐论》、《鲁论》、《古论》的一些面貌。

《隋书·经籍志》记魏司空陈群、太常王肃、博士周生烈均曾撰《论语》义说,这些也已经亡佚;魏何晏等所撰《论语集解》,尚存。

《论语集解》撰者何晏、孙邕、郑冲、曹羲、荀凯五人,"共集《论语》诸家训注之善者,记其姓名,因从其义,有不安者辄改易之",《集解》集孔安国、包咸、周威、马融、郑玄、陈群、王肃、周生烈等汉魏各家古注,是现存最古注本。梁皇侃为《集解》又作《论语义疏》。皇侃《义疏》又集魏晋数十家之说为何晏《集解》申说,唐代传入日本,为日人所重。

宋邢昺为何晏《集解》作新疏(《四库全书》作《论语正义》),邢疏"翦皇氏之枝蔓而精傅以义理",详于章句训诂和名器事物,"其荟萃群言,创通大义,已为程朱开其先路矣"(《郑堂读书记》)。宋人编《十三经注疏》,所收《论语》即为何晏集解、邢昺正义,合称《论语注疏》,一直通行至今。

南宋朱熹以《大学》、《中庸》、《论语》、《孟子》合编"四书",为之集注。其中,《论语章句集注》训诂、义理并重,也较为通俗易解。朱注是明、清两代科举用书,为读书人所本,影响很大,但理学气味较浓。

清人《论语》注疏、义理研究之书甚多。毛奇龄《论语集求篇》专为驳斥朱熹《章句》之作。本书旁征博引,资料宏富,于礼仪、军制、方名、象数、文体、词例,反复推勘,以证朱注之谬;但其中也有强生枝节,半是半非,甚至立论不足据者。

清人注疏中影响最大的是刘宝楠的《论语正义》,他以为皇疏"多涉清玄,于宫室衣服诸礼,阙而不言",而邢疏"又本皇氏,别为之疏,依文衍义,益无足取"(《后序》)。他打破汉学宋学的门户之见,不守一家之言,广泛征引,择善而从,力求实事求是,折中大体得当。刘氏于道光八年(公元1828年)开始著述此书,1855年于书将垂成时病故,由其子刘恭冕继续撰写,同治四年(公元1865年)全书写定,前后历时38年。这部书集前人注疏之大成,至今仍有较高的参读价值。

近人杨树达撰《论语疏证》,汇集三国以前古籍中与《论语》有关资料,排比于《论语》原文章句之下,间下己意以为按语。主旨是以事例为证,疏解《论语》古义,考订是非,解释疑滞,发明孔子学说。引书约70种。陈寅恪《序》称:"乃自来诂释《论语》者所未有,诚可为治经者辟一新径,树一新楷模也。"

近人钱穆诠释《论语》的专著《论语新解》,以篇次为序,对原文注释、解析、串讲并白话试译,不乏新见,在港台及海外较流行。

近人程树德撰《论语集释》,是集古今《论语》注疏大成的名作,引录典籍680种,取舍谨严,博而不滥,凡120万言,体例周备,疏解详明,便于披阅。

近人杨伯峻撰《论语译注》,包括原文、注释、译文、余论四部分,并附《论语辞典》,是当代较好的白话译本,流传广泛,但仍有阙误。《导言》中对《论语》的命名、作者和时代、版本的真伪等问题,进行了论证和说明,可作一家之言。近年为补杨氏译注阙误,又有多种译本出版。

第三节 《论语》论仁

孔子集三代文化之大成,建立了一个比较完整的社会伦理学说的思想体系。"仁"是孔子学说的核心。

《论语》20篇,谈论"仁"的有58章,用"仁"字109次。"仁"字从象形字演化而来,《说文》释为"从人,从二",《礼记》郑玄注认为"仁"是"相人偶"之意,即用以协调人与人之间的相互关系。孔子的"仁",从这个角度来看,也可以说是一种人际关系学。"仁"又是孔子最高的理想人格,从这个角度来看,孔子的"仁学"又可以说是一种道德论。

爱人和忠恕

《论语》中孔子谈论"仁"的地方很多,虽没有给"仁"下一个明确的定义,但有:"樊迟问仁。子曰:爱人。"(《颜渊》)"爱人"二字,可以作为对"仁"的简要概括。"爱人",就是对别人有同情心,有关心他人的真实感情,也即郭沫若所说:"克己而为人的一种利他的行为。"[①]有一次马厩失火,孔子回来首

---

① 郭沫若:《十批判书·孔墨的批判》,《郭沫若全集·历史编》第二卷。

先问:"伤人乎?"(《乡党》)那时一匹马比一个奴隶要贵,但孔子首先关心的是人。《孟子·梁惠王上》还记孔子曰:"始作俑者,其无后乎?为其象人而用之也。"对以土俑木俑殉葬,孔子都是反对的,因为俑像人,诅咒发明以土俑木俑殉葬的人应该断子绝孙。他明确地提出:"泛爱众,而亲仁。"(《学而》)"泛爱",就是博爱,孔子提出的爱的对象不是指某一个阶级、阶层的人,而是指大众。孔子主张把人当人看待,普遍地给予关怀和同情,这也可以说是一种人道思想,比起那些奴隶主把奴隶当牲畜看,孔子的思想是先进的,它顺应了春秋时期奴隶解放的潮流[①]。孔子继承从氏族社会的原始民主到西周以迄春秋统治阶级的保民思想,发展完善为一个完整的仁学体系。

如何实现"仁"——"爱人"呢?《里仁》记录曾参对孔子的"吾道一以贯之"所概括的一句话:"夫子之道,忠恕而已矣。""忠恕"之道,就是孔子提倡的实现"仁"的方法。何谓"忠"?"尽己之谓忠",即积极而真心实意为他人效劳之意。孔子说:"夫仁者,己欲立而立人,己欲达而达人。能近取譬,可谓仁之方也已。"(《雍也》)所谓"己欲立而立人,己欲达而达人",就是自己要站得住,也要使别人站得住;自己要事事行得通,也要使别人事事行得通。何谓"恕"?孔子说:"其恕乎?己所不欲,勿施于人。"(《卫灵公》)自己不愿意接受的,也不要施加于别人,就是"恕"。孔子提出的为仁之方,有积极的"忠"和消极的"恕"两方面的意义,宋儒把它概括为"推己及人"四字:处理个人与他人的关系,做什么或不做什么,能够设身处地替别人尽心,这就是"爱人"。

孝悌为仁之本

仁者爱人,从哪里开始?《学而》记录有子的一段言论:"其为人也孝弟(悌),而好犯上者鲜矣;不好犯上,而好作乱者,未之有也。君子务本,本立而道生。孝弟也者,其为仁之本与!"为什么以孝悌为根本呢?孟子曾解释说:"孩提之童,无不知爱其亲,及其长也,无不知敬其兄。"(《孟子·尽心

[①] 郭沫若:《十批判书·孔墨的批判》,《郭沫若全集·历史编》第二卷。

上》)亲爱亲人,是人的本性,也就是仁的开端。父母是生我养我的,所以以"孝"表示爱;兄弟姊妹与我同为父母所生,所以以"悌"表示爱;夫妇为一体,所以以"义"表示爱;推广到与我相交的朋友,则以"信"、"友"表示爱;再推广到与我同类的人和生物,则有怜悯、同情之爱。这不同层次的爱,是从"亲亲"开端,所以说:"亲亲而仁民,仁民而爱物。"(《尽心上》),能够亲爱亲人,推而广之,就能仁爱百姓,仁爱百姓,也就能爱惜万物。

在孔子的仁学中,孝悌也是立国之本。这个命题,是和宗法制密切联系在一起的。因为依照以血缘关系为基础的宗法制,天子是诸侯国的宗主,诸侯是该国公卿的宗主……整个贵族阶级被组织在宗法制的社会制度之内,规定了亲疏尊卑的关系,所以孔子说:"孝慈则忠。"(《为政》)又说:"出则事公卿,入则事父兄。"(《子罕》)对父母尽孝,对君必能尽忠;在家敬兄,在外必能敬公卿尊长。由孝悌推而广之,可以有慈、有义、有信、有忠;从亲亲之爱做起,推而广之,可以为友爱,为博爱,以至忠国和仁民。所以,实行"仁",必须以孝悌为前提,以孝悌为基础。

《论语》论孝的言论17条,其中个别的是孔子学生的发挥,也本孔子的思想。这17条主要包括父母生前的"孝道"和父母死后的"孝道"。

孔子继承而且发展了原始氏族社会"孝"的道德观念,即子女有奉养父母和对父母尊敬服从的职责。孔子认为,"孝"不仅仅是赡养父母。"子游问孝,子曰:今之孝者,是谓能养。至于犬马,皆能有养。不敬,何以别乎?"(《为政》)人也养犬、养马,如果只是养活父母而不尊敬,那又有什么区别呢?"孟懿子问孝,子曰:无违。生,事之以礼;死,葬之以礼,祭之以礼。""子夏问孝,子曰:色(和颜悦色)难。有事,弟子服其劳(子弟替父母做),有酒食,先生(长辈,这里指父母)馔(吃喝)。""孟武伯问孝,子曰:父母,唯其疾之忧。"(《为政》)这是说要为父母的疾病担忧。"父母之年,不可不知也;一则以喜,一则以忧。"(《里仁》)既要为父母年高而高兴,又要为此而担忧,对他们的健康关心。可见孔子"孝"的学说,不仅仅满足于养活父母,还有恭敬、顺从、代为干活,献上最好的吃喝,和颜悦色以及关心健康等各方面内容。孔子还说:"父母在,不远游,游必有方。"(《里仁》)父母在堂,不要出远门,以便在家侍奉,如果必须出门,也要说明一定的去处,以免父母惦记。"事父母几谏,

第七讲 《论语》

见志不从,又敬不违,劳而不怨。"(《里仁》)侍奉父母时,对父母的不是也可以委婉劝说,见父母不愿听从,还要恭敬不违,操劳而无怨言。

孔子也继承传统的丧礼和祭祀活动,主张"葬之以礼,祭之以礼"。他的学生宰我认为守丧三年时间太长,建议改革为一年,孔子骂宰我"不仁",他说:"子生三年,然后免于父母之怀(离开父母的怀抱)。夫三年之丧,天下之通丧也,予(宰我)也有三年之爱于其父母乎?"(《阳货》)"三年无改于父之道,可谓孝矣。"(《里仁》)三年守丧,已成为中国封建社会的守丧教条。这个主张未免迂腐,但孔子的出发点是要求以这种行动,表示对父母养育之恩长志不忘。他主张在祭祀祖先时要虔诚而恭敬,所谓"祭神如神在"(《八佾》)。他评论禹孝敬鬼神的事说:"禹,吾无间然(没有挑剔的地方)矣,菲饮食(饮食简单)而致孝乎鬼神,恶衣服(衣服简陋)而致美于黻冕(衣帽)。"(《泰伯》)禹平日衣食简陋,祭祀祖先却穿得华美并尽量孝敬,他认为这无可非议,因为这表示尊敬。不过,他还是主张从俭的:"丧,与其易也,宁戚。"(《八佾》)丧事,与其在仪式上做得完备,不如心里真正悲哀。孔子认为,丧祭的目的不在于祈求鬼神的福佑,而重在子女对父母的尊敬和哀思。当子路请教这个问题时,他说:"未能事人,焉能事鬼?"(《先进》)父母活着时,做子女的不能尽孝,父母死后,也就谈不上孝敬鬼神了,因此落脚点还落在"事人"上。

克己复礼为仁

《颜渊》第一章记录:"颜渊问仁。子曰:克己复礼为仁,一日克己复礼,天下归仁焉。""克"即克制;"己"指自己的思想言行;"复礼"即归于礼。孔子认为,有一天人们能够克制自己的思想言行,使之归于礼,天下就都归于"仁"了。孔子在这里说明:仁是应该受"礼"的限制的,也就是说,应该按照"礼"的规定去爱人。颜渊又问:"请问其目?"孔子说:"非礼勿视,非礼勿听,非礼勿言,非礼勿动。"不符合"礼"的,不要看,不要听,不要言,不要动,人人自觉地做到这一点,天下就归于仁了。

孔子所说的"礼",是西周初期制定的一套贵贱尊卑的等级制度及其行为规范。按照这个制度和规范去爱人,根据人的尊卑、贵贱、亲疏而区别对待。爱人决不能违背礼的规范,《论语》中这样的话还有几条,如:"人而不仁,如礼何?"(《八佾》)"动之不以礼,未善也。"(《卫灵公》)前一条是说,人如果不仁,只在形式上注意礼节仪式是没有用的;后一条是说,一切活动如果不合于礼,都是不善的,当然也谈不到"仁"。

所谓按礼的规定去爱人,也就是对人的爱有先后、厚薄、等级。对尊者、贵者和亲人,要爱之在先,感情深厚;对卑者、贱者和血缘疏远的人,要爱之在后,感情淡薄。如果以爱亲之心去爱他人之亲,用爱尊者、贵者之心去爱卑者、贱者,那就是不合于"礼"了;非"礼"的行为不好,不是"仁"。孔子把对"君子"(尊者、贵者)的爱和对"小人"(卑者、贱者)的爱是加以区别的。他说:"君子学道则爱人,小人学道则易使(容易使唤)也。"(《阳货》)孔子认为"小人"是不会懂得"仁"的,"君子而不仁者有矣夫,未有小人而仁者也"(《宪问》)。因此,他所说的"泛爱众"、"博施于民"的"仁",只是尊者、贵者对卑者、贱者的一种施予,一种恩赐,也就是他所说的"养民以惠"(《公冶长》)、"惠则足以使人"(《阳货》);换句话说,是"君子"养活"小人",其目的是有了恩惠,"小人"就容易听从使唤。尊卑、贵贱、上下、亲疏的等级制度是由礼来规范的,孔子认为对"小人"施惠使之安于其等级身份,也正是仁。

很明显,克己复礼为仁,是把仁限定在封建和宗法的等级制度及其思想规范之内,而且维护等级制度。所以,孔子的爱人是不平等的,他的"泛爱众"(博爱)是以不平等为基础的。我们说孔子的仁学包含着人道的成分,却并不是近代人道主义,因为近代人道主义是以博爱、平等为原则的,其特点是打破等级制度,承认"人人生而平等"。孔子的思想是奴隶制向封建制转化的历史时期的产物。

仁为理想人格

"仁"是孔子提出的最高道德标准,也是孔子的理想人格。

孔子的理想人格就是要做仁人。《述而》记录他与弟子谈话时自谦地说:"若圣与仁,则吾岂敢!抑为之不厌,诲人不倦,则可谓云尔已矣。"(如果说到圣与仁,那我怎么敢当?只不过向圣与仁的方面努力而不厌烦,教诲别人学仁也不感疲倦,就是如此罢了。)人的思想达到"仁"的境界,是最完善的人格:"苟志于仁矣,无恶也。"仁者"无恶",自然是完善的。

"孝悌为仁之本",仁自然包括孝悌。《阳货》又记录子张问仁于孔子。孔子曰:"能行五者于天下为仁矣。……曰:恭(庄重)、宽(宽厚)、信(诚实)、敏(勤敏)、惠(慈惠)。恭则不侮(不遭受侮辱),宽则得众(受大众拥护),信则人任焉(得到别人任用),敏则有功(工作效率高),惠则足以使人(使唤别人)。"这里,仁包括恭、宽、信、敏、惠五种品德。

《子路》记录:"子曰:刚(刚强)、毅(果断)、木(朴实)、讷(言语不轻易出口)近仁。"这里,仁又包括刚、毅、木、讷四种品德。

《宪问》记录孔子说:"仁者必有勇,勇者不必有仁。"这里,仁又包括勇的品德。

《里仁》记录孔子说:"仁者安仁,知(智)者利仁。"(仁者实行仁便心安,智者认识到实行仁的好处而实行仁。)这里,仁也是智者所为。

《里仁》又记孔子说:"唯仁者能好人(爱某人),能恶人(厌恶某人)。""恶不仁者,其为仁矣。"这是说仁者爱憎鲜明,为了仁而反对不仁。

"仁"包括孝、悌、忠、信、恭、敬、智、勇等美好的品德,孔子把具备"仁"的理想人格的人称作君子。《微子》记录孔子谈论殷代的三个历史人物:"微子去之,箕子为之奴,比干谏而死。孔子曰:殷有三仁焉!"微子是殷纣王的哥哥,他劝谏无道的纣王,不被采纳,他便离开纣王;箕子是纣王的叔父,也因为劝谏纣王,被降为奴隶;比干也是纣王的叔父,因为劝谏纣王被杀。孔子赞美这三个人为仁人,是赞美他们为正义不惧怕恶势力,而勇于献身的自我牺牲精神。

《卫灵公》记录孔子曰:"志士仁人,无求生以害仁,有杀身以成仁。"孔子认为仁者应该有"杀身成仁"的决心和准备。

孔子的学生曾参也发挥孔子仁的学说说:"可以托六尺之孤,可以寄百里之命,临大节而不可夺也,君子人与?""任重而道远,仁以为己任,不亦重乎?死而后已,不亦远乎?"(《泰伯》)理想的人格就是以仁为己任,死而后已。

孔子把整个天下的命运寄托于具有完善人格的仁人。《卫灵公》说:"民之于仁也,甚于水火。"(老百姓需要仁,比需要水和火还急。)他认为在天下动乱、道义沦丧的当代,需要一批勇于为仁而献身的仁人君子。

修身达仁

怎样才能达到"仁"的人格完善的思想境界呢?

首先,孔子认为,"仁"不是达不到的遥远目标:"仁远乎哉?我欲仁,斯仁至矣。"(《述而》)仁并非不可及的,只要想要仁,仁就来了。

孔子认为,"仁"要靠坚持力行。《里仁》记录孔子说:"君子无终食之间违仁,造次必于是,颠沛必于是。"(君子不会有吃一顿饭的工夫离开仁,在紧迫的时刻是这样,在流离失所的时候也是这样。)又说:"有能一日用其力于仁矣乎?我未见力不足者。"只要用自己的力量去行仁,不会有力量不足的。他又说:"巧言令色,鲜矣仁。"(《学而》)花言巧语装笑脸的人,是没有什么仁的,要靠实际去做。《卫灵公》记"当仁不让于师",对于仁,应该有这种"当仁不让"的精神。

孔子认为,人们各有其行仁之道。子路和子贡都提出管仲的问题:齐桓公逼杀了弟弟公子纠,原来辅佐公子纠的管仲不但不死难,反而做了齐桓公的相,这是不是仁呢?孔子说:"桓公九合诸侯,不以兵车(停止战争),管仲之力也。如其仁,如其仁(这就是仁)!"他又说仁不仁要看大节:"管仲相桓公,霸诸侯,一匡天下,民到于今受其赐。微(倘若没有)管仲,吾其被(披)发左衽(衣襟左边开,为异族打扮)矣。岂若匹夫匹妇之为谅(指小节小信)也,自经(缢)于沟渎(渠)而莫之知也。"(《宪问》)他回答关于伯夷、叔齐的问题也说:这两个人互相推让不肯做国君,跑到国外去,是"求仁得仁"(《述而》)。

孔子认为,要达到仁的思想境界,必须学习。他说:"好仁不好学,其蔽也愚。"(《阳货》)不学习的弊害是愚,那就谈不到仁了。"博学而笃志,切问而近思,仁在其中矣。"(《子张》)广博地学习,坚定志向,恳切地询问和思考当前的问题,从学习和思辨中来求仁;也就是说,只有修身,才能达到仁。

孔子认为,修身达仁,还要注意环境和朋友的熏陶。"里仁为美。择不处仁,焉得知?"(《里仁》)居住的地方要有仁德之风为好,如果选择的住处没有仁德之风,是智者不为的。这是指择邻。"工欲善其事,必先利其器。居是邦也,事其大夫之贤者,友其士之仁者。"(《卫灵公》)这是指择友。择邻和择友,都是为了修身达仁。

按照孔子的理论,从多方面修身,力行实践,人人都可以达仁。

第四节 《论语》论礼

《论语》论礼之处,凡75条,是全书的重要内容之一。

礼的范围很广,上自宗法社会政治、经济、军事、文化各方面的典章制度,下至人们的生活日用、风俗习惯和行为规范。因此,《论语》论礼,也涉及多方面。

礼,不是孔子的创造。它由原始氏族社会的习俗和规范发展而来,反映氏族成员相互之间、成员个人与氏族集体之间关系的准则;到阶级社会,又经过统治阶级不断地补充、改造和发展,其中既保存了氏族社会原始的习俗和礼仪,又增加并且突出了宗法等级制度的内容,成为奴隶制社会的上层建筑。西周建国初期,由周公姬旦主持制订的周礼,内容是最为详密而完备的。我们在本书第五讲,已经对《周礼》、《仪礼》和《礼记》作过介绍。这里只谈谈《论语》中论礼的内容。

不学礼无以立

孔子所谓的礼,主要指遵守宗法等级秩序的生活规范和道德规范。他对礼的理解,是继承西周以来的传统认识的,但在这个基础上,他又作了种种解释,达到理论化。

孔子说,"立于礼"(《泰伯》),指依靠礼才能立身;他又反复多次说,"不学(知)礼,无以立"(《季氏》),都是说学礼、知礼是做人的根本。《泰伯》记:"子曰:恭而无礼则劳,慎而无礼则葸(xǐ),勇而无礼则乱,直而无礼则绞。"这是说,只是态度庄重而不知礼,就未免徒劳;只知谨慎而不知礼,就会畏缩;敢作敢为而不知礼,就会闯祸;心直口快而不知礼,就会尖刻刺人。孔子认为,恭、慎、勇、直这些品格都要用礼来指导,才会起好作用,否则就会起坏作用。《雍也》记:"君子博学于文,约之以礼,亦可以弗畔(叛)矣夫。"这是说,君子不但要博学增长知识,还要用礼约束自己的行为,这样能够循规蹈矩,不犯错误。

孔子所遵守的礼是周礼。"周监(鉴)于二代,郁郁乎文哉!吾从周!"(《八佾》)"殷因于夏礼,所损益可知也;周因于殷礼,所损益可知也;其或继周者,虽百世,可知也。"(《为政》)他是说:殷礼继承了夏礼,在内容上作了一些增减;周礼继承了殷礼,在内容上又作了一些增减;将来继承周礼的,也不过再作一些增减,基本内容传一百代也就是这样了。周礼是集三代大成的,内容多么丰富美好啊,我是遵从周礼的。

孔子青年时代就用功学礼,"子入太庙,每事问"(《八佾》),问的是礼仪上的事。带弟子周游列国,途中在大树下也要习礼。他自己从日常生活到供职朝廷,都处处恪守周礼。"席不正不坐";待人接物讲究礼节;祭祀虔诚;对君主恭敬,君主召见,不等备车就步行前往;"君赐食,必正席先尝之;君赐腥,必熟而荐(献给祖先)之;君赐生(牲),必畜之……"(《乡党》)鲁国季氏八佾舞于庭,又去祭泰山,僭越了身份,孔子大发雷霆:"是可忍也,孰不可忍也?"(《八佾》)齐国陈恒弑君,他请求鲁哀公出兵讨伐。(《宪问》)他认为,应该处处守礼,对违礼的现象坚决反对和制止。

礼是尊卑有序、贵贱有等的,孔子强调守礼,并不是单单对上层统治阶级而言,也不是单单对下层被统治阶级而言,而是适用于所有的人。从天子到庶人,人人都必须守礼,都要"非礼勿视,非礼勿听,非礼勿言",按礼的规范来约束自己的行动。统治天下的天子,统治一国的国君,也要依礼而行,如果所行不合于礼,作臣的可以提出批评、谏劝,甚至可以不合作。孔子本人就曾是这样的不合作者。礼既然是人人共同遵守的准则,那么人人就要学礼、知礼、节己修身来实行礼,所以孔子说:"不学礼,无以立。"

仁礼制约

把礼和仁两个概念联系起来,认定礼是仁的表现形式,仁是礼的实质内容,这是孔子礼学在理论上的重大发展。在孔子之前,谁也没有这样的深刻认识。仁和礼,是里和表,内容和形式,二者表里相依,相辅相成。

在谈到"克己复礼为仁"的时候,他曾经说过:克制自己的思想感情使之合于礼,按照礼的规定去实行仁,根据人的尊卑、贵贱、亲疏去有差等地爱人,即把仁限制在礼的框子之内。如果越出了礼的范围,不分尊卑、贵贱、亲疏都一样对待,那就破坏了由等级制度所构成的社会秩序,会造成天下大乱。

礼又必须以仁为内容。《阳货》:"礼云礼云,玉帛云乎哉!"(礼呀礼呀,难道只是玉帛之类的礼器吗?)孔子认为,仅仅把礼作为一种形式,是没有什么意义的。"居上不宽,为礼不敬,临丧不哀,吾何以观之哉?"(《八佾》)做一个执政者却对人不宽厚,执行礼仪内心却不恭敬,参加丧礼内心却不悲哀,这样的事情怎么看得下去呢?他又说:"礼,与其奢也,宁俭;丧,与其易(周到)也,宁戚。"最重要的是发自内心的情感,不求奢侈、周到的形式。所以孔子主张"绘事后素"(先有白的质地然后绘画),以内心的仁的情感为本,礼在其后。

正因为仁礼互相依存,而且以仁为本,他固然主张分别尊卑、贵贱、亲疏等级,维护等级制度,可是对于残民害民的昏君暴君的统治,对于奴隶殉葬制度等现象,他是抨击的,认为昏暴的统治、殉葬、贵畜轻人等,都是不仁的行为,也是不合于礼的,都应该反对。孔子仁礼制约的学说,从传统的礼制中去掉了一些十分落后的内容。

尊尊亲亲

孔子认为,尊尊亲亲是周礼中最重要的原则。

尊尊,就是尊重尊贵。这是政治原则。尊者,上也。在上位者谓之尊,它与卑是相对的,在下位者谓之卑。礼是等级制度,一层层的在上位者,对其下位者都是尊者。在天下来说,最尊者是天子,他是天下的共主;在一国来说,最尊者是国君,他是一国之主。贵与贱相对而言,贵指贵族,贱指为贵族服役之人。尊贵者也是有等级的,礼制规定了不同等级的尊贵者享有不同的特权,从占有的土地数量,政治权柄的大小,到服饰、器物、日常享用的规格,都有严格的规定。尊尊,就是按照礼制的规定,尊重尊贵者的地位,服从他们的特权。这样,人民服从贵族的特权,各级贵族各守本分的特权而服从比他更高一层的贵族特权。这样来实行尊尊的原则,整个社会秩序的尊卑、贵贱关系严格而不乱,统治秩序就能够稳定。

孔子认为,如果取消了尊卑、贵贱等级,统治秩序会发生混乱,国将不成其为国。尊尊,首先要尊君,"事君尽礼"(《八佾》),"事君能致其身"(《学而》)。所以,当季氏用了只有天子才能用的八佾乐舞,三桓奏了只有天子庙堂祭祀才能奏的"彻"乐,他都气愤地予以抨击;当陈恒弑君夺权,他更要要求出兵讨伐了。其实,陈恒比他的国君开明得多,得到民众拥护,但孔子认为违背尊尊的忠君原则,为维护礼制就必须讨伐。

亲亲,就是亲爱亲族,这是宗法原则。亲族按血缘关系也有亲疏远近之分,最亲近的,是父母,其次是兄弟,所以亲亲以孝悌为先。孝悌的内容,我们在前面已经讲过。

孔子认为,孝亲不但要顺从和竭力孝敬父母,以及"三年无改于父之道",还要"子为父隐"。《子路》记录有一位叶公,向孔子说,家乡有个正直的人,父亲偷了人家的羊,他亲自去告发。孔子说这不是正直的品德:"父为子隐,子为父隐,直在其中矣。"孔子认为,按亲亲原则,父亲应该为儿子隐瞒,儿子应该为父亲隐瞒。这是提倡犯包庇罪。孔子这种把家族利益当作最高利益的作法,充分显示出宗法观念的狭隘和鄙陋。[①] 为亲者讳,也要"为上者、尊者讳"。鲁昭公娶吴姬为妻,鲁、吴同姓,同姓结婚是非礼的,鲁昭公就将吴姬改称吴孟子,人"问昭公知礼乎?子曰:知礼"(《述而》)。"为尊者讳"的思想,在历史上也有长久的影响。

[①] 匡亚明:《孔子评传》第四章,齐鲁书社1985年本。此处参取其说。

正 名

为了贯彻尊尊亲亲的原则,孔子提出"正名"的原则。

所谓正名,即他所提出的"君君,臣臣,父父,子子"(《颜渊》)。意思是君要使自己符合君道,臣要使自己符合臣道,父要使自己符合父道,子要使自己符合子道。在君臣、父子关系上,每个人都要按自己的身份地位行事,使自己的言论和行为符合礼的规定。

孔子把正名学说用于政治伦理,他说:"名不正则言不顺,言不顺则事不成,事不成则礼乐不兴,礼乐不兴则刑罚不中,刑罚不中则民无所措手足。"(《子路》)他把正名提高到治国成败的高度。

所谓名分,实际是等级制度。春秋时期礼崩乐坏,社会急剧变化,出现"名实相乱"即名不符实的矛盾。孔子针对这种情况提出正名,目的是以维护社会的等级、伦理关系,来挽救那个社会的崩溃。他认为,君、臣、父、子都按自己名分地位执行礼所规定的权利和义务,就会出现安定的社会秩序。

按名分去实行所规定的权利和义务,从这一点来理解正名,并不算错。不过,孔子尊奉的是周礼,他要正的是周礼所定的尊卑、贵贱之名。在奴隶制向封建制急剧转化的社会大变革时代,要求维护贵族阶级特权,这无疑是落后、保守的。可是,这种正名学说根据实际需要稍作变通,又可以为地主阶级所用,所以孔子的正名和礼学学说,又为封建地主阶级所继承而加以提倡。

第五节 《论语》论中庸

《论语》中提到"中庸"一词,只有一次,但实际上,《论语》所记的孔子的全部理论和实践,都贯彻着中庸思想,有的记述虽未提"中庸"之名,实际是在论述中庸思想。孔子死后,他在战国时期的门人,对中庸思想又进行发挥,较之孔子在《论语》的论述,内容大为丰富,而且系统化、理论化,写成《中庸》一篇,收进《礼记》,后来又被朱熹编为四书之一,成为儒家重要的经典(见本书第五讲第三节)。我们这里只谈《论语》中关于中庸的论述。

《论语》中提到"中庸"二字的这一条在《雍也》篇:"中庸之为德也,其至矣乎!民鲜久矣。"孔子把中庸作为最高的品德,而且认为当时的人们很少具备这种品德。在这里,孔子是把中庸作为人人应该具备的一种品德。其实如果作比较确切的表述,应该说中庸是一种方法论,是孔子对待事物的矛盾所持的根本态度。礼是仁的形式,仁是礼的内核,中庸则是使内容(仁)与形式(礼)相统一的方法论。

过犹不及

"过犹不及"是孔子中庸思想的核心,即既反对过头,又反对不及。《先进》记孔子与弟子的一段对话:子贡曰:"师(颛孙师,字子张)与商(卜商,字子夏)也孰贤?"子曰:"师也过,商也不及。"曰:"然则师愈与(子张好一点吗)?"子曰:"过犹不及。"不及,不好;可是,过了头,和不及一样,也不好。他主张既不要过头,也不要不及,而应该"允执其中"(《尧曰》)。执其中,就是既不过头,也不不及,掌握得恰到好处,无过无不及,"执其两端用其中"。孔子的"执其中"的思想,并不是折中主义。折中主义是把各种不同的思想、观点、理论无原则地和机械地结合,在原则对立的观点之间采取无原则的调和态度。孔子的"过犹不及"是"执其中","中"是有原则的,这个原则就是作为"仁"的表现形式的礼。对于这个原则标准,要无过无不及,做得恰如其分,恰到好处,做不到或做过头,都不是"执其中"。《里仁》记孔子说:"君子之于天下也,无适(dí,亲厚)也,无莫(疏远)也,义之与比(邻)。"他认为,如何对待天下的事物,都以义为依据。义属于仁的范畴,以礼为表现形式。所以《礼记·仲尼燕居》解释"何以为中"时,引孔子曰:"礼乎礼!夫礼所以制中也。"

和而不同

孔子认为,中庸之道要做到"和而不同"。《子路》说:"君子和而不同,小人同而不和。"所谓"和",即保存事物对立的统一。事物总是存在各种矛盾、差异,应该承认这种矛盾、差异,求得它们和谐地存在于统一体中,尽量协调这种关系,争取矛盾的和谐、统一或平衡,使统一体的稳定不受到破坏。"和"就是把各种矛盾因素,调谐适当,把人与人之间各种矛盾关系处理适宜,保持社会的平稳;也可以说,恰当地处理内部矛盾,不破坏统一,就是"和"。"同"与"和"有原则的不同。它取消了事物的矛盾和差异,不要对立面,也不要差异性,达到单方面的统一。

孔子在君臣、父子关系上的主张可以说明这个道理。"君使臣以礼,臣事君以忠",这是君臣关系的礼法,但是对某些事,君臣也会发生不同的看法。如果一件事君说可行,臣说不可行,说可行的其中有不可行的东西,说不可行的,其中有可行的东西,把这些意见协调起来,把事情办好,这就是"和"。所以君要"使臣以礼",有事要尊重并询问大臣,采纳大臣的正确建议,允许大臣提出批评;臣对君则应采取"勿欺也,而犯之"(《宪问》)的态度。"勿欺"即忠诚,指尽心竭力为君办事,"犯"指对君提出批评,这样,相互矛盾、差异的看法,以此补彼,会达到和谐、完美的统一,可以实现政治的稳定。如果不论君的意见错误与否,完善与否,君说行,臣也说行,君说不行,臣也说不行,这是"同",结果使政治败坏。父子关系也是如此,"父慈子孝"是礼法,可是子对父也不是一味顺从,在敬的前提下,对父母的错误也可以劝谏,《里仁》说"事父母几谏",就有这个意思。

孔子认为,事物都包含着对立的因素,完美的事物是多种因素以及对立因素的和谐统一,不能让一种因素向极端化发展,强调一个方面时,又照顾到事物的另一个方面,防止一种倾向掩盖另一种倾向。如《卫灵公》说"君子矜而不争,群而不党"(庄重而不和人争执,合群而不搞宗派),"贞而不谅"(讲大信而不讲小信)。又如《子路》"泰而不骄"(坦荡而不骄傲);《雍也》"质胜文则野,文胜质则史,文质彬彬,然后君子"(朴实多于文采,便显得粗野;

文采多于朴实,便显得浮夸。使文与质结合,恰到好处,即既朴实又有文采,既不粗野又不浮夸,才是一个君子)。在施政上也是如此,刚柔相济、恩威并用、宽猛相济等都是反对一种倾向的极端化,要求对立的统一。这就是"和而不同"。

不可则止

孔子认为,讲"执其中",就是处理事情要注意分寸,不能破坏事物的统一。《先进》说:"所谓大臣者,以道事君,不可则止。"何谓"不可则止"?他评价史鱼说:"直哉史鱼!邦有道,如矢;邦无道,如矢!"他赞美不论政治清明或不清明,为人都要坚持正道,像箭一样直。接着他又评价蘧伯玉说:"君子哉蘧伯玉!邦有道,则仕;邦无道,则可卷而怀之!"(《卫灵公》)卷而怀之,就是把本领藏起来。这里,坚持道是前提,能行道,就替君竭忠办事;不能行道,就不出来做官。这样的话,他说过几次:"用之则行,舍之则藏。"(《述而》)"天下有道则见(现),无道则隐。"(《泰伯》)那么,已经在朝做官的人,君无道,怎么办呢?他主张忠谏,但如果谏而不听,那就不可则止:"忠告而善道之,不可则止,毋自辱焉。"(《颜渊》)谏而不听就算了,可以引退而洁身自好,不能跟着去做不合于礼的事。

不可则止,包含着适可而止的意思:意见是要提的,不接受可以辞职,但决不抗上叛君;坚持尊尊的礼法,越出君臣关系之礼的事是决不干的。

不可则止,也不排斥在一定条件下的"无可无不可"。孔子评论过微子、箕子、比干三个人,微子向纣王忠谏,纣王不听,他便出走隐居,这是"邦无道则隐",是"不可则止"的。箕子、比干也都向纣王忠谏,一个被纣王罚为奴,一个被纣王杀掉,他们没有隐居的可能。他们宁可因忠谏而为奴、被杀,决不叛君作乱。在这个前提下,这样做或那样做,都是"无可无不可"的,所以孔子评价这三个人说:"殷有三仁焉。"(《微子》)孔子还评论过殷的几个逸民,赞赏他们隐居洁身,最后说:"我则异于是,无可无不可。"(《微子》)由于所处的情况不同,可以那样做,也可以不那样做。可见,孔子所说的"执其中",并不是规定一定要怎样去做,是可以视时间和条件而灵活运用的。他说的"中",还是以礼为准则;礼是孔子心目中的和谐统一,只要掌握住这个分寸,就都"无可无不可"。

第六节 《论语》论政治

《论语》论政治,是孔子的仁学思想、礼学思想和中庸思想在政治领域的运用。

孔子生活的时代,王室名存实亡,诸侯争霸,列国兼并,子杀父,臣杀君,兄弟相伐,权臣僭越,国人暴动,夷狄交侵,礼崩乐坏,西周初期所实行的政治伦理制度受到严重破坏。孔子认为,这是一个"天下无道"的时代,他心目中的西周盛世是"天下有道"的时代。他一再说"复礼"、"从周",都是力图恢复被破坏殆尽的西周礼制,来消除纷争,重整秩序。他不了解由奴隶制转化为封建制的社会大变革是历史发展的必然,而留恋并幻想恢复已不合时宜的过去。但是,正如前面所述,孔子又是把仁作为礼的内核的,在他的政治主张中,也概括了西周政治思想中某些可取的政治经验,作出新的解释。这样,他既表现出保守的、落后的政治倾向,又总结出可供封建社会政治作为借鉴的理论,因而他仍能成为封建社会统治阶级所尊奉的圣人。

尊王忠君

《颜渊》记"齐景公问政于孔子。孔子对曰:君君,臣臣,父父,子子"。《子路》又记子路问孔子:卫国要你治理国家,你先做什么?孔子回答说:"必也正名乎!……"孔子把"正名"作为治国的第一件要事,就是通过正名,使每个社会成员按照自己确定的名分,严格遵守周礼所规定的义务,从而重整已经被破坏的尊卑、贵贱的等级制度。

正名,如前所述,最重要的是忠君:"事君尽礼","臣事君以忠"(《八佾》)。王是天下的共主,王与各国国君的关系又是君与臣的关系,所以都必须尊王,即尊重周王的天子地位,拥护其天下共主的地位和权力。

如何尊王？孔子说："天下有道，则礼乐征伐自天子出。"(《季氏》)制礼作乐，出兵征伐，由天子决定，即由周王制定并颁行各种典章制度以及教化与音乐的内容，决定对内对外进行战争。能够这样做，就是"天下有道"；反之"天下无道，则礼乐征伐自诸侯出"。各诸侯国各搞一套礼乐，任意发动战争，那就破坏了统一，是"天下无道"的表现。

依照礼制，由天子颁发历书于各国统一通行，每年秋冬之际，天子把第二年的历书颁发给诸侯，诸侯把历书放在祖庙里，并在历书规定的每月初一，诸侯来到祖庙，杀一只活羊祭祀，称"告朔"礼。当时鲁国国君已不亲来"告朔"，"告朔"流于形式，子贡主张去掉饩（xì）羊（祭祀用的活羊），孔子不满地说："赐（子贡名）也！尔爱其羊，我爱其礼！"孔子认为尊王之礼，丝毫马虎不得。

《尧曰》记录孔子说："谨权量，审法度，修废官，四方之政行焉。"意思是，谨慎地审查度量衡和法规制度，恢复被废弃的行政体制，可以使政令通行天下，即仍然由周王统一制定度量衡，统一行政制度，就可以实现天下一统。他又说："兴灭国，继绝世，举逸民，天下之民归心焉。"西周初期周王封建的大小诸侯国，经过列国兼并或权臣篡权，有许多已经灭亡了，或者原来世系的继承中断而由篡权者继位，没落贵族中的一些人士成为逸民。孔子认为应该尊重周王对诸侯的封建，复兴灭亡了的国家，接续贵族被断绝了的世袭地位，起用旧贵族的那些逸民，这样就恢复了西周初期的政治局面，那么，天下的百姓就可以"归心"了。

这是政治上的幻想，孔子却认为是治世的良策。他说：礼乐征伐"自诸侯出，盖十世希（稀）不失矣；自大夫出，五世希不失矣；陪臣（卿大夫的家臣）执国命（国家大权），三世希不失矣。天下有道则政不在大夫。天下有道，则庶人不议。"(《季氏》)孔子认为，礼乐征伐不由天子决定，而由诸侯自行其是，这样大概经过十代，很少有不垮台的；当时鲁国和几个国家连诸侯都无权了，由大夫专权，鲁国的政权后来又落到家臣手中，他认为，礼乐征伐自大夫出，过五代很少有不垮台的；由家臣掌握国家大权，过三代很少有不垮台的。天下有道，政权决不能在大夫手里，平民也不议论朝政。

孔子的尊王，是尊重周王的封建权力，奉行周王颁行的历书，实行周王统一制订的度量衡和各种典章制度,贯彻周王决定的教育内容,承认唯有周王才有发布战争命令的权力。在各诸侯国内,政权只能在君手里,臣必须忠君,达到"事君,能致其身"(《学而》),即为君献身;"事君尽礼,人以为谄也"(《八佾》),即事奉君主,一切依照臣子的礼节,哪怕别人以为是谄媚呢。孔子自己就是这样做的,听到鲁公召见,他"不俟驾行矣"(不等套好车就步行去了),"入公门,鞠躬如也,如不容"(进了宫门,谨慎恭敬,好像没有容身之地);"君在,踧踖(cùjí,恭敬而内心不安貌)如也"(《乡党》);"敬其事(谨慎工作)而后其食(俸禄的事放在后面)"(《卫灵公》)。孔子认为,臣忠君的礼制是一点马虎不得的,因此对臣僭礼僭权的事,他予以口诛笔伐;对于弑君行为,他就更痛心疾首,目为乱臣贼子,要求出兵讨伐了。

富民节用

孔子认为,治理国家"所重,民、食、丧、祭"(《尧曰》)。他把人民和粮食列为治国要务之先,是对于西周初期的敬德保民思想和春秋以来重民思想的继承。以前的政治家已经认识到民为国本和必须保证农民的农业生产和再生产。在这个基础上,孔子进而提出"庶、富、教"的主张:"子适(往)卫,冉有仆(驾车)。子曰:'庶矣哉!'冉有曰:'既庶矣,又何加焉?'曰:'富之。'曰:'既富矣,又何加焉?'曰:'教之。'"(《子路》)庶,指人口稠密;教,指教化。孔子认为,人口繁衍众多是好事,还必须使人民富裕起来,富裕之后再施行教化。庶、富、教三者,富民是中心。

孔子把统治阶级中有道德修养的人称作"君子",把劳动人民称作"小人",他认为"君子怀(关心)德,小人怀土(田土);君子怀刑(法度),小人怀惠(好处)","君子喻(明了)于义,小人喻于利"。(《里仁》)尽管孔子站在统治阶级立场上是轻视劳动人民的,但他指明了劳动人民关心的是土地和切身的利益,而且这是必须首先解决的实际问题。"子贡问政,子曰:足食、足兵,民信之矣。子贡曰:必不得已而去,于斯三者何先?曰:去兵。"民食和军备都是重要的,比起来民食更重要。季康子苦于盗贼太多,向孔子求教,孔子对曰:"苟子之不欲,虽赏之不窃。"(《颜渊》)意思是说,如果你不贪欲太多的财物，就是奖励盗窃，他们也不会干。这里指出民为盗是由于统治者贪欲太多。孔子主张取民有度，即赋税征敛应适可而止，因为横征暴敛（贪欲太多）会造成人民极度贫困进而沦为盗贼。

《学而》记孔子说："道（治理）千乘之国，敬事而信，节用而爱人，使民以时。"这里明确地提出"节用"和"使民以时"两个原则。所谓"节用"，就是节约用度，少征发民力，反对统治者奢侈浪费，赞扬禹的宫室简陋、生活俭朴而致力于兴修水利的事业。所谓"使民以时"，就是在农闲时才征用民力，不影响农民的农业生产。因为君的收入都是取之于民，孔子的弟子有若说："百姓足，君孰与不足？百姓不足，君孰与足？"（《颜渊》）他把孔子的富民思想讲得很透彻：百姓富裕了，君怎么会不富裕呢？百姓不富裕，君又怎么会富裕呢？这一思想后来被引申为"民富国强"。

《尧曰》记孔子提出："尊五美，屏（bǐng，摒除）四恶，斯可以从政矣。"所谓五美，是"惠而不费，劳而不怨，欲而不贪，泰而不骄，威而不猛"。所说"惠而不费"，是"因民之所利而利之，斯不亦惠而不费乎"？即让人民尽力去发展生产，这并不需要统治者自身耗费什么。所谓"劳而不怨"，是"择其可劳而劳之，又谁怨"？即使民有度，使民以时，百姓就不会怨恨。所谓"欲而不贪"，是"欲仁而得仁，又焉贪"？即把对财货的贪欲，换成一颗仁爱之心。这三美都是属于富民思想的，把施政的重点放在促进人民发展农业生产，通过取民有度、使民有时，加上统治者的勤勉和节用，就可达到民富君足的目的。

孔子还谈过"均无贫"的问题，他说："丘也闻有国有家者，不患贫而患不均，不患寡而患不安。盖均无贫，和无寡，安无倾。"（《季氏》）有国者指诸侯，有家者指大夫，朱熹释：均，谓各得其分；安，谓上下相安。孔子的意思是：诸侯和大夫不必担心贫，而应担心分配不均，即各级贵族占有的土地和财富各有一定的数量；不必担心境内人口少，而应担心境内不安定。按照各自的等级规定占有财富就不会贫，和顺就不会人口少，境内安定国家就不会倾危。孔子的"患不均"是主张按规定分配财富，反对贵族无限制地扩充财富，努力维持安定的局面。

重德省刑

孔子根据他的仁学，主张德治。《为政》记孔子说："为政以德，譬如北辰，居其所而众星共之。"（以德政治理国家，就有如北斗星永在自己的方位，众星都环绕着它。）又说："道（导）之以政，齐之以刑，民免而无耻；道之以德，齐之以礼，有耻且格（规矩）。"（用政令实行统治，用刑法来约束，老百姓只是暂时不去犯罪，还不知什么是廉耻；用德来教化，用礼来约束，百姓有廉耻之心，就自觉地安分守己。）所以，孔子认为，为政以德是治国的根本原则。"博施济众"是他最高的理想政治："子贡曰：'如有博施于民而能济众者，何如？可谓仁乎？'子曰：'何事于仁？必也圣乎！尧舜其犹病诸！'"（《雍也》）博施，指普遍地给民众以好处；济众，指帮助民众。子贡问能这样做到，算不算仁；孔子回答说：这哪里仅仅是仁呢，简直是圣德了，这一点连尧舜都难于做到。孔子的德治，也就是仁政。

《颜渊》记："季康子问政于孔子曰：'如杀无道，以就有道，何如？'孔子对曰：'子为政，焉用杀？子欲善，而民善矣。君子之德，风；小人之德，草；草上之风，必偃。'"季康子提出的"杀无道以就有道"，本来没有什么不可以的，孔子并不反对，但他说，为政最好不用杀人，你要把国家治好，百姓也会好。治国者的品德好比是风，小人的品德好比是草，风向哪边吹，草向哪边倒。孔子是主张重德省刑的，尽量使用教化，少用刑罚。如他所说："听讼，吾犹人也。必也使无讼乎！"（《颜渊》）他和别人一样，也审理案件，但最好是使讼案不发生。不发生案件，也就用不着刑罚了。

孔子并不主张废除刑罚，"刑罚不中则民无所措手足"；也不是主张绝对不杀人。在德与刑的关系问题上，德为主，刑为辅，先德而后刑，先教而后诛，反对不教而诛。他谈论为政应"尊五美，屏四恶"，四恶即"不教而杀，谓之虐；不戒视成，谓之暴；慢令致期，谓之贼；犹之与人也，出纳之吝，谓之有司"（《尧曰》）。事先不加教育便杀人，是虐；事先不告诫便责备完成得不恰当，是暴；与民无信而责罚人民延误法令，是贼；本来应该给与的却吝啬出手，是小气。孔子认为，虐、暴、贼、小气都是恶政，应该加以摒除。

孔子的德治还表现在"使民"问题上。统治者必然使民,即使役人民,孔子主张先惠而后使和先教而后使。使民必须有惠于民,即给民一定的好处,"惠则足以使人"(《阳货》)。"善人教民七年,亦可以即戎矣","以不教民战,是谓弃之"。(《子路》)必须先经过训练,才能让民参战,不教而使民去参战,等于让民去送死。

贤人政治

孔子重视执政者的个人作用。政是要靠人去推行的,季康子问政,孔子回答说:"政者,正也。子帅以正,孰敢不正?"(《颜渊》)又说:"其身正,不令而行;其身不正,虽令不从。""苟正其身矣,于从政乎何有?不能正其身,如正人何?"(《子路》)执政者首先"正",政治才能走上正道;而且上行下效,己正才能正人。孔子强调正人君子治国,是主张人治的。他解释过执政者"一言可以兴邦,一言可以丧邦",有人说:"子无乐乎为君,唯其言而莫予违也。"(做国君没有别的快乐,只有我说的话没有人违抗。)孔子说:"如其善而莫之违也,不亦善乎?如不善而莫之违也,不几乎一言而丧邦乎?"君的话是无人违抗的,所以重大决策的一句话,可以兴邦,也可以丧邦。他又向樊迟说:"上好礼,则民莫敢不敬;上好义,则民莫敢不服;上好信,则民莫敢不用情(真心实意)。夫如是,则四方之民襁负其子而至矣。"(《子路》)执政者的品德和作为能决定政治的好坏。所以他一直强调统治者的道德修养。

由人治思想出发,必然主张贤人政治。子贡说:"文武之道,未坠于地,在人。贤者识其大者,不贤者识其小者。"(《子张》)这是说,文王武王之道,并没有失传,还在人间流传,贤者能够抓住大处,不贤者只能抓住末节。只有贤者才能了解和推行大道,所以必须以贤人执政,这是符合孔子思想的。仲弓问为政,孔子回答他:"先有司,赦小过,举贤才。"又问:"焉知贤才而举之?"子曰:"举尔所知;尔所不知,人其舍诸?"(《子路》)先有司,指给作具体工作的人带头;赦小过,指不计较小过失;举贤才,即任用贤才为政。大家都能任用所知道的贤才,也就不会有贤才被埋没了。

在宗法制度统治下,是任人唯亲的。孔子主张打破任人唯亲的制度,不论亲疏贵贱,而任用德才兼备的贤才。那时规定祭祀用的牛不能用犁牛(耕牛),因为犁牛是低贱的。孔子的弟子仲弓出身贫贱,但很有才干,这样的人能不能做官呢?孔子谈论这个问题时用比喻说:"犁牛之子骍且角,虽欲勿用,山川其舍诸?"(《雍也》)耕牛的儿子长着赤色的毛,周正的角,虽然不想用它祭祀,但山川之神是绝不会拒绝的,所以,仲弓是贫贱之人的儿子,但他有才干,是可以做官的。孔子又说:"先进于礼乐,野人也;后进于礼乐,君子也。如用之,则吾从先进。"(《先进》)这话更明白了,他把君子(贵族)和野人(无爵位者)对举,野人先学习礼乐后做官,君子做官以后才学礼乐,孔子说,如果要他选拔人才,他选先学礼乐的野人。他看重的是什么人更好地掌握了礼乐,而不看重出身的高低贵贱。《颜渊》记樊迟向孔子问知(智),孔子回答:"知人。"(善于识别人才。)又解释说:"举直错诸枉,能使枉者直。"(选拔正直人而罢黜邪恶的人,能使邪恶的人归于正直。)樊迟又把这句话问子夏,子夏谈他的领会说:"富哉言乎(这话内容多么丰富深刻)!舜有天下,选于众,举皋陶(在众人中选拔出皋陶),不仁者远矣。汤有天下,选于众,举伊尹,不仁者远矣。"舜选皋陶,汤选伊尹,是从贫贱中选拔贤才为大臣的范例。孔子主张不分贵贱,唯贤才是举,打破当时任人唯亲和贵族子弟靠家世荫庇做官的用人制度,这是有积极意义的。

孔子提倡贤人政治,固然主张举贤才不分出身贵贱,但对广大人民群众仍采取轻视的态度。他认为,统治者与人民群众之间是治与被治、使与被使的关系,人民群众向统治者贡献赋税和劳役是理所当然。"唯女子与小人为难养也"(《阳货》),他的这个论断又颠倒了统治者与人民群众之间养与被养的关系,而且认为人民群众是不好"养"的,他希望通过"先惠后使"、"先教后使"、"取民有度",使人民群众安分守己,不犯上作乱。他又说:"唯上智与下愚不移。"(《阳货》)劳动人民是天生的愚昧无知,因而,"民可使由之,不可使知之"(《泰伯》)。所以孔子认为只能由贵人、贤者、智者来统治国家,劳动人民只是被施予恩惠的对象。孔子政治思想的阶级性质及其历史唯心主义又是很明显的。

第七节 《论语》论教育

孔子是伟大的教育家,这不仅因为他创办私学,对教育进行了从形式到内容的改革,教育过一大批人才,开创了儒家学派,更在于他留下了丰富的教育思想,至今仍然是中华民族文化的宝贵财富。孔子的教育思想,是他的仁礼学说和中庸学说在教育领域的运用。择要而言,大致可以归纳为四个方面。

有教无类,诲人不倦

孔子明确地提出他办学的原则:"有教无类。"(《卫灵公》)无类,就是没有贫富、贵贱、国籍等差别,即他所说:"自行束脩以上,吾未尝无诲焉。"(《述而》)束脩,脩是肉干,又叫脯,十条脯为一束,古代用作初次拜见的礼物。孔子办学当然不是贪图这点薄礼,他的意思是说:凡主动前来以礼拜师,我从来没有不教诲的。有教无类,实际上是提出人人可以前来受教育,开创了通向普及教育的新道路,使教育由贵族垄断而转移到平民,这是教育领域的一项革命创举。他的弟子大多出身于贫贱之家,而且从不同国家和地域前来。

孔子认为,人可以通过教育而得到改造和提高。"性相近也,习相远也。"(《阳货》)人的天性是相近的,由于环境的不同影响就各不相同了,那么,人的本性也就可以通过后天的环境影响而改变。因而,运用教育手段可以改变人,提高人的道德和知识水平,从而缩小乃至消除社会上人们之间道德和知识水平的差距。

孔子认为,教育家——教师,担负重要的义务和职责,为此,他以严肃认真、踏实负责的态度从事教育事业。他一再提出"学不厌,教不倦",并身体力行,表现了他对于教和学的热爱。《论语》首章就说:"子曰:学而时习之,不亦说(悦)乎?有朋自远方来,不亦乐乎?人不知而不愠,不亦君子乎?"(《学而》)第一句说的是学不厌,第二句的"朋"指的是远方来的就学者之多,第三句指对学而不知者而无愠色,说的是教不倦。在《述而》中孔子也一再自述他自己"学而不厌,诲人不倦",或"为之不厌,诲人不倦"。只有热爱教育事业,才会有这种诲人不倦的精神。

全面教育,德育为先

孔子办教育,有明确的目的性:为了实现他以仁礼为中心的政治理想而培养人才。他是以教育为手段,培养他的学生为士、为君子、为贤臣,上忠事国君,下惠及万民。所以,当樊迟要学圃学稼时,他批评樊迟没有出息,而希望他的学生以治世为志向。为此,孔子办学并不是单纯传授知识,而是以培养优秀的政治人才为方针,德才并重,进行德、智、体、美全面教育。

孔子最基本的教育内容是德育,注重学生的品德修养。在《论语》中,他对弟子谈论最多的,也是德育方面的内容:"刚(刚强)、毅(正直)、木(朴实)、讷(言语谨慎)近仁。"仁,是他要求必须具备的品质。他和弟子还先后提出:孝、悌、忠、信、勤;义、勇、敬、诚、恕;温、良、恭、俭、让;谦、和、宽、敏、惠等品德要求,希望学生具有高尚的情操。他又要求学生具有中庸的品德,成为道德完善的人;立志力行,做到"三军可夺帅也,匹夫不可夺志也"(《子罕》),"无求生以害仁,有杀身以成仁"(《卫灵公》)。而且,他还坚持"听其言而观其行"(《公冶长》),要求做到言行一致,通过行为来检验道德情操。

孔子对学生进行的智育,即掌握文献知识。《论语》中记载的是《诗》、《书》、《礼》、《乐》,据我们所知,晚年还有《易》和《春秋》。孔子亲自整理修订古代文献作为教材,为了完成编订教材的工作,他成为中国第一个伟大的文献整理家。在当时来说,教材内容是丰富的,除六经外,还有一些技艺方面的教育。颜元说:"孔门司行礼、乐、射、御之学,促人筋骨,和人血气,调人情性。"春秋时代传统的初级教育除礼、乐、射、御,还有书、数,称为六艺。孔子对音乐、射箭、驾车都内行,也带学生演习礼仪,出门由学生赶车。习礼和乐属于美育,射、御则属于体育。这说明他也注意学生的体育锻炼和美育陶冶。

启发教学,因材施教

孔子十分注意启发学生的学习自觉性,不懈地培养学生的学习兴趣,激发学习热情。如他一再说"学而不厌"、"不耻下问"、"三人行必有我师"、"学而时习之"、"温故而知新"等等,这些格言,启发学生勤奋学习,积极求知,放下架子甘当小学生,向一切人学习,并从反复学习中获得新体会、新发现。

孔子提倡学思结合。学,是占有材料;思,是思考分析问题。要增长知识,必须认真学习并进行思考,才能真正消化吸收。学和思是辩证关系,他说:"学而不思则罔(茫然),思而不学则殆。"(《为政》)如果不学习而只是苦思冥想,只会瞎想,如他所说:"吾尝终日不食,终夜不寝,以思,无益,不如学也。"(《卫灵公》)孔子一再提倡读书后要独立思考,"切问近思","多闻阙疑",即多问几个为什么,敢于发现问题。

孔子注意运用启发式的教学方法。他说:"举一隅,不以三隅反,则不复也。"(《述而》)教给学生某一点内容,学生不能举一反三,他不再往下教。学生颜渊说:"夫子循循然善诱人,博我以文,约我以礼,欲罢不能。"(《子罕》)这样循循善诱,就是启发学生在学习中运用逻辑推理的方法,由其一,而推知其二、其三,不采取灌注式方法。从《论语》的记载看,孔子进行教学常常运用讨论、问答的方式。这是启发式教学的一种形式,老师先向学生提问题,由学生回答,答对了,老师给予鼓励;答错了,由老师予以启发式纠正,引导到正确的思路上来。这比至今流行的"满堂灌"的"填鸭"式教学,不知要高明多少倍。

孔子注重因材施教。学生的智力高下有别,其习性、兴趣也各有特殊性,这就要求了解他们不同的习性、兴趣、智慧和能力,扬长避短,施以不同的引导。他说:"中人以上,可以语上也;中人以下,不可以语上也。"(《雍也》)这是说对中等水平以上的学生,可以告诉他高深的知识;中等水平以下的学生,不可告诉他高深的知识。这是要求注意学生的实际程度,讲授学生现有水平可以接受的内容。《为政》记多人问孝。孟懿子问孝,孔子答"无违";孟武伯问孝,孔子答"父母唯其疾之忧";子游问孝,孔子答"能养"而且要"敬";子夏问孝,孔子答"色难"。这当是针对他们的不足而给予教诲。《先进》记子路和冉有都来问"闻斯行诸"(听到了就行动吗),孔子回答子路说"有父兄在",意思是要先告父兄;回答冉有说"闻斯行之",意思是行动吧。有一个学生便问他,同一个问题,为什么对二人的回答不同呢?孔子说:"求也退,故进之;由也兼人,故退之。"(冉有退缩,因而我鼓励他;子路好勇过人,因而我约束他。)这就是根据学生习性的不同特点,给予针对性的指导。

孔子因材施教的思想,是有价值的教育学理论。

师生平等,教学相长

《论语》记述孔子与学生之间的关系,是尊师爱生、平等友爱的关系。

孔子对学生真诚坦率。他向学生说:"二三子以我为隐乎?吾无隐乎尔。吾无行而不与二三子者,是丘也。"(同学们以为我有什么事隐瞒着吗?我没有任何作为不向同学们公开的,这就是我孔丘的为人。)他襟怀坦白,平易近人,对所有的学生,不分贫富和出身贵贱,都一视同仁。颜回出身贫贱,子贡是富商,他都平等对待,同样循循善诱,诲人不倦,有进步就鼓励,有缺点就批评。他亲近和爱护每一个学生,不因好恶而有亲疏厚薄之分,对自己的儿子也不偏私,同样严格要求。

学生对孔子,爱之如父兄,敬之如尧舜,仰之如日月。孔子屡遭厄运,曾绝粮于陈蔡,被囚于匡人,周游列国,备尝艰辛,但学生始终跟随不散。学生早夭,他痛哭流涕;孔子亡故,弟子们服丧三年,子贡结庐墓旁守丧六年。

孔子实行师生人格上平等,学问上平等。"子曰:当仁不让于师。"(《卫灵公》)主张学生在真理面前对老师也不让步。虽然,他有时对学生的批评指摘有过分和不恰当的地方,但还是能和学生平等讨论的。他认为学生不要对老师一味信从。颜渊是他器重的学生,他批评颜渊:"回也非助我者也,于我言无所不说(悦)。"(《先进》)指出颜渊对他的话从来没有相反的或补充修正的意见,这对他并没有帮助。《雍也》记:"子见南子,子路不说(悦)。夫子矢之曰:予所否者,天厌之!天厌之!"南子是卫灵公夫人,把持卫国国政,且行为不检,孔子受南子接见,子路很不满意,孔子发誓说:我若有错误的话,老天厌弃我吧!从这件事来看,孔子把学生当朋友看待,允许学生提意见,而且很重视学生的批评。在这些地方,都表现了师生的平等关系。

孔子还提倡师生之间互相切磋,共同讨论,收到教学相长的效果。全部《论语》,基本上是他们师生之间互相讨论的问答。《先进》一篇中录有著名的"侍坐"章:孔子要弟子们各谈志向,孔子加以评论;《公冶长》又记颜渊、子路侍坐,二人各言其志,最后孔子也谈了自己的志愿。他经常与学生在一起讨论切磋。《八佾》又记子夏问《诗》中的三句话是什么意思,孔子作了回答,子夏从孔子的回答得到启发,提出"仁"先"礼"后的观点,孔子大加赞赏说:"起予者商也!始可与言《诗》已矣。"他认为子夏(卜商)的回答给了他启发和帮助。这段记载反映了师生间互相切磋,教学相长。

《论语》记述的孔子与弟子的师生关系,体现了平等民主的精神,这种尊师爱生、亲密无间的关系,可以作为楷模。

第八节　孔子研究应注意的问题

孔子是中国历史上伟大的思想家、政治家和教育家,是中国传统文化的主要奠基者之一,也是世界文化史上的巨人之一。《论语》是孔子言论行事的真实记录,是研究孔子思想最可靠的材料。所以研究孔子思想,应以《论语》为主要依据。先秦其他史书、子书以及《礼记》和汉人著述,也曾引述孔子的言论,既不能笼统地完全信为实,也不能笼统地完全以为虚,必须分别审慎地利用。

评价孔子,历代有褒有贬,形成历史上的尊孔与反孔之争。不论如何评价,孔子的思想和学说对两千余年中国封建社会的文化和观念形态产生过重大影响,曾被作为中国封建统治的思想支柱,且至今仍然有较大影响。近百年来,对孔子的评价经历几次大起大落,孔子被"打倒"多次,"文革"中被骂得狗血淋头,打翻在地。可是曾几何时,孔子又起来了。全盘否定孔子,不是历史的科学态度。历史进入用实事求是的科学态度研究理论和研究学术的新时期,重新研究和评价孔子的思想学说,已经成为学术界广泛关心的课题。

现在学术界普遍认为,要在具体的历史条件下认识孔子,不能把后来儒家学派的思想都作为孔子的思想。孔子思想、儒家思想和中国传统文化思想之间,存在着既有区别又密切相连的关系。研究孔子的学说,要注意其两重性:它一方面是中国历代封建王朝的思想支柱;另一方面,在他所处的历史条件下超越了同时代人,看得较高较远。因此,在评价孔子学说时,应持审慎的态度,要以历史上的尊孔和反孔为鉴,既不盲目地无批判地推崇,也不采取虚无主义的态度。孔子学说是历史的产物,其整个体系已为历史的发展所扬弃,它保留在传统文化意识中的许多不利于社会发展、不利于人民进步要求的消极因素,必须认真清理加以摈弃,但其精华,却凝聚在中国文化积累和中华民族精神生活之中,有待于后人去开发利用,沙里淘金,用以充实和发展我们的现代精神文明。

推荐阅读书目:

- 《论语注疏》 魏何晏集解,宋邢昺正义,《十三经注疏》通行本。
- 《论语章句集注》 宋朱熹集注,《四书章句集注》本。
- 《论语正义》 清刘宝楠撰,中华书局1989年新排本。
- 《论语译注》 杨伯峻译注,中华书局1980年本。
- 《论语新解》 钱穆著,三民书局1965年本。
- 《论语今注今译》 毛子水注译,台湾商务印书馆1984年修订本。
- 《孔子评传》 匡亚明著,齐鲁书社1985年本。
- 《孔子研究》 钟肇鹏著,中国社会科学出版社1990年增订本。

第八讲

《孝经》

《孝经》全文1799字,是十三经中最短的一部,称"小经"。

《孝经》专讲"孝道"。汉代皇帝认为"孝道"对巩固封建社会秩序有重要作用,把《孝经》立于学官,规定它和《论语》一样是童蒙识字以后的必读经典,从天子到庶民,人人必读。汉代皇帝的谥号多冠一个"孝"字,提出"百行孝为先",作为衡量士人品德的首要标准,由各地举"孝廉",委任官职。为了表示重视和提倡,皇帝亲自为《孝经》撰集注,据《隋书·经籍志》载目,晋元帝、梁武帝、梁简文帝以及东晋孝武帝都曾宣讲《孝经》,作过注疏。现收入《十三经注疏》中的《孝经注疏》,为唐玄宗(李隆基)注,宋邢昺疏。由此可见封建统治阶级对这本书多么重视。

第一节 作者和写作时代及版本

《汉书·艺文志》记:"《孝经》者,孔子为曾子陈孝道也。"《史记·仲尼弟子列传》记:"曾参字子舆,少孔子四十六岁,孔子以为能通孝道,故授之业,作《孝经》。"《汉志》在这里说是孔子所作,《史传》在这里说是曾子所作,古人曾辨驳两说均为不实之辞。《孝经》首章就明明写道"仲尼居,曾子侍……",孔子怎么会称他的学生为"子"呢?说是孔子作,于文义不合;曾子也不会自称为"子",说是曾子作,也与文义不合。宋人王应麟认为是子思所作,朱熹等又据文义推测是曾子其他门人所作,记其老师曾子与太老师孔子的对答之辞。这个推测与《孝经》的实际内容也不符合,因为经后人查对,《孝经》中袭用了《左传》、《孟子》、《荀子》中的话。孔子死于公元前479年,曾子比他小四十六岁,即使曾子也活到七八十岁,大致也死在公元前430年左右,连他的门人都是战国早期的人,那时孟子、荀子还没有出生,怎么可能抄录《孟子》、《荀子》的内容呢?所以,《孝经》只能是《左传》、《孟子》、《荀子》流传以后的儒家学派所作。

近人又认为《孝经》是秦汉之际或是西汉前期所作。这个说法也不能成立。因为《吕氏春秋》的《察微》、《孝行》两篇各抄引了《孝经》的成段文字,一篇一字不差,一篇只有个别字不同,《孝经》一定流行在《吕氏春秋》成书之前。很明显,它不是秦汉时所作,而确是先秦古籍。

由此,我们可以大致确定《孝经》的作者和成书时代。它产生在孟子、荀子之后,又在吕不韦集门客撰集《吕氏春秋》之前。孟子约死于公元前289年,荀子约生于公元前313年,约卒于公元前238年,《吕氏春秋》于公元前240年开始撰著,次年成书。据此推算,《孝经》之作,当在公元前3世纪期间,在秦统一中国之前数十年间。

《孝经》也有今文、古文之别。古文《孝经》有三种:一、鲁恭王于孔壁中所得,凡22章,已亡于梁代;二、《孝经古孔氏传》,凡22章,孔安国传,本已亡,隋代复得,刘炫为之序,又亡于唐代;三、日本人保存本,据说系唐代传入日本,亦有孔安国传,后收入我国《知不足斋丛书》,据考证,系伪书。由此可见,真本古文《孝经》实际已不存在。流传至今的是今文《孝经》,汉初颜贞所藏,由其子献出,凡18章,1872字,《十三经注疏》所依据的就是这个本子,不过又脱漏了73字。

由于《孝经》为封建统治者所提倡,自两汉至齐梁,注释百余种,其中不乏名家,到唐初,流行的只有孔安国、郑玄两家。唐玄宗博采诸家,"采撷菁英,芟去烦乱,撮其义理允当者,用为注解"(《御注序》),并举出各家注本之异同,分列于经文之后,以便比较研究。这个注本保存了唐以前各家注的宝贵资料,于天宝二年(公元743年)颁行天下,其他注本俱废。它至今仍是较好的注本。

第二节　十八章内容大要

《孝经》十八章，首章《开宗明义》，说明孝道的主旨；第二章至第六章分述从天子到庶人的五等孝；以下诸章分别说明推行孝道的意义和方法，以及行孝、事君和丧亲等问题。全文采用孔子和曾子对答的问答体，假托孔子和曾子之口，而内容和文句多是采录自《左传》、《孟子》、《荀子》等典籍，前后结构并不严整。

开宗明义

《开宗明义章第一》首先说明："夫孝，德之本也，教之所由生也。"孝，是道德的根本，教化就是由此而产生的。"先王有至德要道，以顺天下，民用和睦，上下无怨。"先王，指古代贤明的统治者，他们把孝作为最高的道德标准，最重要的原则，用来治理天下，从而使人民和睦，上下之间没有怨言。这里不仅把孝道作为最高的道德标准，而且把贯彻孝道作为治理天下的重要思想原则。这与从氏族社会以血缘的"亲亲"之情而产生的孝的观念，已经根本不同了。在氏族社会后期，由于个体家庭经济的发展，确定了子女受父母抚养以及继承父母财产的权利，从而也确立了子女赡养父母的社会责任，这是孝的古老观念。儒家学派改造了这个观念，给它打上封建阶级的烙印，可以作为建立封建统治的思想工具。

《开宗明义章第一》又说："身体发肤受之父母，不敢毁伤，孝之始也；立身行道，扬名于后世，以显父母，孝之终也。"这是说，身体发肤是来自父母的精血，一定要珍惜，所谓不亏体、不辱身，保全父母的遗体，这是履行孝道的首先要求。《礼记·祭义》解释说："父母全而生之，子全而归之……一举足，而不敢忘父母，是故道而不径，舟而不游，不敢以先父母之遗体行殆；一出言而不敢忘父母，是故恶言不出于口，忿言不反于身。不辱其身，不羞其亲，可谓孝矣。"不安全的路不走而宁可绕远，过河一定坐船而不游泳，绝不以父母的遗体行险;对别人一句恶言不说,别人也不会以辱骂的话相对,父母的遗体就不会挨骂。能这样履行孝道的人,自然不会冒险、越轨或与人争较,只能小心谨慎地做规矩本分的事,不会危及封建统治秩序。但这还仅仅是初步的要求,履行孝道的最终要求是立身去执行天下的大道,从而使自身扬名于后世,来显扬父母,也就是后人所说的"光宗耀祖"。

怎样才能光宗耀祖呢?《开宗明义章第一》指出:"夫孝,始于事亲,中于事君,终于立身。"在事亲和立身行道之间的通道就是事君,即忠于君,竭心尽力地为君王服务;这样以事亲之心来事君,就可以做官和受到封赏,从而扬名天下。后来封建统治者对每个官员都封赠其父母以荣誉称号,就是贯彻这个思想,它确实成为封建社会读书人普遍追求的目标。

这样,孝由家庭扩大到社会,以孝作纽带,把封建社会的个人、家族和国家联系起来。孝不仅是每个家庭成员在家庭中必须履行的义务,也是每个社会成员对社会必须履行的义务,把每个社会成员都纳入孝亲忠君的规范之中,封建统治乃得以维系。

孝

《孝经》中的孝是有差等的,在宗法等级社会,处于不同社会等级的人,所履行的孝道内容是不同的。从第二章到第六章共五章,分别规定了天子、诸侯、卿大夫、士、庶人五等人孝道的具体内容。

《天子章第二》说的是天子之孝:"爱亲者,不敢恶于人;敬亲者,不敢慢于人。爱敬尽于事亲,而德教加于百姓,刑于四海,盖天子之孝也。"天子是最高统治者,他爱父母,因此不敢厌恶别人的父母;他尊敬父母,因此也不敢轻慢别人的父母。他对于父母极为敬爱,用这种品德来教化百姓,治理天下。对百姓进行教化,对天下实行统治,这是天子的孝。

《诸侯章第三》说的是诸侯之孝,它提出十六个字:"在上不骄,高而不危。制节谨度,满而不溢。"诸侯是一国之君,在一国中的地位是最高的,虽在上位而不无礼,这样地位高却不会发生什么危险。节俭费用是制节,慎行礼法是谨度,虽然富足但不奢侈;能做到守礼和节用这两项,那么,"高而不危,所以长守贵也;满而不溢,所以长守富也。富贵不离其身,然后能保其社稷,而和其民人,盖诸侯之孝也"。原来诸侯之孝就是长守富贵,永保社稷,使人民安分地服从统治,君位代代相传。

《卿大夫章第四》说的是卿大夫之孝。卿大夫是高级官员,都是贵族,他们的孝道是:"非先王之法服不敢服,非先王之法言不敢道,非先王之德行不敢行。"古代各级贵族以及平民服装的质料、颜色、式样都有规定,不准乱穿,用来区别人的社会等级地位。这里说,不合先王服制规定的衣服不穿,指遵守等级制度,不符合先王制度的话不说,不符合先王规定的道德规范的事不做。"是故非法不言,非道不行,口无择言,身无择行,言满天下无口过,行满天下无怨恶。"不合法的话不说,不合道的事不做,所说的只有符合先王制度的话而没有别的话,所做的只有符合先王之道的事而没有别的事,这样,所说的话满天下的人没有人说不对,所做的事满天下也无人怨恶。"三者备矣,然后能守其宗庙,盖卿大夫之孝也。"服、言、行三者都遵守先王之法,就不会犯错误,而能够永保爵位不被褫夺。看起来,卿大夫的孝,就是遵守封建宗法社会的各种制度和道德规范,做君王的驯服工具,来保持世袭爵禄。

《士章第五》说的是士之孝。士是下级官吏,小贵族。这等人的孝道是:"资于事父以事母而爱同,资于事父以事君而敬同。故母取其爱,而君取其敬,兼之者父也。故以孝事君则忠,以敬事长则顺。忠顺不失,以事其上,然后能保其禄位,而守其祭祀,盖士之孝也。"用事父一样的方法事母,其爱相同,用事父一样的方法事君,其尊敬之心相同。对母用爱,对君用敬,对父爱和敬兼用。像事父一样事君就是忠,像敬兄一样敬长就是顺。不失忠顺来事在上位者,就能够保持禄位,延续祭祀。士履行孝道,就是像事父事兄一样来事奉在上位的君长。

《庶人章第六》说的是庶民之孝:"用天之道,分地之利,谨身节用,以养父母,此庶人之孝也。"用天之道,指利用春生、夏长、秋收、冬藏的天时;分地之利,指分别各种土壤土质而因地制宜种植和收获作物;谨身,即前文所言不亏身,不辱身,遵守法度,保全自身;节用,指勤俭节约,才能免于饥寒。庶民的孝道,就是安分守己地勤俭度日来赡养父母。

《孝经》规定了从天子到庶民的这五等孝道,认为始自天子,终至庶人,虽然地位有尊有卑,但各有各的孝道,"而患不及者,未之有也"。

从天子到庶民的五等孝,明确地突出了统治和被统治的关系。天子、诸侯以能够长久保持统治为孝,卿大夫、士以尊奉君主忠顺效劳而保持爵禄为孝,而广大的庶民履行孝道,只是安分守己辛勤劳动。在"孝"的亲爱和美的面纱下,掩盖着阶级统治的实质。

以孝治天下

《孝经》第七、八、九三章讲以孝治天下;与此有关,第十一章讲孝与刑的问题。

《三才章第七》的"三才",指天、地、人。文章托孔子的语气说:"夫孝,天之经也,地之义也,民之行也。"("民之行"注疏曰:"孝为百行之首,人之常德也。")这是说,孝道是天经地义和人之常情。"天地之经,而民是则之。"正因为孝道是天地之经,所以人民也把它作为法则。"则天之明,因地之利,以顺天下",是前文"庶人之孝""用天之道,分地之利,谨身节用,以养父母"的简括,意思是说好像日月星在天空运行,人民也把孝道作为奉行的常德,"是以其教不肃而成,其政不严而治"。统治者只要因天地顺人情推行孝道,那么不用肃戒就可以实现教化,不用威严就可以治理国家。本章又进一步说明:"先王见教之可以化民也,是故先之以博爱而民莫遗其亲,陈之以德义而民兴行;先之以敬让而民不争,导之以礼乐而民和睦,示之以好恶而民知禁。"对人民的教化必须先由统治者做榜样,统治者带头博爱,人民就不会遗弃父母;统治者带头讲敬让,人民也就不会相争;再用德义、礼乐、好恶来引导,人民就会和睦守法。

《孝治章第八》说古代圣明之王以孝治天下,在祭祀其先王时,诸侯大小列国都高兴地前来参加助祭;诸侯以孝治国,祭祀其先君时,士民百姓都高兴地前来参加助祭;卿大夫以孝治家,祭祀其父母时,妻子臣妾都高兴地前来参加助祭。文章认为,能够这样,"故生则亲安之,祭则鬼享之,是以天下和平,灾害不生,祸乱不作,故明王之以孝治天下也如此"。天子、诸侯、卿大夫都推行孝治,就会使普天之下和睦太平。

《圣治章第九》说明圣人的德教也以孝为大："天地之性,人为贵;人之行,莫大于孝。"在万物中人为贵,人以孝为本,"孝莫大于严(尊敬)父,严父莫大于配天"。所谓配天,指祭天时以祖先配享。下文举圣人周公祀后稷,文王配天,万国助祭,说明孝是圣人的至德。它说:圣人根据人有尊敬父母之心而教人以敬,根据人有亲爱父母之心而教人以爱,所以"圣人之教不肃而成,其政不严而治,其所因者本也"。对于人君来说,他履行孝道比别人更要深厚,因为"父子之道,天性也,君臣之义也"。父子的慈爱之情是天性,又有君臣之义,子即是臣,父即是严君,所以既要亲爱,又要敬畏。父子如此,君民也如此。作为君子,"言思可道,行思可乐,德义可尊,作事可法,容止可观,进退可度",能够这样管理人民,人民就会"畏而爱之,则而象之(作为榜样而模仿),故能成其德教,而行其政令"。所谓"圣人"治理天下就是如此。

《五刑章第十一》说:"五刑之属三千,而罪莫大于不孝。"为了推行孝治,要以刑罚为辅。犯墨、劓、刖、宫、大辟五种刑罚的罪有三千条,没有比不孝再严重的了;不孝的罪恶最大,当然就是大辟(杀)。"要君者无上,非圣人者无法,非孝者无亲,此大乱之道也。"这里把不孝和要君(威胁君主)、非圣(反对圣人)三者相提并论,认为都是破坏封建统治秩序而造成天下大乱的根源,主张处以极刑。封建统治者的所谓"以孝治天下",绝不是推行人与人之间的慈爱和温情,而是把它和严厉的刑罚结合起来,作为一种统治手段。

孝亲、事君和谏诤

《孝经》第十、十七、十五三章分别谈孝亲、事君以及君父有过失应该谏诤;第十八章还谈到丧亲。

《纪孝行章第十》说的是孝子如何事亲:"居则致其敬,养则致其乐,病则致其忧,丧则致其哀,祭则致其严。五者备矣,然后能事亲。"这里提出孝子事亲要做到五件事,一是平时起居做到尽量恭敬;二是日常奉养尽量使其欢乐;三是对父母疾病极为忧愁(注曰"色不满容,行不正履");四是对父母死亡极为哀伤;五是祭祀做到尽量严肃(注曰"斋戒沐浴,明发不寐")。要做孝子,必须首先做到这五条。但是,仅仅做到这五条还不够,还必须做到:"事亲者，居上不骄，为下不乱，在丑（众）不争。"在上位不骄傲而庄敬以临下，在下位者恭谨以奉上，在众人之中和顺而不竞争。因为"居上而骄则亡，为下而乱则刑（受到刑罚），在丑而争则兵（兵刃相见），三者不除，虽日用三牲之养，犹为不孝也"。骄者亡，乱者刑，争者兵，都会导致自身乃至家族的败亡，虽然对父母供养丰厚，仍是不孝。所以，做孝子必须不骄、不乱、不争，绝对安分守己，循规蹈矩。

《事君章第十七》谈事君之道："君子之事上也，进思尽忠（进用则考虑竭力尽心为君上服务），退思补过（君有过失，当考虑予以补救），将顺其美（君有美善则顺而行之），匡救其恶（君有过恶则正而止之），故上下能相亲也。"这里提出忠君不是单纯的顺从，而是全心全意为君的利益着想，尽心而补过，顺善而匡恶。

《谏诤章第十五》把补过匡恶的思想说得更清楚。文中假托曾子问："子从父之令可谓孝乎？"又假托孔子回答说："是何言与！是何言与！（这是什么话呀！）昔者天子有争（诤）臣七人，虽无道，不失其天下；诸侯有争臣五人，虽无道，不失其国；大夫有争臣三人，虽无道，不失其家；士有争友，则身不离于令名（名誉不败坏）；父有争子，则身不陷于不义。故当不义，则子不可以不争于父，臣不可以不争于君。故当不义，则争之。从父之令，又焉得为孝乎？"这里指出，维护封建统治阶级的根本利益是最大的前提，当在上位者（君、父）的行为危及封建统治，就不能顺从，而要谏诤；如果不诤，就会失天下、亡国、丧家、败坏名声、陷于不义。所以当在上位者行为不义，诤才是孝，不诤而顺从，则是不孝。孔子在《论语》中曾说：子女对父母的过失要委婉劝说，父母不采纳仍必须顺从，不能争辩，而且还提倡"子为父隐"。《孝经》则强调以"义"为准则，如果君父不义，臣子可以与之争辩是非，要匡恶补过。在这个问题上，《孝经》比《论语》前进了一步。

《丧亲章第十八》讲孝子丧亲，应哭得气竭声嘶，触地无容，言不成句，衣不美服，食不甘味，闻乐不乐，这些都是哀戚之情的表现。圣人还规定三日不食，但又哀而不伤身，并要守丧三年。埋葬应备棺椁衣衾，看好坟地，哭送安葬，然后立位于宗庙，春秋按时祭祀。《孝经》说："生事爱敬，死事哀戚，生民之本尽矣，死生之义备矣，孝子之事亲终矣。"

发扬孝道,感动天地

《孝经》第十二至十四章讲发扬孝道,第十六章讲孝能感动天地。

《广要道章第十二》讲发扬孝悌礼乐是治国的要道:"教民亲爱,莫善于孝;教民礼顺,莫善于悌;移风易俗,莫善于乐;安上治民,莫善于礼。"它认为,应该把孝悌和礼乐结合起来。它又着重谈到当政者礼敬他人父、君的必要:"礼者,敬而已矣。故敬其父,则子悦;敬其兄,则弟悦;敬其君,则臣悦。敬一人而千万人悦,所敬者寡而悦者众,此之谓要道也。"为人上者要礼敬他人的父兄和君长,方是发扬孝悌之道,而获得众人的拥护。

《广至德章第十三》讲"君子之教以孝也,非家至而日见之也",统治者以孝悌教化天下,并不必到家家户户每天去当面讲。"教以孝,所以敬天下之为人父者也;教以悌,所以敬天下之为人兄者也;教以臣,所以敬天下之为人君者也。"这是说,统治者尊敬天下为人父者,那么所有为子者也都知道孝父了;统治者尊敬天下之为人兄者,那么所有为弟者也都知道敬兄了;统治者尊敬天下之为人君者,那么所有的为臣者也都知道忠君了。

《广扬名章第十四》讲孝亲事兄和忠君尊长是一致的,理家和治国是一致的,以孝悌为本,就可以扬名后世:"君子之事亲孝,故忠可移于君;事兄悌,故顺可移于长;居家理,故治可移于官。是以行成于内而名立于后世矣。"以孝事君就是忠,以敬事长就是顺,能理家就能做官,做官就能扬名。

《感应章第十六》讲天子之孝能够通神:"昔者明王,事父孝,故事天明;事母孝,故事地察;长幼顺,故上下治。天地明察,神明彰矣。"这是说,天子的孝能感动天地,尊卑等级分明,上下相安,得到神明的福佑。天子带头实行孝悌,修身慎行不辱先,宗庙致敬不忘亲,通过祭祀而鬼神感应,因而"孝悌之至,通于神明,光于四海,无所不通"。《孝经》在这里宣扬孝不仅可以维系社会的尊卑等级关系,而且天地感应,能够取得神明的帮助而达到人力所不能达到的结果。这一章把孝由封建伦理观念无限扩张,变为宗教神学了。传说的"二十四孝"神话,都属于这一类。

第三节 《孝经》的批判

"孝"的观念,产生于以血缘为纽带的氏族社会。氏族社会后期,个体家庭经济有所发展,在每个个体家庭内部,父母抚养和爱护子女,子女继承父母财产和赡养父母。父母和子女之间的这种承继关系和亲亲之情,逐渐成为社会的习俗,于是产生了原始的慈孝观,即父母有抚育、教养和爱护子女的义务,子女有尊敬、服从和奉养父母的职责。几千年来,这个观念深入人心,已经成为中华民族的传统美德。

孔子和儒家学派一方面继承了氏族社会原始的孝慈观,从理论上进行了论述,使之更为普遍地长期深入民间;另一方面,又按照封建社会的政治需要,对孝的观念进行了一番补充和发挥,使之逐渐成为封建统治者奴役人民的思想工具。这两个方面的内容,在儒家关于孝道的理论中是互相交织的,不论是在孔子或是孟子的言论中,都是如此;然而到了《孝经》,原始的孝慈观念剩下的已经不多,全文充斥着封建伦理说教。

《孝经》提倡的孝道,决非仅仅是尊敬和奉养父母;它把家庭内部的亲亲之情,扩大为封建等级社会的政治伦理关系。它有五等孝,规定了不同的社会地位的人的职责:天子和诸侯等统治阶级以掌握政权、统治人民、富贵不离其身或永保禄位为孝,庶民即被统治阶级,以"谨身节用以养父母",老老实实劳动生产,安于被统治地位为孝。《孝经》用"孝"这个亲爱和美的字眼,来掩盖封建统治的实质。

在统治阶级内部,天子、诸侯、卿大夫、士这些大小贵族各自履行自己所处等级的孝,各安其位,不僭不越。为了统治阶级的根本利益,它也告诫统治者力行仁义,戒骄戒奢,并且允许谏诤;但在下位者对在上位者必须"忠顺不失,以事其上",奉公守法,立身扬名,争取光宗耀祖。这样,在上位者和在下位者各履职责,就可以保持贵族阶级内部的团结和宗法等级制度的巩固。

《孝经》提倡以孝治天下,就是把"孝道"作为统治天下的工具。它不但把孝道说成是人伦之本,而且把它夸大为"天之经也,地之义也,人之行也",

抬高到"天道"的高度,说成是宇宙的总规律,说什么孝可以感动天地,上通神明,无所不能。这样,它又把孝这一伦理观念神秘化,使之成为愚昧民众的武器。

《孝经》提倡宣扬孝道,实行以孝悌礼乐为内容的教化,其要求是人人各守本分,不但忠君顺长,而且"身体发肤受之父母,不敢毁伤",不涉险,不犯罪,做循规蹈矩、谨小慎微的人;如果不这样做,就被扣上不孝的帽子。"五刑之属三千,不孝为大",不孝就治以重罪。可见,统治者在满口道德宣扬孝道时,又作了"刑"这另一手的准备。统治者宣扬的孝,绝不是慈爱和温情的东西。

从孔子到《孝经》,都把祭祀作为孝子事亲的重要内容,认为祭是养的继续。孔子严守祭祀父母和祖先的礼仪,而且强调必须要有恭敬和虔诚的态度。他又说:"未能事人,焉能事鬼?"较偏重于对在世父母的尊敬和奉养。《孝经》则更强调祭祀,说得比养还重要,宣扬祭祀可以上通鬼神,隆重的祭祀可以天人感应,求得福佑;反之,会激怒神鬼,受到谴诫。其实,起源于氏族社会的祭祀,是人类知识蒙昧时代的产物,认为在冥冥之中一切有神灵控制,而人死后则成为神鬼精灵;于是从血缘的亲亲之情,发展为对祖先神鬼的崇拜,祈求祖先神鬼降福和保佑。祭祖祈福,完全是一种迷信的观念。《孝经》强调祭祀,除了祈福,还有政治目的,这就是通过祭祀共同的祖先,来巩固和加强宗族内部的团结,它是作为维系宗法关系的一种固定的形式。因而《孝经》的这些说教,全是封建糟粕。我们认为,通过某种形式来表达对父母养育之恩的长志不忘,这是无可厚非的,但迷信的祭祀活动却是必须取缔的。

宋代朱熹曾经评论《孝经》:"……然皆齐、鲁间陋儒纂取《左氏》诸书之语为之,至有全然不成文理处,传者又颇失其次第。"(《晦庵集》)他曾经对《孝经》原文大加删削。当然,朱熹只是认为《孝经》这部书编撰的质量不好,并不是反对孝道。他把孝道发展得更极端化,将君权、父权绝对化。

推荐阅读书目：

- 《孝经注疏》 唐玄宗注，宋邢昺疏，《十三经注疏》本。
- 《孝经白话注释》 严协和注释，1955年台湾本，1989年三秦出版社重排本。
- 《孝经今注今译》 黄得时注译，台湾商务印书馆1972年本。
- 《孝经学源流》 陈铁凡著，"国立编译馆"1986年本。

第九讲

《尔雅》

　　《尔雅》是我国第一部综合性的有系统的训诂专书,也可以说是第一部大致按词义系统和事物分类而编纂的词语词典或小百科词典,在古代是一部很重要的书。

　　关于《尔雅》的名称,唐颜师古注《汉书》引张晏说:"尔,近也;雅,正也。"雅言,指雅正之言,即先秦时代在政治、文化、社交活动中共同使用的规范语言,以"尔雅"命名的意思,就是以这种标准语言来解释古语词、方言语词和难僻语词。在它产生的时代,许多古籍年代已经久远,其中一部分词语当时已难以通晓,需要用当时共同使用的雅言加以解释,如宋邢昺《尔雅疏》所说:《尔雅》的一部分内容是"通古今之字"。再者,古时方国方言俗语殊异,也需要用雅言加以解释,如汉刘熙《释名》所说:《尔雅》的又一部分内容是"五方之言不同,皆以近正为主也"。今人周祖谟《重印〈尔雅考〉跋》说:"古今言异,方国语殊,释以雅言,义归于正,故名《尔雅》,言近正也。"近人黄侃概括说:《尔雅》"为诸夏之公言"、"经典之常语"、"训诂之正义"。

　　《尔雅》是古人阅读古书、通晓方言、辨识名物的一部工具书。梁刘勰《文心雕龙》称它为"诗书之襟带";宋林克甫《艾轩诗说》称它为"六籍之户牖,学者之要津";清宋翔凤《尔雅郭注义疏序》称它是"训故之渊海,五经之梯航"。这些称颂之辞,都指明《尔雅》是古代治经不可缺少的工具书,如《四库全书简明目录》所说:"欲读古书,先求古义,舍此无由入也。"其全部内容,网罗了其成书前不同时代、不同地域的汉语语汇,一部分取自儒家的五经,一部分取自诸子百家的著述,另一部分于文献无征的则取自方言俗语。虽然其中征于五经的约十分之三四,而以释《诗经》词语为多,但所释的名物大多仍与五经有关。《四库全书总目提要》说:"特说经之家,多资以证古义,故从其所重,列入经部耳。"

它不属于思想理论或历史著作,而属于语言文字学,即"小学",所以《汉书·艺文志》把它列于"六艺之末",附于《孝经》类,把它作为经典的附庸。汉文帝时,除五经置博士,《论语》、《孝经》、《尔雅》都置博士。唐刻开元石经,把《尔雅》列为十二经之末,从此它便正式成为儒家经典丛书之一。

第一节 作者、成书时代和篇数

关于《尔雅》的作者、成书时代和篇数,历代有不同的说法。

最初的说法有两种:一说是周公所作,那么最初成书是在西周初期;又一说是孔子及其弟子子夏所作,那么最初成书是在春秋末期。但是只要考究一下《尔雅》的内容,这两种说法都站不住脚。《尔雅》所释语词的材料取自五经者不过三分之一左右,大部分杂取自诸子百家之书,如《释天》中的"暴雨谓之涷(dōng)",取自《楚辞》;"扶摇谓之猋(biāo)",取自《庄子》;"春为青阳,夏为朱明,秋为白藏,冬为玄英,四时和谓之玉烛",取自《尸子》……《释地》中的"东方有比目鱼焉……"一长句,取自《管子》;"北方有比肩民焉……"一长句取自《山海经》;"西方有比肩兽焉……"一长句取自《吕氏春秋》;"西王母",取自《穆天子传》。《释鸟》中的"爰居,杂县",取自《国语》;"晨风,鹯",取自《左传》;"桑扈,窃脂",取自《淮南子》……由此可见,训释的材料一部分取自春秋时代,而大部分取自战国中、后期的古籍,或于文献无征的口语,所以绝不可能成书在西周或东周,作者当然也就不可能是周公或孔子及其弟子子夏。

上说不能成立,又有人说是汉儒所作:有的说是秦汉之际的儒生;有的说是汉初儒生;有的说是武帝之后,哀帝、平帝之前的儒生;还有的说是西汉

末年刘歆伪作。其实,都是推测之辞,不能成立。理由有三:

一、从《尔雅》在汉代出现的时间来看。秦代《诗》、《书》等儒经和百家语被禁毁,汉初社会尚不安定,这一段时间不具备编纂这样卷帙和内容繁多的词典的社会条件。文景之世先秦古籍复出,武帝独尊儒术后不久就出现了《尔雅注》,所以最初的《尔雅》,既不能在汉初著作成书,也不能在武帝之后著作成书。

二、从《尔雅》训义的内容来看。它训义多据周制,而东周西周之制有所不同,如《释山》训"五岳"一词,一处训为"河南华,河西岳,河东岱,河北恒,江南衡",为西周之制;另一处训为"泰山为东岳,华山为西岳,霍山为南岳,恒山为北岳,嵩高为中岳",为东周之制。对一个词的训释出现重复、矛盾的情况,说明它是把西周和东周两个时期的训诂材料汇编在一起,并不是汉儒依据汉时的地理名称所作的解释。

三、从《尔雅》与《毛诗故训传》的比较来看。《尔雅》训释《诗经》的词语较多,与《毛传》所用的材料有许多是相同的,而《毛传》的训诂比《尔雅》精确和进步,显示高出一个时代的新水平。《毛传》的作者毛亨是西汉前期学者,所以《尔雅》不可能产生在《毛传》之后。

这些情况,古代有些学者也看到了。唐孔颖达《毛诗正义》曾说:"《尔雅》之文杂,非一家之注。"宋王应麟《汉书考证》说:"《释诂》一篇,盖周公所作;《释言》以下,或言仲尼所增,子夏所订,叔孙通所益,梁文所补。"他说的这些人,并不准确,但他看到了《尔雅》经过不同时代的人们递相增补。这在认识上有所进步。

现代学术界根据《尔雅》所涉及的文献、训释的内容和材料,结合中国字书发展史,大致断定《尔雅》是缀辑西周以来多家的训诂材料汇编而成,经过先秦许多学者的递相增益,最初成书的时代,大约在战国末期,即公元前3—4世纪。它经过秦火而幸存,于汉初复出,在古文经学传注发达之后,汉代学者又进行了增补润色,成为我们现在看到的《尔雅》。班固著《汉书》时,距《尔雅》流传不过二三百年,因为《尔雅》不是一人一时完成的,所以他写《艺文志》时,在《尔雅》题下无从著录作者的主名。

《汉书·艺文志》著录:"《尔雅》三卷二十篇,存。"可是今本只有十九篇。

据宋邢昺《尔雅疏》说:"《尔雅·叙篇》云:《释诂》、《释言》通古今之字。"《尔雅》原有一篇序,而这个《叙篇》在宋以后亡佚。但是,也有人说《尔雅》还应有一篇《释礼》,今尚有残文杂于《释天》篇;还有人说《尔雅》并不缺篇,《释诂》在汉代原来分为上下两篇。这两种说法尚无从确考,只能聊备其说。

第二节 《尔雅》的分类和内容

《尔雅》19篇,全书共10791字。前三篇是解释一般语词的,可以说是普通的词典;《释亲》以下16篇是按事物分类,解释所分各类名物,可以说是小百科名词词典。19篇的内容一篇一类,共19类,有单音词,也有复音词。学者们把它们并为五大类。

语言类

《尔雅》的前三篇《释诂》、《释言》、《释训》,是解释古代文献中一般语词的。凡是非名物的语词,都归在这一类,其篇幅约占全书篇幅总数将近一半,释词语1593个。前两篇主要释单音词,多用直训的方式;后一篇主要释复音词,多用义训的方式。

一、《释诂》

《释诂》的"诂",指用今语解释古语(用当代语词释古代语词),或用通语释方言语词(用普遍通行的语词释方言俗语),共173条,其中有许多条一条释多字,共释语词932个,其中只有19个复音词,913个是单音词。

《释诂》的训释方法有一个明显的特点,即汇集若干个同义语词在一起,用一个常用语词作解释。例如:"初、哉、首、基、肇、祖、元、胎、俶、落、权舆,始也。""崩、薨、无禄、卒、徂落、殪,死也。"上一条11个语词,都用一个常用语词"始"来解释;后一条六个语词,都用一个常用语词"死"来解释。每组语词多少不等,最多的31个,少的两三个,个别的只有一个。其或多或少,根据被释的同义语词的多少而定。

所谓同义词,指意义相同或相近的词。既有"相近",在一组同义词中,它们的意义并不完全相等,所以不完全通用。如上引第一条以"始"解释的 11 个语词,"首"、"元"的本义是人头,人出生先出头,引申为人体之始;"基"的本义是建筑的基础,引申为建筑之始;"胎"引申为人生之始。这些都是引申义。又如"落",只有在庙堂宫室建筑落成时,才有"始"的意思,这个语词在先秦时的常用意作由上而下掉落讲,在这一条中训为"始",是用其特殊意义。由此可见,对《释诂》所列同义词,不能简单化通用,要在一定的语言环境中比较辨析,才能正确理解,避免谬误。

汉字常常一字多义,对这样的字,《释诂》就其不同意义分别训释,一义一训。这样的方式称"文同训异之例"。例如:"悦、怿、愉……乐也。"换一条又释:"悦、怿、愉……服也。""恔、庞,大也。"换一条又释:"恔、庞,有也。"这样处理一字多义,方法是科学的。

有时它又用一个多义字作训释词来训释一组语词,如:"育、孟、耆、艾、正、伯,长也。""长"是多音多义字,可读长短之长,又可读生长、成长之长,以及年长、官长之长,用这个字训诂六个语词,"育"取养育成长之义,"孟、耆、艾"取年长之义,"正、伯"取官长之义。又如:"台、朕、赉、畀、卜、阳(锡),予也。""予"有二义,一为第一人称代词,一通"与",是给予、赐予之意,被释的六个语词,前两个取第一义,后四个取第二义。这样的方式称"二义同条之例",使用时容易发生讹错,是不科学的。

二、《释言》

《释言》的"言",在这里指常用语词。本篇也是今语释古语,用通语释方言,不过所释者多为常用语词。它大多以一个单词释一个单词,即一对一;一小部分列两个同义词,以一个语词来训释,即一对二;一对三的,极为个别。全篇 280 条训释 360 个语词。除个别的以外,全是单音词。训释方法大体与《释诂》相同。

对于多义词,它也取"文同训异"之例,但不分条,而在一条中列出几个义项,如:"济,渡也。济,成也。济,益也。"在一个多义字之下分列义项的方法,比《释诂》所用的另列一条的方法要清楚得多,现在的字典、词典就继承了这种方法。

《释言》中解释了一部分异体字，如："迺，乃也。""磋，嗟也。"这里举的是同音同义而字形不同，实际上是不同的书写形体。这一部分不但有助于阅读古书，还能使我们认识中国文字形体逐渐由繁趋简的演变。

《释言》中还解释了古籍中的一部分假借字，主要是《诗经》中的假借字，如："甲，狎也。""务，侮也。"

三、《释训》

《释训》的"训"，义为解释词义。这一篇内容主要是解释一些复词的词义（单词只有十多个）。这些复词绝大多数是叠词，其余是一部分连绵词及四字一句的语词。它们大多数是《诗经》中描写事物情貌的语词。全篇116条，训释词语301个。训释的方式大多是两个叠词用一个单词来解释，如："明明、斤斤，察也。""祁祁、迟迟，徐也。"有的不能用一个单词解释，就用一句话概括地说明，如："子子孙孙，引无极也。""式微式微者，微乎微者也。"

有时不是一般地解释词义，而是说明被释的叠词在诗中的兴喻之意，如："丁丁、嘤嘤，相切直也。""蔼蔼、萋萋，臣尽力也。""噰噰、喈喈，民协服也。"解释词语在具体诗篇中所表达的兴意，是《尔雅》释词的一个特色。

《释诂》、《释言》、《释训》三篇训释的形式，大多是如上所举诸例，被训释词在前，训释词在后；也有一小部分是反过来的，训释词在前，被训释词在后，中间加一个"为"（或"曰"、"谓"）字，如："美女为媛。美士为彦。"后来古书的注疏，也常采用这种形式。

人文关系类

人文关系类有《释亲》一篇，是关于亲属称谓的解释，反映了古代亲属关系的基本格局。它把亲属关系分为宗族、母党、妻党、婚姻四部，共34条，亲属称谓词91个。这些称谓词有些沿用至今，有的已经有变化，但读古书时却会经常遇到。

一、宗族

"宗族"，又曰父党，指父系亲属。中国古代是宗法社会，重视父系血统，所以特别重视宗族关系，列于这一类之首，解释父系亲属14条。

（1）父为考，母为妣。（本来父、母不论存殁都称考、妣，后来只称死去的父、母为考、妣，祖母和祖母以上的女性祖先称先妣。）

（2）父之考为"王父"，父之妣为"王母"（今称祖父、祖母）。王父之考为"曾祖王父"，王父之妣为"曾祖王母"（今称曾祖父、曾祖母）。曾祖王父之考为"高祖王父"，曾祖王父之妣为"高祖王母"（今称高祖父、高祖母）。

（3）父之世父、叔父为"从祖祖父"；父之世母、叔母为"从祖祖母"（今称祖父的兄弟为伯祖父、叔祖父；称伯祖父、叔祖父的妻子为伯祖母、叔祖母，俗称叔伯爷爷、叔伯奶奶）。宗法制度实行嫡长子继承制，一辈为一世，故称大伯父为世父，后来的伯父通称"世父"。

（4）父之昆弟（即兄弟），先生的为"世父"，后生的称"叔父"（今称伯父、叔父）。

（5）男子先生为兄，后生为弟；（男子）谓女子先生为姊，后生为妹。

（6）父之姊妹为姑。

（7）父之从父昆弟（父亲的同一祖父的兄弟，即堂兄弟）为"从祖父"（今称堂伯父、堂叔父）。父之从祖昆弟（父亲的同一曾祖父的兄弟）为"族父"。族父之子相谓为"族昆弟"（今俗称本家兄弟）。族昆弟之子相谓为"亲同姓"（今俗称本家）。

（8）兄之子、弟之子相谓为从父昆弟（今称堂兄弟）。

（9）子之子为"孙"，孙之子为"曾孙"（今俗称重孙），曾孙之子为"玄孙"，玄孙之子为"来孙"，来孙之子为"昆孙"，昆孙之子为"仍孙"（一作礽孙，又作耳孙），仍孙之子为"云孙"。

（10）王父之姊妹为"王姑"（今称姑祖母，俗称姑奶奶），曾祖王父之姊妹为"曾祖王姑"，高祖王父之姊妹为"高祖王姑"。父之从父姊妹为"从祖姑"（今称堂姑母），父之从祖姊妹为"族祖姑"（今俗称本家姑奶奶）。

（11）父之从父昆弟之母为"从祖王母"（今俗称伯祖母或叔祖母）。父之从祖昆弟之母为"族祖王母"（今俗称本家奶奶）。父之兄妻为"世母"（今称伯母）。父之弟妻为"叔母"（今俗称婶母）。父之从父昆弟之妻为"从祖母"（今称堂伯母或堂婶母）。父之从祖昆弟之妻为"族祖母"（今俗称本家伯母或本家婶母）。

(12)父之从祖祖父为"族曾王父",父之从祖祖母为"族曾王母"(今称本家曾祖父、本家曾祖母)。

(13)父之妾为"庶母"(庶母是与父之正妻"嫡母"相对而言)。

在父系亲属中,与本人的亲疏远近是按照上述顺序的。

二、母党

母党,指母系亲属,共3条,9个称谓。父系社会强调男性血缘关系,母系属于外姓,所以称谓母亲的直系尊长,都加一"外"字。

(1)母之考为"外王父",母之妣为"外王母"(今称外祖父、外祖母)。母之王考、王妣为"外曾王父、外曾王母"(今称外曾祖父、外曾祖母)。

(2)母之昆弟为"舅"。母之从父昆弟为"从舅"(今称堂舅)。

(3)母之姊妹为"从母"(今称姨母)。从母之男子(儿)为"从母昆弟"(今称姨表兄弟),其女子子(女儿)为"从母姊妹"(今称姨表姊妹)。

三、妻党

妻党,一般指妻族。在这一部分,除了解释对妻族亲属的称谓,还解释男子对姑、舅、姊妹之子,女子对兄弟之妻与子、姊妹之夫、夫兄弟之妻的称谓,共七条,十七个称谓,大多与现代的称谓不同。

(1)妻之父为"外舅",妻之母为"外姑"(今称岳父、岳母)。

(2)姑之子、舅之子、妻之昆弟、姊妹之夫统称为"甥"。"甥"这个字的本义为异姓所生,这个称谓用以表示是异姓亲属。(今分别称姑、舅之子为表兄弟,妻之兄弟为内兄、内弟,姊妹之夫为姊夫、妹夫)。

(3)妻之姊妹已出嫁为"姨"(今不论出嫁与否均称姨,年长于妻称大姨,年幼于妻称小姨)。女子称姊妹之夫为"私"(今称姊夫、妹夫)。

(4)男子称姊妹之子为"出"(今称甥)。女子谓兄弟之子为"侄"。出之子为"离孙",侄之子为"归孙",女儿之子为"外孙"。

(5)女子同嫁一夫,年长为"姒",年幼为"娣"(这是指同夫诸妾间的互相称谓,嫡妻不在其内)。

(6)长妇(兄之妻)谓稚妇(弟之妻)为"娣妇"(今称娣妹)。稚妇谓长妇为"姒妇"(今称嫂)。

(7)女子谓兄之妻为"嫂",弟之妻为"妇"(今称娣妹)。

四、婚姻

这一部分指由婚姻关系结成的亲戚关系。这些亲戚关系成立的前提是构成婚姻,如果婚姻关系不存在,亲戚关系也不存在。共十条,二十个称谓。

(1)妇称夫之父曰"舅",称夫之母曰"姑"(今称公爹、婆母);谓夫之庶母曰"少姑"。

(2)夫之兄为"兄公",夫之弟为"叔",夫之姊为"女公",夫之妹为"女叔"(今称大伯、小叔、大姑、小姑)。

(3)子之妻为妇,长妇(长子之妻)为"嫡妇",众妇为"庶妇"(今统称媳妇)。

(4)女子子(女儿)之夫为"婿"。

(5)婿之父为"姻",妇之父为"婚",妇之父母,婿之父母相谓为"婚姻"(今俗称亲家)。

(6)两婿相谓为"亚"(一作"娅",今俗称连襟)。

(7)父之党为宗族,母与妻之党为兄弟,妇之党为婚兄弟,婿之党为姻兄弟。(父系亲属是有血缘关系的宗族,为本姓本家。母系亲属和妻系亲属是无血缘关系的姻亲。"婚"是内亲,指媳妇方面的亲戚;"姻"是外亲,指女婿方面的亲戚,具体处理关系时应内外有别。)

(8)嫔,妇也。(帝王女儿出嫁谓之嫔,出嫁之后就成为其夫家的媳妇,担负履行妇道的义务。)

《释亲》一篇虽然是解释亲属称谓的,但它们所表示的亲属关系,却是社会人文关系的反映。由这里可以看出:封建宗法社会是由氏族社会父系家长制发展而来的,它以父系血缘关系为基础和纽带,结成庞大的宗族,进行封建统治。它强调男性血统,而把妇女作为男性的附庸,强调她们三从四德。它严分嫡庶,内外有别,又通过内外姻亲关系,用礼制把统治阶级团结起来。

建筑器物类

《释宫》、《释器》、《释乐》三篇是对建筑和器物名称的解释,共108条,释名物361个。

一、《释宫》

《释宫》的"宫",在先秦和"室"是同义词,都是房屋、住宅的意思,不论贵贱,房屋、住宅都可称"宫";秦汉以后,才专指帝王的宫殿。这一篇,比较详细地解释了宫室的总体名称及其建筑的各个部位的名称,也解释了与之有联系的道路、桥梁等名称。共 26 条,其中前 21 条是解释宫室及其各个部位的名称,后五条是解释道路、桥梁等名称。

通过对宫室名称的解释,可以了解上古宫室建筑的规模和布局。所有堂室、厢房、寝庙、庭、阶、榭、楼、正门、侧门、小门、房舍之间的街巷及巷门,正门(应门)两旁有高大建筑物称"阙"(观),正房为住处称"家",坐北朝南,其门称"户",北墙有窗称"牖",中有屏风……所有这些建筑,完全是土木结构;夯基夯墙,以白灰(垩)涂饰粉刷,立柱上梁,椽上瓦下铺苇席或竹帘,门有横梁、转轴,共 70 个建筑名称。另有堤、桥、路、衢、场、巷道等名称 20 个。从这些名物,基本上可以了解上古建筑的面貌及其工艺水平,是研究古代建筑史的宝贵材料。

二、《释器》

《释器》解释各种器用以及服饰、饮食的名称,共 46 条,释名物 135 个。

各种器用包括:各类盛器,如豆(木制食物盘)、笾(biān,竹编果脯盘)、登、缶(瓦制食物器皿);各种渔猎农具,如罟、罭(yù,大小鱼网)、罗(鸟网)、罝(jū,兔网)等;各类弓、斫、镯(zhuō,锄镐之类)、锸(chā,锹类);彝、罍(léi)等各种青铜礼器和酒具等等。这些器物分别属于木制品、竹制品、陶制品、青铜制品、编织品、皮革制品之类。其中提到的金属还有璗(dàng,黄金)、镠(liú,紫磨金)、银、钖(yǐn,锡)。

从各种服饰名称的记载,可以看到上古衣服的样式,如上衣有领、交襟,下衣着裙,有红、绿、黑、白诸色,染色工艺有一染、二染、三染,衣领绣黑白相间斧形花纹,衣帽镶边,妇女有佩巾。人们佩有玉制品、象牙、贝壳、骨角和羽毛制品等饰物和信物。

从各种饮食名称的记载,可以看到上古人们的饮食文化。谷去糠、煮熟,不食半生或变质腐臭食物,吃肉脱皮去骨,鱼刮鳞,以肉和蔬菜煮羹,也制肉酱、鱼酱,有多种炊具。

通过这些器用、服饰、食用,基本上反映了上古人们的生产力水平和生活状况。

三、《释乐》

《释乐》16条,主要解释五声音阶的名称以及一些乐器的名称共36个。

我国上古五声音阶中的五个音级是:宫(重)、商(敏)、角(经)、徵(迭)、羽(柳),大致相当于现代音乐简谱的1、2、3、5、6。

这里解释的金、石、土、革、丝、木、匏、竹等八音中的乐器有弦乐器、管乐器、陶制吹奏乐器、敲击乐器等,这些乐器的演奏方式也多种多样。这部分材料,对研究古代音乐史很有价值。

天文地理类

《释天》、《释地》、《释丘》、《释山》、《释水》五篇解释天文地理方面的名词,可以归属为一大类。这五篇共182条,解释350个名称。这些释词,不但为我们阅读古书提供了第一手训诂材料,而且较为全面地反映了我国上古时代天文学和地理学的基本面貌。

一、《释天》

《释天》一篇内容范围很广,主要是解释天文、历法、气象方面的词语,分为四时、祥、灾、岁阳、岁名、月阳、月名、风雨、星名、祭名、讲武、旌旗十二类,共51条,释名102个。

"四时"的"时",是季节的意思,"四时"即四季。古人视天形穹隆,色苍,故称天为苍穹。四季的天又各有专名:春为苍天,夏为昊天,秋为旻(mín)天,冬为上天;古籍中有时如此使用,但较多的时候又泛称天,或以上名称泛用。

"祥",指吉祥的征兆。古人认为,太平之时,四季之气不同,所以各有别名:春为青阳(气清而温阳),夏为朱明(气赤而光明),秋为白藏(气白而收藏),冬为玄英(气黑而清英),四季之气和畅,称为玉烛。气形之于风,气和则风祥。祥风的名称:春为发生(万物生长),夏为长赢(通盈、充满、增长),秋为收成,冬为安宁;四季气和平正通畅,称为景风。那时人们主要在黄河

第九讲 《尔雅》 303

流域从事农业生产,重视雨水及时,及时降的甘雨为"醴泉"(甘美的泉水)。

"灾",指自然灾荒,以农业收成好坏而论。粮食作物不熟为饥,蔬不熟为馑,果不熟为荒,连年不熟为荐。这些词又常连用,为"饥馑"、"饥荒"。

"岁阳"的"岁",指岁星(木星)。古人认为日、月、星都绕天运行,太阳运行的轨道称黄道,其他星辰也傍黄道运行。黄道一周天被等分为十二个区域,即十二个星次,按十二地支①纪名;岁星由西向东行经一个星次范围为一年,行经哪个星次范围,便用"岁在××(星次名)"纪年。但岁星运行方向与十二地支纪名顺序相反,古人又设想出一个假岁星,假定与真岁星运行方向相反,称为太岁。太岁纪年法称为岁阴或太阴,《释天》解释了十二岁阴的名称。古人又以十天干②纪年,称为岁阳。《释天》解释了十个岁阳的名称。岁阳和岁阴相配,组成六十个年名,即俗称六十年循环一甲子。

"岁名"的"岁",本义是收获庄稼,古时谷物一年一熟一收割,这个字便引申为表示时令的"年"。不同的时代,名称不同:唐虞曰载,夏代曰岁,商代曰祀,周代曰年。到后代,岁、年、载都通用了。

"月阳"和"月名"是给月取的别名。古历以十天干纪月,称"月阳";又有十二个月的别名,称"月阴"。月阳和月阴相配合,可组成六十个月的别名。但这套月名在古籍中很少使用,早被淘汰了,古人纪月,仍通常以数字表示。

"风雨"解释风和雨的各种名称,如南风称凯风,东风称谷风,北风称凉风,西风称泰风,盘旋而上的风称焱,日出的大风称暴……弥漫在空气中如云烟状的小水点称雾,虹称蝃蝀(dì dōng),云气蔽日称蔽云,霹雳称霆,久下不停的雨称淫或霖,雨停称霁……风雨与人类生产活动有直接的密切关系,所以先民对风雨的观察和区分也比较细密。

"星名"解释古人所观察的天体中星座的名称。古人把黄道附近二十八组恒星称为二十八宿,分别处于十二星次之中,又分为东西南北四方,每方各七宿,并把它想象成四种动物形象:东方苍龙,西方白虎,南方朱雀,北方玄武(龟蛇),各星宿有就其形状而起的专名,但二十八宿和十二星次名称不

---

① 十二地支:子、丑、寅、卯、辰、巳、午、未、申、酉、戌、亥。
② 十天干:甲、乙、丙、丁、戊、己、庚、辛、壬、癸。

全,疑有脱漏。古人已经观察到北极星,名为北辰;金星早晨出现在东方时名为启明,黄昏出现在西方时名为太白或长庚;牛宿之北有由三颗星组成的河鼓星……古人在长期观察中总结出一些天文知识,标志着我国古代天文学在当时的世界居领先水平。

"祭名",解释四时祭名以及祭祀不同对象的各种祭名。从这些名称,可以看到上古对祭祀的重视及种类的繁多。

"讲武",指讲习战事,这里是解释田猎和习武有关的一些名称。二者都和季节有关,所以收于《释天》篇中。四季田猎,春猎为蒐,夏猎为苗,秋猎为狝(xiǎn),冬猎为狩,但各种古籍不尽相同。田猎以冬季为主,"狩"又为田猎的泛称,放火烧草木而猎。出发练兵,勇武而位卑者走在前,收兵返回,勇武而位卑者走在后。

"旌旗"是"讲武"所需要的,所以附于其后,解释各种旗帜的规格、形状、色彩和图形。

从《释天》所记天文和历法知识来看,限于当时人类的认识水平,其中难免有不科学之处,但有许多内容是科学的,标志着我国上古时代较高的科学水平,具有科学史重要的资料价值。

二、《释地》

《释地》一篇解释有关地理方面的名称,其中有政治地理、自然地理、经济地理及一般地理名词,分九州、十薮、八陵、九府、五方、野、四极等七类,共47条,81个名称。

"九州",释传说中我国上古时期的行政区划,说明九州州名及其区域所在,属政治地理。本篇所记与《尚书·禹贡》、《周礼·夏官》、《吕氏春秋·有始览》、《汉书·地理志》各书所记州名不尽相同,各州区域也有出入,可能上古时行政区域也曾有变化,故所本不同。这里所释的九州是:

冀州:在两河[①]之间。其区域包括今山西省大部、河南省黄河以北、山

---

① 两河:古代,河专指黄河,其上游于今晋陕间北南流向,至河南武陟县以下,向东北流经山东省西北隅,折北至河北省沧县东北入海,略呈南北流向,黄河这两段东西相对,俗称两河。

东省西北和河北省东南地区。

豫州:在河之南。其区域包括今河南省黄河以南至荆山(在今湖北省南漳县西)这一地区。

雍州:在河之西。其区域在今晋陕间黄河之西,包括今陕、甘、宁部分地区。

荆州:在汉之南(汉指汉水),其区域自荆山至今衡阳,包括今湖北大部分至湖南中部地区。

扬州:在江之南(江专指长江),此处解释不明确。

兖州:在济(济水)、河之间①。其区域包括今河南省东北部,河北省东南部及山东省西北部的地区。

徐州:在济之东,从泰山以南至淮北,东滨黄海,其区域包括今鲁南、苏北、皖北地区。

幽州:战国时燕国属地,其区域包括今河北省北部及辽宁省西端地区。

营州:战国时齐国属地(《禹贡》称为青州)。其区域包括今山东省泰山以北,黄河流域及胶东半岛地区。

"十薮",薮,湖泽的通称,解释古代十大湖泽的名称及其所在。据其他古籍,上古有九薮,这里称十薮,其中第十薮"焦护"为汉人所增。其余九薮的名称与所在,与其他古籍记载也有出入。这里所释的十薮是:

鲁有大野:故地在今山东省巨野县北,已不存。

晋有大陆:故地在今河北省钜鹿县,已不存。

秦有杨陓(yū):故地在今陕西省,已不存,具体所在难考。

宋有孟诸:故地在今河南省商丘市东北,距今微山湖不远。

楚有云梦:故地大致在今湖南省益阳和湘阴以北,湖北省安陆和江陵以南、武汉市以西,今不存。

吴越有具区:又名震泽,即今江浙两省之间的太湖。

齐有海隅:海隅意为海滨,山东沿海千余里多泽薮,这里是通名而非

---

① 济河之间:古济水自今河南省荥阳向东北流至今山东省利津入海;河,这里指上述古黄河下游那一段。

专名。

燕有昭余祁：又名大昭、昭余，故地在今山西省介休县东北、祁县西南，今不存。

郑有圃田：又名原圃，故地在今河南省中牟县西，今不存。

周有焦护：故地在今陕西省泾阳县北，今不存。

这里所释的古代十大湖泽，除太湖之外，现在都不存在了，已被泥沙淤塞逐渐成为平野，它们已经属于历史地理名词。这些记载，对我们了解沧海桑田的大自然变化，了解祖国大地生态环境的变化以及进行水文地质等考察，不无价值。

"八陵"的"陵"，即大土山，这里解释了上古传说中的八处大陵的名称，今多无考。这一部分意义不大。它把梁、坟（堤、岸）也归入这一类，说明"坟莫大于河坟"，使我们知道黄河那时已有高大的堤岸。

"九府"，解释九方的宝藏和特产，属于经济地理。这里举出的多是古人视为珍贵的玉石、犀角、象牙、皮毛之类，如会稽山产竹箭，梁山（衡山）产犀角、象牙，华山产金石（即蓝田玉），霍山（太岳山）产珠玉等等，只提到泰山一带产五谷鱼盐。

"五方"，解释五方所产的怪异之物，如东方有比目鱼，西方有比肩兽，北方有比肩民，中有两头蛇等，多为传说。这一部分意义不大。

"野"，这一部分根据古时农牧业生产的需要，说明郊野和耕地田亩的名称。如郊野根据离都邑之远近，由近及远，邑外谓郊，郊外谓牧，牧外谓野，野外谓林，林外谓坰（jiōng）；根据地势高低而称低湿处曰隰，大野曰平，宽广而平坦曰原，高而平曰陆，大的陆曰阜（土山），大阜曰陵，大陆曰阿；原，适宜耕种农作物，其次是阪（坡地），再下是隰。初耕第一年的农田曰菑（zī），耕种二年的曰新田，耕种三年的熟田曰畬（shē）。这些名称反映了先民对土地质量的了解。

"四极"，是上古对九州之外四方边远国家的称谓。古人极少与外部交往，这里所记的都是传说中极远处的国家，并非真有其国。"四荒"是称四方荒远的地方。古人又以为四周为海疆，居住着其他各族，泛称东方各族为"九夷"，北方各族为"八狄"，西方各族为"七戎"，南方各族为"六蛮"。这些

第九讲 《尔雅》

数字均非确数,与其他古籍所称数字不同,都是表示多数。这一部分的内容,表明上古人的活动范围基本上限于九州,对中国四周的情况了解甚少。对四邻外族都冠以夷、狄、戎、蛮等轻蔑性称谓,这些理解都是不科学的。

三、《释丘》

《释丘》的名称,包括丘和崖岸两类。

丘,指自然形成的高地、小土山。上古人类常于土丘挖窑洞居住,所以对各种丘的观察较细,因而区分的名称也较多。按土屋而分,如:敦丘(一层)、陶丘(二层)、昆仑丘(三层);上有垅界如田亩的称为亩丘。按近水和取水而分,如:丘顶有凹洼可存雨水的称为泥丘,泽薮中的丘称为都丘,水潦环绕的称为埒丘,水在丘的前后左右各有专名。就不同交通条件、丘的高低、丘的各种形状,也都各有专名。这一部分共有 40 个名称。

崖,即水边;高崖,即岸。古代人类必须生活在近水之处,所以观察和区分也较细。如上面平坦下面陡峭的崖岸称湣(chún),水岸向内弯曲处称隩,向外弯曲处称隈,高大的堤岸(坟)称大防……这一部分共有 12 个名称。

四、《释山》

《释山》的山,古时指大的石山。本篇与《释丘》、《释水》都属自然地理。上古经常发生水患,人类多依山或依丘陵而居,所以对山的观察和区分也较细致。根据自然形成的山的不同特点,有不同的名称。如:山大而高称为崧,山小而高称为岑,锐而高称为峤,相连接的山称为峄,孤立的称为蜀,狭长的称为峦,多草木的称为岵,无草木的称为峐,重峦叠嶂称为陟,土戴石称为砠,石戴土称为崔嵬,山脊称为冈,山顶称为冢,山脉中断处称为陉,两山之间水沟称为涧,山西面称为夕阳,山东面称为朝阳,等等。这部分共 27 条,48 个名称。

关于五岳的名称,本章有两条解释,却不尽相同:其一释为"华、岳、岱、恒、衡";其二释为"泰、华、霍、恒、嵩"。其中华山、泰山(即岱)、恒山三者是相同的,其一的岳山(吴山,在今陕西陇县)、衡山,与其二的霍山(今安徽天柱山)、嵩山,二说不同。这因为前者是周制,后者是汉制[①]。汉制的称谓,

---

[①] 汉武帝将南岳衡山之神庙移到霍山,改称霍山为南岳,隋唐以后才恢复衡山为南岳。

自然是汉儒增纂进来的文字,非《尔雅》原书之文。

五、《释水》

《释水》解释关于水的各种名称,分水泉、水中、河曲、九河四类,共27条,67个名称。

"水泉"所解释的,包括泉和水,以及涉水等有关名称。如释泉:泉水时有时无为瀸,泉水涌出为滥泉,泉水由上往下流为沃泉(宜灌溉),泉水从侧面流出为氿泉,泉水潜出后停积不流动为汧(qiān),等等。这种区分,反映了泉水与古人生产和生活的密切关系。

在这一部分中还提出重要河流的著名支流。黄河的支流为灉(灉,位于今河南省濮阳县北的瓠子河);济水的支流为濋(chǔ,在今山东省定陶县一带,已淤塞);汶水的支流为灛(汶水即今山东境内大汶河);洛水的支流为波(洛水发源陕西流入河南);汉水的支流为潜(灊,或为今湖北省潜江县芦洑河);淮水的支流为浒(淮发源桐柏,流经河南、安徽入江苏);长江的支流为沱(今四川省渠江诸水);涡水的支流为洵(涡为淮水支流,在今安徽省东北部);颖水的支流为沙(颖为淮水最大支流,在河南省东部和安徽省西北部,其支流沙河在今河南省中部);汝水的支流为濆(fén,汝水即今河南省北汝河,濆即今河南省郾城和商水两县的沙河)。古人称四条入海的大川为四渎:即江、河、淮、济(后来,淮河不直接入海而流入洪泽湖)。《尔雅》所记的河流,有的水道已改变,有的支流已湮废,然而从这些记述,我们可以大致了解上古水系的基本面貌,从水的流向也可以大致了解地貌及其变化。

关于渡水交通,步行渡河为涉,水浅不及膝而提起衣服涉过河为揭,水深过膝连衣涉过河为厉,游过河为泳;天子用浮桥(舟相排上加木板称造舟),诸侯用四船相连(维舟),士乘一舟(特舟),庶人乘筏(泭);逆流而上为溯洄,顺流而下为溯游,横渡为乱。这类名词大多见于《诗经》。

"水中"解释人可居住的水中陆地的名称。水中陆地为洲,小洲为渚,小渚为沚,小沚为坻,人工建造的水中高地为潏(yù)。

"河曲"解释黄河中上游河道曲折情况,说明黄河源出昆仑山基部,水流较清(色白)。容纳一千七百条河流为一条大河,穿行黄土高原而含泥沙(色黄),百里一小曲,千里一大曲。"九河"言黄河下游九条支流的名称。据《禹

第九讲 《尔雅》　309

贡》：禹治水后黄河流到华北平原中部分为九条河流。但黄河下游多次改道，现今的黄河是从原来的济水河道入海，这里所说的九河故道久已湮废，已难考证。

天文地理类五篇182条，共释350个名称。这些名称不但为我们阅读古书提供第一手训诂材料，而且较为全面地反映了我国古代天文学和地理学的基本面貌，其有关水系、地貌的原始记载，对现代化建设仍有参考价值。

植物动物类

植物动物类包括《释草》、《释木》、《释虫》、《释鱼》、《释鸟》、《释兽》、《释畜》七篇。这一类释词较多，共567条、823个名称，其篇幅占全书三分之一左右；其中植物类280条、352个名称，动物类287条、471个名称。

一、《释草》

《释草》解释草本植物的名称，共200条，236个名称。原书没有分细类，编排散乱，我们可以把它们分为粮食作物、菜蔬、野生植物、观赏植物等类。

粮食作物包括食用的、饲料用的、酿酒的。它们反映了上古时代我国粮食作物的主要品种，有粢、粟、豆、稌、麦诸类。粢(zī)即稷，俗称谷子，去壳为小米，是上古的主要食粮。根据品质的不同又区分多种名称，如穈（赤苗的上等谷子）、芑(qǐ，白苗的上等谷子)等。粟，其实也属谷类，即俗称黏谷子。秬(jù)，酿酒的黑黍。秠(pī)，一壳只有两粒米的低产作物。稌(tú)，即稻。荏菽，即大豆。蘥(yuè)，即燕麦，多作饲料。还有一种作物称为皇，生长于低湿田，成熟即脱籽，来年复生，产量很低。这些粮食作物，有的因产量低或品质差，后来被淘汰；传到现在仍在种植的作物，已经过长期培育，品种多已改良。现在种植的作物，有一些上古并没有，而是后来从域外引进的。

菜蔬之类作物的名称较多，反映上古粮食并不充裕，瓜、菜在人类食物中有重要分量。有些蔬菜从上古传到现在，如葵（萝卜）、蒟蒻（茭白）、芥、蒚（芥菜）、芹、蘉（苋菜）以及匏、瓞、瓟、钩（王瓜）等瓜类。有的已施行了人工栽培，如韭、葱、蒜。也有的不再食用。

观赏植物只记有荷花、蔷薇、兰,以及荭草、凌霄等花卉。

野生植物在本篇中占最大篇幅。在大自然中,野生植物何止万千种,人类至今也未能完全认识。本篇所训释的,都是因为和上古人们的生产和生活有较密切的关系,因而被认识。主要有三类:

一是可以在饥荒年月代替粮食食用的野菜,如蕑(jiàn,扫帚菜)、荼(苦菜)、茭(马蕲菜)、莱(茹菜)、薇(野豌豆)、拜(灰菜)、蕨等等,还有可作饲草(幼嫩时或可人食)的各种蒿类。

二是可以入药的,即药草,如薜(当归)、术(白术、苍术)、萑(益母草)、艾(针灸用)、莎(香附子)、芣苢(车前子)、苓(大苦)等等。

三是有实用价值的,如可作染料的菉(黄色染料)、芨(黑色染料)、茜(红色染料)、藐(紫色染料)、葴(制蓝靛)等等;可用于编织的黍蓬、莞(蒲草)等可编席、垫;苔草可编蓑衣、雨笠;薜(野麻)、芒可制绳索、草鞋;可用于建筑的如茅、狼尾草等可铺房顶。

古人经过长期观察和实践,逐步认识到一部分野生植物的特性及其使用价值,使用于生产和生活之中,于是产生了这些词语。

《释草》为研究我国农业史和古代植物学,以及了解上古时代人们的生活状况,提供了重要的资料。

二、《释木》

《释木》解释木本植物的名称80条、116个词语。自然界树木种类很多,古人认识到的这些,也都是与他们的生产和生活有密切关系的。主要有乔木、灌木、果木三类。

乔木包括落叶乔木和常绿乔木。落叶乔木有檟(楸)、桧、椴、杉、桐、枫、槐、栩(栎)、柞以及榆类、檀类、柳类。常绿乔木有柏、楠、栲(臭椿树)、柚、枞等等。这些大小乔木或可用为建筑材料,或可制作家具、器具、棺木和制作车辆,或其叶可饲蚕,或其实可食。

灌木如杞(枸杞)、芫、牛棘、常棣、枹、椴、檖(花椒树)等等,或可入药(常棣、枸杞、芫),或其实可食(檖)。

果木在本篇见名的有栩(茅栗树)、甘棠、柍(类似苹果)、朹(山楂树)、萝(山梨树)、楔(樱桃树)、桃、李、枣、梨、木瓜以及苦荼(茶树)等等。其中,桃、李、枣的品种较多,各有名称。

从这些名称可以看到,上古人们所认识的木本植物,主要是具有木材、药物、油料、干果、水果等经济价值的树木。几千年来,只是因为园艺的发展,水果有新的品种和品质有所改进,而其他树木没有大的变化。

三、《释虫》

《释虫》56条,记述昆虫名称81个,间或说明其特性。当时社会以农业生产为主,所以注意辨识危害农作物和林木的各种害虫,同时也注意辨识危害人体的害虫。这些记述说明当时的农业生产已经注意到防治虫害,农业科学具有初级水平。所辨识的农林作物害虫有螜(蝼蛄)、蛗(食稻花小飞虫)、蛣蜣(屎壳郎)、蝎虫(果木蠹虫)、蠰(桑树蠹虫)……以及各类蝗虫、螳螂、蛾、螟等等。所辨识的危害人体的害虫有蟦衡(蚰蜒)、蒺藜(蜈蚣)、蛭(蚂蟥)、土蜂以及螫人或蛀食衣物的各种毛虫等等。此外还辨识了各种习见的昆虫,如各种各样的蝉、蚁、蟋蟀、虰蛵(蜻蜓)、蜘蛛、蜉蝣等等。自然界昆虫种类很多,难以完全辨识,所以本篇最后一条又解释说:"有足谓之虫,无足谓之豸。"这就从形体特征上把昆虫分为两大类,后世便把"虫豸"二字作为昆虫的通称。

四、《释鱼》

《释鱼》是关于水生动物名称的解释和说明。全篇42条,编排大体分三个部分:前面是鱼类,中间部分是贝类和杂类,后面是两栖动物和爬行动物,共释名称75个。

限于上古时代人类渔猎的条件和范围,当时人们经过长期实践,只能辨识鱼类的一部分种类,如鲤、鳣、鲨(即鲇)、鳢(黑鱼)、鲩(草鱼)、鲨(一作魦,一种小鱼)、鳛(即泥鳅)、䰽(江豚)、鮤(刀鱼)、魢、鳌(鳗)、鰝(大虾)、鱝(虾),蚌螺类如蚌、螺、蜃(大蛤蜊)、珧(yáo,小蛤蜊)、蚶、蟹蜂(huá zé,蟹类)等等。两栖动物如蟾蜍(癞蛤蟆)、鲵(ní,娃娃鱼)。爬行动物如各种蜥蜴、各种蛇类以及鳖、龟等。

《释鱼》把两栖动物,尤其是把爬行动物这些非水生动物同水生动物的鱼归为一类,把孑孓(蚊的幼虫)也归入这一类,都是不科学的。

上古人们以龟甲占卜,把龟视为灵物,称为"神龟"、"宝龟",予以神化。

这里汇集了许多龟名,还有传说中能腾飞的"螣蛇",也都在这一类。这些都是受当时自然科学发展水平的限制,不能用现代动物学的分类标准来要求。

五、《释鸟》

《释鸟》是关于禽鸟类动物名称的解释,79条,118个名称,其中一部分说明其形体或习性。

篇中说明区别禽和兽的形体特征:"二足而羽谓之禽,四足而毛谓之兽。"如何分别禽的雌雄呢?篇中也说明区别雌雄的形体特征:"以翼右掩左,雄;左掩右,雌。"这两条说明抓住了最突出的特征,一目了然。

上古所辨识的禽鸟,所属范围很广,有鹰雁类、枭类、水鸟类、燕雀类,以及雉、鹅、鸭类。鹰雁类如鹰、雁、鷣(yín,鹞)、鹯(zhān,鹰类猛禽)、鸧(灰鹤)等等。枭类如鸱、茅鸱、怪鸱、鸮(yù)、狂等猫头鹰属。水鸟类如鷅(lì,天狗)、鹈(tí)、爰居(大海鸟)、鹭鹚、鹞(yāo,鱼鹰)等,其中大多可用于捕鱼。燕雀类如燕、鹊、鹡(小黄雀)、鹬(yù,翠雀)、仓庚(黄莺)、鸤鸠(布谷)、鹌鹑以及各种鸦属。雉(野鸡)是受喜爱的野味,是猎人普遍的狩猎对象,就其体型、色彩和活动范围,有十余种细致区别的名称。舒雁(鹅)、凫(野鸭)与雉归为同类,因为鹅、鸭不属于六畜之一,当时还没有普遍饲养,所以不属于家禽。

另外,蝙蝠、鼯(wú)鼠本来都属于哺乳动物,只因为它们能飞行,所以古人误认为是鸟类,也编入这一类。

六、《释兽》

《释兽》解释各种兽类的名称63条,102个名称,分寓属、鼠属、齸属、须属四类,其中除鼠类一条一个鼠名,其余大多就某兽的雌雄长幼说明其不同名称,或其形体特征和特性,如"黑如熊,黄白文(花纹)","狒狒,如人,被(披)发,迅走,食人"。

"寓属"的"寓",本意是寄寓或寓居于木上,这里引申为寓居于土木之上而区别于鸟禽类的一般野兽。所释的有麋、鹿、麇(獐)、麝、狼、兔、虎、貘(白豹)、麂、熊、罴、狻猊(狮)、羱(高原野羊)、兕(sì,独角野牛)、羚羊、犀牛、玃、猬、狐、豹、狒狒、猩猩、各种各色猿猴,以及传说中的貘貐(yà yǔ)、麒麟等等。《尔雅》把六畜之一的豕(猪)也收在这一类,当是误收。

第九讲 《尔雅》　　313

"鼠属"13条举出13种鼠名,反映了上古人类对害鼠(如各种鼹鼠、田鼠、家鼠、松鼠,以及可利用其皮毛的鼬鼠等等)已有较细的辨别和认识。

"齸属"解释反刍动物。"齸(yì)"是反刍动物反刍的称谓,这里提出牛、羊、麋鹿。它们的反刍有不同的名称。鸟、猿猴虽然喉下或颊内有装贮食物之处,却不是反刍动物,《尔雅》误归为一类。

"须属"的"须",指休息或喘息的动作,这一部分的各条,是说明人、兽、鱼、鸟休息或喘息动作的,并非解释动物名称。《尔雅》把"齸属"、"须属"作为与"寓属"、"鼠属"同列的两类,在体例上很不一致。

七、《释畜》

《释畜》是关于各种家畜名称、形体特征和习性的说明解释,分马属、牛属、羊属、狗属、鸡属、六畜诸类,共47条、95个名称。

"马属"的内容最多。古人非常重视马,因为它是出行代步、驾车、运输所需的重要交通工具,又为宗庙祭祀、战事、田猎所不可缺少,因而对马的辨识和区分较细,能够根据马的产地、形体、毛色、牡牝、长幼、壮健、足力、习性等各有专名,甚至按照其躯体各部位毛色细加区分。这样细的区分,是根据当时的实际需要,古人讲究不同的用途注意选择不同的马匹,不得不细分。其中尤其重在解释良马,有的还说明其特长,如"騋,善升甗(登山)","駥,绝有力"等等。

"牛属"的体例同"马属",按照牛的长幼、大小、毛色、角状等形体特征,释牛名和有关名称16个。其中的犦牛、犩牛是野牛。古人利用牛犁地、拉车,这两种野牛,前者健步,后者高大体重。把它们归入畜类,表明当时已经注意并且进行了某些野牛的驯养。

"羊属"的体例同上,释各种羊的名称9个。古时"羊"字泛指白羊,其公羊称羒,母羊称牂。黑羊的名称是夏羊,其公羊称羭(yú),母羊称羖(gǔ)。羊腹下毛黄的称羳(fán)。幼羊称羜(zhù)。

"狗属"释狗名8个,其中有大狗、小狗和形体不同的狗。古代又把大狗称为犬,小狗称为狗,但有时"犬"、"狗"二字又通用,而细分时又各有名称。如"未成毫"(未长毛)的称"狗",一胎三仔的狗仔称猣(zōng),一胎二仔的狗仔称师,一胎一仔的狗仔称玂(qí),猎犬长嘴的称猃(xiǎn),短嘴的称猲獢

(xiē xiāo)，多毛狗称尨(máng)。

"鸡属"只说明一种大鸡名蜀，其子名雓，鸡雏名鶆(liàn)，强健有力的名奋。

"六畜"，指当时人们饲养的马、牛、羊、豕、狗、鸡六种家畜和家禽。豕，即猪，前面已误编入兽类。这一部分只说明六畜中体躯特别高大者的名称，如体高八尺的马为駥，体高七尺的牛为犉(chún)，体高六尺的羊为羬，体高五尺的猪为豜，体高四尺的狗为獒(áo)，体高三尺的鸡为鶤(kūn)。自古以来，历代各地度制不同，这里所谓的"一尺"，其实际长度不等于现在的一尺。以上尺数，只能作为比较数来看。

以上植物动物类的名称，不但记录了古人对自然界植物和动物的认识，反映了上古植物学和动物学的发展水平，也使我们对当时的植物、动物的状况有所了解。孔子说："小子何莫学夫诗？诗可以兴，可以观，可以群，可以怨。迩之事父，远之事君，多识于鸟兽草木之名。"(《论语·阳货》)《尔雅》所解释的词语，除了许多是《诗经》上的，还有许多是其他古籍上的，或未载于经传的各地方言俗语，其数量远较《诗经》为多，因而所能起的"多识于鸟兽草木之名"的作用更大了。

综合《尔雅》全书以上五大类，19篇，1064条，汇集3115个词语。就这个数量来说，算得上是上古时代的一部词典式的巨著。其中，第一类非名物词语173条，计1593个单词和复词，可以说是一般词语词典；其余四类是名物词语，计891条，释各类名物词语1525个，就其范围之广，完全可以说是百科名词词典。

第三节 《尔雅》的体例和训诂方法

作为我国古代最早的一部训诂汇编，《尔雅》的体例和训诂方法，对中国后世的训诂学和词书编纂学，都有深远的影响。

《尔雅》的编纂宗旨，是"释古今之异言"，"通方俗之殊语"。这就是说，由于古今语言词汇音义的变化，用今言解释古语；由于各地方言俗语不同，用通行语释方言。现代的古汉语词典和方言词典,分别体现这两项宗旨。现代的综合词典,除了以今语、通语释古语、方言,还训释常用词语和古今通语,则收词范围较广、词语较为完备,但是,《尔雅》所开创的编纂宗旨,仍然是最基本的。除了特殊目的外,谁会去翻检词典查常用语词呢?所以《尔雅》的编纂宗旨,体现了人们对辞书的最普遍、最基本的需要。

《尔雅》是先秦训诂材料的汇编(西汉又有所增加),把1000多条、3000多个词语的训诂材料汇编在一起,其编排体例采用分类法,以便于检索。它把所收词语分为两大类,大类中再分小类,有的小类再分目,大体上井然有序。这样把众多材料分类组织的方法,也为后世所取。

《尔雅》训释一般词语的编排体制是先单词(《释诂》、《释言》),后复词(《释训》)。现代的词典仍仿行这种体例。训释名物词语的编排体制是以物分类,即把性质相近的事物编为一类,然后逐类分条训释;同一大类又可分为若干小类,根据需要也可再分目,这样眉目清楚,检索方便。现代许多百科全书、汇编,都继承这种按内容分类编组的体例。《辞海》按学科分册出版时,也用这种体例。

《尔雅》训释词语是用义训的方式。所谓义训,是以词语在语言中实际使用的意义直接解释词义,不从字形结构或字的音义关系上去分析推论,而以通语、常语去解释不易知的文言、古语或方言俗语。这是我国后来一般解释古书词语的字书、辞书所通用的方式。义训解释的具体方法很多,《尔雅》主要使用了以下方法:

一、直训,即直接用一个单词解释一个单词,如:"肇,始也。""干,求也。""揆,度也。"被释词在前,释词在后。也可以被释词在后,释词在前,如:"大波为澜,小波为沦。"

二、同训,即把一组同义词汇集起来用一个常用的词语来解释,如上举《释诂》诸例,被释词是古语词,释词是当代语词。这样除了能达到训义的目的,又便于掌握和比较同义词。

三、递训,即为了说明词义,几个词辗转相训。如:"速,征也;征,召也。"速,是招致的意思,也可引申为召集、邀请,用"征"来训释还不够明白,所以又训"征,召也","速"是征召的意思就清楚了。又如:"苺苢,马舄;马舄,车前。"芣苢是古语词,用俗语马舄来训释,用这个俗语词怕不完全为人们了解,所以又用药草名"车前"再作训释,芣苢的训义就完全清楚了。递训就是对训释词再作训释,以求准确地表明被训释词词义。

四、分训,即对多义字的训释,或分条分别说明它们的意义,或在同条中分别列几个义项,见前文关于"同文训异之例"所举诸例。

五、互训,即意义相同的语词互相训释,也就是用甲释乙,又用乙释甲,如:"亮,右也。右,亮也。"

六、义界,即用一句话或几句话对所释语词的意义作出概括的界说。使用义界有四种情况:一是被释古语词或方言语词找不到相当的今语或通语来对释,只能对其意义作概括解释,如:"日出而风为暴。""禘,大祭也。"二是被释词为专名词或基本语词,无法用别的单词对释,只能对其含义作具体说明,如:"女子子(女儿)之夫曰婿。""子之子为孙。"三是对被释的名物的形象或特性作具体的描述,如:"蝟,毛刺。""狒狒,如人,被发,迅走,食人。"又如"九州",则将九州名称及位置逐一说明。四是对某些语词的历代沿革作解释,或对成语和语句作解释,如:"载,岁也;夏曰岁,商曰祀,周曰年,唐虞曰载。""如切如磋,道学也。如琢如磨,自修也。"

《尔雅》还运用了以共名释别名、以学名释俗名的训诂方法。如:"蚍蜉,大螘(蚁)。小者螘。蚕,蚍螘。蟓,飞螘。""蚁"是蚂蚁类的共名,蚍蜉是大蚂蚁,蚕是大红蚂蚁,蟓是带翅的蚁。这样因类求义,相当清楚。又如:"茨,蒺藜。荼,苦菜。"茨、荼是学名,蒺藜、苦菜是俗名,这样不仅是以俗名释学名,也起到俗名、学名互释的作用。

在《尔雅》中被释的语词有单词、复词,也有四字的成语和古籍中难懂的语句。成语和语句大多出自《诗经》。我国词典把成语作为词条,也始自《尔雅》。

综上所述,《尔雅》的训诂方法是多种多样的,大多被后世的训诂著作和字书、辞书所继承和发展。

《尔雅》又毕竟产生于公元三四百年前的上古时代,而且是第一部古代训诂资料汇编,必然受到当时自然科学和社会科学发展水平、汉语言文字发展水平以及人类思维科学发展水平的局限。因而,它的体例和训诂方法不可避免地还存在许多缺点。这些缺点表现为体例不够严密，分类和归类有不合理之处，有的训释方法不科学（如前举"训同义异之例"），由于是汇编不同时期的训诂资料，也有重复和释义前后相左乃至矛盾之处。它训释的内容，还没有展示出较完整的义类，训释所用词语大多较为笼统，或不确切，有的观点已经陈旧。这些，我们都不能用2300年后的今天的尺度来衡量。

第四节　《尔雅》的价值和使用

《尔雅》是中国上古时代第一部内容比较系统而完备的语词词典和小百科词典，在世界文化史上也是系统而完备的辞书开创性著作。

《尔雅》把先秦各个时期的训诂资料汇编在一起，其编纂目的就是解释文献中的语词和名物。汉代的语言文字已有很大的发展变化，先秦古籍中的许多语词艰涩难懂，许多名物更难辨识，而读经、通经是当时全国文化教育的主要内容，迫切需要学习先秦经籍的训诂书。适应这个社会需要，当时出现了一批儒家经书的训诂著作，然而都是解释一部经书，随文释义，而且都是今文经学，侧重于阐发各该经书中的"微言大义"，并不注重词语文字的训释。因而，《尔雅》这样一部比较全面而系统地汇释古词古义和名物的词典，其作用是任何一部经书的训诂书所不能代替的。当时也已经有了《苍颉篇》[①]、《急就篇》[②]之类的字书，但只是介绍秦小篆文字的，并不具有解释词义和百科词典的性质和作用。因此，《尔雅》便成为汉代士人读经、通纪的最重要的工具书。以后，《尔雅》又被列为经书，其影响更大。如前面的引述，它被视为"训故之渊海，五经之梯航"；"六籍之户牖，学者之要津"。直到清代，学者们仍然推崇它："夫六经皆以明道，未有不通训故而能知道者。欲穷六经之旨，必自《尔雅》始。"（钱大昕《潜研堂文集·与晦之论〈尔雅书〉》）以

[①] 《苍颉》七章，李斯撰；《爰历》六章，赵高撰；《博学》七章，胡毋敬撰。它们是秦统一文字之后介绍小篆楷范的字书。汉代合此三书为一，断六十字为一章，统称为《苍颉篇》，凡55章，3300字。

[②] 《急就篇》，西汉元帝时史游作，原为蒙童识字课本，2000余字，也可作字书用。

上评语,把《尔雅》在古代的价值说得很清楚了。

在现代,它仍然是我们研读先秦古籍的最原始的训诂资料。但它对我们的价值,不仅仅在于帮助我们阅读先秦古籍,还可以更为广泛地利用于语言学、历史学、辞书学的各个研究领域。

首先,就语言学而言。

《尔雅》汇集了大量上古汉语语词汇,全书被释词 3150 个,加上解释词中的词语,共 4148 个,比较完整地反映了上古汉语词的基本面貌。这对我们研究汉语史,了解上古汉语词汇概况,具有重要的意义。略举数例:

一、从这些语词可以帮助我们认识古代词汇发展的规律。如《释亲》中所载上古"甥"的称谓:姑之子、舅之子、妻之兄弟、姊妹之夫都称为"甥";《释兽》、《释畜》中所载上古"狗"的称谓:虎、牛、犬的幼子都称为"狗",马的幼子称"驹",羊的幼子称"羔",而"驹"、"羔"二字也是"狗"字的音变。可见在汉语词汇发展的初期,词汇的意义偏于综合,统称较多。随着思维的细密,则趋向分化,分化出不同的名称,如"甥"一词分化出表兄弟、内兄内弟、姊夫妹夫;"狗"一词分化出崽、犊、驹、羔等。当双音节合成词大量产生,改用词素组合来区别近似事物,词汇的发展又趋综合,如鼩鼠、鼸鼠、鼷鼠、鼬鼠、鼫鼠……十二个鼠名,都是由同一词根组成的合成词,所表示的意义则趋向精确。从笼统趋向细密,由综合趋向分化,再趋向新的综合,这是《尔雅》所能显示的汉语词汇发展的规律,从中我们也可以总结出字源和合成词构成的理论。

二、通过《尔雅》训释的词义,我们可以了解许多词语的古义,弄清相当一部分古今词义的区别。如:"台、余、予,我也。"余、予、我,都是第一人称代词,在现代是容易理解的,"台"字的古今意义就不同了。"台"古音 yí,和余、予声近,是余、予的方言变体。又如:"务、骛,强也。""强"是竭力、尽力的意思,"务"意为勉力从事,"骛"是"务"的同声字。在上古文献里,同声字多通用,明白了同声通用之例,就能够解决类似的许多问题。《尔雅》训"祖"为"始也",《尚书·舜典》有"黎明阻饥",《小雅·六月》有"徂署","阻"和"徂"都和"祖"同声,明白了同声通用之例,《尚书》和《小雅》这两句就能确切理解了。《尔雅》又训"席"为"大也",在现代汉语里这个字当名词席子讲,"席卷"

的"席"也是名词用作动词,而《郑风·缁衣》"缁衣之席兮"句中就是当"大"讲的,这是取其形状有"大"的意思,即取引申义。明白了引申取义之例,也能解决许多问题。《尔雅》释词数量多,有的语词还是从氏族社会时代遗留下来的,比较词义的变化,可以增长知识,提高语言能力。

三、《尔雅》可以帮助我们辨析、比较古籍中的同义词。严格地说,意义完全相同的同义词是没有的,词汇学所谓的同义词,实际是指意义大致相同的近义词。《尔雅》收进的同义词,实际包括等义、近义以及引申义和假借义。一组同义词,同中有异,在使用上各有所宜,不能不加区别,某些词可以通用,某些词义只适宜于某些具体的语言环境。《尔雅》没有在这一方面作具体解释,它主要的贡献是列出了最早的同义词表。

其次,就社会历史学而言。

《尔雅》有16篇是训释各类名物的,以物分类,从人文关系到天文地理,从建筑器物到动植物,类属众多。除了阅读古书遇有不懂的名物语词检索求解,如果通读一遍,又可增加对古代社会和自然状况的了解。

在社会状况方面,它们反映了由氏族社会发展而来的宗法社会的人文关系。以男性血缘关系结成庞大的宗族,严分嫡庶,男尊女卑,通过嫡长子继承制和血统远近而建立起宗法秩序,又通过内外姻亲关系把有关宗族相联系。《释亲》还保留着母系氏族社会的遗迹,如前面举的"甥",本义为异姓所生,指他们都可来与本族女子通婚。男子谓姊妹之子为"出",也同是母系社会婚姻形式的遗迹,因为实行族外婚,姊妹之子必须离开本氏族到外氏族婚配,所以称为"出";到父系社会,姊妹本人已经嫁到外氏族,她们的儿子属于外姓血缘,所以"出"这个名称便为"甥"所代替。古人只强调男性血统,不准本姓通婚,不知道表兄妹是近亲结婚也有害。又如,从祭礼、出行、服饰等等可以看到王权、各级贵族和庶民的严格等级;从政治地理可以了解当时的行政区域;从其他各种名物可以大致了解当时人们的物质生活和生活状况。

在自然状况方面,有关天文气象、自然地理、经济地理、农牧业以及各种动植物的名称及其义界,反映了上古人们经过长期观察和实践所总结的知识,表现了各门类自然科学所达到的水平。虽然这些认识尚处于科学发展的早期阶段,而其中不乏重要的科学发现。我们也可以看到自然界处于不断的发展变化中,河流改道,山岭改观,沧海桑田,生生灭灭,人类对自然的认识也不断深化和发展。这些为我们研究我国各个门类的科学史,如天文学史、水利史、农业史、植物学史和动物学史等等,提供了重要的上古资料。

再次,就辞书编纂学而言。

《尔雅》已经具备了词语词典和小百科词典的雏型,如前所述,它提供的编纂体例和训诂方法,一直为后世所继承和发展,并且发展得更加灵活、科学、精确。

第五节 《尔雅》的注疏和"群雅"

《尔雅》虽然是用今语、通语释古语、方言俗语,可是当时的"今语"和"通语",有许多词语在后世又成为古语,和现代汉语已有很大的差别,不易为现代读者所完全了解。所以,阅读和使用《尔雅》,必须依靠许多古人和近人的注疏。

主要注疏本

从汉代到近代,《尔雅》的注疏,据《中国丛书综录》所收书目,达百种以上。在东汉时代已经有《尔雅》多种注本,但早已亡佚,只在其他古籍中还保留着被征引的片段。清人曾把这些片段辑录成册,如黄奭《尔雅古义》(见《汉学堂经解》)、马国翰《经编尔雅类》(见《玉函山房辑佚书》)、臧镛堂《尔雅汉注》(见《问经堂丛书》),但只能见其鳞爪,难窥全貌。

现存最早的《尔雅》注本是东晋郭璞的《尔雅注》。郭璞是东晋初年著名的语言文字学家和博物学家,以十八年的时间博访周谘,荟萃众说,完成《尔雅》全书注释。南朝陈代学者陆德明又为郭注作了音义,兼采诸家训诂,考校各本异同,完成《经典释文》卷二十九至三十的《尔雅音义》。北宋初年邢昺等人又为郭注作疏,其体例谨严,多方引证,有较高学术价值,即后来收于《十三经注疏》本中的《尔雅注疏》,题名晋郭璞注、宋邢昺疏,为当今通行本。

清代考据学和语言文字学兴盛，《尔雅》属于小学，对它研究和注疏的著述颇多。其中两种主要的著述，是邵晋涵的《尔雅正义》和郝懿行的《尔雅义疏》，二书均收于《清经解》。邵著的主要贡献是校正文字，采录旧注，以古书证《尔雅》，补郭注之不足。郝著内容丰富，是所有《尔雅》注本中最为详赡的一部，其中最出色的是据目检验考释名物，也以实事求是的科学批判精神和对生物现象的实地考察，廓清历代相传的一些谬说，尤其对草木虫鱼的说明大多翔实，超过以往注释；当然也难免有察物未精和释义不中肯綮之处。他"以声音贯串训诂"的努力，成绩不大而疏误较多，在其他方面则瑕瑜互见，得失相参。王念孙有《尔雅郝注刊误》一卷（见《殷礼在斯堂丛书》），可作读郝著的参考。今人徐朝华著《尔雅今注》，简明扼要，深入浅出，博采众长，汲取现代科研成果，较旧注有所提高。

"群雅"

自汉以来，陆续出现了许多仿《尔雅》体制，作《尔雅》续编、广编的著作，统称"群雅"。据《中国丛书综录》所收书目，约有百种以上。

明以前的"群雅"著作，明人毕效钦和郎奎金先后辑有"五雅"，毕辑本为《尔雅》、《释名》、《广雅》、《埤雅》、《尔雅翼》；郎辑本则将《尔雅翼》换为《小尔雅》。它们可作为明代以前"群雅"中的重要著作，简介于下：

一、《小尔雅》，旧题汉孔鲋撰。本书为增广《尔雅》而作，共一卷十三篇：广诂、广言、广训、广义、广名、广服、广器、广物、广鸟、广兽、度、量、衡。晋人李轨有《小尔雅解》，清人宋翔凤有《小尔雅训纂》，胡承珙有《小尔雅疏证》等。

二、《释名》，东汉刘熙撰，全书二十七篇（类），体制与《尔雅》大致相同，但解释的词类较为广泛，训释的内容略详，解释语词的由来和意义，并且大部分采用同声同训，即"音训"。它是"音训"的创始之作。继《尔雅》之后，它又解释了东汉以前的许多制度名物，有助于阅读汉代文献。清人毕沅有《释名疏证》。

三、《广雅》，魏张揖撰，也为增广《尔雅》而作。篇目与《尔雅》完全相同，可以说是《尔雅》的补充本和修订本。它一方面补充了古代经典和通行著作里的名物词类，一方面又考释了当时八方方言和庶物易名，还增加了许多新字新词，反映了汉魏时期我国语言文字的概况，在我国语言文字史和训诂史上有较高的地位。清人王念孙以十年工夫著《广雅疏证》，是清代汉学家整理古字书的名著。王著对《广雅》版本进行校勘，补正文字讹脱，又就古音以求古义，考正旧说，发明前训，修订了《广雅》中的误说，是研究《广雅》的最好注疏本；后又写成《广雅疏证补正》作为补充本。此外，钱大昭等还著有《广雅释义》等书。

四、《埤雅》，北宋陆佃撰，也是《尔雅》的补充本，"埤（pí）"，就是增加的意思。本书所增释的都是名物，计释鱼、兽、鸟、虫、马、木、草、天共八篇二十卷，训释内容除说明所释对象的形体特征，也常常解释其名称由来。虽然有时流于穿凿附会，但全书征引广泛，保存了许多有价值的资料。

五、《尔雅翼》，南宋罗愿撰。"翼"是辅翼的意思，本书也是《尔雅》的补充本。全书专释草、木、鸟、兽、虫、鱼，共六篇三十二卷。本书特点是考证较精，体例较严，每卷卷末附有元人洪焱所作"音释"。

明人的"群雅"著作中，影响较大的有朱谋㙔撰的《骈雅》、方以智撰的《通雅》。《骈雅》专收双音词，是我们第一部联绵词典。《通雅》的内容大多已超出《尔雅》的范围，近似百科事典的性质，但分目细密，解释较详，考证较精核，有一定参考价值。

清人的"群雅"著作中，影响较大的有《别雅》、《比雅》、《拾雅》、《叠雅》、《支雅》、《选雅》等等。

《别雅》，吴玉搢撰。内容是将假借字依韵编录，一一注明出处，并为之辨证。

《比雅》，洪亮吉撰。内容是征引经史传注和见于其他古籍的训诂，仿《尔雅》体例编排。因为所采训诂多用两两对比的形式，所以名为《比雅》，对研究古汉语中的同义词和反义词，提供了不少资料。

《拾雅》，夏味堂撰。"拾雅"就是拾《尔雅》之遗的意思，篇目同于《尔雅》。

《叠雅》，史梦兰撰。内容是收集古书中的叠字词，按《尔雅·释训》的体例条例,标明出处,加以疏证,间或注音。

《支雅》,刘灿撰。"支雅"就是《尔雅》支派的意思,内容是解释《尔雅》未收的一些制度名物,如释人、释宫、释礼、释兵等。

《说雅》,朱骏声撰,附于《说文通训定声》书后。"说"指《说文》,这个名称的意思是把《说文》所收的字按《尔雅》的体例和篇目编排成书。

《选雅》,程先甲撰。"选"指《文选》,按《尔雅》体例和篇目将《文选》李善注的训诂编排起来。

以上清人这些"群雅"之书,各有短长。

对《尔雅》的研究和注疏,《尔雅》的续编和仿《尔雅》体例的著作,以及对"群雅"的研究和注疏,统称为"雅学"。从汉代迄于现代,"雅学"有两千年的长远历史,有内容相当丰富的著述,对汉语言文字学的发展,作出了重要的贡献。

推荐阅读书目:

- 《尔雅注疏》 晋郭璞注,宋邢昺疏,《十三经注疏》通行本。
- 《尔雅义疏》 清郝懿行撰,《清经解》本。
- 《尔雅郝注刊误》 清王念孙撰,《殷礼在斯堂丛书》本。
- 《尔雅导读》 顾廷龙、王世伟著,巴蜀书社 1990 年本。
- 《尔雅今注》 徐朝华注,南开大学出版社 1987 年本。
- 《小学考》 清谢启昆撰,台湾艺文印书馆 1974 年本。
- 《重印〈雅学考〉跋》 周祖谟著,《问学集》下册,中华书局 1981 年本。

第十讲

《孟子》

《孟子》一书是战国时期孟轲与其弟子和同时代人的谈话记录。全书七篇：《梁惠王》、《公孙丑》、《滕文公》、《离娄》、《万章》、《告子》、《尽心》。后汉赵岐作《孟子章句》，把每篇分为上、下，则为七篇十四卷，相传至今。

在战国时期，孟子是孔子之后儒家各学派之中最大学派的代表，自称是孔子的嫡派，在当时有重大的社会影响，《孟子》一书被列为诸子之冠。秦始皇镇压儒家，其主要锋芒是对向孟子学派。在汉代，《孟子》和《论语》都被当作重要的"传记"，一度立《孟子》博士，有章句流传。《孟子》特别受到推崇，始于唐代韩愈提倡复兴儒学，表彰孟子是孔子"道统"的唯一继承者。宋代儒家学者或发挥孟子的政治学说，或发挥孟子的哲学学说，以继承孔孟"道统"为己任。他们都推崇《孟子》一书，把它列为十三经之一，确定为儒家的正式经典。朱熹又把《孟子》和《论语》、《大学》、《中庸》合编为"四书"。"四书"是封建科举考试出题的依据，在明、清两代是读书人必须背诵的教科书。孟子被尊为"亚圣"，《孟子》也就成了"圣经"。

孟子的思想学说在中国民族文化传统中有重要的地位，产生过深远的影响。我们研究中国的政治思想史、哲学史和教育思想史，以及研究散文史，都必须研读《孟子》。

第一节　孟子其人其书

孟子是孔子嫡孙子思的再传弟子。

过去有的学者说孟轲受业于子思,这个说法不对。孔子死后约百余年,孟轲才出生;孔子70岁时,其子伯鱼死,伯鱼活50岁,30多岁生子思,子思活62岁,死后三十余年孟轲才出生;假定子思活82岁,也是死后十余年孟轲才出生。又有的学者说,孟轲是受业于子思的儿子子正;这个说法仍然不对。子正活47岁,据上述时间推算,也做不了孟子的老师。这些学者所以提出这些说法,无非是要证明孟子是孔子的嫡派传人。其实,孟子自己就谈过这个问题,他在《离娄下》中说:"予未得为孔子之徒也,予私淑诸人也。"所谓"私淑",就是未能亲自受业,但敬仰其学术并尊之为师。孔孟的关系,我们只能从学术渊源上来看。

在战国时期,儒家是受孔门之学的人的统称。孔子死后,其弟子多人传授孔门之学,当时没有公开出版物,只能依靠竹简和口耳相传,传授者各有自己的解说和发挥,所以儒家化分为八派,其中子思学派是孔子嫡传的一派,影响也较大。《中庸》据说是子思的著作,虽难确证,但至少可以代表子思学派思想学说的精华。《孟子》一书与《中庸》思想一致,连部分文字都是相同的,可以证明孟子思想与子思学派同出一脉,世称"思孟学派"。子思的影响远远比不上孟子,孟子成为思孟学派的最大代表,后来又简称"孟子学派"。所以,可以说孟子是子思的再传弟子,是儒家正统学派的继承人。

孟子生平

孟子名轲,表字无传[①],约生卒于公元前372年至前289年,或公元前

[①] 司马迁《史记》、东汉赵岐《孟子题辞》均曰孟轲表字无传,魏晋王肃《圣证论》引《孔丛子》则曰孟子字子车、子舆,但《孔丛子》是王肃所作伪书,其说极不可靠。清焦循曰:"马迁不知,赵岐不知,王肃何以知之?"

385 年至前 304 年。对孟子的生卒年，古人和近人都作过不少考证，迄难确定，以从前说者较多。这个时代正在战国中期。

孟轲是鲁贵族孟孙氏之后。孟孙、叔孙、季孙三氏同为鲁桓公之庶子，称三桓。孟孙嫡系称孟孙氏，其余支子改称孟氏。春秋以后，三桓子孙衰微，孟轲的祖上由鲁迁邹（今山东省邹县），孟子即为邹人。他出世时，家境衰败，他是没落贵族的后裔。

孟轲的生平，与他的太老师孔子有许多相似之处，都经历读书、游历、教书的三部曲。不同的是，比起他的太老师来，孟轲要幸运得多。青少年时代是读书求学的时代，他受到良好的家庭教育。《韩诗外传》、《列女传》载有"孟母择邻三迁"、"断机教子"的传说故事，说明良母对他的教育所费的孤诣苦心。他自幼受到良好的家庭教育，又从子思的再传弟子受业，师承儒家正统学派。他先学习，后教书，中年以后游历各国时，已经很有名气，就其本人的身份而言，他属于战国时期的"士"这个阶层中的上层分子，即知识分子中有威望、有影响的人物。

孟子在中年之后，以儒学大师的身份游历各国近 20 年。他游历时，后车数十乘，随从数百人，怀着推行王道政治的抱负，游说诸侯。在这 20 年中，一度在楚为卿，住了五六年，齐宣王要给他一年万钟粟（一钟六石四斗）的待遇，让他办学，但始终不采用他的政治主张，只想拿他当招牌。孟子说，"礼貌未衰，言弗行也"，便走了。孟子这样奔波了 20 年，到处都是由国王以礼相待，却无人实行他的政治理论，连小国宋国都赠黄金七十镒（一镒二十四两）、小国薛国也赠黄金五十镒，把他客客气气地送走。看起来，孟子的身价高、架子大、派头十足，比栖栖惶惶如丧家之犬的太老师孔子阔气多了。

从 65 岁起，孟子不再奔波。那时只有铁皮轱辘马车，老年的孟子已经禁不住长途颠簸，于是回到老家，以孔子为榜样，从事教学与著述，活到 84 岁。

孟子生前确实比孔子幸运。他在社会上享有盛名，是公认的儒学大师，孔门正宗学派的领袖人物，游历时列国以国宾相待，可谓声名显赫。但在政治上，他也是不得意的。满怀济世理想不能实行，不得不把理想寄托于办教育。终其一生，他是个思想家、教育家。

《孟子》的作者和篇数

关于《孟子》一书的作者问题,历来有三种意见。

一种意见说,《孟子》一书是孟轲自己作的,如东汉赵岐、南宋朱熹、明郝敬等都就《孟子》全书文章风格的一致性而作此论证;清阎若璩、魏源又进一步论证,认为《孟子》书中没有关于孟子容貌行动的叙述,与《论语》为弟子所记不同。

又一种意见相反,说《孟子》一书是孟轲死后由门人记述的,如唐韩愈、张籍,宋苏辙和清崔述等都如此认为。崔述说:《孟子》七篇中称门人为"子",若自著岂称门人为"子"?

再一种意见是根据《史记·孟子荀卿列传》的记述:"……退而与万章之徒序诗书,述仲尼之意,作《孟子》七篇。"认为是孟子和他的弟子一起把他的言论编为 7 篇,其中有口述、有手写,书成后孟子又作了订定润色;孟子死后,他的门人又作叙定。

多数学者认为《史记》的论述是可信的。但《孟子》原来究竟几篇,《史记》与《汉书》的记述又不同。《史记》记为 7 篇,《汉书·艺文志》则记为 11 篇,即除现在通行的 7 篇之外,还有《性善》、《文说》、《孝经》、《为政》4 篇。对这个问题,东汉赵岐作《孟子题辞》时,肯定外书 4 篇是伪作,他不予注解。这 4 篇因无人传授而渐渐亡佚。赵岐又将 7 篇各分为上、下,现在通行的《孟子》即为 7 篇 14 卷。

孟子的历史命运

孟子在他生活的时代,是在社会上享有盛名而在政治上并不得意的学者。由于他全面地继承并发展了孔子的学说,两千余年来,他身后的命运几次升降浮沉。

他逝世以后,继承他学说的弟子和再传弟子们形成了战国后期最大的孟子学派,孟子学说是当时的显学。秦始皇焚书坑儒,烧的是孟子学派用的书,杀的是孟派的儒生,几乎杀光了。这是一次极为沉重的打击。

汉开国之后,儒家经典和传记复出,《孟子》和《论语》都被作为重要的传记。但是汉代统治阶级更推崇孔子和《论语》,并没有特别推崇孟子和他的书。汉文帝时虽然一度立《孟子》博士,汉武帝罢黜百家,为了建立封建专制的统一帝国,最需要的是经董仲舒改造的神学化的经学,并不重视孟子的学说,所以又把《孟子》博士取消。到魏晋以后,孟子的地位仍一直和荀子并列。

孟子重新走红,是在唐代经韩愈推崇和表彰以后。韩愈提出儒家道统之说,认为尧、舜、禹、汤、文、武、周公之道传诸孔子,孔子之道传诸孟子,孟子是儒家道统的唯一继承者,"轲之死,不得其传也",韩愈自认为是孟子道统的继承人。韩愈是提倡复兴儒学的大师,他的表彰有很大影响。面对着社会的斗争激化,统治阶级开始认识到孟子学说对安定民生、稳定社会还是有用的,唐代末年开始把《孟子》一书视为儒家经典对待。

到了宋代,孟子学说适合重整纲常伦理、缓和社会矛盾的政治需要,王安石为进行变法革新而尊崇孟子,定《孟子》书为考试科目。他主要是推崇孟子的以民为本、重视民生的政治思想,作为进行政治经济改革的理论根据。从二程到朱熹的理学家们,则进一步发挥了孟子的心性天命之学,创立了理学思想体系。孟子经他们大加歌颂,地位日益提高,《孟子》一书编入十三经,朱熹又编入"四书"之中,并为之章句,从此《孟子》成为儒家正式经典,孔孟之道并称。元代学术是宋代经学的继续,孔孟并尊,文宗朝封谥孟子为"邹国亚圣公",地位仅次于"大成至圣文宣王"孔子,在孔庙配享。从此孟轲坐上了"亚圣"的交椅,成了儒家第二位祖师爷。

明初,孟轲一度又倒了霉。明太祖朱元璋不喜欢孟轲,他是利用农民暴动和农民战争而攫取皇冠的,需要对人民建立极端专制集权的封建统治,要求绝对的皇权和万世一系,对孟子学说的"民贵君轻"和"更易天命"的学说十分反感。他说:"这个老头如果活到现在,非严办他不可!"他下令把孟子的牌位搬出孔庙,又把《孟子》一书删去158处,有上述内容的文句统统删掉,连引用《尚书》的"时日曷丧,予与汝偕亡"也一同删掉,限定只准读删削后的《孟子节本》。朱元璋是个不学无术的统治者,后来经过文臣们的劝说,终于承认从封建统治的长治久安着眼，孟子的学说还是利大于弊，才把孟子的亡灵又搬回孔庙，《孟子》全书也恢复了原状，这出闹剧也就收了场。

从这出闹剧可以说明，孟子学说中包含着某些为专制暴君所反感的民主性的思想因素，因而明清两代尊崇的理学，着重强调纲常伦理和心性之学，并不强调孟子学说中那些最精华的成分。以后明清两代统治者对孟子也不断加封，封为"邹国公"，嫡裔世袭，故乡立庙，定"四书"为八股考试的依据，人人非读不可。和孔子一样，孟子也成了神圣的偶像。这是孟子身后的全盛时代。

"五四"运动"打倒孔家店"，孟子的偶像也一同被打倒，"孔孟之道"是长期批判的对象。近四十年大陆的孟子研究，主要是批判他的人性论，"万物皆备于我"、"劳心者治人"等理论，对孟子及其学说肯定的不多，主要是把他当作一个批判的靶子。这种情况一直延续到20世纪70年代。

新时期以来，对孟子进行科学的研究刚刚开始。在历史上，把他奉为"亚圣"，或对他泼满污秽，都是孟子生前所始料未及的，也都不是真实的孟子。我们的任务是恢复历史本来的面目，把孟子及其学说放在当时的历史条件下来研究，对他的学说全面地、实事求是地进行检验。

第二节　孟子的政治思想

孟子政治思想的核心是民本思想，他的政治纲领是仁政纲领，他的政治理想是王道理想。民本—仁政—王道，三位一体，是对孔子德治学说的继承、发展和完善。

民本思想

孟子的民本思想，是他的学说中至今仍闪耀光彩的部分。对现实阶级斗争的观察，对历史经验的总结和对孔子仁学传统的继承，是孟子民本思想的三个来源。

孟子生活在战争频繁的战国时代,这使孟子注意到民心向背的作用,认识到人民的拥护或反对,是政治成功或失败的决定性因素。

孟子注意总结历史经验。他赞成汤武革命,总结说:"桀纣之失天下也,失其民也;失其民者,失其心也。得天下有道,得其民,斯得天下矣。得其民有道,得其心,斯得民矣。"(《离娄上》)他又说:"诸侯之宝三:土地、人民、政事。"(《尽心下》)孟子所说的"民",以他提出的"制民之产"的纲领为证,主要指以自耕农、农奴为主体的广大民众,他反复申明这个真理:"得乎丘(众)民而为天子。"(《尽心下》)孟子的"民为邦本"的思想,是他整个政治思想的核心。

根据"民为邦本"的思想,孟子对君民关系确实提出新见解,发挥了"民贵君轻"的学说。他直截了当地说:"民为贵,社稷次之,君为轻。"(《尽心下》)齐宣王问孟子:"汤放桀,武王伐纣……臣弑其君,可乎?"孟子回答:"贼仁者,谓之贼;贼义者,谓之残;残贼之人,谓之一夫。闻诛一夫纣矣,未闻弑君也。"(《梁惠王下》)他把残害人民、不讲仁义的暴君称为独夫、民贼,认为人人皆可得而诛之,根本不存在君臣伦理问题。

孟子把孔子的"明君贤臣"思想也作了进一步的深入发挥。他说:"君视臣如手足,则臣视君如腹心;君视臣如牛马,则臣视君如路人;君视臣如土芥,则臣视君如寇仇。"(《离娄下》)他认为,在君臣关系这一对矛盾中,矛盾的主要方面是君,所以不能单方面地要求臣民忠敬于君,而应着重对君提出严格的要求,这个要求就是君必须以民为邦本,尊重臣民的人格、希望和要求,为人民谋取福利,绝对不容许暴虐残民,杀戮无辜。大臣如何对待君王,也要依据这个标准。《万章下》记述这样一段对话:

> 齐宣王问卿,孟子曰:"王何卿之问也?"王曰:"卿不同乎?"曰:"不同,有贵戚之卿,有异姓之卿。"王曰:"请问贵戚之卿?"曰:"君有大过则谏,反复之而不听,则易位。"王勃然变乎色。曰:"王勿异也,王问臣,臣不敢不以正对。"王色定,然后请问异姓之卿。曰:"君有过则谏,反复之而不听,则去。"

当着齐宣王的面,孟子的对答够大胆的。他是说君王如果残贼人民,屡谏而不改,那么贵戚大臣可以另立君王,异姓大臣可以挂冠而去,拒绝为之服务。是否爱护人民,是孟子衡量君是否能够为君的重要标准。天下非一人之天下,唯有德者居之,如果暴虐害民,就是独夫、民贼,人人可得而诛之。这是孟子对"民贵君轻"思想最彻底的解释。

孟子的民本思想确实具有民主思想的因素,当然,用近代民主主义来衡量还有一段距离。近代民主主义的核心是主权在民,而孟子和孔子一样认为主权在天,是天命有德之君治民;近代民主主义是彻底反封建的,孟子并不否定封建制度,也不否定君权,而是要求由明君来实行开明的封建统治。但是,封建君王是封建阶级总代表,由这个阶级的本质所决定,只有依靠专制和暴力对人民进行压迫剥削才能维护其统治,所以孟子游历列国二十余年,到处游说诸侯,没有一个人采纳他的主张。

仁政纲领

孟子的仁政学说,是孔子"德治"思想的发展。怎样实行仁政呢?他提出保民、养民的具体纲领。

一、保民

孟子生活的战国时代,列国兼并,战争连绵,苛税徭役繁重。他目睹人民陷于水深火热之中,呼吁施行仁政,救人民于水火,解人民于倒悬。他以为民请命的姿态,在言论中,充满现实批判的精神。他当面批评梁惠王说:"庖有肥肉,厩有肥马,民有饥色,野有饿莩,此率兽而食人也!"(《梁惠王上》)他又当面批评邹穆公说:"凶年饥岁,君之民老弱转乎沟壑,壮者散而之四方者,几千人矣;而君之仓廪实,府库充,有司莫以告,是上慢而残下也。"(《梁惠王下》)他认为当时实行的是吃人的政治,结果会天下大乱,连统治阶级自身也不能够存在,因而,提出"保民而王,莫之能御也"的名言。孟子说的"保民",就是保护人民的意思,其主张一方面是要求"省刑罚薄赋敛",一方面是反对兼并战争。

关于"省刑罚薄赋敛",孟子和孔子的主张是一致的,都要求尽量减轻人民负担,而孟子说得更清楚,也更具体。他提出"取于民有制"(《滕文公上》),即剥削要有一定的限度,超过限度就要出乱子,为了保证这个"度",主张赋税有定制。他设想的制度,一是"什一税",即只从人民的生产收入中征取十分之一的税;二是"助而不税",即役、税征其一,即交了实物地租,不再负担力役地租;三是免征商业税,建议"不征商贾,不禁泽梁",他说:"市,廛而不征,法而不廛,则天下之商皆悦,而愿藏于其市矣;关,讥而不征,则天下之旅皆悦,而愿出于其路矣。"(《公孙丑上》)他认为免征商业税有利于促进物资流通,加速经济发展。

对于役政,他批评当时征用力役过于繁重:"民之憔悴于虐政,未有甚于此时也。"(《公孙丑上》)他主张:"有布缕之征,粟米之征,力役之征,君子用其一,缓其二;用其二而民有殍;用其三而父子离。"(《尽心下》)即使使用力役,既不可过重,又必须不违农时,"彼夺其民时,使不得耕耨以养其父母,父母冻饿,兄弟妻子离散"(《梁惠王上》)。他还主张减轻刑罚,而且实行"罪不孥",反对株连罪人的妻子儿女。所有这些,都是要求关心人民的生产和疾苦,减轻压迫和限制过分的剥削。

关于春秋以来诸侯之间的兼并战争,孟子提出一句有名的论断:"春秋无义战"。指出这些战争的性质是非正义的,持坚决反对的态度。在战国时期,列国兼并战争更加频繁、更加激烈,他认为这类战争的目的,只是战争的发动者在争夺土地和都市,驱使人民去流血卖命。他激愤地说:"争地以战,杀人盈野;争城以战,杀人盈城。此所谓率土地而食人肉,罪不容于死。故善战者,服上刑。"他认为对发动战争的战犯要处以最严厉的死刑。他甚至痛骂梁惠王:"不仁哉!梁惠王也!……以土地之故,糜烂其民而战之。"(《尽心下》)

现代有的学者说孟子不分辨正义战争与不正义战争而笼统地反对战争,这个批评不正确。孟子不是偃兵主义者。他说过:"仁者无敌于天下。""夫国君好仁,天下无敌。""得道者多助,失道者寡助。寡助之至,亲戚畔之;多助之至,天下顺之。"(《公孙丑下》)他希望有和平的环境使人民安居乐业,通过仁政使天下归心,却并不排斥用兵。他主张用兵要有原则:以仁伐不仁,"诛其君而吊其民"(《梁惠王下》),即后世流传的成语"吊民伐罪",合天

第十讲 《孟子》 333

意而顺民心,诛暴君而拯救人民。他推崇文王、武王发动战争是"一怒而安天下之民",他向齐宣王说:"今燕虐其民,王往而征之,民以为将拯己于水火之中也,箪食壶浆以迎王师。"(《梁惠王下》)可见孟子并不反对仁义之师,而且认为对这样的军队,人民如大旱之望云霓,必将得到人民的拥护,可以以小敌大,以弱敌强。这些至理名言,在现代革命战争中还为革命的人们所引用。

二、养民

孟子认为,施行仁政的中心是解决人民的生计问题,"养民",就是满足人民的生活需要,并尽量提高人民的生活水平;只有人民丰衣足食,才能实现国家的安定和进步。

在孟子所处的以农业经济为主的时代,解决民生问题,首要的是发展农业生产。孟子多次提出"不违农时",把它作为施政的最起码的条件。用以保证农民能够正常地从事生产。他认为,农民只要能够从事农林渔牧生产,就可以获得所需要的丰富的生活资源。他说:

> 不违农时,谷不可胜食也;数罟不入洿池,鱼鳖不可胜食也;斧斤以时入山林,材木不可胜用也;谷与鱼鳖不可胜食,材木不可胜用,是使民养生丧死无憾也,养生丧死无憾,王道之始也!(《梁惠王上》)

保证有劳动生产能力的人获得从事生产的条件,对于老弱孤苦者,孟子则主张养老。他在《梁惠王下》、《离娄上》、《尽心上》都推崇文王施行仁政先从养老着手:

> 老而无妻曰鳏,老而无夫曰寡,老而无子曰独,幼而无父曰孤,此四者天下之穷民而无告者,文王发政施仁,必先斯四者。(《梁惠王下》)
>
> 所谓西伯善养老者,制其田里,教之树畜,导其妻子,使养其老,五十非帛不暖,七十非肉不饱,不暖不饱,谓之冻馁,文王之民无冻馁之老者,此之谓也!(《尽心上》)

孟子认为:"诸侯有行文王之政者,七年之内必为政于天下。"(《离娄上》)

为了达到"养民"的目的,孟子认为必须保证农民获得足够的生产资料——土地,提出"制民之产"的具体主张。他所说的"制民之产",就是给人民以"恒产"(固定产业),使人民有一定的耕地和住宅。他向滕文公说:"有恒产者有恒心(思想稳定),无恒产者无恒心。苟无恒心,放辟邪侈,无不为矣。"所以,是否保证人民获得耕地和住宅,直接关系到社会的稳定与否。可是,由于当时战争频繁、土地被掠夺,大批农民丧失土地,流离失所,这是新兴地主阶级建立统治必须解决的问题,因此,他首先重视当时人民没有耕地或获得的耕地太少,不能满足家庭生活需要,从而陷于饥饿和死亡的苦难之中:

是故明君制民之产,必使仰足以事父母,俯足以畜妻子,乐岁终身饱,凶年免于死亡,然后驱而之善。故民之从之也轻。今也制民之产,仰不足以事父母,俯不足以畜妻子,乐岁终身苦,凶年不免于死亡,此惟救死而恐不赡,奚暇治礼义哉?(《梁惠王上》)

究竟应该如何"制民之产"呢?孟子提出他设计的方案:

五亩之宅,树之以桑,五十者可以衣帛矣。鸡豚狗彘之畜,无失其时,七十者可以食肉矣。百亩之田,勿夺其时,八口之家可以无饥矣。(《梁惠王上》)

五亩桑宅百亩田,加上蚕丝和家畜家禽,这幅自给自足的小农经济的理想图画,反映了小生产者的愿望和要求。孟子设计每户百亩田,对这百亩田的分配,他又提出"井田制"的方案:

方里而井,井九百亩,其中为公田,八家皆私百亩,同养公田,公事毕,然后敢治私事。(《滕文公上》)

所谓"井田制",本来是西周之事。由于文献散佚,现存文献并无记载。西周时的"井田制"究竟是怎么回事,现在还说不清。前几年有人说井田制是一种奴隶耕作制度,据此就批判孟子是要复辟西周奴隶制,孟子真是冤透了。孟子不过是托古改制,企图以这种方式解决农民负担的税役问题,"助而不税",能够适当减轻农民负担。其实连他这种改制方案也只是一种幻想,当政者并不肯采纳实行。

孟子的"养民"纲领,在封建社会是地主阶级不愿也不能实行的,但他把民生问题作为施政的中心,而解决民生问题首先在于保证人民占有生产资料以及能够正常地进行生产活动,这些思想是可取的。

三、教民

孔子的学生冉有曾经问孔子:在人民生活富足之后,又该做些什么呢? 孔子曰:"教之。"(《论语·子路》)孟子和孔子的思想是一致的,他把"富而后教"的思想阐述得更清楚。

孟子认为,人的本性都是善良的,只是因为生活贫困,才"放僻邪侈,无不为矣"。对于这样因生活环境所迫而作恶的人,"及陷乎罪,从而刑之,是罔(无)民也,焉有仁人在位,罔民而可为也?"(《梁惠王上》)把因贫困而犯罪的人都处刑,天下就没有人民了;没有人民,哪里还谈得到施行仁政呢? 所以必须首先改善人民的生活条件,然后施行教化,"谨庠序之教,申之以孝悌之义"(《梁惠王上》),使人民明礼义。所以孟子主张,对于人民因贫困犯罪,不应杀掉或严厉惩罚,而要重在教化,即注意预防犯罪;对人民养教结合,才是仁政。

孟子所说的"教民",是让人民人人懂得封建伦理道德(礼义)。人民的生活条件改善,又明白礼义,犯罪的人自然就很少了,社会就可以安定,国家就可以长治久安。因此,孟子认为教民比养民还重要。他说:

> 仁言不如仁声之入人深也,善政不如善教之得民也。善政,民畏之;善教,民爱之;善政得民财,善教得民心。(《尽心上》)

孟子主张的仁政，要求在改善民生的基础上兴办教育，推行教化，实现他的政治理想。

王道理想

孔子的最高政治纲领是天下为公、世界大同；但是孔子只描绘了一个动人的图画，并没有找到一条达到大同之路。孟子继而提出他设计的理想乐土，并且提出以王道作为实现之路。

孟子面临的是诸侯割据、列国纷争的政治局面，诸侯都想统一天下，他们用战争来互相吞并。孟子并不反对统一，但他反对用战争的兼并方式来实现统一，而主张以王道来实现统一。

孟子认为，世上有两种政治，一种是王道政治，一种是霸道政治。所谓"王道"，就是崇尚和推行仁政，以德服人，使天下人民都心悦诚服地归服；所谓"霸道"，就是依仗自己的实力，去征伐别的国家，来强迫别人服从，而以力服力，人民并不心服。孟子说，尧、舜、禹、汤、文、武、周公都是实行王道的，所以统一了天下；齐桓、晋文等春秋五霸及其追随者都是实行霸道的，他们只能危害人民，并不能如他们所想象的统一天下。齐宣王想效法齐桓、晋文称霸天下，问于孟子。孟子说：像齐这样的大国一共有九个，以一服八，等于以小敌大，是不可能取胜的，然而，"今王发政施仁，使天下仕者皆欲立于王之朝，耕者皆欲耕于王之野，商贾皆欲藏于王之市，行旅皆欲出于王之途，天下之欲疾其君者皆欲赴愬(诉)于王。其若是，孰能御之？"(《梁惠王上》)

孟子认为统一之本在于内行仁政，能够在本国以民为本，实行他那一套保民、养民、教民的纲领，建设成五亩桑宅、百亩耕田、丰衣足食、和乐安定、明礼仪、有教化的王道乐土，在这里，老吾老以及人之老，幼吾幼以及人之幼，壮年男女各有所用，老人不必劳动而能衣帛食肉，这样就能使天下臣民向往而归服；能够做到这样，"不王者，未之有也"(《梁惠王上》)。在《公孙丑上》他也发表了同样内容的讲话，同时又说："王不待大，汤以七十里，文王以百里。"统一天下的方法不在于国土之大小、甲兵之多寡，而要依靠推行王道，汤最初不过是七十里的小国，文王最初不过是百里的小国，但他们内行仁政，天下之民仰而归之，去无道而就有道，终于以仁义而王天下。所以孟子又说："不行王政（王道）云尔，苟行王政，四海之内皆举首而望之，欲以为君，齐楚虽大，何畏焉！"（《滕文公下》）像滕这样的小国，只要在国内推行仁政，也可以王天下，何惧虎视眈眈的大国呢。

孟子曾经反复说明：王道之始，在于从本国国内做起。以仁义治国，把人民的饥渴看成自己的饥渴，为人民谋利益，会得到人民的拥护，这就是王道政治；以严刑峻法统治人民，剥夺人民的衣食，行不义，杀无辜，以及依靠武力侵伐别国，就是霸道政治，人民深恶痛绝，结果必然众叛亲离。从这里，他又引申出"得道者多助，失道者寡助"（《公孙丑下》）这一千古名言。

孟子设计的王道乐土，不过是以小农经济为基础的乌托邦，在这个乌托邦之上建构的王道理想，也是不切实际的。他和孔子一样，也找不到一条到达大同之路。不过，他提出了"王"、"霸"两条政治路线，在中国长期封建社会曾经不断进行争论。一般说来，从先秦起，法家就是提倡以武力征服天下，以严刑峻法来统治人民而巩固政权的，《韩非子》说："君不仁，臣不忠，则不（不字衍）可以霸王矣！"认为严家无悍虏，慈母有败子，提倡仁义不足以止乱，只有法势才能治国。历代的统治者没有人肯真正地接受孟子的王道理论，大都是实行霸道，少数比较开明的统治者，也只是"王"、"霸"并用。

贤能政治

孟子把政治理想的实现寄托给当政者。他认为，君应该是爱民行仁的明君，臣应该是贤能的俊杰，由这样的君臣掌握政权，才可能施行仁政，执行王道路线。他说：

> 得乎丘（众）民而为天子，得乎天子而为诸侯，得乎诸侯而为大夫。（《尽心下》）

人民所拥护的人才能得到天命而做天子，如果他失去民心就可以撤换。这就是说，上天是根据民意来选命天子的，天意与民意是一致的，做君主的必须是仁德的明君。这是对君主的要求。

诸侯是由天子所选定的,大夫是由诸侯所选定的。对于君主来说,诸侯和大夫都是他的臣,对于诸侯来说,他是封国的国君,他的大夫又是他的臣。臣是君的辅翼,是各项政务的具体执行者,臣的好坏直接决定政治的成败。因此,孟子对孔子的"选贤与能"的思想十分重视,把这个问题作为推行仁政的组织保证问题,作了进一步的发挥。他说:

贤者在位,能者在职。……尊贤使能,俊杰在位,则天下之士皆悦而愿立于其朝矣。(《公孙丑上》)

孟子理想有一批贤能之士担任行政工作,按照一定的"规矩"行使政权:"规矩,方员之至也;圣人,人伦之至也。欲为君,尽君道,欲为臣,尽臣道。二者皆法尧舜而已矣。不以舜之所以事尧事君,不敬其君者也;不以尧之所以治民治民,贼其民者也。"(《离娄上》)孟子所说的"规矩",就是君臣各守其位,各尽其职,以尧、舜、禹、汤、文、武、周公为榜样来治民。孟子是主张"人治"的,他所说的贤才,有严格的政治思想标准,即奉行孔子之道。

在列国混战的战国时代,各国诸侯都以善于征伐、纵横为贤,重用以此来博取功名利禄之士。同时,百家争鸣,各个学派也都提出自己的学说,登上社会论坛,其代表人物也到处游说诸侯。孟子把他们称为"异端",进行激烈的批评:

圣王不作,诸侯放恣,处士横议,杨朱、墨翟之言盈天下;天下之言,不归杨,则归墨。杨氏为我,是无君也;墨氏兼爱,是无父也。无父无君,是禽兽也。公明仪曰:庖有肥肉,厩有肥马,民有饥色,野有饿莩,此率兽而食人也!杨墨之道不息,孔子之道不著,是邪说诬民,充塞仁义也!仁义充塞,则率兽食人,人将相食,吾为此惧!(《滕文公下》)

他认为持这些"异端邪说"的人如同禽兽,"邪说"泛滥,造成了严重的社会恶果,对这样的人物他主张坚决排斥。同时,对那些巧言令色,逸谄面谀之人,他也主张坚决弃绝。他说:"与谗谄面谀之人居,国欲治,可得乎?"(《告子下》)他认为,欲治国,重要的问题是慎重选拔贤才。

如何选拔贤才呢?他回答齐宣王提出的这个问题说:

> 王曰:"吾何以识其不才而舍之?"曰:"国君进贤,如不得已,将使卑逾尊,疏逾戚,可不慎与?左右皆曰贤,未可也;诸大夫皆曰贤,未可也;国人皆曰贤,然后察之;见贤焉,然后用之。左右皆曰不可,勿听;诸大夫皆曰不可,勿听;国人皆曰不可,然后察之,见不可焉,然后去之。左右皆曰可杀,勿听;诸大夫皆曰可杀,勿听;国人皆曰可杀,然后察之,见可杀焉,然后杀之。故曰,国人杀之也。如此,然后可以为民父母。(《梁惠王下》)

这就是说,用人,要以人民利益为重,对于真正的贤才,哪怕出身卑微的人,也可以提拔到出身尊贵者的位置之上,与自己关系疏远的人,也可以提拔到关系亲密的人之上;但是,必须慎重地选拔,选拔的方法是走群众路线,广泛地听取广大群众的意见,然后再进行实际的考察,把真正的贤才提拔到领导岗位上来。

孟子关于任用人才的意见,至今还有其可取的价值。

第三节 孟子的哲学思想

孟子的哲学思想,就其直接论述的内容而言,主要属于道德哲学和历史哲学。性善论是他的道德哲学的核心,由此建构起他的心性之学的思想体系;与此相联系,以天命论为基础,建构起他的历史哲学的思想体系。

性善论

人性的问题,在春秋晚期已经提出,也是战国诸子热烈讨论的课题。孔子说过:"性相近,习相远。"(《论语·阳货》)这是强调后天的教育与环境对人性的重大影响作用,这个命题是正确的;但孔子又说"唯上知与下愚不移"(同上),则人的"知"与"愚"又是天生而不可改变的了。孔子对人性问题,没有进行有条理的逻辑论述。

孟子第一个提出系统的人性善理论。"人之初,性本善",这个哲学命题,是孟子仁政学说的理论基础。

人性,是一个复杂的范畴,指人的本质特性和人的性格特点,概括来说,包含人的自然性和人的理性。告子强调的"食、色,性也",指的是人的生理的要求,这是一切动物的共性,作为高级动物的人类,也具有这种生存和生殖的自然本能。人之不同于其他动物,在于有理性。孔子所说的"唯上知与下愚不移",就是指人的理性而言。所谓理性,包含理智、智慧、道德等性质。人运用智力趋利避害、创造物质资料和环境等心理因素,属于理智的性质;人认识和改造世界等高级思维活动,属于智慧的性质,孔子所说的"圣",即指超人的智慧;而人对人、对事物的态度和行为方式上所表现出来的思想、感情等心理特点,如仁爱、礼义、廉耻、刚强、懦弱等等,则属于道德的性质。孔子所说"唯上知与下愚不移",是指人的理性而言。人的自然性,无所谓善恶;人的理性,在不同的时代,不同阶级人们的实践中,由于不同善恶观念而有不同的评价标准,便有不同的"善"、"恶"之分。

孟子主张性善,与他的辩论对手告子进行过长篇辩论。告子主张人性本来无善无不善,以及后来的荀子主张性本恶,都主要是就人的自然性而言。孟子提出他的性善学说,首先说明他是就人的理性,尤其是道德性而言:

> 耳目之官不思,而蔽于物,物交物,则引之而已矣。心之官则思,思则得之,不思则不得也。此天之所与我者。(《告子上》)

这段话的意思是说:耳和目这类器官不能思考,也不过是一种物,与其他物接触就会被他物所引,而心这个器官能够思考,能思考和不能思考,其结果是不同的。人类能够运用心之官思考,即人有理性,这是人与禽兽的不同。因此，理性便是人之区别与禽兽的特性。他说的人性，便是指人的理性，所以他说：

> 口之于味也，目之于色也，耳之于声也，鼻之于臭也，四肢之于安佚也，性也？有命焉，君子不谓性也。(《尽心下》)

这是说，人人虽有好声色、芳香、美味、安乐之天性，那不过是自然的本能，并不是他所说过的"性"。他认为人之所以异于禽兽，就在于人的天赋共有的仁义礼智等道德理性，保存这些道德理性，就是人，丢掉它们，就是禽兽了。

孟子主张性本善，就是说人生下来就有仁义礼智四德的本性。他以为人皆有不忍人之心，"今人乍见孺子将入于井，皆有怵惕恻隐之心"(《公孙丑上》)，"孩提之童无不知爱其亲也，及其长也，无不知敬其兄也。亲亲，仁也，敬长，义也"(《尽心上》)。他以这些例证推论，论说仁义礼智四德是人的天赋本性：

> 恻隐之心，人皆有之；羞恶之心，人皆有之；恭敬之心，人皆有之；是非之心，人皆有之。恻隐之心，仁也；羞恶之心，义也；恭敬之心，礼也；是非之心，智也。仁义礼智，非由外铄我也，我固有之也，弗思耳矣。(《告子上》)

他所说的恻隐之心，即不忍人之心，也就是仁心，指对人的同情心；羞恶之心，即知道羞耻的心理；恭敬之心又称辞让之心，即尊长敬上、礼貌谦让；是非之心，即是非善恶观念。孟子说人性善，并不是说人性中先天具有的这"四心"是完善的，而只是说具有这些善的素质，属于原始的、初级的、萌芽的状态，他把它们叫作"四端"，即四种道德素质："恻隐之心，仁之端也；善恶之心，义之端也；辞让之心，礼之端也；是非之心，智之端也。"(《公孙丑上》)

孟子所说的性本善，只是说人人具有善的素质，并不是人人达到"至善"，犹如金矿之有金，却并非纯金，还需要开发、冶炼，才能成为纯金；人有

"四端",也必须予以扩大、充实、完善,才能达到"至善"。

有学生问孟子:既然人人生来具有善的素质,为什么会出现恶人为恶呢?孟子解释说有两个原因:

一是被物欲所蒙蔽,耳迷美声,目眩美色,神摇心醉,结果使善良的本性沉沦。孟子以"牛山之木尝美"为例,"斧斤伐之,可以为美乎?是其日夜之所息,雨露之所润,非无萌蘖之生焉,牛羊又从而牧之",像这些连续的戕害,美木又怎么能够生长呢?(《告子上》)

二是被环境所习染,孟子也举例说:"富岁,子弟多赖;凶岁,子弟多暴;非天之降才尔殊也,其所以陷溺其心者然也。"(《告子上》)丰收年成,衣食充足,子弟大多懒惰;灾荒年成,衣食不足,子弟大多为非作歹;这不是他们天赋的材资不同,而是环境使他们善的本性沉溺。

孟子认为,本性有善端,但蔽于物欲,染于环境,都会沉迷而堕落,所以人应该抗拒物欲的诱惑和环境的习染而努力向善,切不可自暴自弃。

孟子又认为,人性本善,为恶者只是本性被蒙蔽或自暴自弃所致,以商纣之不仁,亦知禹汤之为圣,人的常情,为善心安,为恶则心不安,可见人的良知并未完全泯灭,还是可以改恶从善的。因此他主张执法从宽,惩罚与教育相结合。

孟子的人性论,反映了春秋以来,尤其在战国时期对人的价值的肯定,承认人都具有良知和善端。尧舜也是人,只是他们的修为好。孟子曾经反复地说"圣人与我同类"(《告子上》),"尧舜与人同耳"(《离娄下》),"舜,何人也?予,何人也?有为者,亦若是"(《滕文公上》),"人皆可以为尧舜"(《告子下》)。人类在精神道德方面的天赋是平等的,这不但与奴隶主贵族把劳动人民看作牲畜和工具有根本上的不同,就是比孔子的"唯上知与愚不移",也前进了一大步。孟子的这种思想,对于提高人的地位,以及人们肯定自我价值而励志向上,都有积极价值。

孟子的性善论又有严重的缺点。所谓人性,只有具体的人性,没有抽象的人性。人之作为生物所具有的自然本能,即人的自然属性,是基本相同的,也是与生俱来的,这并非孟子的论题,孟子论述的是人的道德属性。道德是社会的产物,在阶级社会,不同时代的不同阶级有不同的善恶标准。孟子所说的仁义礼智四德,其内容都是封建道德原则,至于说它们是人性中所固有的,更明显地带有先验论的性质了。

尽心知性

孟子认为,"圣人"是把人的天性中固有的"四端"发展到最完善的境界,而人人都具有"四端",只要努力扩大、充实、发扬光大到完善的境界,也就都可以成为"圣人"。

那么如何扩大、充实、发扬光大"四端"而达到完美的境界呢?孟子发挥了由尽心知性到培养浩然之气的一整套由道德修养而达到理想的独立人格的学说。

孟子提倡"尽心知性"。所谓尽心,就是把人的本性中的恻隐之心、羞恶之心、辞让之心、是非之心尽量扩充发扬;所谓知性,就是对本性中的仁义礼智等伦理道德有正确深刻的认识并且身体力行。尽心是前提,知性是结果,二者密切结合。

孟子所标榜的仁义礼智的具体内容是什么呢?他说:"仁之实,事亲是也;义之实,从兄是也;智之实,知斯二者弗去是也;礼之实,节文斯二者是也。"(《离娄上》)这就是说,仁的实际内容是事奉和孝顺父母,义的实际内容是尊重和服从兄长,礼的实际内容是对事亲从兄的具体要求、礼仪和规则,智的实际内容是对仁义的正确和全面的认识。四者以仁义为主,而仁义又以仁为根本。但是,这只是初步的要求,还需要扩充和发扬光大。仁,还要老吾老以及人之老,幼吾幼以及人之幼,仁民爱物,以不忍人之心,行不忍人之政(即仁政);义,指尊重和履行各种道德,承担应尽的社会义务;礼和智,也以这扩充了的仁义为本。

孟子提出"尽心知性",要求在"寡欲"、"内省"、"养气"三个方面下功夫。

(一)寡欲,即对物欲的淡泊。他说:"养心莫善于寡欲。其为人也寡欲,虽有不存焉者寡矣;其为人也多欲,虽有存焉者寡矣。"(《尽心上》)孟子所说的"欲",指的是外物引诱而产生的各种欲求。耳迷于声,目迷于色,贪于逸乐,追名逐利,就会使人迷失善良的本性而做出悖于仁义礼智的事。寡欲,就要在个人克制上下功夫,不为声色逸乐所迷,不为荣辱利害所动。欲与理是相对的,理和欲的矛盾,表现为义与利、公与私、善与恶的矛盾,因而孟子进一步提出"义利之辨"的命题。在孟子看来,人们追求物质利益、功利,是引起社会混战的总根源,往大处说,必然引起争夺和战争;往小处说,人欲横流,必然胡作非为。寡欲,就是时时处处以礼义来自我克制,抗拒物欲、功利的诱惑,达到心境清明,本固根深。

(二)内省,即"反求诸己"。孟子说:"学问之道无他,求其放心而已矣。"(《告子上》)人心本善,但常为物欲所蔽,本心便昏而不明,即所谓"放心"。"放"就是丢失的意思,"求"是寻求的意思。私欲妄念常袭击本心,一念之差,便会邪念滋生而走入邪途。所以人必须自觉地以仁义礼智等道德准则随时严格要求自己,一念也不能放松。如何内省?孟子提出"存夜气"。所谓"夜气",即半夜醒后之心情,这时人不与外物接触,万籁俱寂,心境如澄空无际,了无细尘,应该在这个时候反观内省,体察"其旦昼之所为",通过理性的反思,就能够保持和发扬其仁义之本心。

(三)养气,亦即养心。孟子提出的道德修养分两个阶段:寡欲和内省属于初级阶段,养气的目标是"养我浩然之气",则是修养的高级阶段。学生公孙丑问:"敢问何谓浩然之气?"孟子回答说:"难言也。其为气也,至大至刚,以直养而无害,则塞于天地之间。其为气也,配义与道;无是,馁也。是集义所生者,非义袭而取之也。行有不慊于心,则馁也。"(《公孙丑上》)这段话有三个意思,一是说"浩然之气"是靠人们主观努力培养出来的一种气,它宏大而刚强,对它长期持续培养而不加损害,它便可以充满天地之间;二是"浩然之气"有其道德内容,它是道与义结合的产物,没有道与义的内涵,这种气也就没有力量了;三是"浩然之气"是"集义所生者",即经过长期不断的道义实践才能培养成功,而"非义袭而取之",即不是偶然做一件合道义的事所能达到;因而如果做了有愧于心的事,这种气也就疲软了。孟子的"浩然之气"的思想,要求人们长期地主观努力修养,自觉地把道德理性和实践相结合,培养高尚的道德境界,即具有一种自豪的、正大光明、无所愧怍、无所畏惧的精神状态。孟子认为,这种"浩然之气"最宏大、最坚强,可以充塞于宇宙,化为巨大的精神力量。孟子在这里,继续强调道德的先验性之后,又过分夸大了

第十讲 《孟子》 345

精神和意志的主观能动性的作用。

孟子心性之学的根本目的,是建立理想人格。孟子提出的理想人格,以感性心理为基础,以道德理性为依归。他把人的亲亲敬长和恻隐、羞恶、辞让、是非之心,扩大为实行仁政,以及以仁义为本处理好君臣、父子、兄弟、夫妻、朋友等人伦关系。孟子认为,这种道德理性不是外加的,而是自然而然地发自内心,因而由此产生的一切道德行为,就完全建立在自觉的基础上,所以这种精神力量最为坚强有力。

孟子要求以道德标准来律己修身,身体力行。为了承担造福人民的社会义务,应该立志、励志,经受艰难困苦的磨炼:"故天将降大任于是人也,必先苦其心志,劳其筋骨,饿其体肤,空乏其身,行拂乱其所为,所以动心忍性,曾(增)益其所不能。"(《告子下》)当面临各种矛盾时,仍要坚守信念:"居天下之广居(仁),立天下之正位(礼),行天下之大道(义);得志,与民由之;不得志,独行其道。富贵不能淫(乱心),贫贱不能移(变志),威武不能屈(屈节),此之谓大丈夫。"孟子所说的"大丈夫",就是我们现在说的伟大的人、高尚的人。孟子又提出"舍生取义"的命题:"鱼我所欲也,熊掌亦我所欲也,二者不可得兼,舍鱼而取熊掌者也。生亦我所欲也,义亦我所欲也,二者不可得兼,舍生而取义者也。"(《告子下》)生命是可贵的,正义比生命还珍贵,在生死关头,宁可为正义去死,也绝不屈辱贪生。这句话和孔子讲的"杀身成仁"一样,都是教导人们要生得正大,死得光明,做一个有气节的仁人志士。孟子强调的道德自律,突出了独立人格的价值及其所担负的社会责任和历史使命。

孟子的道德哲学不是提倡宗教性精神,而是注重现实性品格,人人在现实中培养、锻炼,都可以成为"圣人";而且这种理想人格又以自觉的责任感投入社会实践,以治国平天下为己任。

我们撇开孟子人格理想中那些早已过时的封建伦理观念,排除其心性学中唯心论的成分,在这些学说里,还有许多伟词名句闪耀着灼灼光华,激励人心,在我们民族的历史上,曾构成许多志士仁人的人格理想。

孟子心性学的思想体系,后来又被韩愈和宋儒所继承和发展,建立了宋明理学。理学着重发挥了所谓"三纲五常"的道德规范。其实,孟子在君臣、君民关系上有自己的见解,《孟子》一书很少有"三纲"思想。宋儒大讲"三纲"时,孟子已经死去一千多年,这笔账不能记在孟子头上。

天命观

殷周以来,中国传统的天命观,以天为万有之本源,是决定自然和人事的主宰。

在先秦较早的古籍中,"天"有三义。一是人格化的宗教性的最高的神,能够降福于人,如《尚书·召诰》称"皇天上帝",《诗经·皇矣》曰:"天立厥配"。二是道德法则的本体,如《诗经·烝民》曰:"天生烝民,有物有则;民之秉彝,好是懿德。"三是自然现象的物质的天,如《诗经·云汉》:"倬彼云汉,昭回于天……瞻卬昊天,有嘒其星。"

孔子谈天,上述三义均有所取。一方面,他承认天是自然现象:"四时行焉,万物生焉,天何言哉?"(《论语·阳货》)一方面,他又以为天是宇宙万物的最高主宰,具有神和道德的双重性质:"死生有命,富贵在天。"(《论语·颜渊》)"获罪于天,未可祷也。"(《论语·八佾》)孔子不谈鬼神,但承认天命,看来,孔子只是继承了殷周以来的天命观,并没有具体论述。

孟子同样继承殷周以来的天命观,关于"天"的观念,孟子的理解和孔子相类似。如《万章上》:"尧荐舜于天,而天受之。"天是主宰一切的人格化的至高神。《离娄上》:"诚者天之道也。"天是道德的主体。"天之高也,星辰之远也",则是自然形态的天。

"天"虽有上述三义,然从殷周以来,传统的天命观是把"天"与"命"连在一起,指人类所不能主宰的某种意志或某种必然性,称为"天命",则是取其前二义了。西周时代的天命观,较之殷周有了很大进步,简括来说,一是天命无私,无所不在,上帝眷爱下土的每一个人,它不同于西方的宗教,没有所谓"上帝的选民"或"上帝的独生子"之类观念;二是天心好德,上天是道德神,或道德的化身,它只是把天命降给修德之人,所以它不重祈祷,而重人的修德;三是天命靡常,天能降命,也能撤命,因而人必须长久修德,才能保持永命。孔子和孟子都全面地继承了西周的以德承天的天命观,但孟子又进一步作了新的发挥,在那个时代,具有更大的进步性。

孟子对天命观的创造性的发挥,表现在以下几个方面:

一、天意在于民意

孟子首先继承传统的天命观,承认君主的地位和权力是天命授予的,"天降下民,作之君,作之师"(《梁惠王下》),天降生万民,就要立君主来治理,立师来教育,人民接受统治和教育便是顺天命。天必然选择有德者为主,孟子认为,尧把天子之位传舜,舜传禹,是天命,而禹传子,因为其子有德,也是天命。因此,无论禅让或世袭,都不需要褒贬,重在有德,凡有德者为主,都是天命。但是,天命如何降给有德者呢?又如何易命呢?孟子进一步论述说:"尧荐舜于天,而天受之;暴(pù,显也)之于民,而民受之;故曰:天不言,以行与事示之而已矣。"这是说,天不能说话,天意只是通过行事表现出来,让什么人为天子,先要老百姓愿意接受,即"使之主事,而事治,百姓安之,是民受之也;天与之,人与之"(《万章上》)。最后他引《泰誓》的话,"天视自我民视,天听自我民听",天意通过民意表现出来,民意反映天意。他提出天子要具有"天受"和"民受"两个条件,而"天受"是虚的,"民受"才起主要作用,这实际上是用民意来代表天意,绕了个弯,又回到了民本学说,这是孟子对传统天命论的突破和发展。

二、立命

颜回是孔子认为德行最好的得意弟子,年轻早丧,孔子悲痛地说:"天丧予!天丧予!"把颜回的早逝归为天意。孟子根据周公、孔子这样的"圣人"不能当天子,舜、禹、益的儿子有好有坏,由此而推论:"皆天也,非人之所能为也。莫之为而为者,天也;莫之致而至者,命也。"(《万章上》)人的穷通寿夭、吉凶祸福在于天,不是人力所能决定的,凡事并未努力去做却做成了,这是天意,不想发生的事却发生了,这是命运。

既然天命是人无法抗拒的,所以孟子提出"顺天者存,逆天者亡"(《离娄下》),即不是完全消极的宿命论,不消极地等待天命,而要在天命的范围下积极有为,听天命而尽人事。他说:"存其心,养其性,所以事天也。夭寿不贰,修身以俟之,所以立命也。"(《尽心上》)保存自己的善心,培养自己的本性,无论短命或长寿都不变,修身等待天命的来临,这就是立命。他又说:

"莫非命也,顺受其正。是故知命不立于岩墙之下。尽其道而死者,正命也;桎梏死者,非正命也。"(同上)凡事由天命决定,接受天命就要顺天的正道行事,例如,危险的高墙随时会坍塌砸死人,知天命就不会站在危险的高墙下面;作恶犯法会入狱判刑处死,知天命就不去为非作歹。人能恪尽天道,即便发生祸患,并非自取,死而无憾;虽然早夭,也是尽其天年,得其正命;如果违背天命,立于岩墙之下砸死,或犯罪处死,那是祸由自取,乃死于非命。

孟子的立命观点着重说明年寿长短由天不由人,人可以不去考虑,而积极地修养心性,顺天道行事,寿终死而无憾,这就是得其正命,也就是立命。

三、天人合一

人要顺天道行事,就要知天。孟子又提出"尽心知性知天"的观点。人人内心都有天赋的仁义礼智四端,这四种伦理道德既是天赋予的,它们就是天道,或曰天理。尽心知性,即通过修养和实践把这四端在内心尽量扩大、充实和完善,使它从初级的感性的阶段上升到高级的理性的阶段,天理就在人心,对这四德能有深刻的认识,就是知天。所以孟子说"万物皆备于我矣"(《尽心下》),即指万事万物的道理都具备在我心中,不需要再在外面寻求了。

孟子所说"存其心,养其性,所以事天也",指的就是把仁义礼智四德化为自己的精神主体,便能自然而然地达到思想和行事都与四德契合,那么人心即天,人与天融合一体。人只需按这一套封建伦理道德原则去做,也便是顺天道了。

孟子关于天与人之间关系的这种观点,把封建道德观念上升到天道的高度,在中国思想史上有其深远的影响。汉代董仲舒继承和发展了这一思想,并且以天人合一为基础,又发展为天人感应的神学体系,说什么人们对天的虔诚祷告、善行和恶行都会感应上天,使天改变预定的安排。对人的善行,因为符合天意,天会通过自然界的祥瑞现实,表示对人的嘉奖;对人的恶行,因为违背天意,天则通过自然界的灾异来表示对人的惩罚或警告。无论是天人合一,或天人感应,都是把封建伦理道德说成是先验的、永恒的法则。

孟子论述的天人合一观点,还是比较简约的,董仲舒在理论上把它向神秘化发展,也是比较粗疏的。宋代的二程和朱熹抛弃了董仲舒的荒诞的神学,发展孟子的观点,赋予比较精致的理论形式,创建了理学或曰道学。

如果说孟子的理论,在封建社会的前期还有促进和巩固封建社会的作用,那么,董仲舒的学说则带有愚民的性质,完全丢掉了孟子观点中的那一点积极的人生态度;宋儒对孟子观点的继承和发展,是又把他的观点发展到更加极端化和体系化。宋明理学鼓吹"三纲五常"即天理,"存天理"、"去人欲"、"我心即宇宙,宇宙即我心",在封建社会后期阻碍和延缓了社会的发展。

历史观

孟子的历史观是唯心史观,表现为天才论,历史循环论和劳心者治人,以天才论为核心。

一、天才论

天才论是孟子"圣人治世"和"贤能政治"的人治思想的理论基础。

孟子把人分为先知先觉、后知后觉两类:先知先觉是天生的圣人、大人,如尧舜禹汤文武周公都是天生的圣人,即天才,他最尊敬的孔子,则是超天才,"自生民以来,未有夫子也"(《公孙丑上》),赞扬孔丘是自有人类以来最伟大的圣人。天才要几百年才产生一个,"五百年必有王者兴,其间必有命世者"(《公孙丑下》)。天才不学而知,不虑而智,具有超凡的德性和智慧,是天降下来治理或教育天下万民的。不降生天才,天下混乱;天才出现,就会天下大治。把国家的治乱、社会的发展,完全寄托在个别超凡的人物出现,这是典型的天才史观即英雄史观。

二、历史循环论

既然只有天才出现天下才会大治,天才不降生,天下必然混乱,而天才五百年才出现一个,按照孟子的逻辑,那么天下必然有治有乱,而且乱久而治短了。

孟子说:"天下之生久矣,一治一乱。"(《滕文公》)据他说,"五百年必有王者兴",所谓"王者",即以仁义统一天下的人,从尧舜到汤五百年,由汤到文王五百年,由文王到孔子五百年,每经过大约五百年时间,天必然降生圣人来平治天下。圣人一出现,天下大治,治了不久,又乱了,天再降生个天才。治和乱如此循环,构成了以天才论为中心的历史循环论。

孔子以后的战国时代又是天下大乱,但孟子生时上距孔子还不到二百年,孟子叹息到:"夫天未欲平治天下也,如欲平治天下,当今之世,舍我其谁也!"这段话里充满着以天下为己任的社会责任感,又流露着生不逢时的哀叹。其实,孟子忽略了一个重要的事实,即他认为自古最大的圣人孔子,虽然在文王之后约五百年降生了,也是生不逢时,并未能平治天下。

治和乱是矛盾的统一,治、乱的根源是生产力和生产关系的矛盾,生产关系的矛盾尖锐化发展为社会冲突,这就是"乱";通过冲突、调整、改变或改善生产关系,生产力发展了,于是矛盾相对地统一,这就是"治"。但是,生产力总是向前发展的,又会产生新的生产力和生产关系的矛盾,于是再冲突,再统一……治和乱不是简单的重复和机械的循环,而是生产力和生产关系在新水平的发展,也就是社会的进步。孟子对社会发展的认识是表面的。

三、劳心者治人,劳力者治于人

人类社会发展到一定阶段,产生了劳心和劳力的分工。多数人从事生产性的体力劳动,少数人从事政治经济管理或专门从事科学技术和文化艺术创造。就社会发展来说,劳力和劳心的分工为科学文化的发展创造了必要的条件,推动了社会进步。

孟子论证了社会分工的必要性,这是没有疑问的。他又论证了专人领导农业生产、水利建设、教育文化的重要作用以及这些劳心者无暇参加生产劳动,这也是没有疑问的。孟子的失误,在于他把劳心看作是"大人"、"君子"之事,把劳力看作"小人"、"野人"之事。他说:"有大人之事,有小人之事。……或劳心,或劳力,劳心者治人,劳力者治于人;治于人者食人,治人者食于人,天下之通义也。"(《滕文公上》)他把贵族、统治者称为"君子"、"大人",而把被统治者称为"小人"、"野人"。根据他的天命论,这些都是天命注定的,他们之间的关系是治与被治的关系,而被统治者养活统治者,统治者靠被统治者养活,这种统治和剥削关系是天经地义的,这就借社会分工而为统治剥削制造理论根据了。

战国墨家学派代表小生产者利益提出"兼爱",反映了小生产者的平等要求。墨家学派的学者布衣粗食,参加劳动。孟子批判墨家的这些主张是无父无君的禽兽行为。农家学派有个许行,认为劳动者不够吃,而国君的府库却十分充实,他很不满,主张君民并耕而食,饔飧而治。孟子反对说,国君是秉承天意来治民的,怎么能够与民同耕呢？劳力只是被统治的劳动人民的事,统治者只需要用心思来治理人民。他又说:"无君子莫治野人,无野人莫养君子。"(《滕文公上》)劳动人民必须由统治者来统治,统治者必须由劳动者来供养,统治者和劳动人民是治与养的关系。孟子认为这是通行天下不变的原则。依照孟子的这个原则,劳动人民就应该在统治者的统治下,从事劳动生产来供养统治阶级。这确实是统治剥削的理论。

孟子的历史观之中有较多的封建性糟粕,几乎掩盖了他的民本学说和理想人格之中的耀眼光彩。他对人民苦难的同情,他的为民请命,他为人民谋取福利的某些善良愿望,基本上是站在替天行道的立场上,以救世主的姿态出现的。他的"民为邦本"的思想和仁政纲领,归根结底是为谋求长治久安。孟子一生孜孜以求的是依靠圣贤一类人物,建立能够保证人民生存需要的开明政治,这就是孟子学说在总体上为历代为政者所推崇,乃至也为某些独裁者如朱元璋之流所终于接受的原因。

第四节　孟子的教育思想

孟子和孔子一样,在晚年从事著述和教学活动,他教育的弟子门人,在战国形成人数众多、影响最大的孟子学派。孟子是一位成绩卓著的教育家。

"教育"一词,在中国最早即见于《孟子·尽心上》:"得天下英才而教育之,三乐也。"孟子把教育英才作为人生的三大乐事之一,他十分重视教育的作用,因而热爱教育工作。

孟子的教育思想以他的性善论为根据,先后论述了教育的目的和作用、道德教育、教学的原则和方法等问题。

教育的目的和作用

孟子认为人生而具有天赋的"善端",或称之为"良知"、"良能",这"良知"、"良能"还处于萌芽状态,必须培养它,扩充它,使它达到充沛的、至高的、完善的地步,便可以达到圣人的道德精神境界。但是,后天环境的影响可以改变人的天性,不良环境的习染和私欲的引诱,都会蒙蔽人的"善端",把人引入邪恶。所以要经常学习,提高认识,加强实践,使内心的"善端"由自在的感性阶段,上升到自觉的理性阶段,从而得以巩固和发扬。如果不学习,浑浑噩噩,愚昧不化,便会迷失本性。孟子认为,这是圣贤和愚氓、君子和小人的区别所在;他说"饱食暖衣,逸居而无教,则近于禽兽"(《滕文公上》),所以他建议"谨庠序之教,申以孝悌之义"(《梁惠王上》)。庠、序即古时的学校,孟子主张开办学校对青少年进行教育。办教育,是孟子仁政纲领的重要内容之一。孟子提倡的教育目的,就是通过仁、义、礼、智、孝、悌、忠、信等封建道德的正确教育,培养和发扬人的向善之心,使受教育者成为自觉地实践封建伦理道德的有教养的人。

孟子认为,教育的作用比政治的作用更有效果。他有一句名言:"善政不如善教之得民也。善政民畏之,善教民爱之;善政得民财,善教得民心。"(《尽心上》)善政,指的是善于有效地行使政权,这只能够使人民畏服和从人民那里收取到税役;而办好教育,却能够争取到民心,得到人民心悦诚服的拥护,就可以不治而治,不敛而足。他说"教以人伦,父子有亲,君臣有义,夫妇有别,长幼有序,朋友有信"(《滕文公上》),以封建伦理道德来规范人际关系,封建制度便可以巩固和持久。

孟子的教育目的论是通过教育培养具有高度道德觉悟的人,以教育为政治服务。孟子提倡的道德是封建伦理道德,为封建统治服务。

道德教育

孟子说:"学问之道无他,求其放心而已矣。"(《告子上》)"求其放心"即存心养性,注重道德修养,孟子把德育作为教育的第一要义。如何进行德育呢？孟子提出要注意培养道德理想和锻炼道德意志。

孟子认为首先要树立道德理想。"王子垫问曰：'士何事？'孟子曰：'尚志。'曰：'何谓尚志？'曰：'仁义而已矣……居仁由义,大人之事备矣。'"(《尽心上》)"尚志"就是树立理想,而这个理想就是实行仁义,以仁为心,按义行事,就是君子所具备的道德。他又说,一个"士",应该"居天下之广居,立天下之正位,行天下之大道"(《滕文公下》)。这是说,要以天下归仁为己任,以礼为社会的规范,以义为人生的大道。他所要求的浩然之气,其根本在于这个"志"字："夫志,气之帅也；气,体之充也。夫志,至焉,气,次焉,故曰,持其志,无暴其气。"(《公孙丑上》)所以人必须有宏大的志气,轩昂奋发,为大人,为君子,为豪杰,为大丈夫,任重道远,激扬向上,有所作为,不为富贵所淫,不为贫贱所移,不为威武所屈,"穷则独善其身,达则兼善天下"(《尽心上》)。

树立道德理想,就要寡欲,内省(反求诸己),即过艰苦朴素的生活,不断反省检查自己的思想言行,接受各方面的考验。我们在前面引过孟子那一段"天将降大任于是人也"的格言,只有"先苦其心志,劳其筋骨,饿其体肤,空乏其身,行拂乱其所为,所以动心忍性,曾益其所不能",然后才能成为仁人、君子,担当大任。孟子认为,只有通过意志的锻炼,才有坚强的意志,从而为尧为舜。

孟子的德育思想是以封建伦理道德为根本,进行理想人格的教育和励志教育。

教学与学习的原则和方法

孟子直接论述教学方法的言论不多,但在《孟子》七篇中,许多言论与教学的原则和方法相通,独具见解。

一、顺应自然

孟子认为对人进行道德教育是顺应人的天性的,"存心养性"的功夫,是把天赋的善性保存、扩充和发扬,是顺应人性之自然,即所谓"仁义礼智非由外铄我也,我固有之也"。

顺应自然，就要循序渐进，不能冒进，也不能揠苗助长。他反对冒进："其进锐者其退速。"(《尽心上》)操之过急，其效果适得其反。对人的培养教育也是如此，必须顺应每个人禀赋的本性，顺应其自然生长的规律渐渐生长。他举过一则生动的寓言故事："宋人有闵其苗之不长而揠之者，芒芒然归，谓其人曰：'今日病矣，予助苗长矣。'其子趋而往视之，苗则槁矣。"他通过这则寓言发表议论说："助之长者，揠苗者也。非徒无益，而又害之。"(《公孙丑上》)

顺应自然，还要因材施教。他说："君子之所以教者五，有如时雨化之者，有成德者，有达财(才)者，有答问者，有私淑艾(艺)者，此五者，君子之所以教也。"(《尽心上》)这里举出五种教学方法，有的要像及时雨一样去培育灌溉，有的要培养品德，有的要引导他们发挥自己的才智，有的是解答疑难，有的不能亲自来受学也要设法给予帮助。这段话说明，要根据受学者不同的禀赋和各自的具体情况，量材施教，对不同的对象采用不同的方法，各适其性。

二、重视教育环境和以身作则

传说孟子幼年时，他的母亲为了给他找一个良好的受教育环境，曾经搬过三次家。孟子也很重视环境对人的影响作用。优良环境的涵育，施教可以得到事半功倍的效果，恶劣环境的熏陶，又会戕害善良的天性，施教将事倍功半，甚至难见成效。孟子以学习语言为例说："有楚大夫于此，欲其子之齐语也……一齐人傅(教诲)之，众楚人咻(xiū，喧扰)之，虽日挞而求其齐(语)也，不可得矣；引而置之(齐国的)庄(街)岳(巷)之间数年，虽日挞而求其楚(语)，亦不可得矣。"(《滕文公下》)这个例子生动地说明了环境对学习的作用。

有了良好的环境，还要重视发挥施教者以身作则的作用。教育必须有个标准，让受教育者学习效法，而且标准要高要严，才能造就出优秀的人才。孟子说："大匠诲人，必以规矩，学者亦必以规矩。"(《告子上》)没有规矩，教者无以教，学者也无以学，也就不存在教学这件事；如果标准低，或者要求不严，学者学的成绩也稀松平常。所以他说："大匠不为拙工改废绳墨，羿不为拙射变其彀率。"(《尽心上》)高明的木匠不因为笨拙的工人而改变或废除绳墨,善射的后羿不因为笨拙的射手而改变拉弓的标准。按大匠和后羿的标准学,才能成为良工和高超的射手。孟子认为,施教者应该像大匠和羿一样,以自身立教,以纯熟的工艺、射艺让学生来学习效法。他又说,"贤者以其昭昭,使人昭昭"(《尽心下》),"教者必以正"(《离娄上》)。教学重在示范,教师必须以身作则,做学生学习效法的榜样。

三、专心致志,精勤不懈

孟子教诲学生学习必须专心致志,即精神集中,心无二用。他以学弈为譬说:

> 今夫弈之为数,小数也,不专心致志,则不得也。弈秋,通国之善弈者也,使弈秋诲二人弈,其一人专心致志,惟弈秋之为听,一人虽听之,一心以为有鸿鹄将至,思援弓缴而射之,虽与之俱学,弗若之矣。为是其智弗若与?曰:非然也。(《告子上》)

同一位老师传授两个弟子,一人学有所成,一人学无所成,不是二人智力的差别,而在于专心致志与否。孟子反对那种三心二意和心不在焉的学习态度。

学习不但要专心致志,还必须有恒,即坚持不懈。他说:"一日暴(曝)之,十日寒之,未有能生者也。"(《告子上》)即使是容易生长的植物,一曝十寒,也是不可能生长的。他又举掘井为譬:"有为者,辟(譬)若掘井,掘井九仞,而不及泉,犹为弃井也。"(《尽心上》)古七尺为仞,掘井掘到六七丈深,还不见水,功亏一篑,和弃井一样。学习不贯彻始终,中途放弃,也同样前功尽弃。所以,学习必须坚忍有恒,不可始勤终惰,半途而废。

四、精研覃思,深造自得

孟子说:"梓匠轮舆,能与人规矩,不能使人巧。"(《尽心下》)木匠和车木工只能教给人规矩法度,不能使人技巧高超,所以求学能否有成,全在自己努力深造。他又说:"心之官则思,思则得之,不思则不得也。"(《告子上》)大脑这个器官就是用于思考的,凡事用心去思索就会有所得,反之,就不会有所得。在学习上更是这样,必须精研覃思。所谓精研覃思,就是对学习的内容认真思考,明了其底蕴,领会其精奥。以读书而言,要求深入掌握书中蕴含的主旨和精华,而不是只了解表面的字句和粗疏的梗概。孟子还提出"尽信书,则不如无书"(《尽心上》),对书本不能尽信,对书中所讲的内容也要问个为什么,应该独立思考,研讨它说的是否合理。这和孔子倡导的"学思结合"是一致的。孟子反对那种浮光掠影、粗枝大叶、不求甚解的学习态度。

孟子认为学习应该求取深造。教学只是指示门径,学习者应该专心持恒,精研覃思,勤勉进取,登堂入室,不断深造。学习的最高要求,是达到"自得"的境界。他说:"君子深造之以道,欲其自得之也。"(《离娄下》)何谓"自得"?他接着解释说:"自得之,则居之安(牢固掌握);居之安,则资之深(积累深厚);资之深,则取之左右逢其原(灵活运用左右逢源)。"孟子认为"深造自得"是学习知识达到的最高境界,达到这个境界时,就能把知识默识心通,在处理和解决问题时操持自如,左右逢源。他认为,只有达到这个境界,"君子欲其自得之也",才是真正地获得了学问。

怎样达到深造自得呢?孟子指出了途径:"博学而详说之,将以反说约也。"(《离娄下》)意思是说,学习和掌握广博的知识,而且能够把这些知识详尽地予以解说,再反过来,又能够把它们扼要地予以阐明。要达到这样的程度,必须学识广博,融会贯通,把广博和精约统一起来,既可以广博的知识来详尽地说明问题,又可以从博反约,几句话就阐明精要。

在孟子的教育思想中,关于重视道德人格教育,关于教学和学习的原则方法,我们扬弃其中那些封建道德的内容,取其所论教育的共同规律,仍有不少可资借鉴的东西,它们是我国古代教育思想中的财富。

在孟子的教育思想中,还存在严重的缺陷。无论是道德的培养,或是知识的获取和深化,他的理论都脱离了实践。真正的知识,即人对客观世界的正确认识,究竟是从哪里来的?它不是从天上掉下来的,也不是人脑中固有的,它只能从实践中来,从自然斗争、阶级斗争和科学实验的实践中来,而且还要接受实践的检验。从实践到认识,再从认识到实践,如此循环往复,推动人的认识不断从低级向高级发展。孟子过分强调了人的头脑的主观能动性作用,脱离了实践,违反了正确的认识路线。孟子的认识论是唯心论的认识论,在这个问题上,我们必须辨别清楚。

第五节　孟子的文艺思想

孟子的文艺思想,表现在他对音乐问题的评论、对《诗》的征引和解说、对文学鉴赏和文学批评的意见、对作家的修养,以及在这些论述中所表现的关于文学的社会本质和社会作用问题的意见。这些对后世的文学理论批评和文学创作,都有深远的影响。《孟子》一书的写作方法和写作技巧,也是历代散文写作的典范。

与众乐乐,与民同乐

孟子与齐宣王谈论音乐,有一段饶有趣味的对话:

(孟子)见于王曰:"王尝语庄子(庄暴)以好乐,有诸?"

王变乎色,曰:"寡人非能好先王之乐也,直好世俗之乐耳。"

曰:"王之好乐甚,则齐其庶几乎(齐国大概差不多治理好了)。今之乐犹古之乐也。"

曰:"可得闻与?"

曰:"独乐乐,与人乐乐,孰乐(一个人欣赏音乐,与别人一同欣赏音乐,哪样快乐)?"

曰:"不若与人。"

曰:"与少乐乐,与众乐乐(与少数人一同欣赏音乐,与众多的人一同欣赏音乐),孰乐?"

曰:"不若与众。"

"臣请为王言乐。今王鼓乐于此,百姓闻王钟鼓之声,管籥之音,举(全)疾首蹙额而相告曰:'吾王之好鼓乐,夫何使我至于此极也,父子不相见,兄弟妻子离散?'今王田猎于此,百姓闻王车马之音,见羽旄之美,举疾首蹙额而相告曰:'吾王之好田猎,夫何使我至于此极也,父子不相见,兄弟妻子离散?'此无他,不与民同乐也。今王鼓乐于此,百姓闻王钟鼓之声,管籥之音,举欣欣然有喜色而相告曰:'吾王庶几无疾病与,何以能鼓乐也?'今王田猎于此,百姓闻王车马之音,见羽旄之美,举欣欣然有喜色而相告曰:'吾王庶几无疾病与,何以能田猎也?'此无他,与民同乐也。今王与百姓同乐,则王(统一天下)矣。"(《梁惠王下》)

墨子看到统治者为了欣赏音乐而加重人民的负担,造成人民的痛苦,因而主张取消和禁止一切音乐。孟子和这种狭隘的功利主义主张不同,认为应该实行"与民同乐"的办法,让艺术为社会全体成员所欣赏,这样,艺术不但不给人民带来苦难,也能满足人民大众的艺术审美要求。他与齐宣王所说的"独乐乐"不如"与人乐乐","与少乐乐"不如"与众乐乐",实质上是提出了人类艺术审美活动的社会性。个人或极少数人单独的艺术活动,得不到别人的赞赏和共鸣,是没有什么意义的。孟子又进而向梁惠王说:

古之人与民偕乐,故能乐也。《汤誓》曰:"时日害丧,子及女(汝)皆亡。"民欲与之皆亡,虽有台池鸟兽,岂能独乐哉?(《梁惠王上》)

一切"独乐"的专制暴君,他们激怒了人民,其结果是被人民推翻,最终是不可能"独乐"的。孟子的"与民同乐"的思想,与古代氏族社会艺术活动的集体性是一致的,而他要求帝王"与民同乐",也是古代民主精神的反映;在他的这个主张里,包含着艺术活动应该符合人民的意愿,受到人民的欢迎这些思想成分,现在来看,仍不失其光华。

文艺为政治教化服务

孟子继承了孔子的文艺思想,主张文学艺术为政治教化服务。

孟子宣传他的仁政学说,叙述从前晏子劝说齐景公关怀人民疾苦的故事:"景公悦,大戒于国,出舍于郊,于是始兴发(打开粮仓散了粮食),补不足(赈济困苦户)。召太师(宫廷乐官长)曰:'为我作君臣相说(悦)之乐。'盖

《徵招》、《角招》是也。其诗曰：'畜君何尤（劝诫君王有什么过错）？'畜君者，好（爱护）君也。"（《梁惠王下》）孟子这篇谈话引述古事，其主旨是"乐民之乐者，民亦乐其乐；忧民之忧者，民亦忧其忧。乐以天下，忧以天下，然而不王者，未之有也。"这里引述的诗的内容，说明谏君是爱君，劝说君王行仁政就是爱君。诗歌是为政治服务的。

孟子很重视诗歌的政治教化作用，《孟子》全书七篇，每篇都引《诗》取譬，计《梁惠王》八处，《滕文公》六处，《公孙丑》三处，《离娄》八处，《万章》五处，《告子》四处，《尽心》一处，共引诗三十五处。

孟子大量地引述《诗经》中的诗篇，是用以宣扬他的仁政学说和儒家教化观点。例如，《豳风·七月》："昼尔于茅，宵尔索绹；亟其乘屋，其始播百谷。"原诗是叙述农奴的辛勤劳动，孟子引申发挥说："民事不可缓也。"为国之道，必使民有恒产。"有恒产者有恒心，无恒产者无恒心。"（《滕文公上》）《大雅·皇矣》："王赫斯怒，爱整其旅，以遏徂莒，以笃周祜，以对于天下。"原诗是叙述文王徂密国侵莒国，孟子引申发挥说："文王好勇，好勇而安天下之民，适足以王天下。"（《梁惠王下》）《大雅·文王有声》："自西自东，自南自北，无思不服。"原意是周都迁镐，四方诸侯归服，孟子补充发挥说："以力服人者，非心服也，力不赡也；以德服人者，中心悦而诚服也。"（《公孙丑上》）《齐风·南山》："娶妻如之何？必告父母。"孟子解释说，"舜之不告而娶"，乃不欲"废人之大伦，以怼父母"（《万章上》）。《魏风·伐檀》："彼君子兮，不素餐兮！"原意是说君子不白吃饭，孟子发挥他的"劳心者治人"而应该"食于人"的理论："君子居是国也，其君用之，则安富尊荣，其子弟从之，则孝悌忠信。"（《尽心上》）

从这些例子可以看出，孟子重视诗的社会政治作用，他说诗完全是为他的政治理想服务的。作为社会意识形态的文学，是一定政治经济基础的产物，又服务于一定的政治经济，这是文学的本质之一。孟子说诗显然受到孔子诗教的影响，用以宣扬他的仁政学说和儒家教化观点，这样做，并无可厚非。不过，他的引申发挥，有时离诗的原旨较远，甚至也像孔子一样，有时穿凿附会，这就不可取了。

知人论世，以意逆志

"知人论世"和"以意逆志"，是孟子提出的文学鉴赏方法和文学批评方法。

关于知人论世，孟子说："颂（诵）其诗，读其书，不知其人可乎？是以论其世也，是尚友也。"（《万章下》）知人，是说"诵其诗，读其书"，要对作者的生平和思想有所了解；论世，是说对其所处的时代有一定的认识。孟子把文学作品看作一定时代的产物，从而结合作者的生活、思想和时代背景来考察作品，这是分析文学作品的正确方法。

关于以意逆志，孟子说："故说诗者，不以文害辞，不以辞害志，以意逆志，是为得之。如以辞而已矣，《云汉》之诗曰：'周余黎民，靡有孑遗。'信斯言也，是周无遗民也。"（《万章上》）以意逆志，是"以己之意迎受诗人之志而加以钩考"[①]，也就是以鉴赏者或批评者之意推求诗人之志。它的具体要求是：不拘泥于个别字句而误解诗的原意，而要通观全诗，以个人切身的体会去推求作者的本意。为说明这个问题，孟子这段话的前后有两个例子。第一个例子是讨论《小雅·北山》一诗，有人只看到诗中"普天之下，莫非王土，率土之滨，莫非王臣"四句，断章取义，提问说：既然舜是天子，为什么其父瞽瞍却不是他的臣民呢？孟子回答说："是诗也，非是之谓也；劳于王事而不得养父母也。曰：'此莫非王事，我独贤劳也。'"在这里，孟子通观全诗，对整个诗意作出正确解释。第二个例子是讨论《大雅·云汉》一诗"周余黎民，靡有孑遗"二句，孟子指出对这类诗句不可理解得太死、太实，也就是不能把艺术的夸张描写当作真实的事实来理解，这实际上是要求对文学作品的鉴赏和批评都必须注意其语言艺术的特点。

知人论世和以意逆志这两个方法，孟子并不是一同提出来的，但因为二者在实际上有机地联系，后人便把它们结合起来进行探讨。清人顾镇说："正惟有世可论，有人可求，故吾之意有所措，而彼之意有可通。……不论其

---

① 朱自清：《诗言志辨·比兴》。

世,欲知其人,不得也;不知其人,欲逆其志,亦不得也。"[1]他指出以意逆志必须知人论世。王国维也说:"由其世以知其人,由其人以逆其志,则古诗虽有不能解者,寡矣。"[2]孟子提出的知人论世和以意逆志,作为文学鉴赏和批评的方法论,在理论上是正确的,但是付诸实践时又很不容易做到。关于知人论世,要真正了解一定的历史时代和作者的思想与人格,说到底,关键又是认识论的问题,必须从实际出发,掌握大量真实的材料,运用辩证唯物和历史唯物论的科学方法,才能真正知人论世。否则,使用片面的、不真实的材料,或者从阶级偏见出发,任意比附史实,那就既不能知人,也不能论世。孟子虽然提出这个理论,他自己也常常做不好,例如他说:"王者之迹熄而《诗》亡,《诗》亡而后《春秋》作。"(《离娄下》)其实,《诗经》中的许多讽刺诗、怨刺诗,并不是"王道"的产物,而是乱世、衰世的作品;又如《鲁颂·閟宫》本是写春秋时代鲁僖公随齐桓公伐楚时之事,孟子却推崇为西周初期周公的功业。诸如此类,孟子并没有弄明白作品的时代和作者的真实情况,"知人论世"只是空论。

关于以意逆志的理论,不死抠个别词句,不断章取义而通观全诗,这些都是正确的,但是以己之意去推求作者之志,则不是一个科学的方法。在这样的推求中,起主要的、决定作用的,是鉴赏者或批评者之"意",是主观性很强的一种精神活动。当说诗者的意和原诗作者的意是统一的,可能作出符合原意的解释,如孟子对《北山》、《云汉》的解释;反之,就会以个人的主观之"意"而曲解诗意,如上引孟子对《七月》、《伐檀》的解释。后来的《毛诗序》和汉今文三家说《诗》,大都这样注意比附史事,以个人主观意念在诗意上穿凿附会。

知言养气

孟子的"知言养气"说,本来不是针对文学问题而发的,可是后世的许多文学家,都把这种说法看作与作家修养的问题相通,解释为人与作文的关系。

---

[1] 顾镇:《虞东学诗·以意逆志说》,焦循《孟子正义》引。
[2] 王国维:《观堂集林·玉溪生年谱会笺序》。

孟子曾经向学生谈到他有两种特长：

"敢问夫子恶乎长？"曰："我知言，我善养吾浩然之气。"(《公孙丑上》)

所谓"知言"，孟子接着解释说，就是"诐(bì)辞知其所蔽，淫辞知其所陷，邪辞知其所离，遁辞知其所穷"。意思是说，对于片面的言辞知其看不到的所在，对过分的言辞知其失误的所在，对不合正道的言辞知其背离正道的所在，对躲躲闪闪的言辞知其理屈的所在。孟子确实具有这样的"知言"能力。在《孟子》七篇中所记述的孟子的谈话以及他与别人的辩论，处处都表现了他辨析他人言辞的锐利眼光以及运用言辞的优异才能。

"知言"和"养气"的关系密切不可分，"知言"由"养气"而来。所谓"养气"，即人们长期进行道德修养，坚持道德实践，产生一种宏大、刚强、充沛的"浩然之气"，也就是处于高尚的道德境界中的人们所具有的那种自豪的、奋发的、无所愧怍、无所畏惧的精神状态。它是人的内在的情感、意志、精神、思想、气质、材性的交融统一。"养气"是一种思想修养的功夫，随着思想才识的提高，辨别和运用言辞的能力就会加强，所以孟子把"知言"和"养气"并论，不但把"养气"看作是提高个人道德修养和培育个人思想意志的方法，也认为是"知言"或"立言"的必要准备。文章总是体现作者的思想认识和精神气质的，"浩然之气"愈充沛，对于诐辞、淫辞、邪辞、遁辞的辨别力愈强，发表的言论也自然理直气壮，刚正自信。所以气和言的关系，也就是思想修养和文章写作的关系，要写好文章，一定要在思想修养上下功夫。

从孟子的写作实践来看，他的文章有其独特的风格：观点鲜明，感情强烈，气势磅礴，浩浩荡荡，有如长江大河，奔流而下，名言睿智，熠熠生光。列为唐宋八大家的苏洵说："孟子之文，语约而意尽，不为镵刻斩绝之言，而其锋不可犯。"[①]这是说孟子的文章内容丰富深刻，辞锋犀利，具有不可抗拒的内在精神力量。苏辙则通过孟子的文章对其"养气"说作了阐述和发挥："文

---

① 苏洵:《上欧阳内翰书》。

第十讲 《孟子》　　363

者气之所形,然不可以学而能,气可以养而致,孟子曰:'我善养吾浩然之气。'今观其文章,宽厚宏博,充乎天地之间,称其气之小大(与他的精神气质大小相称)。太史公行天下,周览四海名山大川,与燕赵间豪俊交游,故其文疏荡(潇洒奔放),颇有奇气。此二者,岂尝执笔学为如此之文哉?其气充乎其中而溢乎其貌,动乎(发抒于)其言而见乎其文,其不自知也。"[1]他说明了文章是作者思想气质的表现,通过思想道德和精神气质的修养,文章可以达到天然化成的境界。

魏曹丕的"文以气为主"[2],梁刘勰的《养气》篇[3],唐韩愈主张的"气盛"[4],都是对孟子"知言养气"说的继承和发挥。苏辙不同于前人之处,是他除了强调内心道德修养,而且主张增加社会阅历,一方面通过山川形势奇闻壮观扩大眼界,开阔心胸,激发志气;一方面是通过社会交游,与名师大儒英雄豪杰结识,接受教育,增长见识。这样,苏辙就对传统的"养气"说赋予了现实的物质基础。

孟子的"知言养气"说的影响十分长远,尤其在文学理论批评和散文创作领域的影响更为深刻。强调作家的思想道德修养的观点,在现在也仍然是正确的。孟子生活在两千余年前中国封建社会的上升时期,他的"养气"说有其时代的鲜明的阶级内容。他强调的道德修养是封建伦理道德。我们是历史主义者,在这一点上,对孟子无须指责。任何一位伟大的历史人物,都不可避免地受到自己所处时代和阶级的局限。孟子代表的封建地主阶级毕竟是一个剥削阶级,当它成为政治的主角在历史舞台上叱咤风云,与人民一同推动历史前进之时,所提出的理论虽然较贵族奴隶主的意识形态开明和进步,但毕竟有其先天的缺陷。孟子的学说正是如此。孟子的文章内容深厚,气势充沛,语言流畅而睿智,辞锋犀利,具有雄辩的气概,但在辩论某些问题时,由于理论本身上的先天不足,也难免有强词夺理或浮夸诡辩之处,在这一点上,我们也同样无须苛求于古人了。取其精华而去其糟粕,是我们一贯的方针,对《孟子》一书也当如此。

---

[1] 苏辙:《上枢密韩太尉书》。
[2] 曹丕:《典论·论文》。
[3] 刘勰:《文心雕龙》。
[4] 韩愈:《答李翊书》。

第六节 《孟子》的注疏和研究

《孟子》一书,在宋代以前列为"子书"。五代时蜀主孟昶刻蜀石经,北宋太宗赵光义刻宋石经,开始称为经,《直斋书录解题》正式著录于经部。元祐年间(公元1086—1094年),《孟子》和《论语》一同被定为科举考试的内容,南宋朱熹作《四书集注》,列《孟子》为"四书"之一,确立了它在经部的地位,汇刻十三经时,收《孟子》为十三经之一。

现存最早的《孟子》注疏,是东汉赵岐所撰《孟子章句》,史志及诸家目录通称《孟子注》。赵岐把《孟子》7篇各分上下篇,凡14卷、261章,依章节句读串释其义,书前总序称为《孟子题辞》,是一篇有价值的学术研究论文;每章章末用韵语概括义理,称为"章指"。赵岐的注释和题辞,一直是《孟子》研究的重要文献。现通行的宋《十三经注疏》汇刻本所收《孟子》,即以赵岐注本为本,题为"汉赵岐注、宋孙奭疏"。经后人考证,所谓"宋孙奭疏"是伪托的。孙奭曾经奉敕校定赵岐《孟子注》,但他只撰写了《孟子音义》二卷,并未为赵注作疏。所谓孙奭疏(又称《孟子正义》),是宋儒伪托孙奭之名,而且把赵注每章章指删除而散入疏中,所以赵注已非原貌。1980年中华书局影印清阮元刊刻的《十三经注疏》本《孟子》,在校勘记附有章指。现《十三经注疏》通行本《孟子》所题"孙奭疏",应该题为"伪孙奭疏"。不过,"伪孙奭疏"虽然尽删赵注章指,而其疏也有疏解精善之处,倒不必蔑弃。

《孟子》一书的内容,在东汉前期曾经受到唯物论思想家王充的批判。王充所著《论衡》一书有一篇专文《刺孟》,和他另一篇专文《问孔》是批判孔孟之道的姊妹篇。《刺孟》篇挑出《孟子》书中前后矛盾,以及脱离实际诡辩之处,称孟子为"俗儒",并且批判了孟子的天命观。

宋儒对孟子是推崇赞赏的。朱熹《四书章句集注》中《孟子集注》14卷,较多引用二程(颢、颐)及其他理学家之说,因而在注释中注重义理的解释和发挥,贯通程朱理学的思想和概念。朱熹又辑录《论孟精义》,集十二家之说,旨在发明二程学说,推崇《论语》、《孟子》在义理之学中的地位:"学者当

第十讲 《孟子》 365

以《论语》、《孟子》为本,《论语》、《孟子》既治,则六经可不治而明矣。"本书有《四库全书》本。宋张栻的《癸巳孟子说》(一称《孟子解》)也是理学家解说《孟子》义理的名著,通行有《丛书集成》本。

清代的《孟子》研究有新的进展,其研究成就,主要表现在两个方面:

一方面是在义理研究上对程朱理学的批评,这可以清初思想家黄宗羲开其端。黄宗羲论述其师刘宗周关于《孟子》学说的见解,撰《孟子师说》一卷,以王(阳明)学为本而批评朱熹的学说。对于心性之学,他发明"独慎"功夫的重要,认为:"容貌辞气皆一心之妙用,非但德符而已。一丝一窭漏,一隙一缺陷,正是独体之莫见莫显处。若于此更加装点意思,一似引贼入室,永难破除,厥害匪轻。"戴震所著的《孟子字义疏证》,以疏证《孟子》字义的形式发挥自己的哲学思想,全书分上中下三卷,开卷即阐明理欲之异同。他认为人有天然正当的要求和欲望,顺应人的正当的要求和欲望,使人们普遍得到满足,才是"圣贤之道"即"理"。从而他批判程朱理学"存天理灭人欲"是颠倒是非,葬送孔孟之道,进而揭露程朱所倡导的"理",完全是"尊者"、"长者"、"贵者"压迫"在下之人"的工具,是"以理杀人"。在论及天道及人性时,他还认为世界的本原是物质的,批判了孔孟到王阳明的唯心主义先验论。在他深刻而激烈的对理学的批判中,已经包含了某些反封建礼教和反封建专制主义的近代思想的萌芽,把中国古典唯物主义发展到了高峰,启蒙了近代哲学思想。

另一方面是在《孟子》注疏上集历代注疏之大成。焦循撰《孟子正义》30卷,推重赵岐注本而不满伪孙疏本,他博采经史传注,以及清儒有关《孟子》的资料,征引60余家,先为长编,再荟萃精义,删繁补缺,既以赵注为本,又打破唐宋的疏不破注的旧例,对赵注或有所疑,或作驳正,或兼存诸说。在总体内容上,既注意详于训诂名物的考证,又阐述道德伦理和心性之学的精微,是历代《孟子》注疏的最完善的本子。自从有了《孟子正义》,有清一代无人再注疏《孟子》。

近代和现代的《孟子》研究,尚未闻有传世之名著。1928年有王治心撰《孟子研究》(上海群学书社),对孟子学说分总论、政治思想、形而上学、人生哲学、教育哲学、余论六章,作梗概的叙述。1937年杨大膺撰《孟子学说研究》(中华书局),试图运用现代哲学和社会科学原理,对孟子学说作新的阐述。这两本书文字和内容都比较浅显,只是研究《孟子》的初级入门读物。

在当代,杨伯峻撰《孟子译注》,自1960年由中华书局出版以来,多次重印,在大陆及海外有广泛影响,是现代较流行的注译本。全书由原文、译文、注释三部分构成,书前有导言,书后附《孟子词典》,精于训诂、校勘,虽有阙漏和失误处,仍是通读《孟子》的较好读本。

在中华人民共和国成立后,至80年代,报刊上发表了一些研究论文,研究范围包括孟子的哲学、政治、伦理、经济、教育和美学思想,孟子的阶级属性,孟子在历史上的地位与评价,以及研究孟子的方法论等问题,反映了大陆当代学术界孟子研究的进展及其成果。孔孟学研究丛书编委会编选了《孟子研究论文集》,收论文33篇,由山东大学出版社于1984年出版。在台湾,黎明文化事业公司于1982年出版了《孟子思想研究论集》(列入《国学研究丛书》),由陈立夫序言,编选了发表在《孔孟学报》上的吴康等人的研究论文15篇,反映了台湾当代学术界孟子研究的进展及其成果。

推荐阅读书目:

- 《孟子注疏》 汉赵岐注,宋孙奭疏,《十三经注疏》通行本。
- 《孟子章句集注》 宋朱熹集注,《四书章句集注》通行本。
- 《刺孟》 东汉王充著,见《论衡》第二册,中华书局校点本。
- 《孟子字义疏证》 清戴震著,中华书局1961年校点本。
- 《孟子正义》 清焦循著,中华书局1957年校点本。
- 《孟子译注》 杨伯峻译注,中华书局1960年本。
- 《孟子义理疏解》 王邦雄等撰,鹅湖出版社1983年本。
- 《孟子研究论文集》 孔孟学研究丛书编委会主编,山东大学出版社1984年本。
- 《孟子思想研究论集》 吴康等著,黎明文化事业股份有限公司1982年本。